KB263123

하루 하나 클래식 365

음악으로
만끽하는
오롯한 기쁨

*Every
Morning
Classic*

안일구
김소라
박지혁
황장원
유정우
조민석
데얀 가브리츠

입문자와 애호가
모두를 사로잡는
클래식 전문가 해설

366곡에 담긴
이야기와 연주 영상
QR코드 수록

토요 특별 칼럼과
일요 추천 음반까지
다채로운 구성

문예춘추사

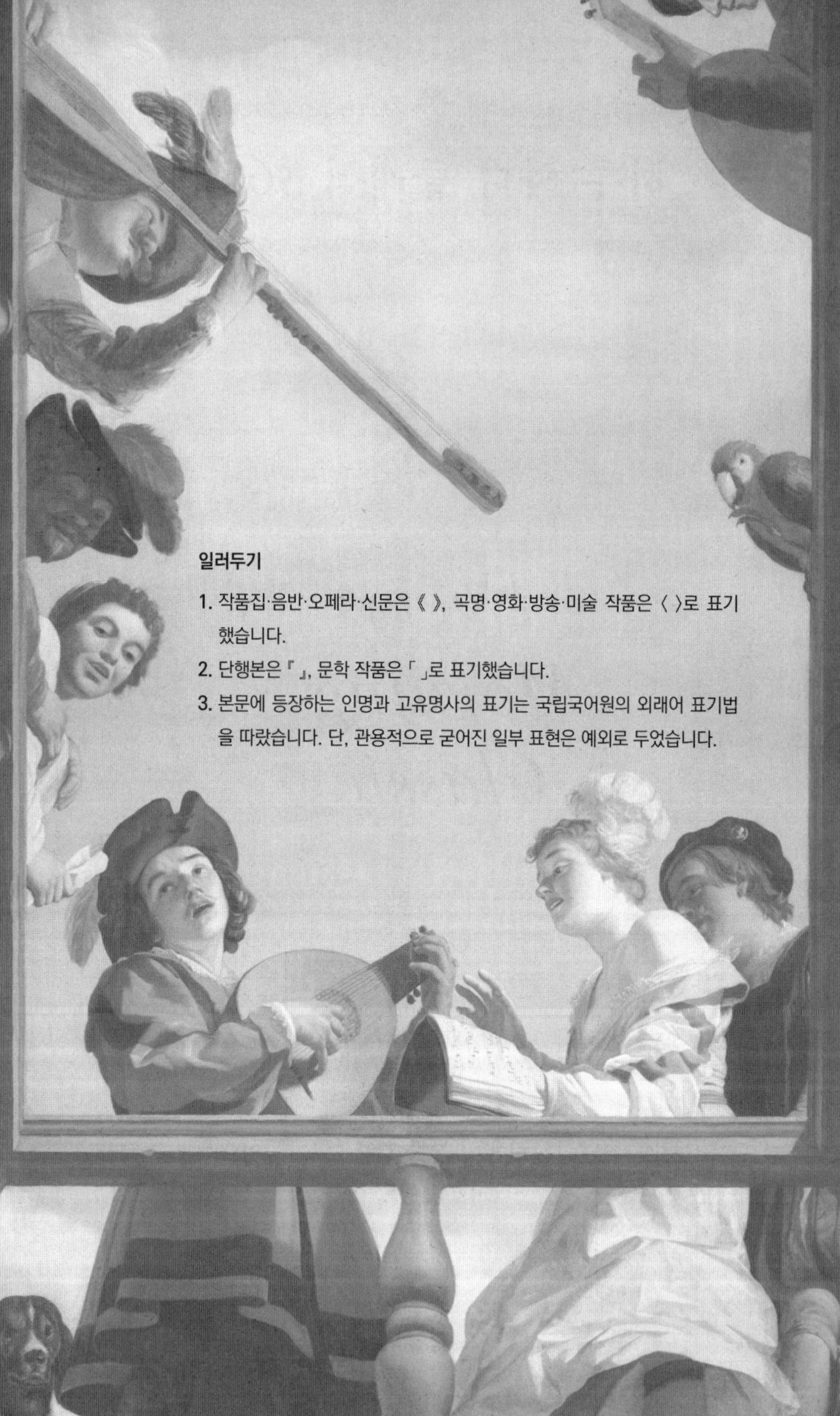

일러두기

1. 작품집·음반·오페라·신문은 《 》, 곡명·영화·방송·미술 작품은 〈 〉로 표기
   했습니다.
2. 단행본은 『 』, 문학 작품은 「 」로 표기했습니다.
3. 본문에 등장하는 인명과 고유명사의 표기는 국립국어원의 외래어 표기법
   을 따랐습니다. 단, 관용적으로 굳어진 일부 표현은 예외로 두었습니다.

　　일상 속에 조용히 스며들어 적재적소에 내 시간을 채워 주는 좋은 동반자. 바쁜 아침에 커피를 내릴 때, 퇴근길 창밖을 멍하니 바라볼 때, 혹은 밤늦게 책을 덮고 잠시 생각에 잠길 때, 클래식 음악은 말없이 곁을 지킬 줄 압니다.

이 책은 그런 클래식 음악을 당신의 하루하루에 초대하기 위해 태어났습니다. 2024년에 출간된 『하루 하나 클래식 100』을 재밌게 읽으셨나요? 이번에는 365일, 하루 한 곡씩, 한 해를 함께 걸어가려 합니다.

누군가는 클래식 음악을 낡고 고루하다고 여길 수도 있습니다. 하지만 클래식은 시대를 초월해 인간의 감정을 어루만지는 힘을 가졌습니다. 음악에 담긴 수많은 감정은 우리 시대의 연주자들에 의해 다시 해석되어 생생하게 전해집니다.

책에 담긴 곡들은 수백 년 전 작곡가들의 손끝에서 시작해 오늘 우리에게까지 닿았습니다. 그 긴 여정을 걸어온 음악에는 분명 이유가 있습니다.

이 책의 구성은 단순합니다. 하루에 영상 하나를 추천하고, 그 곡에 얽힌 짧은 설명을 곁들였습니다. 거창한 음악 이론이나 복잡한 해설은 넣지 않았습니다. 대신 곡이 가진 분위기, 그날의 감정에 어울리는 이유, 혹은 작곡가의 작은 일화를 담아 당신이 음악에게 편안히 다가갈 수 있도록 했습니다. 베토벤의 열정적인 바이올린 소나타로 월요일을 시작하거나, 드뷔시의 몽환적인 선율로 금요일 밤을 마무리해 보세요.

계절마다, 날씨마다, 기분마다 어울리는 음악이 이 책 안에 있습니다. 특별히 토요일에는 황장원 음악 칼럼니스트의 칼럼을, 일요일에는 유정우 음악 칼럼니스트와 데얀 가브리츠 교수가 추천하는 음반을 소개합니다.

클래식을 처음 접하는 사람에게 이 책은 친절한 입문서입니다. 이미 클래식을 사랑하는 이들에게는 새로운 발견의 기쁨을 줄지도 모릅니다.

영상은 유튜브에서 쉽게 찾을 수 있는 것으로 골랐습니다. 세계적인 연주자의 명연주도 있고, 덜 알려진 연주자의 숨은 보석 같은 녹음도 있습니다. QR코드를 통해 바로 들을 수 있으니, 책을 펼치는 순간 음악이 시작됩니다.

클래식은 생각보다 그리 어렵지 않습니다. 그냥 들으면 됩니다. 분석하려 애쓰지 말고, 감상해야 한다고 스스로를 다그치지 마세요. 음악은 자유입니다. 이 책도 그렇습니다. 순서대로 따라갈 필요도, 매일 채워야 할 의무도 없습니다. 당신의 속도와 기분에 맞춰 페이지를 넘기면 됩니다.

1월 1일에 시작해 12월 31일에 끝낼 수도 있고, 무작위로 골라 하루를 장식할 수도 있습니다. 한 곡을 며칠이고 반복해도 괜찮습니다. 그러다 보면 평생 함께할 음악을 만나는 행운이 자연스레 찾아올지도 모릅니다.

음악을 추천해 주신 유정우, 데얀 가브리츠, 조민석 선생님, 글을 함께 써 주신 김소라, 박지혁 에디터, 매주 토요일 추천 영상과 칼럼을 실어 주신 황장원 선생님께 감사드립니다.

12월 콘텐츠에는 저자 목록에 없는 두 사람의 글이 포함됩니다. 2025년부터 에디터로 합류해 하루 하나 클래식을 이끌 한유진, 박지영 에디터입니다. 참여해 주셔서 감사합니다. 마지막으로 이

책이 세상에 나올 수 있도록 쉽지 않은 작업을 꼼꼼히 함께해 주신 문예춘추사의 구본영 편집자님께 깊은 감사 인사를 전합니다.
자, 이제 첫 페이지를 넘길 시간입니다. 어떤 음악이 당신을 기다릴까요? 플레이 버튼을 누르고, 잠시 숨을 고르며 귀를 기울여 보세요. 클래식은 언제나 그 자리에 있습니다.

안일구

Contents

들어가는 말   *005*

☑ *Check*

☐ DAY 001. 1월 1일   ☐ DAY 012. 1월 12일   ☐ DAY 023. 1월 23일

☐ DAY 002. 1월 2일   ☐ DAY 013. 1월 13일   ☐ DAY 024. 1월 24일

☐ DAY 003. 1월 3일   ☐ DAY 014. 1월 14일   ☐ DAY 025. 1월 25일

☐ DAY 004. 1월 4일   ☐ DAY 015. 1월 15일   ☐ DAY 026. 1월 26일

☐ DAY 005. 1월 5일   ☐ DAY 016. 1월 16일   ☐ DAY 027. 1월 27일

☐ DAY 006. 1월 6일   ☐ DAY 017. 1월 17일   ☐ DAY 028. 1월 28일

☐ DAY 007. 1월 7일   ☐ DAY 018. 1월 18일   ☐ DAY 029. 1월 29일

☐ DAY 008. 1월 8일   ☐ DAY 019. 1월 19일   ☐ DAY 030. 1월 30일

☐ DAY 009. 1월 9일   ☐ DAY 020. 1월 20일   ☐ DAY 031. 1월 31일

☐ DAY 010. 1월 10일   ☐ DAY 021. 1월 21일   ☐ DAY 032. 2월 1일

☐ DAY 011. 1월 11일   ☐ DAY 022. 1월 22일   ☐ DAY 033. 2월 2일

☐ DAY 034. 2월 3일 ☐ DAY 049. 2월 18일 ☐ DAY 064. 3월 4일

☐ DAY 035. 2월 4일 ☐ DAY 050. 2월 19일 ☐ DAY 065. 3월 5일

☐ DAY 036. 2월 5일 ☐ DAY 051. 2월 20일 ☐ DAY 066. 3월 6일

☐ DAY 037. 2월 6일 ☐ DAY 052. 2월 21일 ☐ DAY 067. 3월 7일

☐ DAY 038. 2월 7일 ☐ DAY 053. 2월 22일 ☐ DAY 068. 3월 8일

☐ DAY 039. 2월 8일 ☐ DAY 054. 2월 23일 ☐ DAY 069. 3월 9일

☐ DAY 040. 2월 9일 ☐ DAY 055. 2월 24일 ☐ DAY 070. 3월 10일

☐ DAY 041. 2월 10일 ☐ DAY 056. 2월 25일 ☐ DAY 071. 3월 11일

☐ DAY 042. 2월 11일 ☐ DAY 057. 2월 26일 ☐ DAY 072. 3월 12일

☐ DAY 043. 2월 12일 ☐ DAY 058. 2월 27일 ☐ DAY 073. 3월 13일

☐ DAY 044. 2월 13일 ☐ DAY 059. 2월 28일 ☐ DAY 074. 3월 14일

☐ DAY 045. 2월 14일 ☐ DAY 060. 2월 29일 ☐ DAY 075. 3월 15일

☐ DAY 046. 2월 15일 ☐ DAY 061. 3월 1일 ☐ DAY 076. 3월 16일

☐ DAY 047. 2월 16일 ☐ DAY 062. 3월 2일 ☐ DAY 077. 3월 17일

☐ DAY 048. 2월 17일 ☐ DAY 063. 3월 3일 ☐ DAY 078. 3월 18일

☐ DAY 079. 3월 19일 ☐ DAY 104. 4월 13일 ☐ DAY 129. 5월 8일
☐ DAY 080. 3월 20일 ☐ DAY 105. 4월 14일 ☐ DAY 130. 5월 9일
☐ DAY 081. 3월 21일 ☐ DAY 106. 4월 15일 ☐ DAY 131. 5월 10일
☐ DAY 082. 3월 22일 ☐ DAY 107. 4월 16일 ☐ DAY 132. 5월 11일
☐ DAY 083. 3월 23일 ☐ DAY 108. 4월 17일 ☐ DAY 133. 5월 12일
☐ DAY 084. 3월 24일 ☐ DAY 109. 4월 18일 ☐ DAY 134. 5월 13일
☐ DAY 085. 3월 25일 ☐ DAY 110. 4월 19일 ☐ DAY 135. 5월 14일
☐ DAY 086. 3월 26일 ☐ DAY 111. 4월 20일 ☐ DAY 136. 5월 15일
☐ DAY 087. 3월 27일 ☐ DAY 112. 4월 21일 ☐ DAY 137. 5월 16일
☐ DAY 088. 3월 28일 ☐ DAY 113. 4월 22일 ☐ DAY 138. 5월 17일
☐ DAY 089. 3월 29일 ☐ DAY 114. 4월 23일 ☐ DAY 139. 5월 18일
☐ DAY 090. 3월 30일 ☐ DAY 115. 4월 24일 ☐ DAY 140. 5월 19일
☐ DAY 091. 3월 31일 ☐ DAY 116. 4월 25일 ☐ DAY 141. 5월 20일
☐ DAY 092. 4월 1일   ☐ DAY 117. 4월 26일 ☐ DAY 142. 5월 21일
☐ DAY 093. 4월 2일   ☐ DAY 118. 4월 27일 ☐ DAY 143. 5월 22일
☐ DAY 094. 4월 3일   ☐ DAY 119. 4월 28일 ☐ DAY 144. 5월 23일
☐ DAY 095. 4월 4일   ☐ DAY 120. 4월 29일 ☐ DAY 145. 5월 24일
☐ DAY 096. 4월 5일   ☐ DAY 121. 4월 30일 ☐ DAY 146. 5월 25일
☐ DAY 097. 4월 6일   ☐ DAY 122. 5월 1일   ☐ DAY 147. 5월 26일
☐ DAY 098. 4월 7일   ☐ DAY 123. 5월 2일   ☐ DAY 148. 5월 27일
☐ DAY 099. 4월 8일   ☐ DAY 124. 5월 3일   ☐ DAY 149. 5월 28일
☐ DAY 100. 4월 9일   ☐ DAY 125. 5월 4일   ☐ DAY 150. 5월 29일
☐ DAY 101. 4월 10일 ☐ DAY 126. 5월 5일   ☐ DAY 151. 5월 30일
☐ DAY 102. 4월 11일 ☐ DAY 127. 5월 6일   ☐ DAY 152. 5월 31일
☐ DAY 103. 4월 12일 ☐ DAY 128. 5월 7일   ☐ DAY 153. 6월 1일

☐ DAY 154. 6월 2일
☐ DAY 155. 6월 3일
☐ DAY 156. 6월 4일
☐ DAY 157. 6월 5일
☐ DAY 158. 6월 6일
☐ DAY 159. 6월 7일
☐ DAY 160. 6월 8일
☐ DAY 161. 6월 9일
☐ DAY 162. 6월 10일
☐ DAY 163. 6월 11일
☐ DAY 164. 6월 12일
☐ DAY 165. 6월 13일
☐ DAY 166. 6월 14일
☐ DAY 167. 6월 15일
☐ DAY 168. 6월 16일
☐ DAY 169. 6월 17일
☐ DAY 170. 6월 18일
☐ DAY 171. 6월 19일
☐ DAY 172. 6월 20일
☐ DAY 173. 6월 21일
☐ DAY 174. 6월 22일
☐ DAY 175. 6월 23일
☐ DAY 176. 6월 24일
☐ DAY 177. 6월 25일
☐ DAY 178. 6월 26일

☐ DAY 179. 6월 27일
☐ DAY 180. 6월 28일
☐ DAY 181. 6월 29일
☐ DAY 182. 6월 30일
☐ DAY 183. 7월 1일
☐ DAY 184. 7월 2일
☐ DAY 185. 7월 3일
☐ DAY 186. 7월 4일
☐ DAY 187. 7월 5일
☐ DAY 188. 7월 6일
☐ DAY 189. 7월 7일
☐ DAY 190. 7월 8일
☐ DAY 191. 7월 9일
☐ DAY 192. 7월 10일
☐ DAY 193. 7월 11일
☐ DAY 194. 7월 12일
☐ DAY 195. 7월 13일
☐ DAY 196. 7월 14일
☐ DAY 197. 7월 15일
☐ DAY 198. 7월 16일
☐ DAY 199. 7월 17일
☐ DAY 200. 7월 18일
☐ DAY 201. 7월 19일
☐ DAY 202. 7월 20일
☐ DAY 203. 7월 21일

☐ DAY 204. 7월 22일
☐ DAY 205. 7월 23일
☐ DAY 206. 7월 24일
☐ DAY 207. 7월 25일
☐ DAY 208. 7월 26일
☐ DAY 209. 7월 27일
☐ DAY 210. 7월 28일
☐ DAY 211. 7월 29일
☐ DAY 212. 7월 30일
☐ DAY 213. 7월 31일
☐ DAY 214. 8월 1일
☐ DAY 215. 8월 2일
☐ DAY 216. 8월 3일
☐ DAY 217. 8월 4일
☐ DAY 218. 8월 5일
☐ DAY 219. 8월 6일
☐ DAY 220. 8월 7일
☐ DAY 221. 8월 8일
☐ DAY 222. 8월 9일
☐ DAY 223. 8월 10일
☐ DAY 224. 8월 11일
☐ DAY 225. 8월 12일
☐ DAY 226. 8월 13일
☐ DAY 227. 8월 14일
☐ DAY 228. 8월 15일

☐ DAY 229. 8월 16일   ☐ DAY 254. 9월 10일   ☐ DAY 279. 10월 5일

☐ DAY 230. 8월 17일   ☐ DAY 255. 9월 11일   ☐ DAY 280. 10월 6일

☐ DAY 231. 8월 18일   ☐ DAY 256. 9월 12일   ☐ DAY 281. 10월 7일

☐ DAY 232. 8월 19일   ☐ DAY 257. 9월 13일   ☐ DAY 282. 10월 8일

☐ DAY 233. 8월 20일   ☐ DAY 258. 9월 14일   ☐ DAY 283. 10월 9일

☐ DAY 234. 8월 21일   ☐ DAY 259. 9월 15일   ☐ DAY 284. 10월 10일

☐ DAY 235. 8월 22일   ☐ DAY 260. 9월 16일   ☐ DAY 285. 10월 11일

☐ DAY 236. 8월 23일   ☐ DAY 261. 9월 17일   ☐ DAY 286. 10월 12일

☐ DAY 237. 8월 24일   ☐ DAY 262. 9월 18일   ☐ DAY 287. 10월 13일

☐ DAY 238. 8월 25일   ☐ DAY 263. 9월 19일   ☐ DAY 288. 10월 14일

☐ DAY 239. 8월 26일   ☐ DAY 264. 9월 20일   ☐ DAY 289. 10월 15일

☐ DAY 240. 8월 27일   ☐ DAY 265. 9월 21일   ☐ DAY 290. 10월 16일

☐ DAY 241. 8월 28일   ☐ DAY 266. 9월 22일   ☐ DAY 291. 10월 17일

☐ DAY 242. 8월 29일   ☐ DAY 267. 9월 23일   ☐ DAY 292. 10월 18일

☐ DAY 243. 8월 30일   ☐ DAY 268. 9월 24일   ☐ DAY 293. 10월 19일

☐ DAY 244. 8월 31일   ☐ DAY 269. 9월 25일   ☐ DAY 294. 10월 20일

☐ DAY 245. 9월 1일   ☐ DAY 270. 9월 26일   ☐ DAY 295. 10월 21일

☐ DAY 246. 9월 2일   ☐ DAY 271. 9월 27일   ☐ DAY 296. 10월 22일

☐ DAY 247. 9월 3일   ☐ DAY 272. 9월 28일   ☐ DAY 297. 10월 23일

☐ DAY 248. 9월 4일   ☐ DAY 273. 9월 29일   ☐ DAY 298. 10월 24일

☐ DAY 249. 9월 5일   ☐ DAY 274. 9월 30일   ☐ DAY 299. 10월 25일

☐ DAY 250. 9월 6일   ☐ DAY 275. 10월 1일   ☐ DAY 300. 10월 26일

☐ DAY 251. 9월 7일   ☐ DAY 276. 10월 2일   ☐ DAY 301. 10월 27일

☐ DAY 252. 9월 8일   ☐ DAY 277. 10월 3일   ☐ DAY 302. 10월 28일

☐ DAY 253. 9월 9일   ☐ DAY 278. 10월 4일   ☐ DAY 303. 10월 29일

☐ DAY 304. 10월 30일　　☐ DAY 329. 11월 24일　　☐ DAY 354. 12월 19일

☐ DAY 305. 10월 31일　　☐ DAY 330. 11월 25일　　☐ DAY 355. 12월 20일

☐ DAY 306. 11월 1일　　☐ DAY 331. 11월 26일　　☐ DAY 356. 12월 21일

☐ DAY 307. 11월 2일　　☐ DAY 332. 11월 27일　　☐ DAY 357. 12월 22일

☐ DAY 308. 11월 3일　　☐ DAY 333. 11월 28일　　☐ DAY 358. 12월 23일

☐ DAY 309. 11월 4일　　☐ DAY 334. 11월 29일　　☐ DAY 359. 12월 24일

☐ DAY 310. 11월 5일　　☐ DAY 335. 11월 30일　　☐ DAY 360. 12월 25일

☐ DAY 311. 11월 6일　　☐ DAY 336. 12월 1일　　☐ DAY 361. 12월 26일

☐ DAY 312. 11월 7일　　☐ DAY 337. 12월 2일　　☐ DAY 362. 12월 27일

☐ DAY 313. 11월 8일　　☐ DAY 338. 12월 3일　　☐ DAY 363. 12월 28일

☐ DAY 314. 11월 9일　　☐ DAY 339. 12월 4일　　☐ DAY 364. 12월 29일

☐ DAY 315. 11월 10일　　☐ DAY 340. 12월 5일　　☐ DAY 365. 12월 30일

☐ DAY 316. 11월 11일　　☐ DAY 341. 12월 6일　　☐ DAY 366. 12월 31일

☐ DAY 317. 11월 12일　　☐ DAY 342. 12월 7일

☐ DAY 318. 11월 13일　　☐ DAY 343. 12월 8일

☐ DAY 319. 11월 14일　　☐ DAY 344. 12월 9일

☐ DAY 320. 11월 15일　　☐ DAY 345. 12월 10일

☐ DAY 321. 11월 16일　　☐ DAY 346. 12월 11일

☐ DAY 322. 11월 17일　　☐ DAY 347. 12월 12일

☐ DAY 323. 11월 18일　　☐ DAY 348. 12월 13일

☐ DAY 324. 11월 19일　　☐ DAY 349. 12월 14일

☐ DAY 325. 11월 20일　　☐ DAY 350. 12월 15일

☐ DAY 326. 11월 21일　　☐ DAY 351. 12월 16일

☐ DAY 327. 11월 22일　　☐ DAY 352. 12월 17일

☐ DAY 328. 11월 23일　　☐ DAY 353. 12월 18일

음악 추천 | 유정우   글 | 김소라

한 해의 출발은
베토벤과 가뿐하게

작곡가 | Ludwig van Beethoven
곡명 | 12 Contretänze
연주자 | Vienna Philharmonic, Andris Nelsons

클래식계의 가장 큰 이벤트, 바로 빈 필 신년 음악회입니다. 우리 나라에서는 단발성의 신년 음악회로 익숙하지만 사실 이 음악회에서는 새해 전날 오전과 새해 전야에도 연주가 펼쳐집니다. 다른 점이 있다면 새해 전날 오전 음악회에서는 꽃 장식을 볼 수 없고, 새해 전야 연주회에서는 창밖이 어둡다는 것이죠.

신년 음악회가 펼쳐지는 이 홀은 오스트리아 빈 무지크페라인의 황금홀입니다. 새해를 맞이하는 설렘으로 가득한 사람들의 반짝이는 눈 사이로 빈 필하모닉의 경쾌한 손놀림이 이어지고, 그 모든 것을 안드리스 넬손스가 관장합니다.

분위기를 흥겹게 만드는 이 곡은 과연 어떤 곡일까요? 우리에게 너무나도 익숙한 음악가 베토벤의 곡입니다. 어둡고 웅장한 베토벤에 익숙하다면 밝고 가벼운 선율과 그를 연결하긴 쉽지 않을 텐데요.

이 곡은 베토벤이 1801년에서 1802년 사이에 작곡한 것으로 추정되는 12곡의 시골풍 춤곡입니다. 이 중 제7곡이 비슷한 시기에 작곡한 발레 음악 〈프로메테우스의 창조물〉 피날레와 같습니다.

연말이면 베토벤의 웅장한 9번 교향곡 〈합창〉이 여기저기서 울려 퍼지는데요. 한 해의 시작을 베토벤의 발레 음악으로 밝고 가볍게, 활기차고 신나게 열어 보는 건 어떨까요?

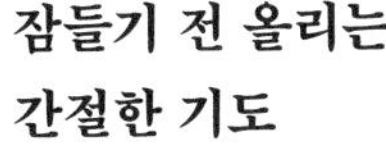

음악 추천 | 조민석   **글 |** 박지혁

잠들기 전 올리는 간절한 기도

작곡가 | Giuseppe Verdi
곡명 | 'Ave Maria, piena di grazia' from 《Othello》
연주자 | Sonya Yoncheva, The Metropolitan Opera

영상 속 여인에게 무슨 일이 있었기에 이렇게 진심으로 고해하듯이 기도하는 걸까요. 인생의 고비를 지날 때 드리는 기도에는 간절한 진심이 담겨 보는 사람의 가슴도 울컥해집니다. 베르디는 이런 기도를 아름다운 노래로 승화시켰습니다. 오늘은 베르디의 오페라 《오텔로》 중 4막 초반부에 나오는 아리아 〈아베 마리아〉를 소개합니다.

노래의 주인공은 오텔로 장군의 부인 데스데모나입니다. 데스데모나는 순수하고 헌신적인 마음을 가진 베네치아 최고의 미인인데요. 그런 그녀를 남몰래 사랑한 귀족 로드리고와 오텔로의 부하 이아고가 앙심을 품고 주인공 사이를 이간질합니다. 특히 이아고는 자기 대신 승진한 카시오와 데스데모나가 부정적인 관계를 가졌다고 모함하며 오텔로의 질투심을 자극합니다. 이아고에 의해 조작된 상황과 오텔로의 망상이 합쳐져 아무도 데스데모나의 결백을 믿지 않죠.

그런 상황에서 데스데모나가 진심을 담아 부르는 아리아가 오늘 소개하는 곡입니다. 소프라노 소냐 욘체바의 아름다운 연기와 노래를 감상해 보세요.

음악 추천 | 데얀 가브리츠   글 | 박지혁

모차르트의
맑고 즐거운
〈디베르티멘토〉

작곡가 | Wolfgang Amadeus Mozart
곡명 | Divertimento in D Major, K.136
연주자 | Norwegian Chamber Orchestra

머나먼 북유럽에는 유명한 체임버 오케스트라가 있습니다. 바로 노르웨이 체임버 오케스트라인데요. 1977년 창단 이후 폭넓은 레퍼토리로 유럽과 북미에서 활발히 활동하며 지금의 국제적인 명성을 쌓았습니다.

보통 체임버 오케스트라는 지휘자 없이 서로 듣고 화합을 맞춰가는 실내악인데요. 때 묻지 않은 열정으로 연주하는 이들이 만들어 내는 모차르트의 〈디베르티멘토〉는 첫 시작부터 생기 있게 꽃피웁니다. 프랑스어 '디베르티스망'에서 유래된 디베르티멘토는 기분 전환 혹은 오락이라는 뜻을 담고 있습니다. 18세기 중후반에 유행했던 이 모음곡은 모차르트가 궁정 혹은 귀족들의 행사에서 분위기를 돋우기 위해 연주되었다고 합니다.

총 3악장으로 구성된 이 음악은 악장의 흐름이 참 좋습니다. 생기를 돋우는 1악장과 부드러운 느낌이 강한 2악장을 지나 춤이 절로 나오는 흥겨운 3악장으로 마무리되죠. 귀족들이 큰 연회장에서 우아하게 춤을 추고 이야기하는 모습을 방해하지 않으면서도 분위기를 전환해 내는 모차르트의 의도도 느껴집니다.

머리가 복잡할 때나 우울한 기분을 전환하고 싶을 때 노르웨이 체임버 오케스트라와 함께 이 곡을 즐겨 보면 좋겠습니다.

**음악 추천 | **데얀 가브리츠　**글 | **안일구

드뷔시의
음악과 플루트

**작곡가 | **Claude Debussy
**곡명 | **Sonata for Flute, Viola and Harp
**연주자 | **Emmanuel Pahud, Yulia Deyneka, Aline Khouri

플루트는 드뷔시에게 아주 중요한 악기였습니다. 음악사의 물줄기를 바꿔 놓았다고 여겨지는 〈목신의 오후에의 전주곡〉에서 플루트 한 대로 연주되는 도입부는 드뷔시 음악 그 자체라고 할 수 있죠.

반대로 플루트라는 악기에게도 드뷔시는 중요합니다. 드뷔시는 플루트가 표현할 수 있는 음악의 가능성을 활짝 열어 주었습니다. 1915년 각기 다른 악기를 위한 6개의 소나타를 쓰겠다는 계획 아래 드뷔시가 작곡한 멋진 트리오가 있습니다.

플루트, 하프, 비올라 세 악기로 이루어진 곡인데요. 하프가 하프시코드처럼 통주저음 역할을 했다면 바로크 시대에 흔히 볼 수 있는 트리오 소나타로 보였겠지만 이 곡은 그렇지 않습니다. 세 악기가 목소리를 대등하게 내면서 서로 대립하기도, 화합하기도 합니다. 각 악장이 전혀 다른 매력을 품고 있는 만큼 전체 악장을 감상하길 추천합니다.

이런 훌륭한 실내악 작품은 표현에 한계가 없습니다. 게다가 엠마누엘 파위, 율리아 데이네카 그리고 알리네 코우리라는 대단한 연주자들이 함께합니다. 공연장은 피에르 불레즈 홀인데요. 연주자가 관객들에게 둘러싸여서 연주하게 됩니다. 드뷔시의 음악 역시 사방으로 아름답게 퍼져 나가는 듯합니다.

한 번 들으면 잊을 수 없는 목소리

음악 추천 | 데얀 가브리츠   글 | 안일구

작곡가 | Franz Schubert
곡명 | Des Fischers Liebesglück, D.933
연주자 | Anna Prohaska, Eric Schneider

소프라노 안나 프로하스카의 도이치 그라모폰 데뷔 앨범 《SIRÈNE》에 수록된 음악을 소개합니다. 그녀는 이 앨범에 다양한 시대의 가곡을 고루 담아냈습니다. '가곡의 왕'이라 불리는 슈베르트의 곡도 들어가 있는데, 음악이 그녀의 목소리와 아주 잘 어울립니다.

슈베르트는 오스트리아 시인 라이트너가 쓴 시에 음악을 붙인 곡을 여러 개 발표했고 오늘 소개하는 곡도 그중 하나입니다. 〈어부의 사랑과 행복〉이라는 이름을 가진 이 곡은 물고기를 잡으러 간 어부가 사랑하는 여인을 만나서 꿈결 같은 행복을 노래하는 곡입니다.

이 뮤직비디오는 노래의 후반부입니다. 마치 어부와 여인이 숨바꼭질하며 사랑을 나누는 듯한 모습을 그리는데 분위기도 음악도 왠지 모르게 너무 슬픕니다. 여인은 검은 눈물을 흘리기도 하고 마지막 장면에서는 남녀가 함께 호수 안으로 사라져 버립니다. 이 사랑의 결말은 결코 해피엔딩이 아닌 것 같습니다.

저는 주로 좋아하는 남자 성악가들의 목소리로 슈베르트의 가곡을 찾아 듣는데요. 이 곡만큼은 프로하스카의 목소리를 찾게 됩니다. 한 번 접하면 잊을 수 없는 프로하스카의 목소리로 슬프고 아름다운 슈베르트의 음악을 들어 보세요.

음악 추천 | 황장원   글 | 황장원

작곡가 | Jean Sibelius
곡명 | Symphony No.5 in E-flat Major, Op.82
연주자 | Esa-Pekka Salonen, Symphonieorchester des
Bayerischen Rundfunks

열여섯 마리 백조의 비상

새해 첫 추천 곡으로 어떤 것이 좋을까 고민이 꽤 길었는데요. 궁리 끝에 장 시벨리우스의 '교향곡 제5번 내림 마장조'를 골랐습니다. 시벨리우스의 대표작 중 하나인 이 곡은 다분히 감상자의 상상력을 자극합니다. 일단 이 곡의 오프닝에 대해서 시벨리우스 자신이 남긴 기록이 있지요. 그는 한 편지에서 '깊은 계곡에 있다. 오를 산이 아련히 보이기 시작한다. 그 순간 신이 문을 열고 신의 오케스트라를 연주한다'라고 했는데, 참으로 멋진 상상과 묘사가 아닌가 합니다.

이 곡은 1915년 12월 8일, 헬싱키 대학에서 시벨리우스 자신의 지휘로 초연되었습니다. 그날은 그의 50세 생일이었고, 30대 때부터 핀란드의 '국민 작곡가'로 추앙되던 그를 위해서 정부는 그날을 임시 국경일로 지정했지요. 그런데 그 무렵 유럽은 제1차 세계대전의 전화에 휩싸여 있었습니다. 핀란드는 전장과 거리를 두고 있었지만 지정학적으로 고립된 탓에 물자 부족과 사회 불안에 시달렸습니다. 그런 상황에서 핀란드의 '국민 작곡가'는 국민들에게 다시 한번 용기와 희망을 선사해야 한다는 의무감을 느끼지 않았을까요?

다행히 이 곡을 쓰던 시기에 시벨리우스는 풍요로운 영감과 비전의 시간을 보냈습니다. 작곡에 착수한 시점은 1914년 가을이었는데, 그에 앞서 5월부터 6월까지는 대서양 건너 미국을 다녀왔고, 건강 관리 차원에서 7년 동안이나 지속해야 했던 금욕 생활로부터 비로소 해방되기도 했지요. 덕분에 핀란드 역사에서 무척 고 달프고 혼란스러운 시기였음에도 사뭇 밝고 힘찬 작품을 잉태할 수 있었던 것 같습니다.

한편 이 곡에는 자연으로부터 받은 영감이 투영되어 있습니다. 바로 곡의 후반부에 등장하는 '백조의 테마'가 그것이지요. 이 테마는 1915년 4월의 어느 날 그가 헬싱키 근교 자택 '아이놀라'에서 망원경으로 새들을 관찰하던 중에 발견한 열여섯 마리의 백조 떼에서 유래한 것으로 알려져 있습니다. 그 백조들은 아이놀라로 날아와 상공을 선회하다가 '햇살 비치는 안개 속으로 은색 리본처럼' 유유히 사라져 갔다고 하지요. 그 환상적인 광경과 백조의 독특한 울음소리에서 착안한 모티브가 이 곡의 클로징을 장식합니다.

이 곡은 초연 후 두 차례 개정되었습니다. 4악장 구성이 3악장 구성으로 변경되는 등 폭넓은 수정·보완이 행해졌는데, 그러면서 작곡가는 '내 교향곡에 더 인간적인 형식을, 더 지상에 가깝고 더 생생한 형식을 부여하고 싶었다'라고 했다지요. 오늘날 통용되는 판본은 핀란드 독립 후인 1919년에 초연된 두 번째 개정판입니다. 영상은 핀란드 출신의 거장 에사페카 살로넨이 독일의 바이에른 방송 교향악단을 지휘한 실황입니다. 화질과 음질이 좀 아쉽지만, 살로넨의 예리하고도 열정적인 지휘봉이 곡 특유의 묘미와 감흥을 내밀이 짙묘하고 풍부하게 부각하고 있네요.

일요일의 추천 음반

데얀 가브리츠
음반 | To the spring: Grieg Violin Sonata
연주 | Elena Urioste, Tom Poster
레이블 | Orchid Classics(2020)

녹음도 음악도 가장 훌륭한 그리그 바이올린 소나타 앨범입니다.
두 연주자는 실제 결혼한 부부 사이이기도 하죠. 서로의 음악을
잘 이해한 상태에서 자유롭게 어울리며 노는 듯한 연주입니다.
특히 마지막에서 두 번째 트랙인 3번 소나타 2악장은 음악과 연
주 모두 매우 감동적입니다.

유정우
음반 | Vivaldi: L'Amoroso
연주 | Trevor Pinnock, The English Concert
레이블 | Archiv(1986)

대학 시절 제일 애청하던 음반입니다. 앨범의 모든 트랙이 좋지
만 플루트 협주곡 G장조 RV436 2악장 라르고와 비올라 다모레와
류트를 위한 협주곡 D단조 RV540 2악장 라르고는 꼭 들어 보세
요. 이 두 악장만 들어도 "왜 우리가 비발디를 들어야 하는가?"라
는 질문에 답할 수 있습니다.

음악 추천 | 조민석　글 | 김소라

잠자는 숲속의 미녀 속 '백미'

작곡가 | Pyotr Ilyich Tchaikovsky
곡명 | Act II 'The Vision', Scene2: No.18, Entr'acte, Andante, 《The Sleeping Beauty》, Op.66
연주자 | London Symphony Orchestra, André Previn

영상을 재생하는 순간, 은은한 바이올린 소리가 귀를 감싸안습니다. 이 곡은 바로 차이콥스키의 유명한 발레 작품 중 하나인 《잠자는 숲속의 미녀》 2막의 첫 부분입니다.

'잠자는 숲속의 미녀' 이야기는 프랑스 동화 작가 샤를 페로의 작품이 모티브가 되었는데요. 당시 러시아 마린스키 극장의 감독이던 이반 브세볼로즈스키는 차이콥스키에게 이 작품을 발레 음악으로 만들어 볼 것을 제안했다고 합니다.

흔히들 차이콥스키의 3대 발레 작품으로 《백조의 호수》와 《호두까기 인형》, 그리고 《잠자는 숲속의 미녀》를 뽑습니다. 이중 《백조의 호수》는 초연 당시 크게 성공하지 못했죠. 그러나 《잠자는 숲속의 미녀》는 처음부터 대중들의 사랑을 받았고 이 덕분에 다음 작품 《호두까기 인형》도 탄생했습니다.

총 3막 5장으로 이루어진 이 작품은 방대한 규모 때문에 세계적으로도 손꼽히는 공연 단체만이 무대에 올릴 수 있는데요. 조민석 첼리스트는 악상 한 명이 서의 협연하듯 연주하는 2막의 첫 부분을 추천하며 차이콥스키만 쓸 수 있는 어딘가 쓸쓸하지만 낭만적인 멜로디에 주목하길 권했습니다.

쉽게 접할 수 없는 작품에, 쉽게 들을 수 없는 발레나 오페라 속 악장의 솔로입니다. 영상에서 깊이 느껴 보세요.

음악 추천 | 조민석　글 | 박지혁

현대적인
〈봄의 제전〉

작곡가 | Igor Stravinsky
곡명 | Le Sacre du Printemps
연주자 | Alan Gilbert, NDR Elbphilharmonie Orchester

프랑수아 자비에 로스가 지휘했던 레 시에클의 〈봄의 제전〉을 『하루 하나 클래식 100』에서 소개한 적이 있습니다. 시대 악기를 사용해서 그 당시 소리를 들을 수 있었죠. 이번에는 가장 최신의 연주 영상을 소개합니다.

상임 지휘자 앨런 길버트가 지휘하는 북독일 방송 교향악단의 연주입니다. 박자감이 자주 바뀌는 대편성의 곡에서 중요한 부분을 연주하는 악기를 적재적소에 보여 주는 영상미가 마치 긴박한 축구 경기를 보는 듯합니다. 보는 이로 하여금 몰입감과 깊은 이해도를 끌어내죠. 〈봄의 제전〉의 줄거리처럼 총보에 작곡된 음표들이 생명을 갖고 살아나서 봄의 신을 예찬하는 의식을 치르는 것처럼 느껴집니다.

그래미상을 수상한 세계적인 지휘자 앨런 길버트는 2009년부터 2017년까지 뉴욕 필하모닉의 음악 감독을 지냈고, 현재는 북독일 방송 교향악단의 상임 지휘자, 스웨덴 왕립 오페라의 음악 감독입니다.

앨런 길버트의 카리스마와 노련한 지휘 아래 북독일 방송 교향악단의 장인 정신이 깃든 완벽한 〈봄의 제전〉이 나왔네요. 관객의 이해를 돕는 편집 덕분에 스트라빈스키의 작품을 더 쉽게 접할 수 있습니다.

음악 추천 | 조민석   글 | 안일구

작곡가 | Wolfgang Amadeus Mozart
곡명 | Bassoon Concerto B-flat Major K.191
연주자 | Theo Plath, Elias Grandy, Frankfurt Radio Symphony

모차르트 음악의 정수를 뽑아내는 바수니스트

바수니스트 테오 플라트는 스물다섯 살이던 2019년, 프랑크푸르트 방송 교향악단의 수석 자리에 오릅니다. 같은 해 독일 뮌헨에서 열린 ARD 국제 콩쿠르에서는 3위에 입상하죠. 오케스트라 안에서 연주하는 모습이 익숙하지만 독주자로서의 모습도 상당히 훌륭합니다. 이 연주자의 가장 놀라운 점은 유니크하다는 것입니다.

영상에서는 목관 악기 연주자에게 근본이 되는 곡, 모차르트 협주곡이 연주되고 있습니다. 플루트, 오보에, 클라리넷, 호른 또한 마찬가지지만 이 곡은 바순 연주자에게는 명함과도 같습니다. 모든 콩쿠르와 오디션의 벽을 허물기 위해서 연주자에게는 이 곡을 훌륭히 연주하는 것이 요구됩니다.

이 곡은 모차르트가 18세에 의뢰를 받아 작곡한 것으로 알려져 있는데요. 음악에는 젊은 모차르트의 재치와 익살이 가득합니다. 이 시기에 쓰인 모차르트 음악은 정말 순수하고 깨끗한 인상을 주죠. 이런 점이 특히 잘 드러나는 2악장을 들어 보세요. 테오 플라트는 지나친 비브라토나 과장된 표현을 하기보다는 음색에 깊이를 더해 모차르트 음악의 정수만을 전달하고 있습니다.

음악 추천 | 김소라   글 | 김소라

구슬픈 노래가
흥겨운 춤으로

작곡가 | Pablo de Sarasate
곡명 | Zigeunerweisen
연주자 | Itzhak Perlman, James Levine, Boston Symphony

〈치고이너바이젠〉은 독일어로 '집시의 노래'라는 뜻입니다. 스페인 집시들 사이에서 전해지는 선율을 토대로 만든 사라사테의 대표작이죠. 이 곡은 약 9분 길이의 단일 악장으로 이루어져 있지만, 템포에 따라 네 부분으로 구성됩니다. 세상이 무너지는 모습을 표현하는 듯한 선율을 오케스트라가 연주하고 나면 그 음을 바이올린이 그대로 받아 내면에 흐르는 가장 깊은 슬픔을 낮지만 강렬하게 토해 냅니다. 첫 부분만 들으면 집시의 음울하고 애수에 찬 노래가 이어질 것 같지요.

하지만 슬픔을 온전히 느끼며 모두 거둬 낸 덕분일까요? 곡은 마지막 4부에서 흥겹게 춤추는 자유로운 집시를 그려 내며 밝고 희망차게 마무리됩니다. 짧은 시간 안에 인간의 가장 깊은 슬픔부터 가장 가벼운 마음까지 묘사하는 만큼 이 곡은 바이올린의 가장 낮은 G현에서 가장 높은 E현까지 오가며 연주자에게도 고난도의 기술을 요구합니다. 그러나 영상 속 이자크 펄만은 곡을 가뿐하게 소화해 내네요.

이자크 펄만은 1945년 이스라엘 텔아비브 출생으로 네 살 무렵 소아마비에 걸려 다리가 불편해졌습니다. 하지만 다섯 살부터 바이올린을 시작해 10대에 이미 이스라엘 방송 관현악단과 공연할 정도로 훌륭한 실력을 뽐냈다고 하네요.

음악 추천 | 데얀 가브리츠　글 | 박지혁

라벨의 〈세헤라자데〉

작곡가 | Maurice Ravel
곡명 | 'II. La flûte enchantée' from 〈Shéhérazade〉
연주자 | Fatma Said, Burcu Karadağ, Malcolm Martineau

중동의 분위기가 물씬 풍기는 몽환적인 이 곡은 프랑스 작곡가 모리스 라벨의 〈세헤라자데〉입니다. 1899년 파리 만국 박람회에서 아시아의 낯선 음악과 악기에 영감을 받은 클로드 드뷔시처럼 라벨도 당시 이국의 향기가 가득 담긴 곡을 작곡하기 시작했습니다.

1903년에 작곡된 라벨의 〈세헤라자데〉는 림스키코르사코프의 〈세헤라자데〉와 마찬가지로 천일야화, 페르시아의 아라비안나이트에서 영감을 얻었습니다. 하지만 림스키코르사코프와는 다르게 이 작품은 총 3악장의 성악곡으로 작곡되었고, 오늘은 2악장 '마법의 피리'를 소개합니다.

피아노와 함께 마법 같은 피리 소리가 곡의 시작을 알리고, 성악가가 구슬픈 목소리로 아름답게 노래합니다. 내용을 살펴볼까요? 주인이 잠든 사이, 그를 모시는 하녀는 창밖에서 그녀가 사랑하는 사람이 연주하는 피리 소리를 들으며 행복과 슬픔에 잠깁니다. 창틀에 가까이 갈수록 음표 하나하나가 그녀의 뺨에 신비한 기스처럼 다가온다는 가사를 담고 있죠.

영상은 중동의 전통 악기 네이 플루트로 연주되어 천일야화의 분위기가 한층 더 살아납니다. 또한 이집트 출신의 소프라노 파트마 사이드의 아름다운 표현이 잘 담겨 있습니다.

음악 추천 | 황장원   글 | 황장원

근대에 부활한
쇼팽의 정신

작곡가 | Karol Szymanowski
곡명 | Variations on a Polish Folk Theme Op.10
연주자 | Jean-François Bouvery

올해 처음으로 관람한 공연은 무엇이었나요? 저는 올해 첫 공연으로 피아니스트 크리스티안 지메르만의 리사이틀을 관람했습니다. 오늘은 그 공연의 마지막 곡이었던 시마노프스키의 변주곡을 소개합니다.

카롤 시마노프스키는 근대 폴란드를 대표하는 작곡가입니다. 청년기에는 폴란드 모더니즘 음악의 기수로 각광받았고, 중년에는 바르샤바 음악원 원장을 지내기도 했죠. 만년에는 '마주르카'를 비롯한 민속 음악을 심도 있게 탐구해 폴란드 국민 음악 스타일을 재정립하는 데 기여합니다.

〈폴란드 민요 주제에 의한 변주곡〉은 그가 바르샤바 음악원을 다니던 시절에 쓴 초기작입니다. 1900년에 착수해서 1904년에 완성했고, 스승인 지그문트 노스코프스키에게 헌정했다고 하네요. 그 무렵 시마노프스키는 쇼팽 음악에 푹 빠져 있었고, 드뷔시와 스크랴빈의 영향도 받았다고 합니다. 이 변주곡은 그런 영향들을 고루 드러내고 있죠.

전곡은 쇼팽의 변주곡을 참고한 9마디의 짧고 애조 띤 도입부에 이은 주제와 10개의 변주로 구성되어 있습니다. 주제(b단조)는 얀 클레친스키의 저서 『포드할레 음악에 관하여』에서 취한 가락을 단순하게 다듬은 반음계적 선율인데, 토속적이기보다는 서정적인 뉘앙스를 풍깁니다.

이어지는 변주들은 템포와 성격을 기준으로 크게 네 섹션으로 묶어 볼 수 있는데, ‘아지타토(Agitato, 격하게)’라는 지시어를 단 두 변주(2, 4)를 중심으로 진행되는 처음의 다섯 변주(1~5), 상대적으로 부드럽고 서정적인 흐름을 보이는 중간의 두 변주(6, 7), ‘장송행진곡(g단조)’으로 명명된 제8변주, 그리고 전주와 피날레(B장조)로 파악되는 마지막 두 변주(9, 10) 등입니다. 이렇게 보면 이 곡은 마치 단일 주제 또는 순환 주제에 의한 소나타를 연상시키기도 하네요.

지메르만은 이번 내한 공연에서 1부 후반에 쇼팽의 소나타 제2번을, 2부 후반에 이 곡을 배치했습니다. 두 곡은 후반부에 ‘장송행진곡’이 등장한다는 공통점이 있죠. 다만 쇼팽의 피날레는 음울하고 모호하게 마무리되는 데 비해, 시마노프스키의 피날레는 중간부터 등장하는 ‘유머를 지닌(Mit Humor)’ 주제에 기초한 푸가에 이어 영웅적인 고조에 도달하여 찬란하고 명쾌하게 마칩니다.

일요일의 추천 음반

유정우
음반 | Neujahrskonzert in wien
연주 | Herbert von Karajan, Kathleen Battle, Vienna Philharmonic
레이블 | Deutsche Grammophon(1987)

단 하나의 신년 음악회를 꼽으라면 카라얀의 음반을 선택할 수밖에 없습니다. 특히 〈아름답고 푸른 도나우〉 연주는 완벽에 가깝습니다.

데얀 가브리츠
음반 | Mozart: The Piano Quartets
연주 | Francesco Dego, Timothy Ridout, Laura van der Heijden, Federico Colli
레이블 | Chandos(2023)

앨범에 수록된 모든 음악이 아름답습니다. 음악가들이 모차르트의 음악 안에서 시간과 고통을 다루는 방식이 특히 인상적입니다. 피아노 4중주 앨범이지만 듣다 보면 마치 오페라 속에 있는 듯한 느낌을 줍니다.

15분 동안
내리쬐는
이탈리아의 태양

음악 추천 | 조민석   글 | 김소라

작곡가 | Pyotr Ilyich Tchaikovsky
곡명 | Capriccio Italien, Op.45
연주자 | Paavo Järvi, Tonhalle-Orchester Zürich

차이콥스키는 여행의 기록을 '음악'으로 남겼습니다. 그는 결혼에 실패한 후 마음의 상처를 치유하기 위해 따뜻한 이탈리아로 여행을 떠났는데요. 아름다운 이탈리아의 풍광과 활기찬 사람들은 그에게 밝은 기운을 불어넣어 주었다고 합니다.

그래선지 이 곡은 첫 출발부터 관악기가 뿜어내는 경쾌한 팡파르로 시작하고, 곳곳에 '아름다운 아가씨' 등 이탈리아 민요와 춤곡들이 표현되며 차이콥스키의 다른 곡들과 달리 시종일관 밝고 유쾌한 느낌을 선사합니다.

음악이 시작될 때 들리는 트럼펫의 인상적인 선율은 연병장에서 매일 아침 들려오던 기상나팔 소리였다고 하는데요. 그렇다면 '기상곡'이란 아침에 일어날 때 듣는 음악을 말하는 걸까요?

'카프리치오', 혹은 '카프리스'라고도 하는 기상곡은 16세기 후반 그 용어가 음악사에 처음 등장합니다. 보통 짧고 경쾌하며 즉흥적이고 환상적인 기악곡을 의미하죠. 시대에 따라 의미가 조금씩 다를지라도 즉흥적인 감흥을 건드리는 것, 즉 '변덕'과 '즉흥'이 기상곡의 핵심입니다.

오늘은 잠깐 짬을 내어 차이콥스키가 그려 내는 찬란한 이탈리아의 햇살 속에 휴식을 취하는 하루 되길 바랍니다.

임윤찬의
모차르트
피아노 소나타

음악 추천 | 안일구   글 | 안일구

작곡가 | Wolfgang Amadeus Mozart
곡명 | Sonata No.9 in D Major, K.311
연주자 | Yunchan Lim

피아니스트 임윤찬은 2022년 6월, 반 클라이번 피아노 콩쿠르에서 최연소로 우승하며 전 세계의 주목을 받았습니다. 우승까지 도달하는 장면은 다큐멘터리 영화 〈크레센도〉에 담겨 있죠. 영화의 마지막 부분에서는 꽤 긴 시간을 할애해 라흐마니노프 3번의 연주 모습을 담고 있습니다.

우승 당시 모두가 라흐마니노프 3번 협주곡에서 보여 준 그의 음악성과 테크닉에 찬사를 보내고 있을 때, 제가 충격과 공포에 빠진 연주는 따로 있습니다. 바로 예선 리사이틀에서 연주한 모차르트 소나타입니다.

모차르트의 작품을 연주한다는 것은 연주자에게 기쁜 일임과 동시에 가장 어려운 일입니다. 곡 자체가 완벽하기 때문에 연주자 개인의 해석을 잘못 투영하면 이상한 곡이 되어 버릴 수 있습니다. 그렇다고 오페라를 닮은 모차르트의 작품을 건조하게 연주한다는 것 역시 상상할 수 없죠. 모차르트 연주의 대가가 되면 어떤 악기군에서도 동료 연주자들의 존중과 존경을 받는 것은 어찌 보면 당연합니다.

임윤찬 피아니스트는 일단 곡 전체를 멀리서 관찰하며 소나타 음악의 형식을 완벽히 소화합니다. 그리고 곡 안에 자리한 모든 리듬과 화성 변화를 깨알같이 들려줍니다. 연주하는 모든 음은 캐릭터를 풍부하게 담고 있고, 그 캐릭터는 우리에게 다채로운 이야기를 건넵니다.

초고음이 등장하는 종교 음악

음악 추천 | 박지혁   글 | 박지혁

작곡가 | Gregorio Allegri
곡명 | Miserere mei Deus
연주자 | Tenebrae Choir, Nigel Short

1638년 바티칸에서 작곡된 알레그리의 종교 음악 〈미제레레 메이 데우스〉는 음악사에서 아주 중요한 위치를 차지합니다. 소개하는 영상의 1분 37초 부분에서 소프라노의 고음을 들을 수 있는데요. 이는 악보에 기록된 최초의 하이 C(C6)음입니다.

이 곡과 관련된 재미있는 이야기가 있습니다. 당시 교황 우르바노 8세는 이 고음을 듣고 음악이 신도들을 현혹할 위험이 있다고 판단해 1년에 딱 한 번, 부활절 전 성금요일에만 부르도록 지시했다고 합니다. 게다가 바티칸 밖으로 악보가 유출되지 않도록 엄명을 내렸다고 하죠.

또 다른 재미있는 일화가 있습니다. 1770년 시스티나 성당에 방문한 모차르트가 이 곡을 듣게 된 것이죠. 그는 이 곡을 단 한 번 듣고 악보에 옮겨 적어 사람들을 놀라게 했다고 하는데요. 〈미제레레 메이 데우스〉는 모차르트의 악보 덕분에 1771년 런던에서 출판됩니다.

역사적인 사실은 아니라고 하지만 이 곡품이 천상의 아름다움을 간직한 것은 분명합니다. 특히 소프라노가 초고음에 닿는 부분은 1600년대 당시 종교 음악에서도 고음이 쓰이는 작곡 방식을 받아들여야 함을 알리고 있습니다. 이는 세속 음악의 급격한 발전, 특히 오페라의 발전에도 자극제가 되었습니다.

10분 동안 펼쳐지는 자유 속으로

음악 추천 | 김소라　　**글** | 김소라

작곡가 | Maurice Ravel
곡명 | Tzigane
연주자 | Inmo Yang, Sahun Sam Hong

'집시 음악' 하면 어떤 느낌이 떠오르나요? 집시는 전 유럽을 유랑하며 차별과 박해를 받아 왔고 오늘날에도 이리저리 내쫓기고 있습니다. 고단한 삶 속에서도 음악이 그들 생활의 주축이 되었는데요. 집시는 정착지의 지방 음악과 자신들 고유의 음악을 연결하면서 새롭고 독특한 음악을 발달시켜 왔습니다. 클래식에도 집시 음악을 바탕으로 한 곡들이 많은데 영상 속에 흐르는 곡, 라벨의 〈치간〉이 대표적입니다.

'치간'은 프랑스어로 집시를 뜻하는데요. 라벨은 1922년 한 연주회에서 헝가리 바이올리니스트 옐리 다라니를 만나게 됩니다. 그녀는 라벨의 〈바이올린과 첼로를 위한 소나타〉를 연주했는데 그에 깊은 인상을 받은 라벨이 그녀에게 집시 음악을 연주해 줄 것을 부탁하죠. 연주는 다음 날 아침까지 이어졌고, 라벨은 이 곡을 그녀에게 헌정합니다.

당시 라벨은 파가니니의 〈24개 카프리스〉와 리스트의 〈헝가리 광시곡〉을 들으며 작업했다고 하는데요. 헝가리의 민속 무곡 차르다시 선율이 기반이 된 이 곡에서는 집시 음악의 자유롭고 거친 느낌이 물씬 풍깁니다. 원곡은 바이올린과 피아노를 위한 곡인데, 1924년 초연 이후 라벨은 피아노 파트를 편곡해 바이올린과 오케스트라를 위한 버전도 탄생시켰다고 하네요.

음악 추천 | 데얀 가브리츠   글 | 안일구

바흐와 라흐마니노프의 콜라보

작곡가 | Bach-Rachmaninoff
곡명 | Prelude, Gavotte&Gigue from Partita for solo violin No.3 in E Major, BWV.1006
연주자 | Zlata Chochieva

상대적으로 덜 알려진 피아니스트인데, 훌륭한 음악을 들려주는 연주자가 있습니다. 러시아 출신의 피아니스트 즐라타 초키에바는 방대한 레퍼토리를 보유한 연주자입니다. 그녀는 50개 이상의 협주곡 레퍼토리를 보유했고, 세계를 무대로 활동했습니다. 또한 쇼팽과 라흐마니노프의 음악으로 발표한 앨범은 여러 평론가에게 극찬을 받기도 했죠.

그녀가 영상에서 들려주는 곡은 바흐의 바이올린 솔로를 위한 작품집 중 파르티타 3번입니다. 리스트나 라흐마니노프는 본인이 뛰어난 피아니스트였기 때문에 아름다운 음악을 발견하면 피아노로 그 곡을 편곡했죠. 라흐마니노프는 바흐의 파르티타 3번에서 7개 악장 중 3개의 악장, 프렐류드와 가보트, 지그를 피아노로 편곡했습니다.

무반주 바이올린을 위한 바흐의 작품은 3개의 파르티타와 3개의 소나타로 이루어져 있습니다. 그중 3번 파르티타는 가장 활기차고 생기가 넘칩니다. 바이올린으로도 물론 좋지만 라흐마니노프의 피아노 편곡은 한층 더 풍성합니다. 햇살이 내리쬐는 오후가 느껴지는 프렐류드, 아름다운 옷을 입고 추는 우아한 춤이 그려지는 가보트, 아이들이 신나게 뛰어노는 듯한 느낌의 지그까지, 귀 기울여 들어 보세요.

음악 추천 | 황장원   글 | 황장원

클라우디오 아바도 10주기를 기리며

작곡가 | Johann Sebastian Bach
곡명 | Brandenburg Concerto 4 in G Major, BWV.1049
연주자 | Orchestra Mozart, Claudio Abbado

오늘은 클라우디오 아바도의 타계 10주기입니다. 1933년 6월 26일 이탈리아 밀라노에서 태어난 아바도는 젊은 시절부터 최고의 지휘자로 각광받으며 정상급 교향악단과 오페라 극장을 두루 섭렵했고, 카라얀의 뒤를 이어 베를린 필하모닉의 수장을 역임하면서 시대를 대표하는 거장으로 우뚝 섰죠. 만년에는 루체른 페스티벌을 주무대 삼아 더욱 원숙해진 음악 세계를 펼치다가 2014년 1월 20일 볼로냐에서 영면에 들었습니다.

클라우디오 아바도는 소위 '뉴 밀레니엄'을 전후한 시기에 활약한 거장들 가운데 가장 위대한 지휘자로 기억됩니다. 그런데 그처럼 높이 평가받는 이유가 과거의 거장들과는 사뭇 다릅니다. 물론 그 역시 탁월한 음악 해석력과 바통 테크닉을 바탕으로 숱한 명연들을 남겼지요. 하지만 자신이 맡은 집단을 온전히 장악하고 단원들 위에 군림하려 했던 구세대 지휘자들과 달리, 그는 '탈권위와 소통의 리더십'을 바탕으로 지휘계의 새로운 트렌드를 선도했습니다.

'마에스트로'라는 권위주의적 호칭 대신 친근한 '클라우디오'로 불리기를 자청했던 아바도는 오케스트라 연주에서도 '실내악적 미덕'을 지향했습니다. 그리고 그 밑바탕은 함께 음악을 만들어 가는 동료들과 나누는 '우정'이라고 보았지요. 그에게 있어 실내악 연주란 "다름 아닌 우정을 가꿔 나가는 것"이었고, 오케스트라 연주는 그 확장판이어야 했습니다. 오늘 소개하는 영상은 그런 그의 이상을 상징적으로 보여 줍니다.

아바도가 2004년 볼로냐에서 창단한 '오케스트라 모차르트'는 한 해 앞서 조직된 '루체른 페스티벌 오케스트라'의 체임버 버전이라고 할 수 있습니다. 루체른에서 함께했던 단원들이 주축을 이루었고, 그밖에도 아바도와 각별한 인연을 맺었거나 그의 이름 아래 모여든 젊은 음악가들이 호흡을 맞췄습니다. 영상은 2007년 4월 21일 이탈리아 북부의 레지오 에밀리아에 있는 로몰로 발리 시립 극장에서 가졌던 공연 실황을 담고 있습니다.

바흐의 〈브란덴부르크 협주곡〉은 사실 지휘자가 필요 없는 곡이지요. 보통은 따로 지휘자를 두지 않고 연주자 가운데 한 명이 리더 역할을 하는 것이 이 곡의 일반적인 연주 형태입니다. 더구나 특급 솔리스트들이 즐비한 오케스트라 모차르트의 단원들이라면 스스로도 충분히 호흡을 맞추며 뛰어난 연주를 들려줄 수 있었을 겁니다. 그런 그들 앞에 서 있는 아바도의 몸짓은 간소하기 그지없어서 지휘라기보다는 요식 행위 정도로 비치기도 합니다.

하지만 흥미로운 것은 그런 연주가 다분히 '아바도스럽게' 들린다는 점입니다. 줄리아노 카르미뇰라, 미칼라 페트리, 라인홀트 프리드리히 등 화려한 솔리스트들의 역량이 유감없이 드러나면서도 균형이 잘 잡혀 있고, 연주의 전체적인 매무새는 우아하고 자연스러우며 절도가 있지요. 동료들과의 '우정'을 만끽하는 아바도의 표정도 살펴보면 좋겠습니다.

일요일의 추천 음반

유정우
음반 | Bruckner Symphony No.7
연주 | Herbert von Karajan, Berliner Philharmoniker
레이블 | Deutsche Grammophone(1977)

올해 탄생 200주년을 맞는 브루크너의 히트작 7번 교향곡입니다. 일반적으로 카라얀의 브루크너 7번 하면 빈 필하모닉과 함께 녹음한 그의 생애 마지막 녹음을 최고의 명연으로 손꼽습니다. 그러나 바그너를 추모하는 의미를 지닌 2악장만큼은 1970년대 베를린 필하모닉과의 이 녹음이 압도적인 비극성을 띠고 있습니다.

데얀 가브리츠
음반 | Bach the Well-Tempered Consort
연주 | Phantasm
레이블 | LINN(2020)

누군가에게는 잊혀져 가는 악기인 비올라 다 감바를 전문으로 연주하는 사람들이 있습니다. 이들은 여러 색깔을 가진 비올라 다 감바를 통해 바흐의 평균율을 녹음했습니다. 지금은 없어진 옛날 악기라는 인식을 가진 분들도 있을 텐데요. 음악을 들어 보면 불안한 소리를 낼 거라는 걱정은 완전히 사라집니다. 안정적이면서도 매우 다채로운 색깔과 함께 음악이 들려옵니다.

음악 추천 | 조민석   글 | 김소라

신비로운
물의 음악 속으로

작곡가 | Tan Dun
곡명 | Water Cadenza
연주자 | Simone Rubino

푸른빛이 감도는 신비로운 배경 속에서 마법사의 주문인 듯 울려 퍼지는 흥미로운 선율은 중국의 유명한 음악 감독 탄 둔의 〈물의 카덴차〉입니다. 그는 1974년 문화 대혁명 이후 베이징 중앙 음악원에 입학해 다양한 음악을 접했고 본격적으로 현대 음악에 대한 열정을 가지게 되었습니다.

탄 둔은 2000년대를 강타한 무협 영화 〈와호장룡〉, 〈영웅〉, 〈야연〉 등의 음악 감독으로도 유명합니다. 한편 그는 이즈음 물이나 돌, 종이 등을 관찰하며 그를 소재로 한 음악을 만들기 시작했는데요. 〈물의 카덴차〉는 그때 탄생한 작품으로 소리와 빛, 퍼포먼스의 결합이 일품인 공연입니다.

그는 한 인터뷰에서 현대 사회에서 시각성이 굉장히 중요한 요소라고 언급하며 '음악은 보여질 수 있고, 이미지는 들릴 수 있다는 생각으로 작곡한다'라고 말했는데요. 언뜻 보면 즉흥 연주처럼 보이는 영상 속 음악은 악보에 적힌 그대로를 외워서 연주하는 것이라고 하네요.

'청각 예술'이라고만 생각했던 음악은 과연 어디까지 확장될 수 있을까요? 오늘은 서양 음악과 동양 음악 사이에 다리를 놓았다고 평가받는 탄 둔의 실험 정신 속에서 물이 만들어 내는 신비로운 음악의 세계로 여행을 떠나 보길 바랍니다.

음악 추천 | 조민석   글 | 박지혁

드미트리 마트비엔코가 이끌어 낸 몰입

작곡가 | Pyotr Ilyich Tchaikovsky, Carl Nielsen
곡명 | Symphony No.5, 1악장, 'Maskarade Overture'
연주자 | Dmitry Matvienko, Danish National Symphony Orchestra

세계적인 지휘 콩쿠르 중 하나인 말코 국제 지휘 콩쿠르는 차세대 젊은 지휘자를 발굴하고 세상에 알리는 큰 역할을 합니다. 오늘은 2021년에 우승한 드미트리 마트비엔코가 결승에서 지휘했던 최종 연주를 소개합니다.

총 4차까지 진행되는 콩쿠르의 마지막 관문인 결승에서는 두 가지 과제를 수행해야 하는데요. 오전에는 지휘자가 오케스트라와 리허설하는 과정을 보여 줘야 하고, 저녁에는 최종 연주를 보여 줘야 합니다. 이번 영상은 최종 연주만 담겨 있기에 오전에 어떻게 리허설했는지 알 수 없습니다. 하지만 지휘자가 무대에 나와 차분하게 인사한 뒤, 바로 덴마크 방송 교향악단 연주자들을 몰입 상태로 이끌어 가는 것을 보니 리허설 때 그가 원했던 바를 연주자들이 정확히 반영했음을 알 수 있습니다.

특히 목관 악기의 독주와 현악기 군단의 합이 너무 잘 맞아서 마음이 편안할 정도인데요. 그래서 20분에 가까운 연주임에도 청중이 끝까지 집중하는 완벽한 연주가 될 수 있었습니다.

곡은 차이콥스키의 교향곡 5번 중 1악장과 닐센의 〈가면 무도회〉 서곡입니다. 콩쿠르라고 믿어지지 않는 좋은 연주와 함께 지휘자의 표정과 숨은 의도를 읽어 보세요.

음악 추천 | 조민석   글 | 안일구

가장 아름답고
떨리는 호른 솔로

작곡가 | Pyotr Ilyich Tchaikovsky
곡명 | Symphony No.5, 2nd Movement
연주자 | Johannes Dengler, Daniel Barenboim,
Berliner Philharmoniker

'Hornsolos'는 오케스트라 안에서 유명한 호른 연주자의 솔로를 모아 둔 채널입니다. 조민석 큐레이터는 마음이 심란할 때마다 이 채널을 찾는다고 해요. 저 또한 이 채널에서 위안을 많이 받지만 스트레스도 받습니다. 대부분의 중요한 호른 솔로는 너무 긴장되기 때문이죠.

1888년 작곡된 차이콥스키의 교향곡 5번은 대중에게 가장 사랑을 많이 받는 작품입니다. 초연 이후 평론가들의 혹평을 받기도 했지만 애호가는 언제나 찬사를 보냈고, 오늘까지도 많은 이들이 이 곡을 듣고 사랑에 빠집니다. 이에 한몫하는 5번 교향곡의 가장 큰 특징은 차이콥스키 특유의 선율미로 가득하다는 것인데요. 호른 솔로가 그 중심에 있습니다.

느린 악장에 등장하는 호른 솔로는 극도로 아름다운 만큼 긴장감도 최고로 올라가게 됩니다. 호르니스트 요하네스 덴글러는 바이에른 슈타츠오퍼의 호르니스트인데요. 베를린 필하모닉의 객원 수석 연주자로 함께 연주하고 있습니다. 민지 지휘지 비렌보임이 현악기와 함께 형성한 따뜻한 사운드가 홀에 울려 퍼집니다. 이어지는 덴글러의 아름다운 호른 소리가 커다란 공간을 감싸안습니다. 이 순간 덴글러는 얼마나 떨리고 또 행복했을까요?

음악 추천 | 김소라 **글 |** 김소라

보헤미아의
여행자가 되어

작곡가 | Antonín Dvořák
곡명 | Symphony No.8
연주자 | Manfred Honeck, Frankfurt Radio Symphony Orchestra

소개하는 곡은 보헤미아를 대표하는 작곡가 드보르자크의 교향곡 8번입니다. 보헤미아라는 지명은 체코 서부를 보헤미아라고 부르던 데서 탄생했는데요. 프라하와 플젠 등의 도시가 이 지역에 속합니다.

한편 이 곡의 작곡가인 드보르자크는 스메타나와 함께 체코를 대표하는 클래식 작곡가로, 19세기 중후반을 휩쓸었던 국민악파의 대표적 인물이기도 합니다. 그는 9개의 교향곡과 다수의 관현악곡, 협주곡, 실내악, 가곡, 합창곡, 오페라 등의 작품을 남겼는데 8번 교향곡은 짙게 깔린 보헤미안 감성으로 유명한 9번 교향곡 〈신세계로부터〉와 더불어 공연장에서 자주 연주되는 레퍼토리입니다.

이 곡을 감상할 때는 오케스트라의 여러 악기 중 특히 첼로와 플루트, 트럼펫에 주목해야 하는데요. 곡 전반에 첼로 선율이 진중하게 흐르는 가운데 마치 콧바람을 불며 여행하는 이를 묘사하듯 가볍게 지저귀는 플루트가 멜로디에 생기를 더하고, 4악장 등에서 팡파르를 뿜어내는 트럼펫은 곡 전체에 웅장함을 불어넣습니다. 악기들의 조화로 중후하면서도 호쾌한 느낌을 주는 이 곡과 함께 보헤미아의 전원을 누비는 자유로운 여행자가 되어 보길 바랍니다.

음악 추천 | 데얀 가브리츠   글 | 박지혁

작곡가 | Vincenzo Calestani
곡명 | Damigella Tutta Bella
연주자 | Ensemble I Gemelli

400년 전
기쁨의 소리가
전해지다

순수한 기쁨을 온전히 표현한 음악은 수없이 많지만, 르네상스 후기에 작곡된 곡에는 그 시대의 소박한 기쁨이 짙게 담겨 있는 듯합니다. 특히 오늘 들을 마드리갈은 목가적인 서정시에 붙인 악곡으로 이탈리아에서 크게 발전한 세속 성악곡입니다. 마드리갈은 초기 오페라를 포함한 여러 성악 장르에 큰 영향을 끼치며 중요한 역할을 해 왔는데요. 이 곡은 빈센조 칼레스타니의 〈정말 아름다운 아가씨〉입니다.

빈센조 칼레스타니는 이탈리아 피사의 유력한 가문뿐만 아니라 메디치 가문과도 인연을 이어 왔다고 합니다. 그의 삶 말기에 작곡된 마드리갈 모음집 중 한 곡인 〈정말 아름다운 아가씨〉는 목가의 느낌을 살린 가벼운 리듬과 풍자와 익살이 섞인 목소리로 기분을 좋게 만들어 줍니다.

고음악 전문 앙상블의 연주를 보는 것은 또 다른 재미인데요. 조금은 진지한 현대 클래식 음악과는 다르게 가볍고 매혹적인 소리를 유려하게 살리는 동작이 곡을 더욱 생동감 있게 만들어 줍니다.

약 400년 전에 작곡된 음악이 작년에 발매되어 세상에 나왔다는 사실이 참으로 놀랍습니다. 시대를 떠나 사람들에게 기쁨을 나누는 힘이 담긴 이 음악과 함께 하루를 힘차게 보내길 바랍니다.

음악 추천 | 황장원　글 | 황장원

노르웨이의
풍경 속으로

작곡가 | Edvard Grieg
곡명 | Peer Gynt Suite No.1 & No.2
연주자 | Bjarte Engeset, Kristiansand Symphony Orchestra

페르 귄트는 노르웨이 민담에 나오는 전설적인 인물입니다. 무절제한 공상가이자 허풍선이이고, 야심가이면서 모험가였죠. 이 문제적 캐릭터를 문학 작품 속에 고정시킨 사람은 『인형의 집』의 작가로 유명한 문호 헨리크 입센이었습니다. 고향에서 사고뭉치로 좌충우돌하다가 막연한 꿈을 좇아 세계 각지를 방랑하는 '페르'를 재창조하는 과정에서 입센은 노르웨이 사람들이 가진 나쁜 속성까지도 가감 없이 폭로했고, 그로 인해 노르웨이 사람들의 반감을 사기도 합니다.

하지만 동시에 입센의 시극 『페르 귄트』는 노르웨이의 풍물과 자연을 생생하게 투영하고 있고, 거기에 노르웨이의 전설과 작가의 상상력에서 비롯된 환상적인 장면들이 어우러져 풍부한 매력과 흥미진진한 재미를 자아냅니다. 무엇보다 방황하던 영혼이 지고지순한 여인의 사랑 속에서 구원을 찾는다는 이야기의 결말은 바이킹을 선조로 둔 북유럽인들의 근원적 정서를 환기하는 동시에 기약 없는 이별과 재회를 반복하는 인류 모두에게 공감대를 불러일으킬 소지가 다분하다고 하겠습니다.

입센은 이 시극을 극장에 올리기 위해서 같은 노르웨이 작곡가인 에드바르 그리그에게 음악을 의뢰했습니다. 처음에 그리그는 '노르웨이의 파우스트'로까지 칭송되는 대작에 곡을 붙이는 작업을 상당히 부담스러워했지만, 결국 관현악곡, 독창곡, 합창곡 등을 합쳐 26곡에 달하는 음악을 썼습니다. 오늘날 널리 알려진 《페르 귄트 모음곡》은 그리그가 나중에 콘서트에서 연주할 목적으로 8곡을 골라내 편곡을 거쳐 발표한 것이죠.

〈아침 분위기〉, 〈오세의 죽음〉, 〈아니트라의 춤〉, 〈산왕의 동굴에서〉, 〈솔베이그의 노래〉 등 명곡이 포함된 《페르 귄트 모음곡》은 그 자체로 매력적이지만, 원작의 내용과 분위기를 충분히 살려 내기에는 아무래도 부족한 감이 있지요. 오늘 추천하는 영상은 모음곡을 기본으로 몇 곡을 더 발췌해 극의 진행 순서대로 연주하고 있습니다. 이 영상을 보고 혹시 시극 『페르 귄트』에 관심이 생긴다면 네메 예르비, 헤르베르트 블롬슈테트, 올레 크리스티안 루드 등이 남긴 전곡 녹음을 찾아서 시놉시스를 따라 들어 보는 것도 좋겠습니다.

영상 속의 크리스티안산 심포니 오케스트라는 노르웨이 남부에 위치한, 그 나라에서 다섯 번째로 큰 도시를 대표하는 교향악단입니다. 우리에게는 아직 생소하지만, 2019년에 유튜브 채널을 개설한 이후로 공연 영상을 꾸준히 올리면서 자신들의 존재를 알리기 위해 적극적으로 노력하고 있습니다. 지휘를 맡은 비아르테 엥에세트 역시 노르웨이의 중견 지휘자로 낙소스 레이블에서 그리그 관현악곡 전집을 녹음한 바 있습니다. 연주는 다소 투박한 듯 힘차고 다이내믹해 노르웨이 사람들 특유의 기질과 정서를 진하게 느끼게 해 줍니다.

일요일의 추천 음반

데얀 가브리츠
음반 | Barber Cello Concert etc.
연주 | Ralph Kirshbaum, Jukka-Pekka Saraste, Scottish Chamber Orchestra
레이블 | Virgin Classics(1989)

바버의 두 가지 첼로를 위한 곡을 이 CD를 통해 들었습니다. 모두 대단히 아름다운 곡들입니다. 랄프 커쉬바움이 연주하는 첼로 협주곡과 첼로 소나타 그리고 유카-페카 사라스테와 스코틀랜드 체임버 오케스트라가 연주하는 〈현을 위한 아다지오〉까지 들을 수 있습니다.

유정우
음반 | Tchaikovsky&Verdi Arias
연주 | Hvorostovsky, Gergiev, Rotterdam Philharmonic Orchestra
레이블 | Philips(1990)

카디프 콩쿠르 우승 직후 흐보로스톱스키가 1990년에 녹음한 데뷔 음반입니다. 베르디의 《돈 카를로》에 나오는 로드리고의 죽음 장면 속 명연이 담겨 있고 《일 트로바토레》 루나 백작의 아리아에선 악보에도 없는 A4 음까지 올리는 기백을 보여 줍니다. 이제는 하늘의 별이 된 흐보로스톱스키 전설의 시작을 함께 느껴 보시죠.

환상 교향곡에
실려 온 어느
예술가의 자화상

작곡가 | Hector Berlioz
곡명 | Symphonie Fantastique
연주자 | Myung-Whun Chung, Philharmonique de Radio France

〈환상 교향곡〉은 프랑스 작곡가 베를리오즈의 첫 번째 교향곡이자 최대 걸작입니다. 이 곡은 본격적으로 표제 음악 형식을 취한 교향곡으로도 유명한데요. 표제 음악이란 음악 외적인 이야기를 음악적으로 묘사하는 예술 음악입니다. 절대 음악이 음악 자체에 절대적 가치를 둔 데 반해 후기 낭만파 음악가들은 문학 작품, 회화 등도 순기악으로 표현하고자 했죠.

〈환상 교향곡〉에는 청년 예술가가 등장합니다. 격렬한 짝사랑의 폭풍에 휩싸인 그는 아편으로 음독자살을 꾀합니다. 혼수상태에 빠진 그는 기괴한 환상을 보게 되는데 그 환상은 곡에서 꿈과 열정, 무도회, 전원 풍경, 단두대로의 행진, 마녀의 밤 축제 꿈이라는 주제로 전개되지요.

사실 청년 예술가는 베를리오즈의 자화상이기도 한데요. 그는 1827년 가을날 셰익스피어의 《햄릿》을 관람하던 중 오필리아 역을 맡은 배우 해리엇 스미드슨에게 한눈에 반합니다. 그는 그녀에게 수차례 구애했지만 거절당하고, 고통스런 심정으로 이 곡을 구상해 1830년에 완성했다고 하네요.

신비로운 선율과 이야기, 그리고 그 아래 작곡가 베를리오즈의 삶이 깔리며 환상을 극대화하는 이 곡을 라디오 프랑스 필하모니의 연주로 들어 보세요.

음악 추천 | 유정우　**글** | 안일구

클래식 역사상 가장 슬픈 곡

작곡가 | Henry Percell
곡명 | 'When I Am Laid In Earth' from 《Dido and Aeneas》
연주자 | Jessye Norman

유정우 선생님은 이 곡을 클래식 역사를 통틀어 가장 슬픈 곡으로 꼽았습니다. 헨리 퍼셀의 오페라 《디도와 에네아스》 중 디도의 죽음 장면에서 흐르는 곡인데요. 절절한 이 곡을 부르는 가수는 미국을 대표하는 흑인 오페라 가수 제시 노먼입니다.

오페라는 카르타고의 여왕 디도와 트로이의 왕자 에네아스의 사랑 이야기를 다룹니다. 트로이 성이 함락된 후 에네아스는 새로운 도시를 건설하기 위해 떠납니다. 그러나 바다에서 풍랑을 만나 디도 여왕이 다스리는 카르타고 해안에 도착하고, 디도와 에네아스는 운명 같은 사랑에 빠지죠. 그러나 디도를 파멸시키기 위해 마법사는 카르타고를 떠나야 한다는 신탁을 에네아스에게 전하고, 에네아스는 디도에게 이별을 고합니다. 실의에 빠진 디도는 죽기를 다짐하죠.

디도는 슬픔과 절망에 빠진 채 스스로 제단 위에 올라가 불을 붙이는데 이때 부르는 노래가 바로 '내가 땅에 묻힐 때'입니다. 디도의 무너져 내린 마음은 슬픈 음악과 함께 우리 가슴을 파고듭니다. 영상 끝에는 곡에 어울리는 제시 노먼의 음성이 담겨 있는데요. 그녀는 독일어로 이렇게 말합니다. "나는 혼자 나의 하늘에서, 나의 사랑 안에서 그리고 나의 노래 안에서 삽니다. (중략) 이보다 더 아름다운 것은 없어요."

바흐, 모차르트 그리고 비올라 다 감바

음악 추천 | 데얀 가브리츠　**글 |** 박지혁

작곡가 | Wolfgang Amadeus Mozart
곡명 | Five Fugues from the Well-Tempered Clavier for String Quartet, K.405 중 2, 3번
연주자 | Ensemble Phantasm

대부분의 현악 4중주 연주에는 두 대의 바이올린, 한 대의 비올라, 그리고 한 대의 첼로가 있습니다. 오늘 소개하는 영상에는 사뭇 비슷하게 생긴 악기들이 보이지만 전혀 다른 포지션으로 연주되고 있죠. 이 악기들은 각기 다른 크기로 연주되는 비올라 다 감바입니다.

'비올'이라고도 불리는 이 악기는 16~18세기 유럽에서 크게 유행했던 현악기입니다. '감바'는 이탈리아어로 '다리'라는 뜻을 가지고 있어 다리로 지탱해 연주합니다. 영상에서 나오는 악기들은 음역에 따라 두 대의 트레블 비올, 한 대의 테너 비올과 베이스 비올로 구성되어 있죠. 동물의 내장으로 만들어진 거트 현을 사용해서 더욱 부드럽고 중후한 음역으로 연주됩니다.

이 곡은 바흐의 곡이면서도 모차르트의 곡인데요. 바흐가 클라비어를 위해 작곡한 《평균율 클라비어곡집》 2권 중 푸가 2번과 3번을 현악 4중주로 편곡했습니다. 피아노로 들어 왔던 익숙한 곡을 비올라 나 감바 4중주의 부드러운 음색으로 들으니, 모차르트가 구상하고 느꼈던 바흐의 음악을 더 넓은 음역대로 풍부하게 감상할 수 있습니다.

사춘기의
어느 여름날로

작곡가 | Michel Legrand
곡명 | Un été 42
연주자 | Gautier Capuçon

이름만 들어도 설레는 파리의 샹젤리제, 개선문, 노트르담 성당이 차례로 화면을 가득 채웁니다. 벅찬 감격과 설렘으로 미소 띤 사람들이 한가득 있을 것 같지만 어쩐지 우수에 찬 표정으로 조심스레 활을 켜는 연주자가 있네요.

그는 프랑스를 대표하는 첼리스트, 고티에 카푸송입니다. 그의 활 아래서 아련히 울려 퍼지는 곡은 바로 〈Un été 42〉입니다. 이 작품은 1971년 개봉한 로버트 패트릭 멀리건의 영화 〈42년의 여름〉의 OST인데요. 미국의 팝 가수 앤디 윌리엄스가 부른 버전도 있습니다.

영화는 1942년 열여섯 살인 주인공 허미와 그가 흠모했던 연상의 유부녀 도로시의 이야기를 담고 있습니다. 당시는 제2차 세계 대전이 한창이었지만 영화는 사춘기를 겪는 소년의 성장 영화에 더욱 가깝습니다.

영화 속 음악은 아카데미상을 수상할 만큼 작품성이 뛰어납니다. 성인이 된 주인공의 내레이션과 잔잔하지만 무게 있는 선율이 영화에 깊이를 더합니다. 오늘은 우수에 찬 카푸송이 선사하는 담담하지만 깊이 있는 선율 속에서 사춘기 시절을 추억하면 좋겠습니다.

음악 추천 | 조민석   글 | 박지혁

실크를 다루듯
건반을 연주하다

작곡가 | Frédéric Chopin
곡명 | Ballade No.3 in A-flat Major, Op.47
연주자 | Charles Richard-Hamelin

2015년 쇼팽 국제 피아노 콩쿠르에서는 스타 연주자가 많이 나왔습니다. 오늘은 캐나다의 피아니스트 샤를 리샤르 아믈랭의 쇼팽 〈발라드 3번〉을 소개합니다.

샤를은 건반을 힘 있게 다루면서도 감정이 듬뿍 담긴 음악을 만들어 내기에 21세기 낭만주의자라고도 불리는데요. 그의 연주를 들으면 마음속에 한 겹 한 겹 감정이 쌓이고 깊은 감동이 느껴집니다.

가장 부드럽고 따듯한 손길이 마음을 어루만지듯 곡이 시작되고, 행복한 꿈을 꾸는 장면처럼 초반 2분은 다채로운 연주가 진행됩니다. 그 후엔 춤곡의 느낌으로 기분 좋은 변주가 나오지만, 점점 단조로 화성이 변화되며 뜨거운 열정이 타오를 징조를 보이는데요. 무게가 점점 추가되며 묵직해진 감정은 다시 가볍고 산뜻하게 전환되다가 5분 4초경 왼손이 연주하는 폭풍우 같은 변주를 점점 키워 가며 화려하게 마무리됩니다.

이 곡을 듣고 나니 따듯한 난로가 마음을 감싸 주어 하루가 조금 더 다채롭고 풍요로워진 느낌이 듭니다. 곡을 해석하는 능력은 연주자마다 다르지만, 오늘은 특별히 뜨거운 가슴으로 연주하는 샤를 리샤르 아믈랭의 연주를 소개하고 싶습니다.

음악 추천 | 황장원   글 | 황장원

폴 루이스의 슈베르트 '환상 소나타'

작곡가 | Franz Schubert
곡명 | Piano Sonata in G Major, Op.78, D.894, 'Fantaisie'
연주자 | Paul Lewis

며칠 전, 슈베르트의 227번째 생일날 신촌에 있는 금호아트홀 연세에서 영국 피아니스트 폴 루이스의 공연이 있었습니다. 거장 알프레드 브렌델의 제자로 베토벤과 슈베르트 피아노 음악의 명해석가로 정평이 난 루이스는 재작년 가을부터 매년 내한해 '슈베르트 소나타 사이클'을 진행했지요. 올해는 지난 두 해와 달리 두 번의 리사이틀을 가졌는데, 첫날 2부에서는 슈베르트 생전에 출판된 마지막 피아노 소나타인 'G장조 소나타'를 연주했습니다. 많은 연구자가 슈베르트의 역작 가운데 하나로 높이 평가하는 이 곡은 일명 '환상 소나타'로 불립니다. 그런데 이 별칭은 슈베르트 본인이 아니라 출판업자 토비아스 하슬링거가 붙였다고 하지요. 그는 이 작품의 악보를 자기 회사에서 펴낸 《피아노곡 전집》에 수록하면서 '소나타'가 아니라 '환상곡, 안단테, 미뉴에트, 그리고 알레그레토'라는 이름의 소품집으로 정리했다고 합니다. 아마 악보를 수월하게 팔고 싶어서 그랬겠지만, 어쩌면 이 곡의 첫 악장이 너무 부드럽고 느슨하여 '소나타'에 어울리지 않는다고 생각했을지도 모르겠습니다. 하지만 훗날 슈만은 이 곡을 '형식과 구상에 있어서 가장 완벽한 작품'이라고 극찬했죠.

개인적으로 '환상'이라는 별칭도 나쁘지 않다고 생각합니다만, 첫 악장을 들으면서 보다 어울리는 수식어를 떠올려 보자면 '명상' 내지 '몽상' 정도가 어떨까 싶습니다. 피아니시모로 일련의 화음들을 연주하며 조심스레 말문을 여는 듯한 명상적인 또는 평화로운 오프닝, 정적인 몸짓과 동적인 움직임을 유연하게 넘나들며 감미롭게 흘러가는 지극히 슈베르트다운 노래, 발전부에서 돌출되는 격정 혹은 비탄, 그리고 계속해서 이어지는 꿈결 같은 장면들. 그야말로 슈베르트가 남긴 가장 서정적이고 가장 시적인 소나타라고 해도 과언이 아닙니다.

폴 루이스는 이 곡을 슈베르트의 모든 소나타 중에서 가장 좋아한다고 밝힌 적이 있습니다. 그런 그의 연주는 곡에 깃든 슈베르트의 정서와 시정을 정성스레 살려 내면서도, 적절한 절제와 절도를 견지하여 곡의 구조적·서사적 완결성까지 뚜렷이 드러냈습니다. 그가 10여 년 전에 녹음했던 음반에 담긴 연주와 비교하자면 한층 더 농익고 깊어진 연주를 들려주었습니다. 소개하는 영상은 그가 20여 년 전 프랑스의 라 로크 당테롱 피아노 페스티벌에서 가졌던 리사이틀 실황을 담고 있습니다. 슈베르트가 이 곡을 썼을 때와 비슷한 나이였던 루이스의 연주는 엊그제 들었던 연주에 비하면 한결 풋풋하게 들리기도 하지만, 이미 충분히 사려 깊고 진솔하며 균형 잡힌 연주라고 할 수 있습니다.

일요일의 추천 음반

유정우
음반 | Complete Chamber Music by Poulenc
연주 | Le Sage 외
레이블 | RCA(2011)

프랑스 6인조의 주축이자 2024년 1월 7일 탄생 125주년을 맞는 프랑시스 풀랑크의 실내악을 프랑스계 연주자들이 한데 모여 녹음한 명반입니다. 특히 만년의 풀랑크가 이미 세상을 떠난 친구들을 추모하며 쓴 명작인 플루트 소나타, 클라리넷 소나타, 오보에 소나타의 명연이 모두 담겨 있습니다.

데얀 가브리츠
음반 | Horowitz in Moscow
연주 | Vladimir Horowitz
레이블 | Deutsche Grammophon(1990)

이 음반이 최고인 이유는 피아니스트 호로비츠가 연주하는 최고의 해석이 담겨 있기 때문입니다. 모든 곡에는 여러 색깔과 감정이 가득합니다. 사실 호로비츠가 여기서 무엇을 하고 있는지 말로 설명하기는 어렵습니다. 반복해서 듣고 즐겨야 합니다.

서로 들으세요!

작품명 | 〈Hearing the Silence〉 다큐멘터리
연주자 | Claudio Abbado

2024년 1월 20일은 지휘자 클라우디오 아바도의 서거 10주기였습니다. 저도 오랜만에 아바도 지휘자의 영상을 많이 보게 되었는데요. 유튜브에서 볼 수 있는 멋진 다큐멘터리가 하나 있습니다. 2003년에 나온 다큐멘터리 〈Claudio Abbado: Hearing the Silence〉입니다. 자동 자막 생성을 켜면 한글 자막으로도 볼 수 있습니다. 아바도는 언제나 음악이 끝난 후의 정적에 대해 이야기했습니다. 그리고 그 정적을 사랑했습니다. 음악이 모두 연주된 이후, 박수 소리나 '브라보'가 나오기 직전의 고요함은 클래식 음악과 함께하면서 경험할 수 있는 가장 매력적인 순간입니다.

아바도가 강조한 것이 또 하나 있습니다. 바로 '서로 들으세요'라는 지시인데요. 54분 23초경에는 그에 대한 내용이 자세히 나옵니다. 보통 실내악을 하면 지휘자가 없기 때문에 서로 듣는 것에 익숙합니다. 하지만 거대한 오케스트라 안에서는 스스로 내는 소리뿐만 아니라 다른 파트의 소리를 듣는 것이 쉽지 않습니다. 카라얀의 강력한 지시에 익숙했던 베를린 필하모닉 역시 1989년 아바도 취임 이후에는 언제나 들을 것을 요구받았습니다. 그렇게 서로 들으면서 나오는 음악은 세계 최고의 악단에도 엄청난 변화를 몰고 왔죠. 오늘 영상에서 '들으면서 나오는' 아바도의 음악을 감상해 보세요.

음악 추천 | 김소라   글 | 김소라

집시는 바이올린을 손에 들고 태어난다

작곡가 | Vittorio Monti
곡명 | Czardas
연주자 | David Garrett, Riccardo Chailly, Filarmonica della Scala

붉은 장미를 입에 문 여인이 관능적인 몸짓으로 춤사위를 시작하는 듯한 장면이 그려지는 이 곡은 이탈리아 작곡가 비토리오 몬티의 차르다시입니다.

이 작품은 헝가리의 민속 무곡 차르다시를 바탕으로 1904년에 작곡한 작품인데요. 원래 만돌린을 위한 곡으로 쓰였지만 바이올린을 비롯한 여러 악기와 오케스트라를 위한 곡으로 편곡되어 연주되고 있습니다.

예로부터 '집시는 바이올린을 손에 들고 태어난다'라는 말이 전해질 정도로 그들의 음악적 재능은 탁월하다고 알려져 있는데요. 그래서인지 17~18세기 유럽 대부분 지역의 민중 음악은 집시 악사들이 중심적 역할을 했습니다.

비애를 띤 느린 도입부와 그 후에 이어지는 빠르고 야성적이며 휘몰아치듯 열정적인 선율을 들려주는 주부, 그리고 격정적으로 강렬하게 끝을 맺는 마지막까지. 약 5분간의 짧은 시간 동안 한시도 긴장감을 놓지 못하게 만드는 이 곡 속에서 여러분은 무엇이 느껴지나요?

세계를 무대로 활약하는 멋진 바이올리니스트 데이비드 가렛과 지휘자 리카르도 샤이, 화려한 오케스트라의 등장부터 마지막 배경에 비추는 아름다운 밀라노 두오모까지. 하나도 버릴 것이 없는 이 영상 속에서 집시들의 희로애락에 젖어 들길 바랍니다.

음악 추천 | 조민석   글 | 박지혁

이집트를 그대로 옮겨 놓은 오페라

작곡가 | Giuseppe Verdi
곡명 | 'Gloria all' Egitto', 'Triumphal March' from 《Aida》
연주자 | Riccardo Chailly, La Scala Opera House

1869년 지중해와 홍해를 잇는 수에즈 운하의 개통을 기념하기 위해 카이로 오페라 극장이 지어집니다. 이집트 국왕은 베르디에게 카이로 오페라 극장에서 초연될 세계적인 오페라를 의뢰하고, 베르디는 1871년 오페라 《아이다》를 선보입니다.

영상 속 무대에는 이집트 문화가 듬뿍 담겨 있는데요. 유명한 아리아가 많지만, 조민석 큐레이터가 특별히 이 영상을 고른 이유는 3분 16초경부터 《아이다》의 상징과 같은 트럼펫 멜로디가 나오기 때문입니다.

이 부분은 이집트 장군 라다메스가 전쟁에서 승리하며 돌아오는 것을 축하하는 '개선 행진곡' 장면인데요. 이집트의 승리를 찬양하는 당찬 음악과 합창이 라다메스의 승전을 더욱 멋있게 꾸며 줍니다. 긴박한 연주를 타고 열정적인 춤을 추는 무용수와 수준 높은 오케스트라 연주 덕분에 이집트 문화와 오페라가 관객에게 입체적으로 전해지죠.

이 연주는 세계적인 오페라 극장인 라 스칼라 극장에서 2006년에 연주되었고, 〈로미오와 줄리엣〉의 감독인 프란코 제피렐리가 연출을 맡았습니다.

음악 추천 | 안일구   글 | 안일구

내가 가장
아끼는 사티

작곡가 | Erik Satie
곡명 | Ogives, Pièces froides, Gnossiennes, Sonneries de la Rose+Croix, Gymnopédies
연주자 | Reinbert de Leeuw

'가장 혁신적인 프랑스 작곡가'라고 하면 이분의 이름이 제일 먼저 떠오르죠. 바로 에릭 사티입니다. 사티는 흔히 '가구 음악'의 창시자로 불리기도 하는데요. 가구 음악이란 사람들의 이목을 끌기보다는 가구처럼 있는 듯 없는 듯 존재하는 음악을 말합니다. 실제로 들어 보면 음도 몇 개 없고 기승전결과 같은 전개도 보이지 않습니다. 그러나 그 안에 들어 있는 사티의 상상력과 창의력은 어떨까요? 우주처럼 광활합니다.

누군가는 사티를 〈짐노페디〉 한 곡만 히트시킨 작곡가로 알고 있지만, 그가 음악계에 미친 영향은 어쩌면 드뷔시, 라벨을 능가합니다. 그의 음악은 수많은 현대 음악의 흐름을 예견했고, 이는 미니멀리즘, 뉴에이지 음악 등 여러 갈래로 뻗어 나갔습니다. 거의 모든 현대 작곡가는 사티의 영향 아래 있습니다. 그래서 그는 21세기를 미리 살았던 사람이라고 평가받기도 하죠.

소개하는 영상은 발매조차 되지 않은 1982년의 실황 녹음 영상인데요. 사티 해석을 아주 탁월하게 해내는 네덜란드 출신의 피아니스트 레인베르트 더레이우의 연주입니다. 2020년 세상을 떠난 그는 지휘자, 작곡가로도 활동하며 네덜란드 현대 음악의 수호신 같은 분이었습니다. 그가 해석하는 사티가 남다를 수밖에 없는 이유입니다.

음악 추천 | 데얀 가브리츠   글 | 박지혁

생상스가
상상했던 항해

작곡가 | Camille Saint-Saëns
곡명 | Piano Concerto No.5, 3rd Mov.
연주자 | Alexandre Kantorow, Nikolay Alexeev, St. Petersburg Philharmonic Orchestra

카미유 생상스는 겨울이 되면 추운 프랑스를 떠나 따듯한 이집트의 룩소르로 휴가를 떠나곤 했습니다. 룩소르는 이집트의 두 번째 수도이자 천년의 역사를 가진 도시였죠. 그런 도시에 머물며 생상스는 20년 만에 피아노 협주곡을 작곡합니다.

그는 이집트 문화와 스페인, 인도네시아의 영향을 받아 항해하는 모습을 음악으로 표현하고 싶어 했습니다. 그래서 생상스는 생동감이 넘치고 낯설었던 이국의 분위기를 담아 피아노 협주곡 5번 〈이집트〉를 작곡합니다.

영상은 생상스의 피아노 협주곡 5번 중 3악장을 다룹니다. 이 곡을 연주하는 알렉상드르 캉토로프는 프랑스의 바이올리니스트 장 자크 캉토로프의 아들로, 프랑스 태생의 피아니스트로는 처음으로 차이콥스키 국제 콩쿠르에서 우승했습니다.

3악장을 들었을 때 제 머릿속에는 강한 파도를 뚫고 배를 이끌어 가는 사람의 모습이 그려졌고, 그의 배가 비바람이 가득한 곳을 지나 마침내 햇빛이 드넓게 비치는 바다로 향하는 모습이 상상되었습니다. 특히 2분 40초경 목관 악기의 선율에 아르페지오로 연주되는 부분이 매우 환상적입니다. 이런 선율은 따듯한 룩소르에서 눈을 감고 항해를 느끼는 생상스의 환희에서 나왔을까 다시 생각해 봅니다.

음악 추천 | 황장원   글 | 황장원

작품의 산파가
지휘한
'랩소디 인 블루'

작곡가 | George Gershwin
곡명 | Rhapsody In Blue
연주자 | Roy Bargy, Paul Whiteman Orchestra

1924년 2월 12일 눈 내리던 화요일 오후, 뉴욕 맨해튼의 에올리언 홀에서는 '현대 음악의 실험'이라는 도발적인 제목의 음악회가 진행되었습니다. 당시 '재즈의 왕'이라고 불렸던 폴 화이트먼이 기획하고 추진한 공연이었죠. 화이트먼은 재즈 대중화에 앞장서는 한편, 재즈와 다른 장르 간의 콜라보에도 관심과 열정을 쏟았습니다. 몇 달 전인 1923년 11월 1일에 그는 캐나다의 메조소프라노 에바 고티에와 함께 재즈와 클래식을 접목한 공연을 열었는데, 그 공연이 성공을 거두자 여세를 몰아 야심 찬 도전에 나선 것이죠.

이날 화이트먼과 그의 악단 팔레 루아얄 오케스트라는 2부, 11개의 섹션으로 구성된 프로그램을 내걸고 다양한 곡을 연주했습니다. 하지만 대부분 서로 어슷비슷하게 들렸고 설상가상으로 공연장의 환풍기도 고장 나 있었죠. 시간이 흐를수록 관객들은 인내심을 잃고 지쳐 갔습니다. 그렇게 끝에서 두 번째 곡에 다다랐을 때, 오묘한 글리산도를 첨가한 클라리넷 솔로가 울려 퍼지자 관객들의 눈빛이 다시 반짝이기 시작했죠. 곡을 작곡한 조지 거슈윈의 기막힌 피아노 솔로와 악단의 전속 작곡가 퍼드 그로페가 편곡한 관현악이 멋지게 어우러지면서 모두의 가슴에 도취적 열정과 환상의 불꽃을 타오르게 만들었죠. 작품의 초연은 대성공이었고, 그 곡을 쓴 거슈윈은 불멸의 명성을 얻게 되었습니다.

올해는 거슈윈의 명곡 〈랩소디 인 블루〉가 초연된 지 100년이 되는 해입니다. 특정 작품의 초연 몇 주년을 대대적으로 기념하는 것이 흔한 일은 아닌 듯한데, 〈랩소디 인 블루〉의 100주년을 기념한다는 건 그만큼 이 곡이 음악사에서 중요한 위치를 차지하는 작품이라는 의미도 되겠습니다. 오늘날 이 곡은 '심포닉 재즈'의 효시로 미국 음악사에 새로운 장을 연 걸작으로, 나아가 재즈와 클래식 음악을 성공적으로 융합한 상징적 존재로 여겨지고 있죠. 한편 이 곡과 관련해서 거슈윈 말고도 기억해야 할 이름들이 있습니다. 거슈윈이 두 대의 피아노를 위해 쓴 악보를 수차례 '재즈 협주곡'으로 편곡한 퍼드 그로페와 작품을 거슈윈에게 위촉한 폴 화이트먼이 그들인데요. 특히 화이트먼은 이 곡이 큰 인기를 끌자 아예 자신이 이끄는 밴드의 타이틀곡으로 내세웠다고 합니다. 오늘의 추천 영상은 1930년에 만들어진 〈재즈의 왕〉이라는 영화 속 한 장면입니다. 먼저 화이트먼 본인이 나서서 곡을 소개하고, 남성 무용수가 부두 드럼에 맞춰 춤을 춥니다. 화려한 의상을 입은 여성 무용수들 사이로 클라리넷 주자가 등장하면서 〈랩소디 인 블루〉가 시작되죠. 비록 축약 버전입니다만, 그 시절의 연주 스타일에 독특한 영상 연출이 가미되어 당시 사람들이 이 곡을 어떻게 향유했는지 엿볼 수 있습니다.

일요일의 추천 음반

유정우
음반 | Puccini - Il Trittico
연주 | Lorin Maazel, Philharmonia Orchestra, London Symphony Orchestra
레이블 | CBS Records(1977)

푸치니 서거 100주기를 맞아 그의 마지막 완성작 오페라를 준비 했습니다. 세 폭 제단화를 뜻하는 '트리티코'라는 제목에 맞게 완전히 다른 스토리와 스타일을 지닌 세 개의 단막 오페라로 구성되죠. 세 오페라는 하나의 공통분모를 지니고 있습니다. 바로 '죽음'과 '부모 자식 간의 인연'입니다. 단테『신곡』 구성에서 모티브를 가져와 지옥, 연옥, 천국의 순서로 전개되는 세 개의 오페라를 통해 부모 자식 사이의 애틋한 인연에 대해 다시 생각해 보는 주말이 되었으면 합니다.

데얀 가브리츠
음반 | Tchaikovsky Romances
연주 | Christianne Stotijn, Julius Drake
레이블 | PM Classics(2008)

네덜란드 가수 크리스티안 스토테인을 아시나요? 그녀는 믿을 수 없을 만큼 뛰어난 러시아어 발음으로 차이콥스키를 노래합니다. 하지만 그보다 더 놀라운 것은 모든 음악과 완벽하게 어울리는 그녀의 다채로운 목소리입니다. 무려 20개나 되는 차이콥스키의 노래를 한꺼번에 들을 수 있는 것도 이 앨범의 큰 장점입니다.

잊혀진 대가의 카르멘

음악 추천 | 데얀 가브리츠　글 | 안일구

작곡가 | Franz Waxman
곡명 | Variations on Bizet's 《Carmen》, Op.25
연주자 | Leonid Kogan

레오니드 코간이라는 연주자를 들어 보셨나요? 1924년 소련, 지금의 우크라이나에서 태어난 바이올리니스트입니다. 그는 어릴 때부터 음악에 재능을 보였고, 1951년 브뤼셀에서 열린 엘리자베스 국제 음악 콩쿠르에서 파가니니 협주곡으로 우승을 거머쥐었습니다. 이후 그는 왕성한 연주 활동을 펼치며 모스크바 음악원과 이탈리아 시에나에서 학생을 가르치기도 했습니다.

가브리츠 선생님이 추천한 영상을 보면 '내가 왜 지금까지 이런 연주자를 몰랐지?'라는 의문이 들기도 합니다. 오늘 영상의 주인공 레오니드 코간 역시 마찬가지입니다.

그의 왼손과 오른손은 확신으로 가득합니다. 연주 역시 조금의 망설임이나 주저함이 없는 명확하고 단단한 사운드를 자랑합니다. 하바네라 테마를 통해 나오는 저음 현의 소리는 표정이 풍부한 울림을 제대로 느낄 수 있습니다. 많은 연주자들이 어려움을 겪는 구간에서도 코간의 소리와 음악에는 전혀 손실이 없습니다. 그가 왜 바이올린의 전설로 불렸는지 알 수 있죠. 어쩌면 많은 사람에게 잊혀진 바이올린의 대가, 코간의 연주를 들어 보세요.

음악 추천 | 김소라　**글 |** 김소라

악기들이
한데 모여
집을 지으면

작곡가 | Maurice Ravel
곡명 | Bolero
연주자 | Going Home Project

소개하는 곡은 인상주의 작곡가 모리스 라벨의 작품 〈볼레로〉입니다. 1928년 라벨은 약 4개월 동안 이 곡을 작곡했는데, 곡의 구조는 매우 단순합니다. 끊임없이 이어지는 스네어 드럼의 스페인 볼레로 리듬 위에 두 선율이 악기를 바꿔 가며 반복되죠. 가장 작은 음량에서 가장 큰 음량까지 온갖 악기들이 추가됩니다.

따라서 이 곡은 '단순한 재료로 최상의 효과를 구현하는 곡'이라는 찬사를 얻기도 했는데요. 하지만 각 선율을 연주하는 악기들의 솔로가 두드러지는 탓에 오케스트라 단원들의 수준급 실력이 요구되어 연주하기에는 굉장히 어렵다고 합니다.

한편 영상에서 이 곡을 연주하는 단체는 '고잉 홈 프로젝트'입니다. 전 세계에 흩어져 있는 대한민국 출신의 음악가와 한국을 제2의 집으로 삼은 음악가가 하나 된 마음으로 만든 오케스트라죠. 특정 기관이나 조직의 지원 없이 음악가의, 음악가에 의한, 음악가를 위한 자체적 운영을 표방하는 만큼 연주자 각각의 면면이 화려할뿐더러 그보다 빛나는 음악을 사랑하는 마음이 영상 너머까지 전해집니다.

오늘은 스페인 볼레로 리듬 위에 하나하나 쌓이는 악기들을 살펴보며 입체적으로 곡을 즐기길 바랍니다.

2월 14일

음악 추천 | 박지혁   글 | 박지혁

2CELLOS 의 〈베네딕투스〉

작곡가 | Karl Jenkins
곡명 | Benedictus
연주자 | 2Cellos, Ivo Lipanovic, Zagreb Philharmonic Orchestra

이 음악이 주는 큰 감동에서 한동안 헤어나지 못했습니다. 두 대의 첼로 소리가 이렇게 폭넓은 감정을 다룰 수 있다는 걸 다시금 알게 되었는데요. 오늘의 곡은 칼 젠킨스 경이 작곡한 〈베네딕투스〉입니다.

단순한 고음의 첼로 선율은 단숨에 마음을 사로잡아 따듯한 사랑의 품으로 데려갑니다. 바이올린 또는 비올라 같은 음역이 들리는 이유는 첼로 고음에서만 나오는 특유의 매력적인 소리와 애씀 없이 들리는 소리를 내기 위한 작곡가의 의도 때문입니다. 고음에 단단하고 묵직한 매력이 있죠?

칼 젠킨스 경은 1998년 일어난 코소보 사태에서 희생된 사람들을 기리기 위해 《무장한 사람: 평화를 위한 미사》를 작곡했고, 〈베네딕투스〉는 그중 12번째 곡입니다. 수많은 전쟁을 겪으며 살아온 젠킨스는 인류의 미래에 희망과 평화가 있기를 바라는 마음으로 작곡했다고 합니다.

제목에 '축복을 받다'라는 뜻이 있어서 그럴까요? 삶에 지친 스스로를 돌보지 못했던 순간들이 음악을 통해 위로받는 느낌입니다. 2CELLOS가 만들어 내는 깊은 하모니는 두 사람이 전쟁 대신 평화를 위해 힘쓰는 모습을 그린 듯하네요. 오늘도 이 음악과 함께 평화로운 하루 되시길 바랍니다.

음악 추천 | 조민석   글 | 안일구

생상스
만년의 바순
소나타

작곡가 | Camille Saint-Saëns
곡명 | Bassoon Sonata Op.168
연주자 | Minju Kim, Eun Jin Choi

저는 플루트를 전공했으니 당연하게도 목관 악기를 위한 작품에 애정이 많은 편입니다. 목관 악기를 위한 소나타를 정리하다 보면 상당히 많은 프랑스 작곡가들이 재생 목록에 등장합니다. 특히 드뷔시, 포레, 라벨, 풀랑크 등이 목관 악기를 통해 작품 세계를 펼쳐 보였죠. 이들의 선배라고 할 수 있는 생상스 역시 목관 악기를 위한 작품을 남겨 주었습니다.

1921년, 생상스가 86세로 세상을 떠나기 직전에 작곡한 3개의 목관 악기를 위한 소나타가 있습니다. 그중 마지막 작품이 바순을 위한 소나타입니다.

1악장의 시작부터 인상적인데요. 피아노의 유려한 아르페지오가 바순의 풍부하고 따뜻한 음색과 어우러집니다. 통통 튀는 매력을 가진 2악장을 지나 3악장은 두 개의 템포 지시를 가지는데요. 먼저 나오는 느린 부분을 꼭 들어 보길 추천합니다. 인생의 마지막에 다다른 노 작곡가의 아름다운 회상처럼 들려오거든요.

바순 연주자에게 아주 중요한 레퍼토리가 된 이 곡을 멋지게 소화하고 있는 오늘의 연주자 또한 주목해야 합니다. 2022년 한국인 최초로 프라하 봄 국제 음악 콩쿠르에서 우승한 후, 함부르크 필하모닉 오케스트라의 수석 주자로 활약 중인 김민주 바수니스트의 연주입니다.

음악 추천 | 유정우   글 | 안일구

4시간 동안의 사랑 이야기

작곡가 | Richard Wagner
곡명 | 《Tristan und Isolde》
연주자 | Christian Thielemann, Bayreuth Festival Orchestra

'트리스탄과 이졸데'는 바그네리안에게 참 설레는 이름입니다. 이야기와 바그너의 음악이 만나면서 만들어지는 폭발력은 모두를 뜨겁게 만들죠. 그의 음악을 온몸으로 흠뻑 느낄 수 있는 최고의 현장, 바그너가 직접 만든 '바이로이트 페스티벌'의 영상입니다. 2015년 새로운 연출로 무대에 올려진 《트리스탄과 이졸데》 공연은 여러모로 화제였습니다. 당시 바이로이트 페스티벌의 음악 감독이었던 크리스티안 틸레만이 지휘를 맡았고, 연출은 바그너의 증손녀로 현재 페스티벌의 총감독인 카타리나 바그너가 맡았습니다. 일단 무려 4시간 동안 이어지는 관현악 음향이 귀를 사로잡습니다. 바그너 음악의 최고 해석가인 틸레만의 숨 막히는 지휘가 빛을 발합니다.

연출 또한 흥미로운데요. 1막에선 두 사람의 엇갈린 운명이 시각적으로 연결되었다가 분리되고, 위아래로 이동하는 장면은 마법학교를 연상시킨다는 평도 있었습니다. 3막 '사랑의 죽음'에서 지극히 헌신적이고 비장한 결말로 마무리되는 점도 인상적입니다. 한편, 이 영상에서 트리스탄 역할을 맡은 스티븐 굴드는 지난해 갑자기 세상을 떠나며 많은 바그네리안을 슬프게 했죠. 미국의 위대한 헬덴테너 스티븐 굴드의 모습도 볼 수 있습니다.

음악 추천 | 황장원   글 | 황장원

작곡가 | Pyotr Ilyich Tchaikovsky
곡명 | Lensky's aria 'Kuda, kuda, vi udalilis'
연주자 | Pavol Breslik, The Royal Opera

렌스키를 추억하며

차이콥스키의 《예브게니 오네긴》은 조금 이상한 오페라입니다. 타이틀 롤인 오네긴보다 다른 두 인물의 내면을 더 구체적으로 조명하기 때문이죠. 그중 한 명은 오네긴의 상대역인 여주인공 타티아나이고, 다른 한 명은 오네긴의 친구 렌스키입니다. 실제로 차이콥스키는 오네긴에게는 거부감을, 이 두 명에게는 친근감을 느꼈다고 전해지죠.

'어디로, 어디로 갔는가, 내 청춘의 황금빛 날들이여!' 렌스키가 2막 2장에서 부르는 이 유명한 노래는 자신의 죽음에 바치는 만가(挽歌)나 다름없습니다. 그는 지금 오네긴과의 결투를 기다리고 있습니다. 순간의 질투를 참지 못한 게 화근이었지요. 전날 라리나 부인의 저택에서 열린 무도회에서 오네긴이 장난삼아 자신의 연인 올가와의 춤을 독점하자 부아가 치민 나머지 결투를 신청하고 말았던 것입니다.

하지만 섬세하고 심약한 성품을 지닌 시인인 렌스키가 과연 친구를 향해 방아쇠를 당길 수 있을까요? 스스로를 잘 알기에 그는 잠시 후면 사라져 버릴 자신의 찬란했던 봄날을 탄식하고, 사랑하는 올가에 대한 미련을 토로하고 있습니다. 아마도 그래서 어떤 연출가들은 결투 장면에서 렌스키가 친구를 향해 권총을 제대로 겨누지도 못하는 모습을 연출하는 것이겠지요.

그런데 한편으로 이 노래는 너무도 미숙하고 충동적이었던, 그래서 중요한 일을 망치거나 그르치곤 했던 우리 모두의 젊은 날에

바치는 애가로 볼 수도 있지 않을까 싶습니다. 이 노래를 들을 때마다 가슴 한구석이 아려 오는 이유를 그런 상징성에서 찾을 수도 있겠지요.

오늘 소개하는 영상은 2013년 영국 로열 오페라 하우스에서 상연되었던 공연 실황의 일부입니다. '어디로, 어디로(Kuda, kuda)'를 외치는 첫 소절이 잘린 점이 아쉽습니다만, 슬로바키아 출신의 테너 파볼 브레슬릭의 진솔한 가창과 연기는 안타까운 운명에 처한 시인 렌스키의 심정을 더없이 잘 전달해 주고 있습니다.

일요일의 추천 음반

데얀 가브리츠
음반 | Beethoven / Schumann
연주 | Ivo Pogorelich
레이블 | Deutsche Grammophon(1983)

10대 때 저는 포고렐리치의 공연을 여러 번 들을 기회가 있었습니다. 그의 연주에 대한 강렬한 기억은 아직도 잊을 수 없죠. 이 음반은 제가 구입한 첫 번째 음반이었고, 지금까지도 여전히 매우 매력적인 앨범이라고 생각합니다. 특히 그의 슈만은 무척 특별합니다.

유정우
음반 | The Triumphs of Maximilian
연주 | David Munrow
레이블 | Decca(1973)

소장한 음반 중 가장 사랑하는 10대 음반에 들어가는 르네상스 음악 음반입니다. 33세의 아까운 나이에 세상을 등진 초기 고음악의 대가 데이비드 먼로우가 이끄는 The Early Music Consort of London의 1972년 녹음입니다. 합스부르크 황가의 중흥을 가져온 막시밀리안 1세 황제 시절 궁정 음악가들의 음악을 담고 있죠. 마지막 트랙의 〈누가 우리의 눈에 눈물의 샘을 가져오는가(Quis dabit oculis nostris)〉는 남다른 감동을 안겨 줍니다.

2월 19일

남미에서
날아온
매혹적인 선율

음악 추천 | 김소라　글 | 김소라

작곡가 | Georges Bizet
곡명 | 'Habanera' from Opera 《Carmen》
연주자 | Elīna Garanča, Yannick Nézet-Séguin, The Metropolitan Opera

시작부터 유혹적인 여인의 목소리에 관능적인 선율이 귀에 착 감기는 이 곡은 1875년 만들어진 조르주 비제의 오페라 《카르멘》에 나오는 아리아입니다.

주인공인 카르멘이 1막에서 군인 돈 호세를 유혹하기 위해 부르는 곡으로 원제는 가사의 첫머리를 딴 '사랑은 길들지 않은 새'인데요. 아마 〈하바네라〉라는 제목으로 더 익숙할 것입니다.

'하바네라'는 '아바나의 춤'이란 뜻의 스페인어 'Danza Habanera'가 줄어든 말인데요. 여기서 '아바나'는 쿠바의 수도를 의미합니다. 이 음악은 쿠바에서 발생한 춤곡으로 19세기에 라틴 아메리카와 유럽에서 크게 유행하다 《카르멘》을 관통하는 선율로까지 채택된 것이죠.

한편 영상에서 뛰어난 기량을 뽐내는 음악가는 현역 최고의 메조 소프라노로 불리는 엘리나 가랑차입니다.

탄탄한 발성으로 깊고 그윽한 저음에서 밝은 고음까지 넘나드는 가랑차의 아바네라는 그 어떤 가수의 곡보다 너욱 특별한데요. 오늘은 가랑차의 목소리와 함께 매혹적인 춤의 선율에 빠져 보길 바랍니다.

음악 추천 | 박지혁   글 | 박지혁

나이팅게일의 노래

작곡가 | Igor Stravinsky
곡명 | Le Chant du Rossignol
연주자 | Pierre Boulez, Wiener Philharmoniker

중국 문화가 짙게 담긴 〈나이팅게일의 노래〉를 스트라빈스키가 작곡했다는 사실이 믿어지나요? 스트라빈스키는 〈봄의 제전〉을 완성한 후, 안데르센의 동화를 기반으로 오페라 《나이팅게일》을 작곡합니다. 그리고 1917년에 2막과 3막을 편곡해 지금 듣는 〈나이팅게일의 노래〉가 탄생했죠.

오페라는 한 어부의 밤꾀꼬리 나이팅게일로부터 시작됩니다. 나이팅게일은 환상적이고 아름다운 노래를 불렀고, 그 소문은 중국 황제에게까지 퍼져 나이팅게일은 어부의 손을 떠나 황제에게 가게 됩니다. 나이팅게일의 노래에 눈물을 흘린 황제는 살아 있는 새가 짧게 노래할 수밖에 없음을 안타까워했죠.

황제는 일본 사절단이 바친 태엽 나이팅게일 덕분에 진짜 나이팅게일을 잊어 가지만, 태엽 나이팅게일이 망가지자 병상에 눕게 됩니다. 그는 마지막으로 진짜 나이팅게일의 노래를 다시 듣고 싶어 했고, 나이팅게일의 아름다운 노래를 들은 황제는 건강을 회복해 일어나게 되죠.

나이팅게일을 맡은 플루트 솔로가 일품입니다. 15분 15초경에 나오는 나이팅게일의 노랫소리를 감상해 보세요. 게다가 이 연주에서는 세계적인 작곡가 피에르 불레즈가 지휘를 맡아 멋진 해석을 들려줍니다.

레알리,
《베네치아의 거울》

음악 추천 | 데얀 가브리츠   글 | 안일구

작곡가 | Giovanni Battista Reali
곡명 | Sinfonia XII, 'Folia'
연주자 | Le Consort, Victor Julien-Laferrière

〈라 폴리아〉는 바로크 시대에 가장 인기 있는 곡이었고, 수많은 작곡가가 자신의 버전을 만들었습니다. 그중에서도 오늘은 작곡가 레알리의 아주 특별한 버전을 소개합니다. 이미 몇 번 소개한 적이 있는 바이올리니스트 테오팀 랑글루아 드 스와르트를 주축으로 하는 바로크 앙상블 르 콩소르의 연주 또한 일품입니다.

작곡가 조반니 바티스타 레알리는 이탈리아의 바이올리니스트이자 지휘자였습니다. 베네치아에서 태어난 그는 안토니오 비발디와 동시대에 활동했죠. 레알리에 대한 자료가 많지 않지만, 베네치아에서 태어난 비발디와 쌍벽을 이루는 비르투오소 바이올리니스트였다는 기록이 있습니다.

알파 클래식에서 나온 음반 《베네치아의 거울》은 그래서 아주 귀합니다. 베네치아의 두 음악가, 비발디와 레알리의 작품을 젊은 시대 악기 연주자들이 완벽하게 재현하고 있습니다. 특히 듣기 힘들었던 레알리의 작품들을 수록한 만큼 절반 이상이 전혀 녹음된 적 없는 작품이라고 합니다. 당시 최고의 유행가와도 같았던 〈라 폴리아〉가 마음에 들었다면, 앨범 전체를 여유롭게 감상해 보세요.

음악 추천 | 데얀 가브리츠   글 | 박지혁

바흐의
'달콤한' 칸타타

작곡가 | Johann Sebastian Bach
곡명 | Aria 'Süßer Trost, mein Jesus kömmt' from BWV.151
연주자 | Concerto Copenhagen

바흐는 비교적 짧은 노랫말이나 단 한 줄의 문장으로도 아름다운 음악을 만들었습니다. 특히 크리스마스가 되면 유럽은 바흐의 작품으로 가득해지죠. 오늘은 칸타타 BWV.151 중 1악장인 아리아 〈달콤한 위안, 나의 예수께서 오셨네〉를 소개합니다.

바흐는 제목에 나오는 '달콤한 위안'을 바로크 플루트의 따뜻한 소리로 표현하며 곡을 시작합니다. 이어 편안하고 밝은 분위기에서 예수의 탄생을 기뻐하는 가사를 소프라노가 아름답게 노래합니다.

3분 37초 부분에서는 템포는 빠르게, 조성은 단조로 바뀌는데요. 소프라노는 자신이 천국에 갈 수 있도록 선택받았다는 마음을 '심장과 영혼은 기뻐하라'라는 가사를 통해 표현합니다. 이렇게 활기차게 바뀌었던 음악은 이내 다시 처음의 평화로움을 찾으며 마무리됩니다. 가사에 따라 바뀌는 바흐의 달콤한 음악을 느껴보세요.

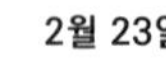

음악 추천 | 조민석   글 | 안일구

오자와 세이지와 베토벤의 마지막

작곡가 | Ludwig van Beethoven
곡명 | String Quartet No.16, Op.135
연주자 | Seiji Ozawa, Seiji Ozawa Academy Orchestra

오자와 세이지가 세상을 떠났습니다. 이 소식은 이상할 만큼 제 마음을 먹먹하게 만들었습니다. 아시아인 최초로 세계를 무대로 위대한 업적을 남긴 일본의 노 지휘자는 자신이 좋아하던 눈을 마음껏 보면서 편안하게 세상을 떠났다고 합니다.

베토벤의 마지막 작품, 현악 4중주 제16번을 아시나요? 그가 세상을 떠나기 6개월 전에 쓴 곡입니다. 오늘 영상에서는 그중 3악장을 체임버 오케스트라용으로 확대해 연주합니다. 연주하는 단원들은 2015년 당시 오자와 세이지 아카데미의 학생들입니다. 노 지휘자와 젊은 단원들이 함께하는 이 연주는 베토벤이 생의 마지막에 느꼈을 감정을 가득 담고 있습니다.

가혹한 운명은 베토벤을 여러 번 좌절시켰지만 그는 평생에 걸쳐 운명에 당당히 맞섰습니다. 그러나 계속된 병마는 그를 괴롭혔죠. 그런데 이 3악장을 들어 보면 베토벤은 왠지 편안해 보입니다. 4악장은 심지어 밝은 빛으로 가득합니다. 잔잔한 호수와도 같은 3악장에서 모든 것을 이겨 내고 초월한 한 인간의 경지를 느낄 수 있습니다. 베토벤이 음악을 통해 신의 목소리에 가까워진 것처럼 오자와 세이지는 이 곡을 통해 베토벤과 깊은 대화를 나누고 있는 것 같습니다.

음악 추천 | 황장원　글 | 황장원

오자와가
지휘한
'부활 교향곡'

작곡가 | Gustav Mahler
곡명 | Symphony No.2 in C Minor, 'Resurrection'
연주자 | Seiji Ozawa, Kathleen Battle, Florence Quivar, New Japan Philharmonic Orchestra

2024년 2월 6일, 일본 출신의 세계적인 지휘자 오자와 세이지가 향년 88세를 일기로 세상을 떠났습니다. 일본인이다 보니 우리나라에서는 관심이 크지 않았고 애써 외면하려는 경향도 없지 않았던 것 같습니다만, 오자와는 동아시아 출신으로는 국제 무대에서 가장 빛나는 경력을 쌓은 지휘자였고, 명실상부 세계적인 거장이었지요.

오자와의 경력에서 가장 잘 알려진 부분은 '보스턴 심포니 오케스트라'의 음악 감독으로 활동했던 일입니다. 그는 미국의 '5대 메이저 교향악단'으로 꼽히는 보스턴 심포니를 1973년부터 2002년까지 무려 30년 가까이 맡아서 이끌었습니다. 악단의 역대 음악 감독 중 최장수 재임 기록이라고 하죠. 2002년부터 2010년까지 '빈 국립 오페라 극장'의 음악 감독을 역임한 사실도 유명합니다.

20세기 후반 지휘계의 양대 거장인 카라얀과 번스타인을 모두 사사한 드문 이력의 소유자였던 오자와는 특유의 깨끗하고 솔직한 해석을 바탕으로 특히 라틴 계열 레퍼토리와 근현대 음악에서 뛰어난 연주를 들려줬고, 말러 교향곡의 명해석가로도 유명했습니다.

개인적으로 말러에 입문하던 시절에 그가 보스턴 심포니와 1977년에 녹음한 《거인 교향곡》을 즐겨 들었던 기억이 있는데요. 특히 1악장에서 산뜻한 전개와 클라이맥스의 장쾌한 돌파력에 매료되었지요.

오늘 소개하는 영상은 오자와가 1995년 일본 나가사키에서 지휘한 '부활 교향곡' 공연 실황입니다. 해당 공연은 나가사키 원폭 투하 50주년을 기리기 위한 평화 콘서트였는데, 오케스트라에는 신일본 필하모닉을 중심으로 시카고 심포니와 보스턴 심포니 단원들이 참여했고, 일본 내 4개 합창단으로 꾸려진 연합 합창단 그리고 소프라노 캐슬린 배틀과 메조소프라노 플로렌스 퀴바가 독창자로 참여했습니다.

아직 전성기의 컨디션을 유지하던 오자와의 명확하고 열정적인 지휘가 돋보이며, 공연의 의의가 각별했던 만큼 전체적으로 특별한 열기와 감흥에 휩싸인 인상적인 연주가 아닌가 합니다. 오자와의 성향을 감안하면 '군국주의 망령' 같은 건 걱정할 필요가 없을 것 같네요.

일요일의 추천 음반

유정우
음반 | Carlos V: Mille Regretz - La Cancion del Emperador
연주 | Jordi Savall 외
레이블 | Alia Vox(2000)

조르디 사발이 이끄는 고음악 앙상블 에스페리온 21이 연주한 스페인 합스부르크 카를로스 1세 궁정 음악 모음집입니다. 카를로스 5세의 인생 주제가인 조스캥 데 프레의 〈사무치는 회한〉이 핵심 곡입니다. 세상의 절반을 지배한 황제였음에도 결국 속세의 부와 권력은 모두 부질없고 회한만 남는다는 측면에서 베르디의 《돈 카를로》 속 산 주스토 수도원의 선왕 카를로 5세의 정서와 일맥상통하는 음반입니다.

데얀 가브리츠
음반 | Boulanger, Faure, Hahn
연주 | Wiliam Youn, Valentin Uryupin 외
레이블 | Sony Classical(2024)

윤홍천 피아니스트의 새로운 음반인데 매우 아름답습니다. 흥미로운 레퍼토리 선정과 섬세하고 반짝이는 연주가 돋보입니다. 우리에게 많이 알려지지 않은 작품들로 가득하지만 모든 곡이 특별하게 다가옵니다. 여러 작품 중에서도 레이날도 안의 피아노 협주곡에 빠져들었습니다. 모르던 작품에서 새로운 세계를 만나는 경험은 역시 특별합니다.

음악 추천 | 김소라   글 | 김소라

잠자던 슬픔은
아름다운 선율로
깨어나고

작곡가 | Frédéric Chopin
곡명 | Étude in E Major Op.10 No.3 'Tristesse'
연주자 | Sviatoslav Richter

음악의 위대한 힘 중 하나는 우리 안에 있는 감정을 깨우는 것이 아닐까 싶은데요. 오늘 들을 곡은 쇼팽이 1823년에 작곡한 에튀드로 그의 작품 번호 10번 중 3번입니다. 원래 연습을 위한 곡이라는 인식이 강했지만, 음악적 완성도를 끌어올린 쇼팽의 에튀드는 하나하나가 훌륭한 작품성을 지니면서 새로운 인기 장르로 자리 잡습니다.

그는 생전 총 27개의 에튀드를 작곡했는데 작품 번호 10번 중 3번은 그중 몇 안 되는 느린 선율의 곡입니다. 진행이 느린 만큼 그 안에 깃든 감정이 매우 풍부합니다.

작품에는 '이별의 곡'이라는 부제가 붙어 있는데요. 쇼팽은 조국 폴란드를 매우 사랑했지만 그곳을 떠난 후 다시는 조국 땅을 밟지 못했습니다. 그래서인지 이 음악에는 조국이 어려운 순간 함께하지 못했던 자신의 마음, 조국과 이별해야만 했던 마음이 담겨 있습니다. 쇼팽은 이 곡을 쓰고 "이토록 감미로운 멜로디는 내 생애 처음이다"라는 말을 남겼다고 하는데요.

20세기 최고의 피아니스트 스뱌토슬라프 리흐테르는 담담하면서도 깊은 해석으로 곡의 매력을 끌어내고 있습니다. 오늘은 잠시 시간을 내어 아름다운 선율 속에서 여러분이 가장 사랑했던 사람과의 순간을 추억하며 잠자던 슬픔을 깨우고, 눈물로 그것을 흘려보내시길 바랍니다.

음악 추천 | 데얀 가브리츠　글 | 안일구

교향곡을 연상케 하는 피아노 4중주

작곡가 | Johannes Brahms
곡명 | Piano Quartet No.1 G Minor, Op.25
연주자 | Fauré Quartett

포레 4중주라는 이름을 가진 독일의 4중주단이 있습니다. 저는 오케스트라 안에서 연주자로, 포레 4중주는 협연자로 유럽의 여러 도시를 여행한 경험이 있습니다. 당시 피아노 4중주라는 형태를 접한 것이 처음이라 음악적으로도 상당히 흥미로웠지만, 이들에게서 뿜어져 나오는 에너지와 인간미가 아직도 생생합니다.

영상에서 이들이 연주하는 작품은 브람스의 피아노 4중주 G단조입니다. 1855년경 구상을 시작해 1861년에 완성했으며, 브람스가 사랑했던 피아니스트 클라라의 연주로 함부르크에서 초연이 이루어진 곡입니다. 브람스가 음악적으로 존경했던 슈베르트와 슈만 모두 피아노 4중주로 아름다운 작품을 남겼는데요. 브람스는 그들의 유산 위에 자신만의 색깔을 담아 이 편성으로 3곡의 작품을 남겼습니다.

우선 4악장은 브람스 특유의 집시풍 음악이 담겨 있습니다. 3악장에서는 역시 브람스를 대표하는 특징인 서정성이 무심한 듯 그러나 아주 짙게 드러납니다. 2악장에서는 첼로의 계속되는 저음 위에 다른 악기들이 섬세하고 자유롭게 노래합니다. 1악장은 마치 브람스의 교향곡을 듣는 것처럼 장대합니다.

음악 추천 | 유정우   글 | 박지혁

1701년산
오르간으로 연주된
바흐의 전원곡

작곡가 | Johann Sebastian Bach
곡명 | Pastoral in F Major, BWV.590
연주자 | Reitze Smits

바흐는 오르간 음악에 크게 이바지했습니다. 젊은 시절부터 여러 교회의 오르가니스트로 지낸 시간이 많았죠. 오늘 소개할 곡은 바흐의 〈전원곡 F장조〉입니다.

작곡 시기가 정확하지 않지만 갈란트 형식으로 작곡된 것으로 미루어 보아 그 시기를 1720년 이후로 짐작합니다. 갈란트 형식은 복잡하고 어려운 바로크 후반의 음악에서 탈피하고자, 더욱 단순하게 노래하는 선율과 호모포니를 기반으로 합니다.

〈전원곡 F장조〉에서는 오르간에 대한 바흐의 깊은 이해를 느낄 수 있는데요. 다양한 오르간 음색을 각 악장에 적절히 배치해 네 개의 전혀 다른 느낌의 전원 풍경을 표현했습니다. 듣다 보면 어느새 오르간의 풍성한 매력에 빠지게 되죠.

영상 속 오르가니스트 레이체 스미츠는 상당히 편안하고 원숙한 연주를 보여 줍니다. 한편 그가 사용하는 악기 또한 놀라운데요. 독일의 유명한 오르간 제작자 아르프 슈니트거의 1701년산 오르간을 사용하고 있습니다. 바흐 시대의 오르간 소리를 온전히 느낄 수 있는 이 영상을 앞으로도 자주 찾을 것 같습니다.

음악 추천 | 데얀 가브리츠   글 | 김소라

19세기 동안 봉인된 슈만의 걸작

작곡가 | Robert Schumann
곡명 | Violin Concerto in D Minor
연주자 | Isabelle Faust, Pablo Heras Casado, Freiburger Barockorchester

슈만은 자신이 죽기 3년 전인 1853년, 젊고 영감이 넘치는 바이올리니스트 요제프 요아힘을 위해 바이올린 협주곡을 썼습니다. 그러나 이듬해 2월, 슈만의 자살 시도 소식을 접한 요아힘은 '이 곡은 슈만이 미쳐 있는 상태에서 작곡한 것이다'라고 평가하며 연주를 기피했죠. 하지만 이 작품은 슈만의 마지막 창작열이 집약된 걸작 중 걸작입니다.

1악장에서부터 현이 나지막이 고통을 토해 내면 목관이 그것을 따스하게 감쌉니다. 하지만 계속해서 커지는 고통은 금관과 타악기로 폭발하며 당시 슈만의 복잡한 심정을 드러내는 것만 같은데요. 어느덧 곡은 중간의 느린 악장 'Lento'를 지나 마지막 3악장에서 'Animato(생기 있게)'를 활기차게 그려 내며 마무리합니다.

이 곡을 듣고 있으면 죽음을 앞둔 슈만의 극심한 고통과 그것을 예술로 이겨 내고자 했던 그의 강인함이 느껴지는데요. 안타깝게도 슈만의 아내 클라라는 요아힘의 부정적인 평가를 의식해 이 협주곡을 그의 작품 전집에도 포함하지 않았고, 이 곡은 19세기 내내 비밀로 묻혀 있었다고 합니다.

다행히 지금은 훌륭한 연주자들이 비운의 작품을 탁월한 해석으로 부활시키고 있습니다. 이자벨 파우스트와 프라이부르크 바로크 오케스트라의 멋진 연주로 감상해 보세요.

말러 1번 교향곡 '꽃의 악장'

음악 추천 | 데얀 가브리츠　　**글** | 안일구

작곡가 | Gustav Mahler
곡명 | Blumine
연주자 | Constantinos Carydis, WDR Symphony Orchestra

말러의 1번 교향곡은 원래 5악장이었습니다. 초연 당시 말러는 '꽃의 노래' 또는 '꽃의 악장'이라고 불리는 2악장 〈블루미네〉를 썼습니다. 그러나 1번 교향곡은 여러 이유로 초연에서 실패했고, 말러는 베를린 연주에서부터 〈블루미네〉를 폐기합니다.

〈블루미네〉는 한동안 분실된 것으로 여겨졌지만 제2차 세계 대전 이후 발견되어 1968년에 다시 출판되었습니다. 이후 여러 공연이나 음반에서 이 작품을 추가해 1번 교향곡을 연주하거나 오늘의 영상에서처럼 따로 연주하고 있습니다. 〈거인〉이라는 이름으로 익숙한 1번 교향곡은 스케일이 장대합니다. 그러나 〈블루미네〉는 소박하고 간결한 형태를 하고 있죠.

트럼펫이 제시하는 주제는 여러 악기로 변주되고 현악의 따뜻한 앙상블로 전개됩니다. 이후 현악기와 관악기가 어우러지며 매력적인 조화를 이룹니다.

특히 원래대로 1악장 이후에 배치했을 때 음악적으로도 아주 효과적입니다. 1악장에서 고조된 분위기를 잠시 어루만지면서 서정적인 선율을 더하고, 다음 악장의 강하고 역동적인 움직임과 대비를 이루면서 곡을 풍성하게 만들어 줍니다. 많은 시간이 지난 지금 말러는 자신의 곡이 어떻게 연주되길 원할까요?

음악 추천 | 황장원　**글 |** 황장원

스메타나의 '꿈'

작곡가 | Bedřich Smetana
곡명 | Sny(Dreams)
연주자 | Radoslav Kvapil

2024년 오늘은 체코의 국민 작곡가 베드르지흐 스메타나의 탄생 200주년 기념일입니다. 스메타나는 체코를 대표하는 민족주의 작곡가로 《팔린 신부》, 《달리보르》, 《리부셰》 등 8편의 체코어 오페라를 남겼습니다. 애국적 연작 교향시집 《나의 조국》과 〈현악 4중주곡 제1번〉은 체코 밖에서도 널리 알려져 있죠.

스메타나는 피아니스트로 음악가 경력을 시작했습니다. 그는 어린 시절부터 뛰어난 피아노 연주 솜씨로 두각을 나타냈고, 청년기에는 피아니스트로 성공하겠다는 꿈을 품고 열정적으로 활동했습니다. 만일 그가 학업을 끝마칠 무렵 가세가 기울지 않았더라면, 그래서 그가 보헤미아 투어를 시도했을 때 그의 아버지가 재정적 뒷받침을 해 줬더라면, 또는 30대 후반에 감행했던 독일-네덜란드 연주 투어가 성공을 거두었더라면, 오늘날 그는 '체코의 쇼팽'이나 '체코의 리스트' 정도로 기억되고 있을지도 모르는 일입니다. 존경했던 프란츠 리스트에게서도 인정받았던 그의 피아노 연주 솜씨는 당대 체코 피아니스트 중 최고 수준이었던 것으로 알려져 있죠.

오늘은 그런 스메타나의 피아노 작품 하나를 추천합니다. 《꿈》은 그가 1875년에 작곡한 피아노 모음곡으로 '빛바랜 행복', '위로', '보헤미아에서-시골 이야기', '살롱에서', '성 근처', '체코 민속 축제'의 여섯 곡으로 이루어져 있습니다. 여섯 곡의 성격은 다양한데, 개인적 감상이나 회고적 상념을 담은 것처럼 보이는 곡도 있고, 보헤미아의 풍물이나 정취를 부각하는 곡도 있으며, 체코의 역사적 정경을 소환하는 듯한 곡도 있죠. 그 밑바탕에는 체코의 민속 음악적 요소들이 깔려 있고, 때로는 리스트를 연상시키는 비르투오소적 면모를 내비치기도 합니다.

1875년이면 스메타나가 청각을 상실하며 체코 국민 극장의 수석 지휘자 자리에서 물러나 교향시 《나의 조국》의 창작을 이어 가던 시점입니다. 그 첫 두 곡인 '비셰흐라드'와 '블타바'가 그해 4월에 초연되었고, 다음 두 곡인 '사르카'와 '보헤미아의 들과 숲에서'는 바로 그해에 작곡되었지요. 이런 전후 사정을 감안하면 스메타나가 이 모음곡에 '꿈'이라는 제목을 붙인 이유를 짐작할 수 있습니다. 참고로 그는 이 곡들을 자신이 청각 장애로 어려움을 겪고 있을 때 도움의 손길을 내밀었던 지인들에게 헌정했다고 합니다.

일요일의 추천 음반

데얀 가브리츠
음반 | Mozart: Piano Sonatas 1-6
연주 | Roberto Prosseda
레이블 | Decca(2016)

이탈리아 출신의 피아니스트 로베르토 프로세다는 특별한 활동을 이어 나가고 있습니다. AI 피아니스트와 렉쳐 콘서트를 열어 역설적으로 인간에 의해 해석되는 연주의 가치를 알리는 활동을 했고, 과거에만 쓰이던 페달 피아노를 복원해 연주 활동을 하기도 했습니다. 이 음반에서는 그가 얼마나 대단한 해석을 하는 피아니스트인지 느낄 수 있습니다. 모든 음이 진주처럼 반짝이고, 빠른 템포로 연주하지만 모든 음의 전달력이 뛰어납니다.

유정우
음반 | Mozart: Requiem in D Minor, K.626
연주 | Boston Baroque, Martin Pearlman
레이블 | Telarc(1995)

모차르트의 레퀴엠은 미완성작이라 항상 판본 문제가 있었죠. 미해결의 난제는 '눈물의 날'을 '아멘 푸가'로 마무리하는 부분이었는데요. 1990년대 건반 주자이자 음악학자인 로버트 레빈이 모차르트가 남긴 악보의 편린을 단서로 아멘 푸가를 완성한 '로버트 레빈판'을 발표하기에 이릅니다. 펄먼의 음반은 레빈판에 의한 최초의 레퀴엠 전곡 녹음입니다. 장대한 아멘 푸가를 통해 모차르트가 이루려 했던 '고전파 음악과 푸가의 융합'을 엿볼 수 있습니다.

음악 추천 | 조민석   글 | 박지혁

하루만 머물 수 없었던 도시

작곡가 | Johannes Brahms
곡명 | Violin Sonata No.1 in G Major, Op.78
연주자 | Julia Fischer, Yulianna Avdeeva

브람스는 추운 겨울 빈을 떠나 따듯한 이탈리아로 여행을 자주 갔습니다. 1878년 5월 빈으로 다시 돌아가는 길에 하루만 머무르려 했던 푀르트샤흐의 아름다움에 매혹된 나머지 빈으로 돌아갈 생각을 접고 그곳에서 여름을 보내기로 합니다.

브람스는 푀르트샤흐에서 책을 읽다 문득 본 창문 너머 자연 풍경에 대해 "호수를 감싸고 있는 산은 눈에 덮여 하얗게 빛나고, 나무들은 연약한 초록색으로 덮여 있었다"라고 말하기도 했죠.

황홀한 풍경 속에서 브람스는 바이올린 소나타 1번에 풍부한 노래와 부드러운 표현을 담아 푀르트샤흐의 풍광을 녹여냈습니다. 그렇기에 보통 작곡하던 느낌과는 다르게 위대한 음악을 추구하지 않았으며, 강요하기보다는 구애하는 분위기를 담았죠.

그래서 본인조차도 '콘서트홀 크기에 맞지 않을 곡'이라고 말했다고 합니다. 그러나 21세기를 대표하는 바이올리니스트 중 한 명인 율리아 피셔와 2010년 쇼팽 콩쿠르 우승자 율리아나 아브데에바가 연주한다면, 두 사람이 풍부하게 표현하는 바이올린 소나타 1번이라면, 콘서트홀에도 아주 적합한 음악이라는 생각이 듭니다.

음악 추천 | 김소라   글 | 김소라

조성진의
'영웅' 그리고
옐로우 라운지

작곡가 | Frédéric Chopin
곡명 | Polonaise No.6 In A-flat, Op.53 'Heroic'
연주자 | Seong-Jin Cho

힘 있는 발소리, 혹은 경쾌한 빗방울의 행진이 이어지는 것만 같은 이 곡, 쇼팽의 폴로네이즈 중 6번 〈영웅〉입니다. 폴로네이즈는 폴란드의 민속 춤곡으로 17세기 궁정에서 귀족들 사이에 유행했고 점차 대중에게 일반화되었죠.

폴로네이즈는 쇼팽에 의해 예술 작품의 영역으로 진입했는데요. 바르샤바 근교에서 유년 시절을 보내며 폴란드 농민들의 무곡에 깊이 감화된 그는 생전 열다섯 곡에 달하는 폴로네이즈를 작곡했습니다. 이 곡은 1842년에 작곡된 것으로 그의 폴로네이즈 중 가장 유명합니다. 가볍고 경쾌한 멜로디와 달리 연주자에게는 꽤나 복잡한 기교를 요구하는 난곡이죠.

독일 베를린의 옐로우 라운지에서 이 곡을 사뿐사뿐 연주하는 이는 피아니스트 조성진입니다. 옐로우 라운지는 클래식 콘서트에 대한 형식과 틀을 깨고 콘서트홀이 아닌 클럽에서 클래식 음악을 기반으로 한 디제잉과 라이브, 영상 등을 감상하고 즐길 수 있는 새로운 형식의 문화 형태입니다.

궁중의 선율이었다가 대중의 멜로디가 된 폴로네이즈, 우리나라에 클래식 열풍을 몰고 온 젊은 연주자 조성진, 그리고 옐로우 라운지가 겹치며 영상 속 곡이 더 역동적으로 들립니다.

프로코피예프의 강렬한 메시지

음악 추천 | 안일구   글 | 안일구

작곡가 | Sergey Prokofiev
곡명 | Cello Sonata in C Major, Op.119
연주자 | Sol Gabetta, Polina Leschenko

1950년 3월 1일 모스크바 음악원의 작은 홀에서 첼리스트 로스트로포비치와 피아니스트 리히테르는 프로코피예프의 첼로 소나타를 처음 연주할 수 있었습니다. 음악적으로 얼마나 대단한 작품인지와는 별개로 사람들에게 정치적으로 악영향을 주는지에 대한 철저한 검열을 여러 차례 통과해야 했죠.

스탈린 통치하에서 억압된 삶을 살았던 프로코피예프는 1948년부터 건강이 악화되어 1953년 세상을 떠나기 전까지 병상 생활을 했습니다. 정신과 몸은 피폐해졌지만, 예술성만큼은 극에 달한 프로코피예프가 이 시기에 쓴 첫 작품이 첼로와 피아노를 위한 소나타입니다. 그는 〈신데렐라〉, 〈로미오와 줄리엣〉 그리고 〈피터와 늑대〉의 작곡가이기도 하죠. 그가 첼로 소나타에서 단 두 악기만으로 만들어 내는 분위기와 이야기는 이런 걸작을 떠올리기에 충분합니다.

1악장 앞머리에서 첼로가 홀로 깊은 울림으로 저음을 연주합니다. 여기서 프로코피예프는 티시아 내문호 믹심 고디기의 희곡을 인용합니다. "인류, 얼마나 당당하게 들리는 말인가!" 사람보다 귀중한 것은 없다는 메시지입니다. 곡의 마지막에 이르면 프로코피예프는 결국 긍정과 희망을 노래합니다.

음악 추천 | 유정우   글 | 박지혁

프란시스 풀랑크의 유작

작곡가 | Francis Poulenc
곡명 | Sonata for Oboe and Piano
연주자 | Olivier Doise, Catherine Cournot

오늘 소개하는 프란시스 풀랑크의 오보에 소나타에는 흥미로운 요소가 많습니다. 우선 이 곡은 풀랑크에게 오랜 시간 영감을 주었던 프로코피예프를 추모하며 작곡되었습니다. 특히 2악장의 7분 1초경 들리는 피아노 선율은 프로코피예프 플루트 소나타 4악장에 나오는 선율을 인용하며 그에 대한 마음을 표현한 것 같습니다.

구성은 총 세 악장으로, 각 악장은 비가, 스케르초, 그리고 통곡으로 이름 지어졌습니다. 보통 빠른 악장에서 느린 악장 순으로 진행되는 곡의 흐름을 뒤바꿔 느린 악장에서 빠른 악장 순으로 배열했죠.

화성도 참 매력적이지만 풀랑크는 선율을 우선으로 두고 작곡했다고 합니다. 자신이 표현하고자 하는 선율을 철저하고 섬세하게 다룬 후에 악보에 담았다고 해요. 이 곡 또한 오보에와 피아노의 선율이 참 아름다우면서 깊고, 몽환적입니다.

오보이스트 올리비에 두아즈의 연주를 듣고 있으면 참 대단하다는 생각이 듭니다. 풍부한 표현력과 함께 끊임없는 긴장감으로 관객에게 강한 몰입감을 주기 때문이죠. 덕분에 저도 풀랑크의 마지막 유작인 오보에 소나타를 마음 깊이 느낄 수 있었습니다.

3월 8일

세상에서 제일 아름다운 남자 목소리

음악 추천 | 조민석   **글** | 김소라

작곡가 | Giuseppe Verdi
곡명 | 'Parmi veder le lagrime… Possente amor' from 《Rigoletto》
연주자 | Juan Diego Flórez

조민석 첼리스트는 영상 속 목소리의 주인공 후안 디에고 플로레스를 소개하고 싶어 이 영상을 골랐다고 합니다. 조민석 첼리스트는 함부르크에서 일하던 시절 엘프필하모니에서 '후안 디에고 플로레스의 밤' 연주를 한 적이 있다고 해요. 그의 음성은 지금까지 들어 본 여느 테너와 완전히 달랐다고 합니다. 조금 얇게 느껴질 정도로 청아한 목소리와 특색 있는 바이브레이션에 매료되었다고 하네요.

21세기 최고의 벨칸토 테너로 꼽히는 플로레스는 원래 대중음악 분야에서 활동할 생각으로 열일곱 살에 리마 국립 음악원에 입학합니다. 그러나 그의 천부적인 성악 재능을 알아본 스승이 그를 클래식 음악으로 이끌었고 곧 페루 국립 합창단원이 되었으며 단기간에 독창자로 무대에 서며 두각을 드러냈다고 하네요.

폭넓은 음색과 레퍼토리로 페루 민속 음악부터 엘비스 프레슬리까지, 모든 음악을 좋은 음악으로 승화시키는 플로레스. 10분 남짓한 시간 동안 어둡고 무거운 멜로디에서부터 밝고 경쾌한 선율까지 들을 수 있는 이 영상에서 세계 최고의 테너 플로레스의 《리골레토》를 만나 보세요.

음악 추천 | 황장원   글 | 황장원

20세기 미니멀리즘 관현악 쇼피스의 히트작

작곡가 | John Adams
곡명 | Short Ride in a Fast Machine
연주자 | Marin Alsop, BBC Symphony Orchestra

이 유쾌하고 박진감 넘치는 작품은 현대 미국을 대표하는 작곡가 존 애덤스의 초기 성공작입니다. 작곡가는 이 곡을 '오케스트라를 위한 팡파르'로 규정했는데, 1986년 피츠버그 심포니 오케스트라의 여름 페스티벌(Great Woods Festival)을 위해서 작곡된 곡이기에 '그레이트우즈를 위한 팡파르'로 불리기도 합니다.

곡은 심야에 스포츠카를 타고 감행하는 스릴 넘치는 질주를 연상시킵니다. 기법적으로는 몇 가지 리듬과 선율적 모티브를 반복하며 거미줄처럼 엮어 놓은 '미니멀리즘' 계열의 수작이라 할 수 있겠습니다.

다만 그 모티브를 담당하는 악기들과 그것들이 어우러지는 조합 방식은 계속해서 변화하며, 활력과 흥분이 가득한 음악적 추진력이 전편을 관통하고 감상자에게 짜릿한 청각적 체험을 선사하죠. 그 기분에 대해서 작곡가는 "누군가 당신에게 멋진 스포츠카를 타 보라고 제안했는데, 막상 타고 달려 보니 '그러지 않았으면 좋았을걸' 하고 후회하는 심정"에 비유했다고 하네요.

영상은 2014년 런던의 로열 앨버트 홀에서 마린 올솝이 BBC 심포니 오케스트라를 지휘한 BBC 프롬스 공연 실황입니다. 올솝은 2022년 반 클라이번 콩쿠르에서 임윤찬이 우승할 당시 심사 위원장을 맡았고, 결선에서 라흐마니노프 피아노 협주곡 3번을 지휘한 인물로 친숙하지요.

지금은 미국을 대표하는 여성 지휘자로 우뚝 서 있는 올솝입니다만, 젊은 시절에는 실패의 쓴맛을 보기도 했습니다. 줄리어드 음악원에서 바이올린을 전공한 다음 지휘과에 지원했다가 세 번이나 낙방했다고 하네요.

하지만 그는 거기서 주저앉지 않고 계속 도전했고, 1989년에는 탱글우드 여름 음악 캠프에 참가해 지휘 부문에서 가장 뛰어난 학생에게 수여하는 '쿠세비츠키 상'을 거머쥐었습니다. 그리고 자신의 영웅이자 멘토가 되어 준 레너드 번스타인과 지휘 경력을 이끌어 준 오자와 세이지와 인연을 맺기도 했지요.

이후 올솝은 본머스 심포니, 볼티모어 심포니, 상파울루 심포니, 빈 방송 교향악단 등에서 상임 지휘자 또는 음악 감독을 역임하며 '영국, 미국, 남미, 오스트리아 메이저 오케스트라의 수장을 지낸 최초의 여성'이라는 기록을 남겼습니다. 지금은 폴란드 국립 방송 교향악단(카토비체)의 예술 감독 겸 상임 지휘자로 활동 중입니다.

일요일의 추천 음반

유정우
음반 | Klarinettenquintette
연주 | Dieter Klöcker 외
레이블 | Orfeo(1990)

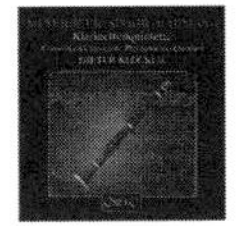

낭만주의 클라리넷 5중주곡을 모은 앨범입니다. 당대 최고의 클라리넷 주자 하인리히 베어만의 5중주도 담겨 있어 더욱 귀중한 녹음이죠. 특히 클라리넷 연주자의 필수 연주곡으로 자리 잡은 2악장 아다지오는 한때 바그너의 곡으로 잘못 알려진 시절도 있었습니다.

데얀 가브리츠
음반 | Nevermind: Conversations
연주 | Nevermind
레이블 | Alpha Classics(2016)

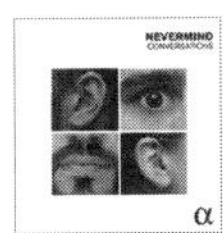

Nevermind는 바로크 음악을 다루는 대단한 팀입니다. 이 앨범에서는 전혀 알려지지 않은 작곡가인 장 바티스트 쿠엔틴과 루이-가브리엘 기유맹의 작품을 들을 수 있습니다. 이 음악은 확실히 재발견할 가치가 있습니다. 주제는 매우 생동감이 넘치며 바이올린과 플루트가 종종 대화를 나누는 장면이 인상적입니다. 저에게 있어서는 최근 몇 년간 최고의 바로크 앨범입니다.

음악 추천 | 유정우　글 | 안일구

사랑으로 인해
그는 죽기를 원한다

작곡가 | Johann Sebastian Bach
곡명 | 'Aus Liebe will mein Heiland Sterben' from ⟨Matthäus Passion⟩
연주자 | Herman van Kogelenberg, Lenneke Ruiten, Concertgebouw Chamber Orchestra

바흐의 ⟨마태 수난곡⟩ 중 한 곡을 소개합니다. '사랑으로 나의 구세주께서 죽으시려 하시네'라는 뜻의 이 아리아는 소프라노, 플루트 그리고 두 대의 '오보에 다 카치아'로 다소 간결하게 구성됩니다. 그러나 음악의 가치는 ⟨마태 수난곡⟩ 전체를 관통할 정도로 높고 강렬합니다.

⟨마태 수난곡⟩을 이해하는 관객 앞에서 이 곡이 연주된다면, 그 공간의 모든 사람은 숙연해집니다. 가사의 내용을 알고 있기 때문입니다. 제목에 이미 세상에서 가장 강력한 두 단어가 들어 있습니다. 바로 '사랑(Liebe)'과 '죽음(Sterben)'입니다.

단 두 대의 오보에 다 카치아는 뚜벅뚜벅 같은 리듬으로 서로 다른 두 음을 연주합니다. 뒤이어 플루티스트 헤어만 반 코겔렌베르크는 나무 소재의 현대 플루트를 사용해 부드러우면서도 풍부한 울림으로 음악을 시작합니다. 플루트가 자신의 이야기를 끝내면 소프라노 렌네카 루이텐의 높고 맑은 소리가 들려옵니다. 그녀는 아름다운 목소리 위에 기사를 싣이 이주 같은 감정을 보여줍니다. 단 4명이 내는 소리는 점차 조화를 이루며 넓은 공간을 가득 메웁니다.

음악 추천 | 데얀 가브리츠   글 | 박지혁

작곡가 | Johannes Brahms
곡명 | Symphony No.2
연주자 | Günter Wand, NDR Sinfonieorchester

자연의 산뜻함과 웅장함을 담은 교향곡

요하네스 브람스는 1번 교향곡을 완성하기까지 20년 가까운 시간이 걸렸습니다. 오랜 시간 고민했던 결과물이 사람들에게 사랑받자 그는 이듬해인 1877년에 2번 교향곡을 작곡하기 시작합니다. 그의 친구 테오도르 빌로트는 이 곡에 대해 "이것은 완전히 푸른 하늘과 시냇물 소리, 그리고 시원한 녹색 그늘 그 자체다"라고 이야기했습니다. 자연이 연상되는 교향곡 2번은 그래서 전원 교향곡이라고도 불리는데요. 초연 당일엔 3악장이 반복해서 연주되었을 정도로 큰 인기를 얻었습니다.

브람스의 바이올린 소나타 1번과 마찬가지로 오스트리아의 휴양 도시 푀르트샤흐에서 작곡된 교향곡 2번은 푀르트샤흐의 웅장한 자연을 호른으로, 새소리를 플루트와 클라리넷으로 표현했습니다. 2분 45초경 나오는 아름다운 선율은 브람스가 느꼈을 벅찬 감정 같습니다.

이 영상을 추천하는 이유는 바로 지휘자 귄터 반트의 연주이기 때문입니다. 귄터 반트는 오랜 시간 갈고닦은 내공으로 영면에 들기 전까지 끊임없는 활동을 해 왔습니다. 빈틈이 보이지 않는 섬세한 연출로 모든 화음이 완벽하게 정렬된 느낌을 주는 귄터 반트의 브람스를 북독일 방송 교향악단의 연주로 들어 보세요.

음악 추천 | 데얀 가브리츠   글 | 김소라

하델리히를
아시나요?

작곡가 | Claude Debussy
곡명 | Sonata for violin and piano
연주자 | Augustin Hadelich, Orion Weiss

다섯 살에 바이올린을 시작한 음악 영재, 국제 콩쿠르 우승, 명문 줄리어드 출신, 예일대 상주 음악가…. 아우구스틴 하델리히를 수식하는 말입니다. 이 빛나는 영광 뒤에는 그를 좌절에 빠뜨렸던 뜨거운 화마가 있었습니다.

당시 열다섯 살이던 그는 가족 농장에서 일어난 화재로 화상을 입고 마는데요. 독일에서 수술을 받았지만, 의료진은 앞으로 연주하기 힘들 것이라고 우려했다고 합니다. 하지만 그는 각고의 노력 끝에 재활에 성공했고 국제 콩쿠르에서 우승하며 화려하게 재기에 성공합니다.

영상을 추천한 가브리츠 선생님은 하델리히의 매력을 '자신감 넘치면서도 유연한 플레이', '아름답고 풍성한 음색을 내면서도 수많은 디테일을 살리는 섬세함'으로 꼽았습니다. 그가 이런 반전 매력을 시시각각 보여 줄 수 있는 데는 인간의 가장 깊은 고통과 가장 아름다운 영광을 모두 간직한 그의 삶, 그에게서만 느껴지는 일종의 숭고함 덕이 아닐까요?

오늘 소개하는 곡은 드뷔시의 바이올린 소나타입니다. 흔히 인상주의 작곡가를 가리켜 '색채를 음악으로 표현한다'라고 하는데, 드뷔시가 음악 속에 풀어놓은 색채는 어떤 빛깔인지, 그리고 그 빛으로 하델리히는 어떤 그림을 그려 내는지 상상하며 영상을 감상하길 바랍니다.

음악 추천 | 조민석   글 | 박지혁

알고 들으면
더 실감 나는
〈라 발스〉

작곡가 | Maurice Ravel
곡명 | La Valse, poème chorégraphique pour orchestre
연주자 | Myung-whun Chung, Orchestre Philhar-
monique de Radio France

1906년 모리스 라벨은 요한 슈트라우스에 대한 존경을 담은 왈츠를 쓰겠다고 결심합니다. 그로부터 무려 14년이 지나 라벨은 그만의 방식으로 빈 왈츠에 대한 예찬을 완성하죠. 〈라 발스: 발레를 위한 시〉는 우리가 아는 왈츠 리듬과는 조금 다르게 시작합니다. '소용돌이치는 구름 사이로 어렴풋이 보이는 남녀들이 왈츠를 추고, 점차 구름이 흩어지며 사람들로 붐비는 큰 홀이 보인다. 장면이 서서히 밝아지며 포르티시모에서 샹들리에가 휘황찬란하게 빛을 뿜어낸다' 라벨은 이 작품을 1855년의 한 궁전에서 일어난 무도회 장면에 빗대어 설명합니다.

설명을 읽고 나면 낮은 음역대의 악기들로 모호하게 시작되는 이유를 알 수 있습니다. 구름에 가려져 있었기 때문이죠. 확실한 왈츠 리듬이 느껴지지 않다가 1분 21초경부터 서서히 왈츠 선율이 들려옵니다. 그리고 2분 6초경부터 왈츠 선율이 커지며 넓은 홀에서 춤추는 사람들이 보이고, 2분 41초경 나오는 포르티시모에서 샹들리에가 뿜어내는 광대한 빛을 음악으로 느낄 수 있습니다.

라벨은 발레단 발레 뤼스의 감독 세르게이 디아길레프에게도 이 곡을 선보였는데요. '이 곡은 발레곡이 아니다'라는 평을 듣고 깊은 상처를 받아 그와 절연했다는 이야기가 있습니다.

음악 추천 | 김소라   **글 |** 김소라

마음속 일렁임은 섬세한 선율에 잠잠해지고

작곡가 | Jules Massenet
곡명 | 'Meditation' from 《Thais》
연주자 | Stjepan Hauser

'오페라' 하면 이탈리아와 독일을 많이 떠올리지만, 프랑스도 빼놓을 수 없습니다. 비제의 《카르멘》, 구노의 《파우스트》, 쥘 마스네의 《타이스》가 대표적이죠.

오늘 소개하는 곡은 마스네의 작품입니다. 그는 11세에 파리 음악원에 입학해 피아노, 화성, 작곡을 배웠습니다. 21세에는 피아노 연주와 푸가 기법으로 1등 상을, 칸타타로는 로마 대상을 받을 정도로 실력이 뛰어났습니다.

마스네는 총 25편의 오페라를 남겼는데 특히 여성의 심리를 노래나 대사로 섬세하게 표현하는 재주가 있었습니다. 《타이스》에서도 주인공 무희 타이스와 그녀를 기독교로 개종시키려는 수도승 아타나엘의 비극적인 사랑을 다룹니다.

〈타이스의 명상곡〉은 2막 1장과 2장 사이에 연주되는 간주곡으로, 화려하고 방탕한 생활에 젖어 있던 타이스가 수도승 아타나엘의 설득에 마음이 흔들리는 장면에서 흐릅니다. 원곡은 오케스트라 버전인데 지금은 바이올린, 비올라, 첼로, 플루트, 하프 등 나양한 악기로 편곡되어 널리 연주되고 있지요.

바이올린 편곡이 가장 유명하지만, 오늘은 첼로 버전을 소개합니다. 여러분 마음속에도 폭풍이 일렁이고 있다면, 아름다운 선율과 함께 일렁임을 잠재우길 간절히 바랍니다.

음악 추천 | 황장원   글 | 황장원

바딤 콜로덴코의
쇼팽 〈자장가〉

작곡가 | Frédéric Chopin
곡명 | Berceuse, Op.57
연주자 | Vadym Kholodenko

바딤 콜로덴코는 2024년 금호아트홀 연세의 '인터내셔널 마스터즈 시리즈'에 포함된 해외 아티스트들 가운데 가장 궁금했던 인물입니다. 비단 그가 반 클라이번 국제 콩쿠르의 2013년 우승자였기 때문만은 아닙니다. 콜로덴코는 현재 국제 무대에서 각광받고 있는 피아니스트들 가운데 우리에게는 비교적 덜 알려진 인물이기도 하거니와, 최근 발매한 음반을 통해서 각별한 주목을 받기도 했지요. 2023년 1월 영국 그라모폰 매거진의 '에디터스 초이스'로 선정된 그 음반(Quartz Music)에는 이번 내한 공연에서도 연주한 제프스키의 변주곡이 나란히 수록되어 있습니다.

콜로덴코가 궁금한 이유는 더 있습니다. 무엇보다 그가 우크라이나 태생이면서 러시아에서 교육받은 피아니스트라는 점이지요. 블라디미르 호로비츠, 스뱌토슬라프 리흐테르, 에밀 길렐스 같은 불세출의 비르투오소들이 그의 직속 선배들입니다. 러시아의 우크라이나 침공 전 그는 스스로 위대한 '러시아 피아노 악파'의 계승자임을 자처하는 한편 모국 우크라이나의 굴절된 현실에 우회적으로 불만 내지 아쉬움을 피력하기도 했습니다. 하지만 상황이 달라진 지금은 어떨까요? 2023년 5월 네덜란드 로테르담에서 상의 주머니에 우크라이나 국기 색 손수건을 꽂은 채 베토벤 피아노 협주곡 4번을 협연하는 그를 보며 문득 그의 현재 심경이 궁금해졌습니다.

한편 콜로덴코는 요즘 엘리트 예술가로서는 드물게 비극적 인생 경험을 한 사람이기도 합니다. 2016년 3월에 그는 어린 두 딸을 잃는 아픔을 겪었는데, 그 과정이 외신에서도 다뤄질 정도로 너무나 충격적이었죠. 대개는 그런 엄청난 일을 겪으면 적어도 수개월에서 수년은 방황하게 마련입니다. 하지만 콜로덴코는 불과 한 달 만에 연주 무대에 복귀했습니다. "사람마다 자신만의 인생 노정이 있고, 인생이 우리에게 무엇을 가져다주든 그 모든 것을 존엄하게 헤쳐 나가야 합니다"라는 말과 함께 말이지요. 그토록 대범하고 강인한 인간이 들려주는 음악은 과연 어떤 것일까요?

콜로덴코는 분명 강력한 테크닉과 섬세한 표현력, 넉넉한 장악력과 독자적 해석력을 겸비한 비르투오소입니다. 그런데 그의 연주는 사뭇 개성적으로 다가오는 경우가 많습니다. '박진감과 공격성이 부족하다'는 평을 들었던 프로코피예프 소나타 6번을 비롯해 스트라빈스키 '페트루슈카-3개의 악장', 베토벤 '월광 소나타' 등을 유튜브에서도 들을 수 있는데, 여러모로 작품에 대한 기대나 예상을 벗어나는 연주를 만나게 되지요. 이런 유형의 연주자를 알아 가기 위해서는 충분한 시간이 필요합니다.

적잖이 낯선 그의 감정선에 다가설 수 있는 연주가 없을까 찾아보다 만난 영상이 쇼팽의 〈자장가〉입니다. 파리의 '메종 드 라 라디오' 106 스튜디오에서 진행된 공개 방송 콘서트 실황인데, 녹화 시점이 오묘합니다. 2016년 9월 3일이면 그가 두 딸을 보내고 반 년 정도 지난 시점인데, 막상 연주는 사뭇 담담한 기운데 절제미와 정제미가 두드러집니다.

일요일의 추천 음반

데얀 가브리츠
음반 | Mahler: Songs with Orchestra
연주 | Michael Tilson Thomas, San Francisco Symphony
레이블 | Sfs Media(2010)

샌프란시스코 심포니와 마이클 틸슨 토마스는 '말러'라는 작곡가를 10여 년 동안 파헤쳤습니다. 그 끝에 있는 앨범이 이 가곡집입니다. 지휘자 토마스의 순수하고 절제된 아름다운 해석과 함께 샌프란시스코의 오케스트라 연주가 눈부십니다. 제가 가장 좋아하는 가수인 토마스 햄슨과 수잔 그레이엄 역시 말러에 대한 그들의 오랜 경험을 바탕으로 놀랍도록 명확한 언어와 아름다운 레가토로 노래합니다.

유정우
음반 | Smetana: Má vlast
연주 | Rafael Kubelik, Czech Philharmonic Orchestra
레이블 | Supraphon(1990)

라파엘 쿠벨리크의 역사적인 귀국 공연이었던 1990년 프라하의 봄 축제 실황 앨범입니다. 곡 사이사이 유기적인 연결이 돋보이며 전체 연주가 물 흐르듯 유연합니다. 특히 1곡 비셰흐라드, 2곡 블타바, 5곡 타보르의 연주가 일품입니다. 《나의 조국》은 여러 명반이 존재하지만 체코 국민들이 지켜보는 가운데 쿠벨리크가 체코 필하모닉과 연주한 이 버전을 넘어서기는 힘듭니다.

손뼉과 리듬만 있으면 돼

음악 추천 | 박지혁   글 | 박지혁

작곡가 | Steve Reich
곡명 | Clapping Music
연주자 | Kristjan Järvi, Steve Reich

미국의 현대 작곡가 스티브 라이히는 미니멀리즘 음악의 대표 주자로 꼽히는 만큼 깔끔하고 창의력이 돋보이는 작품으로 많은 사랑을 받고 있죠. 오늘의 음악은 그의 작품 중 음악의 본질과 가장 가까운 곡이 아닐까 하는 〈박수 음악〉입니다.

스티브 라이히는 1972년에 손뼉과 리듬만으로 음악을 만드는 데 성공합니다. 그는 인체를 제외한 악기를 전혀 사용하지 않는 작품을 만들고 싶어 했고, 두 사람의 손뼉으로 만들어 낸 〈박수 음악〉이 세상에 나왔죠.

한 사람은 동일한 리듬 패턴을 곡이 끝날 때까지 반복하고, 두 번째 연주자는 함께 같은 패턴을 연주하다가 갑자기 한 박자 앞으로 이동하며 변주를 줍니다. 점점 움직이던 두 번째 연주자가 다시 첫 번째 연주자의 패턴을 함께 연주하며 〈박수 음악〉은 마무리됩니다. 이 곡을 듣다 보면 두 번째 연주자가 전혀 다른 리듬 패턴을 연주하는 것 같은 착청 효과가 느껴지지만 사실 모든 리듬 패턴은 처음과 동일하다는 점이 재밌습니다.

오늘의 연주는 스티브 라이히와 지휘의 명가 예르비 가문의 크리스티안 예르비가 함께합니다. 이번 영상은 발췌된 연주이므로 전곡을 듣고 싶다면 앨범에 수록된 완성본을 들어 보세요.

음악 추천 | 유정우   글 | 김소라

나만의
플라타너스

작곡가 | George Friedrich Händel
곡명 | 'Ombra mai fù' from 《Serse》
연주자 | Philippe Jaroussky

미성의 목소리로 몸과 마음을 감싸는 이 곡은 헨델의 오페라 《세르세》에 등장하는 아리아로, '사랑스런 나무 그늘이여'라는 제목을 가지고 있습니다. 《세르세》는 헨델의 마지막 오페라입니다. 1738년 헨델은 신체 마비의 어려움을 딛고 이 작품을 작곡합니다. 고통을 감수하며 완성했지만 그는 혹평에 시달려야 했습니다.

당시 카스트라토(거세 가수) 출연 금지 정책이 시행되며 주인공 세르세 역할을 담당할 가수를 찾지 못한 것이 흥행 부진의 큰 이유였죠. 하지만 세월이 흘러 카운터테너나 알토 파트의 성악가가 그 자리를 대신하게 되었고, 스토리가 재조명되며 가치를 인정받았습니다.

주인공 세르세는 아버지 다리우스가 패전했던 마라톤 전쟁을 만회하고자 그리스를 침공합니다. 그러나 그 역시 그리스 연합군에게 대패하고, 페르시아로 철수해 궁전을 건축한 후 그곳에서 여생을 보내는데요.

이 곡은 겉으로는 강인해 보이나 섬세한 내면을 지닌 페르시아 왕 세르세가 나무 그늘에 앉아 부르는 노래입니다. 그는 지칠 때마다 플라타너스 아래에서 쉼을 얻고 무거운 짐을 내려놓는데요. 여러분도 자신만의 '플라타너스'가 있나요? 오늘 이 곡을 들으며 낙원을 찾아보길 기원합니다.

음악 추천 | 조민석　　**글 |** 안일구

'환상곡풍'의
브루크너 교향곡

작곡가 | Anton Bruckner
곡명 | Symphony No.5 Bb Major
연주자 | Daniel Barenboim, Staatskapelle Berlin

바렌보임과 베를린 슈타츠카펠레가 연주하는 이 곡은 바로 브루크너 교향곡 5번입니다. '낭만적'이라는 이름이 붙은 4번 교향곡을 마무리하고 1875년부터 1878년에 걸쳐 작곡된 브루크너의 중요한 작품이죠. 이 곡은 화려한 음향과 낭만적인 선율이 눈에 띄는 브루크너의 다른 작품에 비해 성스럽고 정제된 느낌을 줍니다. 푸가를 적극 활용했고, 브루크너다운 화성법과 대위법의 매력이 음악에 고스란히 담겨 있습니다.

1악장에서 제시되는 주제들은 곡 전체에 걸쳐 긴장을 끌어올리며 발전합니다. 독특하게 1악장과 4악장에는 느린 서주를 추가했는데, 전체 곡에 통일성을 부여하고 음악 안으로 깊게 빠져들게 하는 역할을 합니다. 아름다운 2악장과 재치가 넘치는 3악장은 서로 대비되면서 전체의 완성도를 높입니다.

이는 환상곡 형식을 닮아 있습니다. 그래서 브루크너는 스스로 이 곡을 '환상곡풍의 교향곡'이라 불렀습니다. 종교적이면서도 대위법의 마술을 엿볼 수 있는 교향곡 5번을 바렌보임의 해석으로 만끽해 보세요.

음악 추천 | 조민석   글 | 박지혁

외르크 비드만의 베토벤 오마주

작곡가 | Jörg Widmann
곡명 | Con Brio(Konzertouvertüre für Orchester)
연주자 | Jörg Widmann, WDR Sinfonieorchester

클래식 작곡가가 자신의 작품을 직접 지휘하는 모습은 관객에게 큰 매력으로 다가옵니다. 작곡가 외르크 비드만이 직접 지휘하는 〈콘 브리오〉를 소개합니다. 이 곡의 특별한 점은 베토벤을 오마주했다는 것인데요. 오마주는 프랑스어로 '감사, 경의, 존경'을 뜻하는 단어로 비드만은 베토벤에게 보내는 존경을 이 곡에 담았습니다.

〈콘 브리오〉는 바이에른 방송 교향악단의 의뢰로 작곡되었는데요. 베토벤의 교향곡 7번과 8번을 연주하는 공연의 오프닝 곡으로 사용할 목적이었습니다. 그래서 부제에 '오케스트라를 위한 콘서트 서곡'이라는 말이 붙어 있죠. 더 나아가 베토벤의 7번 교향곡 4악장과 8번 교향곡 1악장에 표기된 지시어 'con brio(생생하게, 쾌활하게)'를 제목으로 활용한 것입니다.

비드만은 이 곡에서 베토벤풍의 고집과 분노를 베토벤 교향곡과 같은 악기 편성으로 표현하는 것이 목표라고 했습니다. 음악을 들어 보면 베토벤의 교향곡 7번과 8번의 여러 부분이 자연스럽게 떠오릅니다. 현대 음악의 새로움과 참신함은 물론이고 베토벤 교향곡의 익숙함까지 공존합니다. 과거와 현재를 잇는 멋진 곡을 작곡가의 지휘와 서독일 방송 교향악단의 연주로 들어 보세요.

3월 22일

음악 추천 | 조민석   글 | 김소라

왼손이 오른손을 감싸안을 때

작곡가 | Franz Liszt
곡명 | Consolation No.3
연주자 | Daniel Barenboim

영상의 초반부, 오른손이 다소 높고 날카로운 선율로 마음속 생채기를 서서히 내보입니다. 왼손은 그 자취를 따라가며 잔잔한 손길로 벌어진 상처를 따스하게 포개 주네요.

연주자의 손길에서 아픔과 치유가 묻어나는 이 곡은 리스트의 작품으로 6곡의 〈위안〉 중 세 번째 곡입니다. 그가 이 곡을 작곡할 당시 이국땅 파리에서 함께 우정을 나눈 친구 쇼팽이 세상을 떠났는데요. 리스트는 쇼팽을 기리고자 쇼팽의 〈녹턴〉 스타일로 작곡했고, 3번은 6곡의 〈위안〉 중 가장 포근한 선율로 유명해졌습니다.

조민석 첼리스트는 바렌보임의 연주를 추천하며 젊은 시절부터 늘 주목을 받았고, 최근 건강에 큰 부침을 겪은 노장 바렌보임이 이 곡을 통해 스스로와 듣는 이에게 전하는 심신의 평안을 느껴 보라고 덧붙였습니다.

그래서일까요? 수많은 희로애락을 지나 삶의 끝에 다다른 연주자의 오른손이 표현하는 '생채기'는 다소 날카롭습니다. 하지만 갈기살기 찢긴 상처는 왼손의 '위로'에 어느새 봉합되고 곡의 말미에서 새살이 돋을 준비를 하며 잠잠하고 조용하게 마무리됩니다.

여러분의 왼손, 여러분의 위안은 무엇인가요? 아직 찾지 못했다면 오늘은 리스트의 작품으로 음악이 주는 위로에 잠겨 보길 바랍니다.

음악 추천 | 황장원   글 | 황장원

달리아 스타세브스카의 〈마법사의 제자〉

작곡가 | Paul Dukas
곡명 | L'Apprenti sorcier
연주자 | Dalia Stasevska, Orchestre national de France

여기 마법사의 제자가 있습니다. 그는 허구한 날 심부름이나 하는 자기 처지를 답답해하죠. 그래서 하루는 스승이 외출한 틈을 타서 어깨너머로 배운 마법을 한 번 부려 보기로 합니다. 일단 스승이 두고 나간 지팡이를 슬쩍해서 빗자루에 주문을 겁니다. 자기 대신 양동이에 물을 길어 오게 하려는 거죠. '오호, 된다!' 빗자루는 부지런히 물을 길어 오고, 날마다 그의 진을 뺐던 큰 항아리에 물이 점점 차오릅니다.

그 모습을 보며 뿌듯해하던 제자는 깜빡 잠이 들고 맙니다. 꿈속에서 그는 최고의 마법사가 되어 밤하늘의 별들까지 자유자재로 움직이는 멋진 솜씨를 과시합니다. 하지만 그사이 빗자루는 계속 일을 하고 있었고, 급기야 항아리의 물이 넘치기 시작하네요. 깨어 보니 세상에, 온 바닥에 물이 흥건합니다. 당황한 그는 마법을 푸는 주문을 잊고 말았네요. 갈팡질팡하던 그는 급기야 도끼를 가져와서 빗자루를 산산조각 내버립니다.

가까스로 위기를 모면했다고 생각했으나, 맙소사! 이번엔 쪼개진 빗자루 조각들이 다시 일어나더니 제각기 양동이를 들고 물을 더 많이, 더 빨리 길어 오는 게 아닙니까? 온 집안이 물바다가 되었습니다. 제자는 불어난 물에 휩쓸려 비명을 지릅니다. 다행히 얼마 후 스승님이 돌아옵니다. 스승은 순식간에 소동을 가라앉히고, 제자는 한쪽 구석에 찌그러져 머쓱한 웃음과 함께 한숨을 짓습니다. '이걸 언제 다 정리하지?'

<마법사의 제자>는 근대 프랑스의 작곡가 폴 뒤카스의 가장 유명한 작품입니다. 그 유명세는 상당 부분 월트 디즈니의 고전 애니메이션 <판타지아>에 빚을 지고 있겠죠? 하지만 이 교향시는 1897년 발표 당시부터 큰 인기를 끌었다고 합니다. 괴테의 동명 발라드에 기초한 이 곡은 서주와 코다가 딸린 '교향적 스케르초'의 형식을 취하고 있으며, 뒤카스의 장기였던 정치하고 철저한 주제 전개 수법과 색채적 관현악법이 유감없이 발휘되어 있지요.

영상은 달리아 스타세브스카가 프랑스 국립 관현악단을 지휘한 무관중 콘서트 실황입니다. 스타세브스카는 어려서 바이올린, 비올라, 작곡 등을 공부하다가 20대부터 지휘에 관심을 갖게 되었고, 스웨덴 왕립 아카데미에서 '핀란드 지휘 사단의 아버지'라고 할 수 있는 요르마 파눌라를 사사했습니다.

2010년대 국제 무대에 데뷔한 스타세브스카는 가파른 상승세를 탔습니다. 파리 오케스트라에서 2년 동안 파보 예르비의 부지휘자로 일한 다음, 2018년에는 노벨상 시상식 기념 공연에서 로열 스톡홀름 필하모닉을 지휘하는 기염을 토했죠. 이듬해에는 영국 BBC 심포니의 최초 여성 수석 객원 지휘자로 임명되었고 2019년 여름 'BBC 프롬스'에 데뷔한 데 이어, 2020년에는 'BBC 프롬스'의 마지막 밤 공연을, 2021년에는 첫 번째 밤 공연을 지휘하는 등 런던 무대에서 크게 각광받았습니다. 또 2021년에는 핀란드 굴지의 교향악단인 타피 심포니 오케스트라 최초의 여성 상임 지휘자로 취임하여 현재까지 재임하고 있습니다.

일요일의 추천 음반

유정우
음반 | Bach: English Suites No.2&3 and Scarlatti: 4 Sonatas
연주 | Ivo Pogorelich
레이블 | Deutsche Grammophon(1986)

제가 가장 좋아하는 피아니스트 포고렐리치의 젊은 시절 명반입니다. 상당히 개성적인 해석이지만 두 곡 다 언제 시간이 지나갔는지 모를 정도로 집중력이 뛰어납니다. 특히 두 곡 모두 불꽃이 튀다가도 사라방드에서 느껴지는 명상적인 깊이는 그저 황홀할 따름입니다. 사라방드는 반드시 귀 기울여 들어 보세요.

데얀 가브리츠
음반 | Mozart&The Weber Sisters
연주 | Sabine Devieilhe, Raphael Pichon, Pygmalion
레이블 | Erato(2015)

행복이 넘치는 모차르트의 음악으로 가득합니다. 최고의 모차르트 소프라노로 자리 잡은 사빈 드비엘의 맑으면서도 감정이 풍부하게 담긴 목소리가 일품입니다. 남편이기도 한 지휘자 라파엘 피숑이 이끄는 시대 악기 연주 단체 피그말리온의 연주도 산들바람이 부는 것처럼 가볍고 따뜻합니다. 이런 음악이라면 하루 종일 집 안에 틀어 놓아도 좋을 것 같네요.

음악 추천 | 조민석   글 | 안일구

생상스의 생생한 피아노 연주

작곡가 | Camille Saint-Saëns
곡명 | Valse Mignonne, Op.104
연주자 | Camille Saint-Saëns

유튜브에 수많은 연주 기록이 있지만 실제 작곡가의 영상을 접하는 것은 놀라운 경험입니다. 오늘 소개하는 영상에서는 생상스의 실제 모습을 볼 수 있습니다. 1914년에 소리 없이 녹화된 영상 위에 생상스의 연주 녹음 소리를 합쳐 1919년에 완성한 영상입니다.

생상스는 왈츠라는 이름 뒤에 캐릭터를 붙여서 여러 왈츠 곡을 남겼습니다. 이 곡에는 'Mignonne'이라는 이름이 붙었는데, 프랑스어로 귀엽고 사랑스럽다는 뜻입니다. 생상스는 통통 튀고 살랑거리는 터치로 이 곡을 표현합니다. 빠른 기교가 나올 때도 별다른 미동 없이 가볍고 수월하게 피아노를 다루는 모습도 볼 수 있습니다.

유튜브에서는 브람스가 남긴 음성과 연주, 드뷔시가 직접 연주한 〈달빛〉, 풀랑크가 무대에서 피아노를 연주하는 모습 등을 볼 수 있는데요. 물론 최고의 작곡가가 최고의 연주자가 아니고, 이러한 녹음이 우리 시대에도 적용되는 완벽한 정답이 될 수는 없습니다. 하지만 작곡가가 이 곡을 어떤 마음으로 썼는지, 어떻게 연주되어야 하는지에 대한 힌트는 얻을 수 있겠죠. 그것만으로도 가치 있는 영상입니다.

음악 추천 | 조민석   글 | 박지혁

라벨이
가장 공들여
작곡한 2악장

작곡가 | Maurice Ravel
곡명 | Concerto for Piano and Orchestra in G Major, 2nd movement
연주자 | Martha Argerich, Emmanuel Krivine, Orchestre National de France

라벨은 모차르트와 생상스의 정신을 품고 협주곡을 작곡했다고 합니다. 마르타 아르헤리치와 프랑스 국립 관현악단이 함께 연주한 2악장을 소개합니다.

1악장의 여운이 남아돌 무렵 왼손은 차분히 왈츠의 리듬을 연주하고, 오른손은 리듬을 교차해 가며 긴 선율을 노래합니다. 피아노 독주로 이어지던 오른손 선율을 플루트, 클라리넷, 바순이 차례로 이어받습니다. 감정이 점점 고조되고 잉글리시 호른의 호소력 있는 연주와 피아노가 함께 어우러지며 마무리를 향해 갑니다. 끝에 다다르면 피아노는 트릴을 연주하고 다시 처음의 차분한 분위기로 돌아옵니다.

2악장에서 전반적으로 느껴지는 자연스러운 흐름을 만들어 내기 위해 라벨은 어느 프로젝트보다 소위 '쥐어짜듯이' 한 번에 한두 마디씩 힘들게 작곡했다고 합니다. 5분 48초경부터 나오는 피아노 연주는 아마 라벨이 의도했던 흐름과 느낌일 것 같은데요. 협주곡이 아닌 오케스트라 곡이라고 생각될 정도로 피아노가 관현악에 자연스레 스며들며 깊은 감동을 줍니다.

쾌활하고 화려한 1악장과 3악장 사이에 이렇게 감동적인 악장을 배치한 라벨의 실력도 돋보이지만, 그가 공들인 2악장을 따로 들어도 하나의 완전한 곡을 마주할 수 있다는 점이 매력적입니다.

음악 추천 | 데얀 가브리츠   글 | 김소라

뿌리 깊은 나무는 바람에 흔들리지 않는다

작곡가 | Franz Liszt
곡명 | Hungarian Rhapsody No.6
연주자 | Georges Cziffra

영상 속 짧은 해설이 지나면 단단한 두 손이 위용을 뽐내며 피아노 건반 위를 용맹스럽게 오갑니다. 카메라가 연주자를 비추면 오늘의 주인공이 모습을 드러냅니다.

이 곡은 헝가리안 랩소디 6번입니다. 헝가리안 랩소디는 19개로 구성된 피아노 곡으로 난해한 테크닉을 요구하는 난곡입니다. 하지만 피아노를 종횡무진 누비는 치프라의 손은 날렵하고, 그의 표정에는 여유가 넘칩니다.

치프라는 태어났을 때부터 몸이 약했습니다. 하지만 뛰어난 재능으로 9세에 리스트 음악원에 합격했고, 12세 때는 헝가리에서 첫 독주회를 가집니다. 그리고 18세까지 네덜란드와 스칸디나비아 등지에서 연주 여행을 했습니다.

그러나 그의 청년기는 역사의 소용돌이 속에서 큰 부침을 겪습니다. 하지만 그는 피아노와 멀어졌을지언정 음악을 놓지 않았고, 후에 '국민 피아니스트'가 되었음은 물론 1955년에 연주자로는 처음으로 프란츠 리스트 상을 받기도 했습니다.

어려웠던 가정 형편, 병약한 신체, 그리고 세차게 몰아치던 역사의 비바람. 그 모든 것에도 흔들리지 않고 음악이라는 나무를 지켜 낸 그의 뿌리는 무엇이었을까요? 치프라의 단단한 연주를 통해 여러분의 마음속에도 굳건한 뿌리가 자리매김할 수 있기를 기원합니다.

음악 추천 | 데얀 가브리츠　글 | 박지혁

라르스 포그트가
남기고 간 베토벤

작곡가 | Ludwig van Beethoven
곡명 | Piano Concerto No.3 in C Minor
연주자 | Lars Vogt, Karina Canellakis, Frankfurt
Radio Symphony

이 연주자가 세상을 떠났다는 사실이 아직도 믿기지 않습니다. 걸작을 남기고 간 화가들처럼 그도 세상에 여러 명연주를 남기고 갔는데요. 오늘은 라르스 포그트가 연주하는 베토벤의 피아노 협주곡 3번을 소개합니다.

베토벤은 총 5개의 피아노 협주곡을 작곡했는데, 3번 협주곡만 유일한 단조 협주곡으로 작곡되었습니다. 베토벤은 새로운 혁신을 보여 줄 수 있는 작품을 구상하다 3번 피아노 협주곡을 작곡하기로 합니다. 그의 청각 장애는 점점 악화되었지만, 곡을 완성하려는 목표를 막을 수는 없었습니다.

그렇게 탄생한 3번 협주곡은 베토벤의 강렬한 개성이 본격적으로 드러나는 곡이라는 평을 받고 있는데요. 이전 작품에 비해 규모도 더 커졌습니다.

세계 정상급 오케스트라인 프랑크푸르트 라디오 심포니가 군더더기 없이 깔끔하고 완벽한 연주를 선보인 뒤, 고급스럽고 따듯한 울림을 주는 라르스 포그트의 연주가 시작됩니다. 그가 만들어 내는 매력적인 소리는 음악의 성격을 다채롭게 보여 줌과 동시에 관객들을 강하게 몰입시킵니다. 덕분에 30분이 넘는 연주가 짧게 느껴지기도 합니다. 그의 베토벤 음악을 기쁜 마음으로 따라가 보세요.

음악 추천 | 안일구　　글 | 안일구

가장 풍성한 봄,
여름, 가을, 겨울

작곡가 | Antonio Vivaldi
곡명 | Four Seasons
연주자 | Janine Jansen, Amsterdam Sinfonietta

비발디의 〈사계〉를 대표하는 영상 중 하나입니다. 요즘은 여러 연주 단체의 활약으로 시대 악기 연주가 익숙한 곡이 되었죠. 오늘 연주는 현대 악기를 사용한 〈사계〉 중 제가 가장 좋아하는 영상입니다.

우리 시대를 대표하는 최고의 바이올리니스트 중 한 명인 네덜란드 출신의 재닌 얀센과 방대한 레퍼토리와 뛰어난 연주력을 보여 주는 암스테르담 신포니에타가 뭉쳤습니다. 시작과 동시에 이들이 바로크 음악을 얼마나 멋지게 다루고 있는지 느껴집니다. 강약 조절, 아티큘레이션, 프레이징 모두 바로크 스타일을 가득 담고 있으면서도 개성이 분명합니다. 전체가 하나가 되어 연주할 때는 무대를 폭발시킬 듯한 에너지가 대단합니다.

봄, 여름, 가을, 겨울에는 우리를 사로잡는 빠른 악장이 등장하죠. 활기가 넘치는 봄의 1악장, 천둥 번개가 내려치는 여름의 3악장, 수확의 기쁨이 가득한 가을의 1악장, 매서운 바람이 부는 겨울의 1악장은 이 영상에서 더 강렬합니다. 꼭 주목했으면 하는 부분이 또 있는데요. 각 계절은 모두 느린 악장도 가지고 있습니다. 4개의 느린 악장만 따로 떼어 들어도 사계절이 모두 느껴지죠. 연주자들의 반짝이는 아이디어가 더해진 풍성한 사계절을 경험해 보세요.

디노 차니의
드뷔시

음악 추천 | 황장원   글 | 황장원

작곡가 | Claude Debussy
곡명 | Préludes - Book 2, No.7 'La terrasse des audiences du clair de lune'
연주자 | Dino Ciani

디노 차니는 1974년 3월 28일에 세상을 떠난 이탈리아의 피아니스트입니다. 엊그제가 그의 타계 50주기였죠. 차니의 때 이른 사망은 프랑스 바이올리니스트 지네트 느뵈, 이탈리아 지휘자 귀도 칸텔리, 그리고 루마니아 피아니스트 디누 리파티와 더불어 20세기 음악계가 겪은 가장 큰 손실로 꼽힐 만합니다. 스승이자 친구였던 알프레드 코르토는 차니를 가리켜 '자연이 낳은 가장 희귀한 재능을 보여 주는 가장 놀라운 사례'라고 극찬했지요. 하지만 그는 비운의 교통사고로 불과 32세 나이에 이 세상을 등졌습니다. 차니의 연주 경력은 1961년부터 시작됐습니다. 5월 빈에서 열린 베토벤 콩쿠르에서 우승한 데 이어 몇 달 뒤에는 부다페스트에서 열린 리스트-버르토크 콩쿠르에서 준우승을 차지하며 주목받게 되었죠.

차니는 이탈리아 국내는 물론이고 유럽 각지와 미국까지 오가며 왕성한 연주 활동을 펼쳤습니다. 그중 1969년 라 스칼라에서 가졌던 공연은 특필할 만한데, 클라우디오 아바도의 지휘로 베토벤 피아노 협주곡 4번을 협연한 그 공연을 통해서 차니는 본격적으로 국제 무대에서 나래를 펴게 됩니다. 이후 아바도와 계속 호흡을 맞추며 미국, 남미, 소련, 그리고 유럽 각지의 주요 공연장을 누비게 되었죠. 그가 계속 살아 있었다면 아마 마우리치오 폴리니와 함께 이탈리아를 대표하는 피아니스트로 성장했을 가능성이 농후하지 않나 싶은데요. 차니의 생전 마지막 공연은 1974년

2월 미국 시카고에서 있었는데, 카를로 마리아 줄리니의 지휘로 베토벤 협주곡 3번을 협연했다는군요.

일찍 세상을 떠난 탓에 차니의 정식 리코딩은 그리 많지 않습니다. 데뷔 음반은 1960년 리코르디에서 발매한 슈만 다비드 동맹 무곡집과 슈베르트 방랑자 환상곡이었고, 다이내믹에서 나온 버르토크 작품집, 쇼팽 연습곡집, 베버 소나타집(차니는 오랫동안 잊혔던 베버의 소나타를 현대에 부활시킨 피아니스트로 알려져 있기도 합니다), 그리고 1970년대 DG와 전속 계약을 맺은 뒤에 내놓은 바흐 작품집과 드뷔시 전주곡집 등이 있습니다. 그밖에 실황 녹음들이 꽤 있는데 대부분이 주로 음질 면에서 아쉽지요. 가장 잘 알려진 음반은 드뷔시 전주곡 전집입니다. 저도 1990년대 DG의 듀오 시리즈로 재발매된 이 음반을 통해서 그의 연주를 처음 만났었네요. 개인적으로 이 곡에 관한 한 미켈란젤리의 명반보다 더 매력적으로 다가왔던 음반입니다.

영상은 드뷔시의 《전주곡집》 제2권 중 일곱 번째 곡인 〈달빛 쏟아지는 테라스〉입니다. 1960년대 이탈리아 공영 방송인 RAI에서 제작한 스튜디오 연주 영상인데, 곡을 연주하기 전에 드뷔시 전주곡에 대한 대담 장면도 나옵니다. 낡은 음질과 화질이긴 합니다만, 고전과 낭만 레퍼토리에서 '비더마이어풍의 거장적 연주 방식'을 되살린 피아니스트로 평가받은 동시에 드뷔시와 버르토크를 중심으로 한 근현대 레퍼토리에 대한 탁월하고 창의적인 해석으로 주목받았던 차니의 피아니즘이 잘 드러난 연주가 아닌가 합니다.

일요일의 추천 음반

유정우
음반 | Cavalleria Rusticana
연주 | Jessye Norman 외
레이블 | Philips(1991)

부활절을 맞아 부활절 배경 오페라 《카발레리아 루스티카나》의 독특한 명반을 소개합니다. 제시 노먼의 깊은 음색으로 해석하는 산툿자와 그에 못지않은 동굴 같이 깊고 어두운 음색의 테너 자코미니의 투릿두, 그리고 젊은 시절 흐보로스톱스키의 알피오, 게다가 불꽃 같은 정열과 유려한 선율미가 공존하는 비치코프의 지휘까지! 《카발레리아 루스티카나》 녹음 역사에서 가장 깊고 진한 색깔을 갖춘 명연입니다.

데얀 가브리츠
음반 | Mozart Arias
연주 | Cecilia Bartoli 외
레이블 | Decca(1991)

체칠리아 바르톨리의 초기 녹음입니다. 그녀의 모차르트는 놀랍습니다. 표현력이 매우 뛰어나면서도 놀랍도록 가볍고 다채롭게 노래합니다. 첫 곡을 듣는 순간 그녀가 만들어 내는 에너지에 빠져들게 됩니다. 모차르트의 명 아리아를 바르톨리의 목소리로 듣는 것은 우리에게 큰 행운입니다.

음악 추천 | 김소라   글 | 김소라

바람결에
실려 온 사랑

작곡가 | Percy Grainger
곡명 | London Derry Air(Danny Boy)
연주자 | Academy of St Martin in the Fields

감상할 때마다 숲속 맑은 호수로 인도하는 이 곡은 19세기 중엽 아일랜드 북부의 런던데리에서 불리던 〈London Derry Air〉입니다.

그레인저의 작품으로 그는 일찍부터 영국 각지의 민요에 흥미를 가지고 영국 민요를 바탕으로 많은 곡을 썼죠. 이 곡도 그중 하나로 현악기와 호른을 위한 곡으로 발표했습니다.

한편 이 곡은 〈Danny Boy〉라는 이름으로도 알려져 있는데요. 1913년 프레데릭 에드워드 웨드리가 출정하는 아들을 보내는 사랑의 마음을 노랫말에 담아 〈Danny Boy〉를 발표하며 큰 인기를 얻었다고 합니다.

작은 나뭇잎 한 장이 호수에 파문을 일으키듯 아름다운 선율 하나가 마음을 사랑의 물결로 일렁이게 합니다. 그 사랑이 풋풋한 연인 사이의 것이든, 부모와 자식 간의 애틋한 것이든 우리의 마음을 풍성하고 촉촉하게 채워 주는 것은 매한가지입니다.

게다가 세인트 마틴 인 더 필즈의 탁월한 연주는 음악의 매력을 최대로 끌어올리고 있습니다. 오늘은 사랑을 닮은 선율과 끼시기 깃든 아름다운 음악으로 따뜻하고 행복한 하루를 시작하길 바랍니다.

음악 추천 | 데얀 가브리츠   글 | 안일구

슈만이 그려 낸
첼로의 가능성

작곡가 | Robert Schumann
곡명 | Cello Concerto Op.129
연주자 | Julian Steckel, Christian Zacharias, Göteborgs Symfoniker

첼로가 독주 악기로 가장 인기를 끈 곡은 1895년에 작곡된 드보르자크 첼로 협주곡이 아닐까 싶습니다. 드보르자크는 '첼로 협주곡'이라는 형식으로 눈부신 성과를 이뤘죠.

그런데 첼로 협주곡 분야에서 진정한 선구자는 따로 있습니다. 바로 로베르트 슈만이죠. 슈만은 드보르자크 첼로 협주곡이 나오기 45년 전에 첼로 협주곡을 남겼습니다. 슈만 부부는 1850년 새로운 도시, 독일의 뒤셀도르프에 정착합니다. 이곳에서 슈만은 음악 감독으로 활동했고 훌륭한 대접을 받으면서 잠시나마 희망 가득한 미래를 꿈꿀 수 있었죠. 이때 작곡된 대표적인 두 작품이 〈라인 교향곡〉과 〈첼로 협주곡〉입니다. 물론 안타깝게도 이로부터 4년 뒤 슈만은 라인강에 투신자살을 시도하고, 정신 병원으로 가게 되죠.

첼리스트 율리안 슈테켈은 슈만의 원숙한 음악을 뛰어난 테크닉과 농익은 음색으로 풀어냅니다. 지휘자 자카리아스가 이끄는 오케스트라는 이를 세심하게 뒷받침합니다. 슈만은 모든 악장을 구분 없이 곧바로 이어지도록 했는데 10분 55초부터 숨 막히게 아름다운 2악장이 펼쳐지고 15분 24초에 활기찬 3악장이 시작됩니다.

음악 추천 | 데얀 가브리츠　글 | 박지혁

슈트라우스의
영웅 이야기

작곡가 | Richard Strauss
곡명 | Ein Heldenleben
연주자 | Mariss Jansons, Royal Concertgebouw Orchestra

감동을 주는 영웅 이야기는 1804년 베토벤을 시작으로 독일 클래식 음악계의 큰 관심사가 됩니다. 바그너 역시 영웅을 주제로 작품 활동을 펼쳤죠. 리하르트 슈트라우스 또한 장대한 교향시 〈영웅의 생애〉를 발표하며 그 대열에 합류합니다. 이 음악은 다른 누구도 아닌 자신을 위한 이야기라고 하죠.

곡이 시작되자마자 빛나는 칼과 방패를 든 영웅이 그려지는 당당한 선율이 들려옵니다. 영웅의 이야기를 머릿속으로 그리며 들을 수 있다는 게 교향시의 매력이죠. 이 곡은 '영웅, 영웅의 적들, 영웅의 반려, 영웅의 전장, 영웅의 업적, 영웅의 은퇴와 완성'으로 나누어 들으면 좋습니다.

8분 21초경 '영웅의 반려' 부분에 나오는 바이올린 솔로는 슈트라우스의 반려자 폴린을 묘사하고 있습니다. 그녀의 변덕스러움과 복잡한 성격을 담았죠. 그리고 28분 52초경 시작되는 '영웅의 업적' 부분에서는 이제까지 슈트라우스가 작곡한 대표 작품이 차례로 등장하며 그의 삶을 들이보도록 만듭니다.

마리스 얀손스와 로열 콘세르트헤바우 오케스트라가 장대하면서도 세심하게 그려 내는 슈트라우의 역경과 성취를 〈영웅의 생애〉를 통해 느껴 보세요.

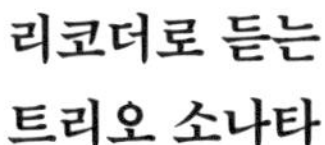

음악 추천 | 데얀 가브리츠   글 | 안일구

리코더로 듣는 트리오 소나타

작곡가 | Antonio Vivaldi
곡명 | Trio Sonata in A Minor, RV.86(Allegro molto)
연주자 | Lucie Horsch, Stephen Schultz, Sabina Chukurova

어떨 때는 아주 짧은 곡을 통해 많은 것을 느끼기도 합니다. 우선 환상적인 연주를 들려주는 리코더 연주자 루시 홀쉬를 소개합니다. 네덜란드 출신인 그녀는 다섯 살 무렵 리코더를 시작했습니다. 20세가 되기도 전에 유명세를 탄 그녀는 데카에서 앨범을 발표한 후 활발한 녹음과 연주 활동을 이어 가고 있죠. 홀쉬는 언제나 즐겁고 열정적으로 연주합니다. 음표 하나하나에 생기를 불어넣는 그녀의 연주는 오늘의 곡과 아주 잘 어울립니다.

'트리오 소나타'란 3가지 성부를 가진 소나타를 뜻합니다. 바로크 시대에 가장 유행했던 음악 형태로 주로 2개의 선율 성부와 1개의 저음 성부로 이루어져 있습니다. 저음역을 보강해 4명이 연주하는 것이 일반적이지만 연주 형태는 자유롭게 변주할 수 있습니다. 루시 홀쉬는 첼로, 하프시코드와 함께 비발디의 트리오 소나타 a단조의 마지막 악장을 연주하고 있습니다.

비발디는 무려 600여 곡의 협주곡을 남긴 것으로 유명합니다. 그런데 비발디 작품 번호 86에 해당하는 이 트리오 소나타는 그의 협주곡 못지않게 화려하고 감동적입니다. 특히 이 곡은 바순으로도 연주할 수 있는 저음 선율이 리코더와 대등할 뿐 아니라 상당히 아름답습니다. 연주가 좋았다면 느린 악장을 포함한 전체 곡을 들어 보세요.

모차르트의
마지막 예술혼

음악 추천 | 데얀 가브리츠   **글 |** 김소라

작곡가 | Wolfgang Amadeus Mozart
곡명 | Symphony No.41 in C, K.551 'Jupiter' IV. Molto Allegro
연주자 | Il Pomo d'Oro, Maxim Emelyanychev

오늘 소개하는 작품은 모차르트의 교향곡 41번으로 우리에게는 '주피터'라는 이름으로 잘 알려져 있습니다. 10세가 되기 전부터 교향곡을 작곡한 모차르트가 만든 마지막 교향곡입니다.

이 작품을 작곡할 당시 모차르트는 빈에서 가난에 시달리며 고통스러운 생활을 하고 있었는데요. 그런 가운데 불과 16일 만에 이 곡을 써내며 생의 마지막까지 예술혼을 불태웁니다. 하지만 안타깝게도 이 곡은 그의 생전에 연주되지 못했습니다. 그 까닭은 단순한 즐거움을 위해 음악을 듣던 당시 청중들에게 이 곡이 너무나 심오했기 때문이라고 합니다.

영상을 추천한 가브리츠 선생님은 이 곡을 '매우 아름답고 투명하며 믿을 수 없을 정도로 활기가 넘친다'라고 표현했습니다. 별칭 '주피터'를 닮아 광활한 올림피아에서 펼쳐지는 신들의 축제를 나타낸 듯 매우 놀라운 곡입니다.

생의 마지막을 보내던 모차르트는 어떻게 이처럼 에너지 넘치는 작품을 탄생시켰을까요? 천상의 선율을 닮고 있는 그의 마지막 교향곡 41번, 그 마지막 악장을 일 포모 도로 오케스트라의 살아 있는 연주로 들어 보세요.

음악 추천 | 황장원   글 | 황장원

작곡가 | Dmitri Shostakovich
곡명 | Symphony No.7 in C Major, Op.60 'Leningrad'
연주자 | hr-Sinfonieorchester, Klaus Mäkelä

레닌그라드 교향곡이라는 아이러니

일명 '레닌그라드 교향곡'으로 불리는 이 작품은 쇼스타코비치가 남긴 가장 긴 교향곡으로 전체 연주 시간이 80분에 달합니다. 이 곡은 제2차 세계 대전 당시 소비에트 정부가 총동원령을 내린 가운데 탄생한 수많은 예술 작품 중 하나로, 파시스트 혹은 압제자의 침략과 수탈에 맞선 민중의 저항 정신과 애국심을 장대하게 펼쳐 보인 음악적 프레스코화입니다. 작곡가에 의하면 '거의 표제 음악에 가까운' 작품이며, 각 악장은 차례대로 전쟁, 추억, 광야, 승리의 이미지를 그리고 있다고 하죠.

이 교향곡이 작곡된 배경은 독소 전쟁 중 가장 긴 기간에 걸쳐 가장 많은 사상자를 낸 '레닌그라드 공방전'이었습니다. 쇼스타코비치는 독일군과 소련군 사이에 치열한 공방전이 펼쳐지던 현장에서 이 곡을 스케치했고, 자연히 작품에는 참혹한 전투의 과정, 평화로운 시절에 대한 회상, 국토에 대한 애정 등 전쟁의 한복판에서 체험할 수 있는 갖가지 장면, 감정, 상념들이 투영되었죠. 특히 처음 세 악장은 독일군이 포위한 레닌그라드에서 작곡되었는데, 작곡가는 제2악장을 완성한 직후에 라디오 연설에 나서 '우리 도시의 생활이 정상적으로 영위되고 있음을 알리기 위해서' 교향곡을 쓰고 있다는 사실을 밝히기도 했습니다.

다만 작곡가 지인들의 전언에 따르면 이 작품의 주요 소재, 특히 첫 악장에 나오는 유명한 '침공의 주제'는 이미 전쟁 전에 구상되었다고 합니다. 다시 말해 이 곡에 담긴 저항 정신은 히틀러뿐 아니라 스탈린에 대한 것이기도 했죠.

국가적 위기 상황에서 국민에게 단합과 절제를 요구하는 것은 당연한 일이라고 할 수 있겠지만, 스탈린은 그런 상황을 교묘히 이용해 자신의 권력을 강화하는 수단으로 삼았습니다. 전쟁 전부터 서슬 퍼렇던 스탈린 정권의 독재와 압제는 전쟁이 끝나고 나서 우상화와 맹목적 복종 강요라는 더욱 극단적인 양상으로 치달았죠. 이렇게 보면 이 곡은 역사를 통해 끊임없이 반복되는 '아이러니'를 상징하는 곡 같기도 합니다.

그렇다면 과거의 '피해자'였던 러시아가 우크라이나를 침공해 전쟁을 벌이고 있는 지금, 이 교향곡을 무대에 올리고 듣는 행위는 또 어떨까요? 그보다 이 작품이 탄생한 배경이나 맥락에 대한 숙고 없이 그저 '교향악 명작'으로 간주하며 나이브하게 '즐기는' 자세에 대해서는 어떻게 생각해야 할까요? 그 자체로 아이러니이자 거창하고 짓궂은 농담과도 같은 일에 대해서 조금은 진지한 고찰이 필요한 시점이 아닌가 합니다.

일요일의 추천 음반

데얀 가브리츠
음반 | Mozart String Quintets K.515&516
연주 | Antoine Tamestit, Quatuor Ebene
레이블 | Erato(2023)

에벤 콰르텟은 현재 세계에서 가장 유명한 현악 4중주단 중 하나입니다. 그들은 매우 활기찬 모습으로 음악을 아름답게 연주합니다. 또한 상당히 스타일리시하며 자신감 있는 소리를 냅니다. 이 앨범에서는 신선함, 장난기 등의 다양한 감정을 직관적으로 들을 수 있습니다. 실내악의 매력과 모차르트 음악의 매력까지 한 번에 느껴 보세요.

유정우
음반 | Handel: Winged Hands. The Eight Great Suites&Overture
연주 | Francesco Corti
레이블 | Arcana(2022)

하프시코드 연주자이자 일 포모 도로를 비롯한 시대 악기 앙상블과 함께 지휘자로도 맹활약하고 있는 프란체스코 코르티의 헨델 앨범입니다. 우리에게 친숙한 《리날도》의 서곡과 〈울게 하소서〉도 수록되어 있지요. 이 음반은 코르티 특유의 풍부하고 유려한 장식음의 향연 그 자체입니다. 코르티의 풍성한 장식음은 약간 망설이는 듯한 템포에 절묘한 타이밍으로 악보에 적힌 음표 사이의 공간을 채우며 우리를 너무나도 유려한 바로크적 상상력의 세계로 인도합니다.

음악 추천 | 유정우   글 | 안일구

바그너와 크나퍼츠부슈의 마지막 불꽃

작곡가 | Richard Wagner
곡명 | 'Höchstes Heiles Wunder!' From 《Parsifal》
연주자 | Hans Knappertsbusch, Chor and Orchester from Bayreuther Festspiele

'마지막'이라는 이름이 붙으면 왠지 특별하게 다가옵니다. 《파르지팔》은 바그너의 마지막 작품입니다. 바그너는 《니벨룽의 반지》와 《파르지팔》을 '음악극'이라고 불렀죠. 이탈리아의 오페라와는 다르다는 것을 분명히 한 것인데요. 게다가 바그너는 예수가 최후의 만찬에서 사용했던 성배를 주제로 한 종교극 《파르지팔》을 '성스러운 무대 축제'라고 부르기도 했습니다.

작품의 마지막에 다다르면 오케스트라와 합창이 함께 〈경이로운 구원의 기적이여!〉라는 노래를 부릅니다. 이 장면에서는 한 줄기 빛이 내려와 성배를 환하게 비춥니다. 마법의 속박에서 풀려난 쿤드리는 생명을 잃어 가면서 파르지팔을 바라봅니다. 이내 흰 비둘기가 날아와 파르지팔의 머리 위를 맴돌죠. 암포르타스와 구르네만츠는 파르지팔 앞에 무릎을 꿇고, 파르지팔은 성창을 들어 기도하는 동료 기사들에게 축복을 내립니다.

이 장면에서 연주되는 음악은 이 세상의 것이 아닌 듯 아름답습니다. 녹음에는 또 하나의 '마지막'이 존재하는데요. 비모 진실직인 바그너 지휘자 한스 크나퍼츠부슈의 마지막 《파르지팔》 공연입니다. 길지 않은 이 음악에서 오페라 전체의 성스러움과 바그너 예술 세계의 위대함을 간접적으로 느껴 볼 수 있습니다.

음악 추천 | 김소라　　**글 |** 김소라

왈츠에 실려 온
겨울날의 행복

작곡가 | Émile Waldteufel
곡명 | Les Patineurs(The Skaters' Waltz)
연주자 | Johann Strauss Orchestra, André Rieu

듣는 순간 꽁꽁 얼어붙은 스케이트장이 떠오르는 이 작품은 〈스케이트 타는 사람들〉입니다. 19세기 프랑스가 낳은 세계적인 왈츠 작곡가이자 지휘자인 에밀 발퇴펠이 어느 겨울날 파리 볼로뉴 숲의 얼어붙은 연못에서 스케이트를 즐기는 사람들을 보고 영감을 얻어 썼습니다. 19세기 후반 프랑스 상류층 사람들은 스케이트를 타며 겨울을 즐겼는데요. 당시 스케이트장은 사교의 장으로 큰 인기를 끌었다고 합니다.

영상 속 오케스트라 단원들도 그 옛날 발퇴펠과 같은 감정을 느끼는 듯한데요. 현악기 연주자들의 팔놀림 아래 현 위를 유영하는 활은 마치 날렵하게 얼음을 가로지르는 스케이트 날처럼 느껴지고, 즐겁게 몸을 흔들며 연주하는 관악기 연주자들은 한겨울의 추위도 열기로 채우는 왁자지껄한 어린아이들을 떠오르게 합니다.

한편 발퇴펠이 활동하던 당시는 요한 슈트라우스 가문의 왈츠가 유럽 사교계를 휩쓸고 있었는데요. 발퇴펠 역시 그 영향을 받아 빈 왈츠 형식의 곡을 썼다고 합니다. 다만 발퇴펠은 샹송 선율을 활용해 차별화했고, 슈트라우스 가문의 강력한 라이벌 중 한 사람이 되었다고 합니다.

행복한 겨울날로 안내하는 이 곡, 오늘은 이 작품과 함께 자신만의 겨울 동화를 그려 보길 바랍니다.

음악 추천 | 조민석　　**글** | 박지혁

다시 돌아온 매와 황제

작곡가 | Richard Strauss
곡명 | 'Falke!' from 《Die Frau ohne Schatten》
연주자 | Clay Hilley, Berlin Philharmoniker Orchestra

슈트라우스는 모차르트에게 큰 영향을 받았습니다. 오늘 소개하는 《그림자 없는 여인》은 모차르트의 《마술피리》에서 영감을 받았죠. 두 오페라는 고귀한 커플과 평민 커플이 등장하고, 시련을 통해 깨달음을 얻는 점이 비슷합니다.

《그림자 없는 여인》의 줄거리는 다음과 같습니다. 황제는 사냥 중 매와 흰 가젤을 잡고, 매는 사라집니다. 사냥한 흰 가젤이 영계 대왕 카이코바트의 딸임이 밝혀지자, 황제는 그녀를 황후로 맞이하죠. 그 후 변신 부적을 잃어버린 황후는 '그림자 없는 황후가 1년 이내에 아이를 낳지 못하면 황후는 영계로 돌아가게 되고 황제는 돌로 변한다'라는 예언을 듣게 됩니다. 인간의 그림자가 있어야 아이를 낳을 수 있었던 황후는 염색업자 바락 아내의 그림자를 빼앗으려 하지만, 바락 부부의 진실한 사랑 때문에 그림자를 포기합니다. 타인의 불행을 토대로 자신의 행복을 추구하는 것이 인간성을 포기하는 것과 같음을 깨달은 황후에게 그림자가 생기며 작품은 행복하게 마무리됩니다.

〈매, 당신이 찾은 매〉는 염색업자 바락과 함께 있는 황후를 보고 배신감에 휩싸인 황제의 모습을 그립니다. 황제는 다시 찾아온 매의 안내를 받아 둘이 함께 있는 장면을 발견하죠. 테너 클레이 힐리의 번뜩이는 목소리와 숨 막히는 첼로 솔로를 감상해 보세요.

음악 추천 | 조민석   글 | 안일구

대놓고 아름다운 사랑의 듀엣

작곡가 | Carl Zeller
곡명 | 'Schenkt man sich Rosen in Tirol' from 《Der Vogelhändler(The Bird Seller)》
연주자 | Renate Holm, Peter Minich

오페레타 《새 장수》에 등장하는 듀엣 〈티롤의 장미를 주오〉를 소개합니다. 오페레타는 이탈리아어로 '작은 오페라'를 뜻합니다. 오페라보다 음악과 내용이 가벼워 접근하기 쉬운 것이 특징입니다. 티롤은 오스트리아의 도시로 알프스 자락에 위치해 사계절이 모두 아름다운 유럽의 대표적인 휴양지입니다.

이 듀엣은 대놓고 아름답습니다. 수많은 의미가 숨겨진 오페라의 진지한 아리아도 좋지만 이렇게 순수하고 직접적으로 사랑을 표현하는 아리아만의 따뜻함이 있죠. 이 곡은 워낙 많은 사랑을 받다 보니 전 세계 극장의 갈라 콘서트나 신년 음악회에서 듀엣을 부를 때 늘 선택받습니다.

1891년 1월 10일 빈에서 처음 공연된 오페레타 《새 장수》는 작곡가 칼 첼러의 작품입니다. 시골을 배경으로 하는 코미디 작품으로 티롤에서 온 새 장수 아담과 우체국 직원 크리스텔이 우여곡절 끝에 사랑을 이루는 내용입니다. 클래식 오페레타의 여러 요소가 조화롭게 담긴 소박하고 재밌는 작품입니다. 1967년 영화로 제작된 〈새 장수〉 중 〈티롤의 장미를 주오〉 듀엣과 함께 사랑하는 사람의 마음을 느껴 보세요.

음악 추천 | 데얀 가브리츠　　**글 |** 박지혁

진주처럼 반짝이는 연주

작곡가 | Edward Elgar
곡명 | La Capricieuse, Op.17
연주자 | Jinjoo Cho, Itamar Golan

에드워드 엘가의 〈변덕스러운 여자〉는 〈사랑의 인사〉만큼이나 바이올린 레퍼토리에서 중요한 자리를 차지합니다. 자주 연주되는 만큼 익숙한 곡이죠. 제목에서처럼 변덕스러운 여자의 면모를 떠오르게 하는 다양한 리듬이 담겨 있습니다. 엘가는 21세에 이 곡을 작곡했는데요. 바이올린과 피아노를 수준급으로 연주했던 그는 이 곡을 통해 자신이 갖고 있던 작곡의 재능을 세상에 알렸습니다.

바이올리니스트 조진주는 2014년 세계 3대 바이올린 콩쿠르 중 하나인 인디애나폴리스 국제 바이올린 콩쿠르에서 우승하며 세계적인 바이올리니스트의 선상에 올랐습니다. 17세의 나이로 우승했던 2006년 몬트리올 국제 음악 콩쿠르에서는 '부정할 수 없는 카리스마와 깊이, 그리고 깊은 서정성과 가슴을 어루만지는 부드러움은 등골을 서늘하게 만든다'라는 평을 받았죠.

그녀가 받았던 평이 이 곡과 정말 잘 어울립니다. 초반에 카리스마 있는 음구와 터질 듯한 에너지, 그리고 2분경 풍부하게 노래하는 부분에서는 심장이 멎을 듯한 아름다움과 생기가 느껴집니다.

음악 추천 | 황장원   글 | 황장원

네빌 마리너 탄생 100주년 기념

작곡가 | Ludwig van Beethoven
곡명 | Grosse Fugue
연주자 | Sir Neville Marriner, Academy of St Martin in the Field

4월 15일은 영국의 지휘자이자 바이올리니스트인 네빌 마리너의 탄생 100주년 기념일입니다. 1924년 잉글랜드의 소도시 링컨에서 태어난 마리너는 젊은 시절 바이올린 연주자로 마틴 4중주단, 런던 심포니 오케스트라, 필하모니아 오케스트라 등의 단체에서 활동하다가, 1958년에 체임버 앙상블 '세인트 마틴 인 더 필즈 아카데미(ASMF)'를 창단했습니다.

런던 시내 중심에 위치한 '세인트 마틴 인 더 필즈 교회'에 근거를 둔 ASMF는 12명으로 구성된 현악 합주단으로 출발해 주로 바로크 음악을 연주했지만, 이후 인원을 늘리면서 관악 주자들까지 수용했고 바로크에서 현대 음악에 이르는 폭넓은 레퍼토리를 연주하도록 확장되었습니다. 지금은 영국을 대표하는 체임버 오케스트라로 널리 알려졌죠. 마리너는 이 악단의 리더 역할을 하다가 지휘자로 데뷔했고, 1960년대 초 런던 심포니를 이끌었던 프랑스의 거장 피에르 몽퇴의 격려에 힘입어 지휘에 전념하게 되었다고 합니다.

마리너는 모차르트의 생애를 다룬 영화 〈아마데우스〉의 사운드트랙을 지휘하고 감독한 일로도 유명합니다. 그래서 세간에 '모차르트 전문가'로 각인된 경향이 있습니다만, 사실 그는 훨씬 광범위한 레퍼토리를 섭렵한 지휘자였습니다. 그는 ASMF 외에 미국 로스앤젤레스 체임버 오케스트라를 창단하기도 했고, 1980년대 이후에는 미네소타 오케스트라, 슈투트가르트 방송 교향악단 등 정규 교향악단을 이끌기도 했지요.

90세 넘어서까지 현역에서 활동한 마리너는 방대한 리코딩을 남긴 지휘자로도 유명합니다. 그가 남긴 음반의 개수는 600여 개에 달하고 다룬 작품은 2000곡이 넘는다고 하네요. 카라얀이나 네메예르비 정도를 제외하면 다른 지휘자들은 범접하기 어려운 수량이 아닌가 합니다. 그런 그의 마지막 리코딩은 우리나라 피아니스트 손열음과 협연한 모차르트 피아노 협주곡 제21번으로 알려져 있습니다.

추천하는 영상은 마리너가 1975년 프롬스 콘서트에서 지휘한 베토벤의 〈대푸가〉입니다. 마리너가 직접 편곡한 현악 합주 버전이고 연주 단체는 역시 ASMF로, 그의 한창때 모습을 생생하게 담은 기록이라고 할 수 있습니다. '기술적으로 훌륭하고 해석적으로 신선한' 것으로 평가받았던 그의 지휘와 현악 앙상블의 풍부한 울림이 난해하기로 악명 높은 〈대푸가〉를 조금은 친근하게 대할 수 있도록 해 주네요.

일요일의 추천 음반

유정우
음반 | Roma Travestita
연주 | Bruno De Sa, Il Pomo d'Oro, Francesco Corti
레이블 | Erato(2022)

요즘 제가 주목하는 브라질 출신의 남성 소프라노 브루노 드 사의 첫 독집 앨범입니다. 과거 로마에서는 사육제 기간에 여성이 무대에서 노래하는 것을 금지하기도 했습니다. 그 시기 여성 역할을 하던 남성 거세 가수들을 위한 레퍼토리를 모았습니다. 비발디, 빈치, 스카를라티, 갈루피 등 완전히 새로운 음악 세상이 천상의 음성과 프란체스코 코르티가 이끄는 일 포모 도로의 완벽한 앙상블로 펼쳐집니다.

데얀 가브리츠
음반 | Bruckner Symphony No.9
연주 | Gürzenich Orchester Köln, François-Xavier Roth
레이블 | Myrios Classics(2024)

우리 시대를 대표하는 지휘자 중 한 명인 로스가 쾰른 귀르체니히 오케스트라의 음악 감독으로 오랜 기간 재직하면서 남긴 브루크너 9번 교향곡입니다. 그는 레 시에클과 수많은 음반 작업을 하면서 쾰른에서 브루크너 교향곡을 차례차례 녹음했습니다. 그들의 오케스트라 연주는 대단한 음색과 응집력을 보여 주고, 모든 악장은 로스의 번뜩이는 해석으로 가득합니다.

무지개를 타고
내려온
알프스 요정

음악 추천 | 조민석　**글 |** 박지혁

작곡가 | Pyotr Ilyich Tchaikovsky
곡명 | Manfred Symphony, 2nd mvt
연주자 | Netherlands Philharmonic Orchestra

차이콥스키의 만프레드 교향곡은 시기상 4번과 5번 교향곡 사이에 작곡되어 4.5번 교향곡으로도 불립니다. 이 교향곡은 영국을 대표하는 바이런 남작의 극시 「만프레드」를 소재로 작곡되었습니다. 주인공 만프레드는 스스로 목숨을 끊은 연인 아스타르테에 대한 죄책감 때문에 스위스 알프스 산속으로 숨어듭니다. 그는 연인을 잊기 위해 산을 헤매며 신에게 용서를 구하죠. 여신 네메시스의 도움으로 아스타르테를 다시 만나지만 용서받지 못하고, 절망 속에 비극적으로 삶을 마칩니다.

발라키레프의 작곡 의뢰를 처음엔 거절했던 차이콥스키는 몇 년이 지나고 알프스에 가던 중 바이런 남작의 시를 읽게 됩니다. 마침 바이런 남작이 시를 썼던 장소가 알프스였고, 결국 차이콥스키는 복잡하고 어두운 내용을 곡에 담기로 합니다.

차이콥스키는 이 곡을 자신의 교향곡 중 최고의 곡이라 말했는데요. 그중에서도 2악장은 알프스 요정이 폭포 위의 무지개를 타고 나디니는 장면을 그려 냈습니다. 플루트의 화려한 연주가 요정이 내려오는 모습을 보여 주는 듯하고, 엇박자로 이뤄진 곡 덕분에 생동감이 넘칩니다. 특히 3분 6초경 시작되는 따뜻한 선율은 정말 아름답기로 유명합니다.

음악 추천 | 안일구   글 | 안일구

작곡가 | Maurice Ravel, Alexander Scriabin 외
연주자 | Tatiana Nikolayeva

타티아나 니콜라예바를 아시나요?

니콜라예바의 피아노 연주를 접한 후, 한 달 동안 그녀의 영상만 감상한 적이 있습니다. 그녀가 만들어 내는 엄청난 스펙트럼과 테크닉도 놀라웠지만 그녀의 음악 안에 담긴 감정들이 놀라웠습니다. 전혀 훌륭하지 않은 음향이었지만 어떤 것을 들어도 니콜라예바만의 기쁜, 슬픈, 행복한, 쓸쓸한, 설레는, 고통스러운 등의 감정이 오롯이 전해졌습니다.

1924년에 태어나 1993년 세상을 떠난 그녀는 현재까지도 거의 모든 레퍼토리에서 최고의 피아니스트로 평가받습니다. 리히테르, 호로비츠와 함께 20세기 러시아를 대표하는 피아니스트로 꼽히기도 하죠. 니콜라예바는 바흐 작품의 스페셜리스트로 유명하지만 베토벤 피아노 소나타 전곡을 처음으로 녹음한 피아니스트이기도 하며, 쇼스타코비치와 같은 러시아 작곡가들이 가장 좋아하는 연주자이기도 합니다.

영상은 1990년 모스크바에서 있었던 연주입니다. 라벨과 스크랴빈 연주를 들어 보면 그녀가 얼마나 대단한 피아니스트인지 바로 느낄 수 있습니다. 모든 음을 누를 때 확신에 차 있으며 그 음들은 하나같이 반짝입니다. 연주가 시작되는 순간 작곡가가 만들어 놓은 음악 속으로 쏙 들어가는 것 같기도 합니다. 앙코르 역시 감동적인데요. 거침없이 보로딘, 무소륵스키, 프로코피예프의 곡을 풀어놓습니다. 그녀의 연주를 실제로 들을 수 있다면 얼마나 좋을까요?

음악 추천 | 데얀 가브리츠   글 | 김소라

'바로크 음악의 아름다움'에 대한 증거

작곡가 | Christoph Graupner
곡명 | Le Desire
연주자 | Capricornus Consort Basel

크리스토프 그라우프너는 독일의 작곡가로 다수의 오페라, 교향곡, 협주곡을 남겼습니다. 그는 1300곡이나 되는 교회 음악을 남기며 기독교의 예배와 미사를 위한 음악에 큰 공헌을 했죠.

〈Le Desire〉는 현악기를 위한 그라우프너 모음곡의 다섯 번째 악장으로 이 작품을 추천한 가브리츠 선생님은 이 곡을 '바로크 음악이 얼마나 아름다운가'에 대한 증거라고 말했습니다.

바로크 음악이란 17, 18세기의 유럽 음악을 가리킵니다. 오늘날 우리에게 잘 알려진 '바이올린'이 이때 태어났죠. 비올라 계통의 악기인 비올 종류에 바이올린이 그 모습을 드러낸 것입니다.

바이올린의 첫 등장 즈음에 만들어진 곡인 만큼 화려하고 섬세한 기교는 없습니다. 단조로운 바이올린 선율에 '현악기를 위한 모음곡'이라는 제목에 맞춰 거의 드러나지 않는 첼로의 속삭임이 깔려 있을 뿐입니다.

그러나 때로는 이러한 단순함이 최고의 멜로디를 만들어 내기도 하죠. 오늘은 이 곡과 함께 바로크 음악이 품고 있는 여백의 미를 즐겨 보세요.

음악 추천 | 조민석   글 | 박지혁

그가 그려 낸
깊은 어둠 속 달빛

작곡가 | Ludwig van Beethoven
곡명 | Piano Sonata No.14 'Moonlight', 1st mvt
연주자 | Nobuyuki Tsujii

베토벤 피아노 소나타 14번에는 환상곡풍의 소나타라는 부제가 붙어 있습니다. 베토벤은 이 곡에서 이전의 작곡 형식을 깨고 시적이고 환상적인 느낌을 담았죠. 〈월광 소나타〉로도 잘 알려진 피아노 소나타 14번 1악장을 소개합니다.

'피아노의 페달을 반드시 써서 극도의 섬세함을 표현해야 한다'라는 베토벤의 지시만큼 차분하고 어두운 분위기의 음표가 잔잔한 물결을 연상시키며 연주됩니다. 주요 선율은 아련하며 시적으로 표현되는데요. 아마 당시 제자였던 줄리에타 귀차르디와의 사랑을 담아 헌정했기에 베토벤이 겪었을 귓병의 절망과 함께 사랑이 느껴집니다.

연주자는 일본의 피아니스트 츠지이 노부유키입니다. 그는 시각 장애를 갖고 태어났지만, 네 살부터 피아노에 재능을 드러내며 음악성을 키웠습니다. 그리고 반 클라이번 국제 콩쿠르에서 우승하며 세계적인 피아니스트로 데뷔했죠. 오로지 청각만으로 음악을 만들어 온 노부유키의 깊이와 이 곡이 정말 잘 어울립니다. 마치 깊은 어둠 속에서 달빛을 만들어 내듯이, 망설임 없이 담담하게 표현한 감정은 이루 말할 수 없을 정도로 아름답습니다.

음악 추천 | 유정우   글 | 김소라

보물 속의 보물

작곡가 | Johann Sebastian Bach
곡명 | Matthäus Passion
연주자 | Berliner Philharmoniker

소개하는 곡은 〈마태 수난곡〉에서 가장 중요하고 유명한 '저를 불쌍히 여기소서'입니다. 악장 다니엘 스타브라바의 바이올린 솔로, 그리고 지휘봉을 잡은 사이먼 래틀의 아내이기도 한 막달레나 코제나의 감동적인 노래가 함께 흐릅니다.

'저를 불쌍히 여기소서'는 성서에서 예수를 세 번 부정했던 베드로가 통한의 심정으로 부르는 눈물 어린 아리아로 〈마태 수난곡〉에 수록된 제39곡입니다. 바흐는 이 아리아를 남성의 목소리가 아닌 바이올린 솔로와 알토 음역의 여성 성악가가 부르도록 했죠.

바흐는 여기에서 베드로의 인간적 고뇌를 절제와 성스러움이라는 여과 과정을 거쳐 종교적으로 승화시킵니다. 애절하고 처절한 느낌을 주는 바이올린 가락과 짙으면서 섬세한 알토 아리아가 합쳐져 우리 마음속 깊숙이 깔린 슬픔을 자극하죠.

불후의 명작인 〈마태 수난곡〉은 바흐 사후 완전히 잊혔다가 멘델스존에 의해 100년 만에 세상에 다시 나오게 되었습니다. 오늘은 보물 속의 보물과 함께 성시 속 한 장면으로 여행을 떠나 보세요.

음악 추천 | 황장원   글 | 황장원

파벨 하스 콰르텟의 〈크로이처 소나타〉

작곡가 | Leoš Janáček
곡명 | String Quartet No.1 'Kreutzer's Sonata'
연주자 | Pavel Haas Quartet

러시아의 대문호 톨스토이가 1882년에 발표한 소설 「크로이처 소나타」는 아내를 살해한 사내가 기차 안에서 풀어놓는 회상과 고백으로 전개됩니다. 주인공은 격정적 성격을 지닌 귀족으로 어린 시절 겪은 악몽 같은 '첫 경험'의 트라우마로 인해 여성과 성애에 관해 왜곡된 관념을 갖고 있죠. 그 관념은 결혼해 아이를 다섯이나 낳으며 중년에 이르렀어도 바뀌지 않았고, 급기야 그는 아내가 젊은 바이올리니스트와 불륜에 빠졌다는 의심과 질투에 사로잡혀 돌이킬 수 없는 잘못을 저지르고 맙니다. 그 과정에서 베토벤의 〈크로이처 소나타〉는 주인공의 감정을 극단으로 치닫도록 자극하는 촉매로 작용하죠.

자신의 첫 번째 현악 4중주에 '크로이처 소나타'라는 표제를 붙인 체코 작곡가 야나체크는 예순을 훌쩍 넘긴 나이에 휴양지에서 만난 한 여인을 사랑하게 됩니다. 카밀라 슈퇴슬로바는 그보다 마흔 살 가까이 어린 데다 두 아들까지 둔 유부녀였죠. 그는 약 10년에 걸쳐 그녀에 대한 감정을 지속하며 열정적인 편지를 700통 넘게 썼고, 세 편의 오페라를 비롯한 여러 작품에서 그녀로 인한 영감을 표출했습니다. 이 4중주를 작곡하면서 쓴 편지에는 '톨스토이가 묘사한 것처럼, 고통받고 지쳐 가는 어느 불쌍한 여인을 상상'했노라고 쓰여 있었죠.

야나체크는 톨스토이의 소설에서 받은 영감과 자신의 감정적 경험을 바탕으로 이 곡에서 일종의 심리적 드라마 혹은 '말 없는 오페라'를 써냈습니다. 이 안에는 고통과 갈등의 순간들, 감정의 분출과 폭발, 비애 어린 정서적 고백, 엑스터시와 카타르시스를 향한 열정 등이 투영된 듯합니다.

4악장 구성이지만 고전적 소나타의 도식을 집어내기는 어렵습니다. 동유럽적 선율과 리듬, 시골풍 악기법의 환기 등을 특징으로 하는 야나체크 특유의 어법으로 전편을 관류하는 강렬하고 애틋한 흐름의 격랑에 심신을 맡겨 보면 어떨까요.

'파벨 하스 콰르텟'은 현재 체코를 대표하는 현악 4중주단입니다. 프라하 출신인 파벨 하스 콰르텟은 데뷔 초기 야나체크 현악 4중주를 연주한 음반들로 절찬을 받은 바 있습니다. 특히 두 번째 음반에 수록된 〈크로이처 소나타〉는 '종종 숨 막힐 정도인 열정과 기교의 조화', '대담함과 독창성', '활력과 서사적 추진력' 등이 돋보인다는 평가를 받았지요.

일요일의 추천 음반

데얀 가브리츠
음반 | Scriabin Piano Sonatas
연주 | Anatol Ugorski
레이블 | Deutsche Grammophon(2001)

특별한 작곡가, 스크랴빈의 피아노 소나타입니다. 그의 후기 소나타는 상대적으로 덜 알려져 있습니다. 그중에서도 9번 소나타는 '검은 미사'라고 불립니다. 색깔과 느낌이 어둠으로 가득한 작품입니다. 밤에 헤드폰으로 들어 보길 추천합니다.

유정우
음반 | Chopin Etudes
연주 | Yunchan Lim
레이블 | Decca(2024)

우리 시대를 대표하는 젊은 피아니스트 임윤찬의 데카 데뷔 음반입니다. 쇼팽이 작곡한 24개의 에튀드를 통해 임윤찬 피아니스트가 가지고 있는 다채로운 음악성을 확인할 수 있습니다. 여러 성부가 또렷이 들리면서도 각 곡이 가진 감수성이 놀랍도록 탁월하게 포착되었습니다.

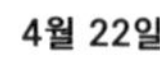

음악 추천 | 데얀 가브리츠　글 | 박지혁

카네이션으로
하나 됨

작곡가 | Turgay Erdener
곡명 | Yerçekimli Karanfil
연주자 | Senem Demircioğlu, Fazil Say

음악은 만국 공통어라고 하죠. 언어의 도움 없이도 감정을 공유하며 느낄 수 있다는 말인데요. 오늘은 튀르키예의 작곡가 투르게이 에르데너의 곡을 소개합니다.

가사를 모르고 들었을 때는 몽환적이고, 점점 고조되는 열정이 느껴졌습니다. 순수한 감정 그 자체로 받아들일 수 있어서 이 방법을 먼저 추천합니다. 이후엔 어떤 내용을 담았을지 궁금했는데요. 곡의 제목은 〈중력 카네이션〉이고, 튀르키예의 시인 에디프 잔세베르가 1957년에 쓴 시와 제목이 같습니다.

시는 '카네이션을 누군가에게 준다면, 그 사람이 다른 사람에게 계속 넘겨줌으로써 사랑이 자랍니다. 그리고 결국 여러 사람의 사랑이 모이는 것은 마치 흰색 빛을 나누면 7가지의 색이 나오는 것처럼 모여 하나가 됩니다'라는 내용을 담고 있는데요. 가벼운 꽃일 뿐인 카네이션이 여러 사람을 거치며 사랑으로 자라고, 그 사랑이 점점 중력으로 모이면서 하나가 되는 것을 표현한 것 같습니다.

피아니스트 파질 세이와 메조소프라노 세넴 데미르치오글루 모두 튀르키예인이라 그런지 곡 해석의 깊이가 남다릅니다. 가슴을 파고드는 피아노 연주와 가사를 음미하는 메조소프라노의 동작에 집중해 들어 보세요.

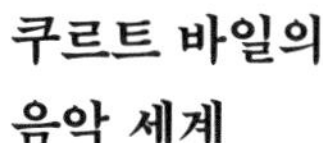

쿠르트 바일의
음악 세계

음악 추천 | 데얀 가브리츠   글 | 안일구

작곡가 | Kurt Weill
곡명 | 2. Sinfonie(Fantaisie symphonique)
연주자 | Marie Jacquot, Frankfurt Radio Symphony

새로운 음악을 만나는 것은 새로운 세상을 만나는 것이기도 합니다. 쿠르트 바일은 독일 출신의 미국 작곡가로, 다양한 음악을 탄생시킨 매력적인 인물입니다. 특히 그가 베르톨트 브레히트와 함께 1928년에 발표한 《서푼짜리 오페라》는 그 해에만 4200회 공연되는 엄청난 성공을 거두었죠. 오늘은 반대로 30여 년 동안 거의 연주되지 않았던 곡을 소개합니다.

평소 쿠르트 바일의 음악은 미국 음악의 색깔이 강하다고 생각했습니다. 그런데 그의 교향곡 2번을 들어 보니 예상과 달리 말러나 바그너의 음악 등 독일 음악이 떠올랐습니다. 그러고 보니 바일은 바그너의 직속 제자인 훔퍼딩크의 제자이기도 합니다. 그리고 교향곡 1번에는 '베를린'이라는 이름도 붙어 있죠.

2013년 베를린 필하모니에서는 키릴 페트렌코가 바일의 교향곡 1번을, 마리 자코가 아카데미 학생들과 교향곡 2번을 연주한 적이 있습니다. 화려한 리듬으로 중무장하고 가벼운 듯하면서도 선이 굵은 바일의 음악은 강렬한 인상을 남겼습니다. 마리 자코는 프랑크푸르트 방송 교향악단과 다시 한번 이 곡을 무대에 올리게 되는데요. 브루노 발터는 이 곡을 지휘하면서 '환상 교향곡'이라는 별명을 붙였는데 여전히 그렇게 불러도 좋을 매혹적인 작품입니다.

충격과 공포의 오페라

음악 추천 | 조민석 **글 |** 김소라

작곡가 | Richard Strauss
곡명 | Danse des sept voiles
연주자 | Philharmonie de Paris

영상의 시작부터 쫓고 쫓기는 듯한 음악이 듣는 이를 잔뜩 긴장하게 합니다. 이 곡은 리하르트 슈트라우스의 오페라 《살로메》 중 〈일곱 베일의 춤〉입니다. 오페라 《살로메》는 성경에 나오는 살로메 이야기를 담고 있는데 오스카 와일드의 희곡 『살로메』가 작품의 기반이 되었습니다.

조민석 첼리스트는 이 작품을 '가장 미친 오페라'라고 표현했는데요. 일단 악보 전반에 '매우 빠르게'가 빠르기말로 지시되어 있어 연주자에게도 성악가에게도 너무나 어려운 작품이라고 합니다. 게다가 이 작품은 무대 위에 선혈이 낭자하는 충격적인 오페라이기도 한데요. 관객들은 눈앞에서 근친상간, 스트립쇼, 살인, 그리고 참수 당한 머리까지 오싹하고 깜짝 놀랄 장면을 마주하게 됩니다.

소개하는 곡 역시 욕정에 눈이 먼 살로메의 의붓아버지 헤롯이 그녀에게 '춤을 추면 왕국의 절반을 주겠다'라고 하는 장면에서 등장하는데요. 그의 정을 거절하던 살로메는 헤롯의 제안에 안 겹씩 베일을 벗어 던지며 춤을 추고, 거의 나체가 된 채 왕의 발 밑에 쓰러집니다.

이 춤의 끝에서 그녀가 원했던 것은 '세례 요한의 머리'였는데요. 충격적인 스토리와 빠른 음표들로 관객, 연주자, 무대 위 성악가들까지 바짝 긴장하게 하는 이 작품. 언젠가는 꼭 무대 위의 오페라로 만나 보길 바랍니다.

음악 추천 | 데얀 가브리츠   글 | 김소라

작곡가 | Richard Strauss
곡명 | Amor, Op.68, No.5
연주자 | Erin Morley

슈트라우스와 호프만스탈이 재현한 바로크

리하르트 슈트라우스는 독일 후기 낭만파의 마지막을 대표하는 음악가로 교향시 분야에서 최대의 업적을 쌓았습니다. 이와 더불어 그는 《살로메》, 《장미의 기사》 등 오페라에서도 많은 역작을 남겼죠.

소개하는 곡은 그의 오페라 《낙소스의 아리아드네》에 등장하는 〈사랑〉인데요. 길이는 짧지만 부르기가 매우 어려운 것이 특징입니다. 슈트라우스는 콜로라투라 소프라노를 위해 많은 곡을 썼습니다. 영상 속 에린 몰리 역시 콜로라투라 소프라노로 많은 무대에서 활약하며 이처럼 화려하고 복잡하게 장식된 악곡을 노래했습니다.

한편 이 작품은 오페라 《엘렉트라》와 《장미의 기사》로 슈트라우스와 호흡을 맞췄던 극작가 후고 폰 호프만스탈이 대본을 썼는데요. 원래 슈트라우스는 이를 소규모 오케스트라가 연주하는 30분짜리 소품으로 기획하려 했습니다.

하지만 호프만스탈의 열정이 더해져 두 사람은 '언어와 춤, 그리고 음악이 결합'했던 바로크 시대 종합 예술 작품을 20세기에 다시 재현하기로 의기투합합니다. 그 덕분에 이 작품 역시 바로크 시대 오페라 작품들처럼 그리스 신화에서 소재를 가져와 무대에 올려졌습니다. 오늘은 오페라를 상상하며 호프만스탈과 슈트라우스가 재현하려 했던 바로크 시대로 여행을 떠나 보세요.

음악 추천 | 데얀 가브리츠   글 | 안일구

이게 콩쿠르에서
하는 연주가 맞나?

작곡가 | Franz Liszt
곡명 | 12 Transcendental Etudes
연주자 | Yunchan Lim

리스트의 놀라운 피아노 레퍼토리 중 단연 돋보이는 작품은 〈12개의 초절기교 연습곡〉입니다. 이는 엄청난 피아노 연주 기교 때문만은 아닙니다. 그리 길지 않은 하나하나의 곡은 극적인 내용을 완전한 음악으로 담고 있습니다. 리스트는 모든 곡에 최대치의 열정을 담을 수밖에 없도록 작곡해 놓았죠.

이 곡을 이야기할 때는 많은 음악가가 등장합니다. 슈만은 '이 작품을 그대로 재현할 수 있는 것은 리스트 본인뿐일 것이다'라고 말했습니다. 또한 1826년에 출시된 이 곡의 개정판은 쇼팽에게 헌정되기도 했습니다. 리스트는 이 곡의 세 번째 개정판을 자신의 스승 체르니에게 존경을 담아 헌정하기도 했죠.

임윤찬 피아니스트가 반 클라이번 콩쿠르 세미파이널 리사이틀에서 리스트의 곡을 연주하고 있습니다. 장내는 숨소리조차 들리지 않을 정도로 조용합니다. 1시간이 넘도록 연주가 이어지는 동안 놀라움의 순간은 최소 수십 번 찾아옵니다. 그는 반 클라이번 콩쿠르 마지막 무대에서 라흐마니노프 3번 협주곡을 연주하며 우승했지만, 돌이켜 보면 1차 예선부터 이어진 모든 연주 순간이 우승이었습니다.

음악 추천 | 황장원   글 | 황장원

모차르트의 '프로이센 4중주' 제1번

작곡가 | Wolfgang Amadeus Mozart
곡명 | String Quartet No.21 in D Major, K.575, 'Prussian No. 1'
연주자 | Gewandhaus Quartet

1789년 봄, 모차르트는 프로이센 왕국의 수도 베를린으로 여행을 떠납니다. 당시 그는 오스트리아-튀르키예 전쟁의 여파로 수입이 줄어 경제적으로 어려움을 겪고 있었고, 여행을 통해 재정난을 타개할 돌파구를 찾을 수 있기를 바랐지요.

베를린에 도착한 그는 프로이센 국왕 프리드리히 빌헬름 2세를 알현했고, 왕궁에서 공연을 한 다음 제법 두둑한 사례비와 작곡 의뢰를 받습니다. 아마추어 첼리스트이기도 했던 왕의 주문은 자신을 위한 현악 4중주 여섯 곡과 장녀 프리데리케 공주를 위한 피아노 소나타 여섯 곡을 써 달라는 것이었는데, 결론부터 말하자면 모차르트는 그 기대에 제대로 부응하지 못했습니다.

6월 초 빈으로 돌아온 다음 모차르트의 형편은 더욱 나빠졌습니다. 이전부터 지고 있던 빚에 여행 경비 때문에 빌린 돈까지 더해져 부채는 늘어났고, 장거리 여행에서 얻은 피로에 생활고로 인한 스트레스가 겹쳐 건강도 안 좋아졌지요. 그런 상황에서 곡을 써야 했으니 진도가 제대로 나갈 리 만무했습니다.

결국 프로이센 국왕이 의뢰한 4중주는 세 곡, 피아노 소나타는 한 곡밖에 쓰지 못했죠. 게다가 완성한 곡들의 악보마저 돈이 필요해서 헐값에 팔아넘겨야 했습니다. 그야말로 모차르트의 삶에 가장 고단한 그림자가 드리운 시절이었지요.

결과적으로 모차르트의 마지막 4중주 세트가 되어 버린 일련의 곡들은 통상 '프로이센 4중주'로 불립니다. 이 세 곡은 모차르트

만년의 양식이 드러나는 곡들로, 이전의 '하이든 4중주'와 같은 전성기 작품들에 비하면 단순한 구성과 순화된 어법을 취하면서 전반적으로 맑고 투명하게 정제된 이미지를 드러내고 있지요. 아울러 의뢰인의 취향을 반영하여 첼로가 활약하는 대목이 자주 나타나기도 합니다.

오늘 추천하는 '현악 4중주 제21번 D장조'는 그중 첫 번째 곡으로, 베를린에서 귀환하던 도중 쓰기 시작해 빈에서 완성한 것으로 추정됩니다. 이 곡은 모차르트가 남긴 현악 4중주 가운데 가장 친숙해지기 쉬운데, 전체적으로 은은히 밝고 기품 어린 분위기가 감돌며 유려하고 감미로운 선율이 넘쳐흐르죠. 다만 느린 악장만큼은 은연중에 그 시절 모차르트의 삶에 드리웠던 그림자를 내비치고 있지 않나 싶습니다.

일요일 아침을 여는
아름다운
Classic Album

일요일의 추천 음반

유정우
음반 | Prokofiev: Peter und Wolf - Saint-Saëns: Der Karneval der Tiere
연주 | Karl Böhm, Wiener Philharmoniker 외
레이블 | Deutsche Grammophon(1975)

칼 뵘이 빈 필하모닉과 함께 녹음한 보기 드문 레퍼토리, 프로코프예프의 《피터와 늑대》, 그리고 생상스의 《동물의 사육제》입니다. 특히 《피터와 늑대》에서는 칼 뵘의 아들이자 당대 독일어권 최고의 배우였던 칼하인츠 뵘이 내레이션을 맡아 세간의 주목을 받았습니다. 부자는 흐뭇한 협업을 일궈 내고 있습니다. 가정의 달 5월을 앞두고 따뜻한 클래식 음악을 즐겨 보세요.

데얀 가브리츠
음반 | Mahler: Symphony No.6, Lieder eines fahrenden Gesellen
연주 | Bernard Haitink, Berliner Philharmoniker, Jessye Norman
레이블 | Classical(1990)

말러 6번의 전설적인 녹음입니다. 하이팅크와 베를린 필하모닉의 조합은 엄청난 폭발력을 지녔습니다. 게다가 또 다른 전설인 제시 노먼이 말러의 가곡 〈방황하는 젊은이의 노래〉를 부릅니다. 제시 노먼은 다른 데에서는 경험하기 힘든 경지를 말러의 레퍼토리에서 보여 줍니다. 하이팅크와 노먼을 더 이상 볼 수 없기 때문에 더 소중하게 느껴지는 음반입니다.

음악 추천 | 데얀 가브리츠   글 | 김소라

순수한 눈망울이 대곡을 만날 때

작곡가 | Frédéric Chopin
곡명 | Piano Concerto No.1, Op.11
연주자 | Evgeny Kissin

화려하고 웅장한 홀에 파마머리를 한 귀여운 소년이 성큼성큼 걸어 들어옵니다. 5분이 지나고 지휘자의 격정적인 몸짓과 오케스트라의 녹진한 연주가 잦아들 때쯤 소년의 손가락이 피아노 위에 내려앉습니다.

브로콜리 머리를 한 이 소년은 누구일까요? 영상은 40여 년 전 모스크바에서 촬영된 것으로 당시 13세이던 예브게니 키신의 모습을 볼 수 있습니다.

키신은 1971년 모스크바의 유대인 가정에서 태어났는데요. 그는 11개월부터 누나의 피아노 반주에 맞춰 바흐의 음악에 허밍을 넣었고, 6세부터는 신동으로 불리며 그네신 음악원에서 피아노를 배우기 시작했다고 합니다. 그리고 1984년부터는 모스크바 콩세르바퇴르 대강당에서 모스크바 필하모닉 오케스트라와 함께 쇼팽의 협주곡을 연주하며 자신의 재능을 국제적으로 알렸습니다.

저는 쇼팽 피아노 협주곡 1번 2악장에서 아련함과 슬픔을 느끼곤 했는데 이 영상에서는 키신의 순수한 눈망울이 더해져 오직 음악에 대한 순수한 아름다움만이 느껴집니다. 오늘은 오래된 영상 속에서 여러분 각자의 매력 포인트를 뽑아 보길 바랍니다.

음악 추천 | 데얀 가브리츠   글 | 안일구

바이올린이 불러오는 봄

작곡가 | Ludwig van Beethoven
곡명 | I. Allegro from Violin Sonata No.5 in F Major, Op.24
연주자 | Antje Weithaas, Dénes Várjon

'베토벤의 모든 작품에는 깊은 감동의 순간이 담겨 있습니다' 독일의 바이올리니스트 안트예 바이타스가 인생에 한 번은 베토벤의 모든 바이올린 소나타를 녹음하고 싶다고 하며 남긴 말입니다. 바이타스는 1991년 요아킴 콩쿠르에서 우승했으며, 레퍼토리를 가리지 않고 가장 활발한 활동을 이어 온 바이올리니스트입니다. 또한 그녀는 독일에서 가장 유명한 교수이기도 합니다. 악기와 음악을 대하는 철학이 대단하죠. 이런 점은 연주에서 선명하게 드러납니다. 첫 음을 시작할 때의 느낌과 자세, 모든 패시지의 반짝거림, 베토벤의 음악을 통해 나오는 인간적인 모습들로 눈을 뗄 수 없습니다. 그녀와 함께 호흡하며 놀라운 연주를 보여 주는 피아니스트는 헝가리 출신의 데네스 바룬입니다.

이 곡은 1800~1801년에 작곡되었고, '봄'이라는 이름은 베토벤이 직접 붙인 것은 아니라고 합니다. 그렇지만 '전원' 교향곡처럼 자연을 표현할 때 자주 사용하는 F장조로 작곡되었기 때문에 자연의 풍요로움이 가득 느껴집니다. 엄숙하다고만 생각했던 베토벤이 표현하는 설렘, 기쁨, 행복 등의 감정에 미소가 절로 번지는 이 곡을 감상해 보세요.

음악 추천 | 데얀 가브리츠   글 | 박지혁

벤저민 브리튼의
소리 팔레트

작곡가 | Benjamin Britten
곡명 | String Quartet No.1 in D Major
연주자 | Belcea Quartet

오페라 《피터 그라임스》로 오페라 작곡가의 입지를 다진 벤저민 브리튼. 그는 영국을 대표하는 작곡가 중 한 명인데요. 어릴 때부터 작곡에 소질을 보이며 16세에 런던 왕립 음악 학교에 입학합니다.

그가 28세에 작곡한 〈현악 4중주 1번〉은 극도로 높은 음과 첼로의 피치카토로 시작됩니다. 새로운 소리를 탐구했던 벤저민 브리튼의 천재성이 드러나는 부분이죠. 2분 30초경부터 선명한 소리와 강렬한 리듬으로 음악을 이끌어 가는데 처음엔 조금 낯설지만 점점 호기심이 자극됩니다.

1악장은 느리고 빠른 음악이 교차하며 다채로운 소리를 보여 줍니다. 4분경 다시 고음으로 올라가며 처음에 나왔던 바람 섞인 듯한 소리가 들릴 때는 그 아름다움에 소름이 돋습니다.

2악장은 갑작스럽게 튀어나오는 음들이 쉬지 않고 연주됩니다. 3악장에서는 차분함과 열정을 쏟아 내다가 마지막 4악장에서는 재치 있는 시작을 알린 바이올린이 다른 악기들과 함께 연주되고, 어느새 빠르고 멋진 곡으로 발전됩니다.

4년 뒤 오페라 《피터 그라임스》를 작곡할 때 벤저민 브리튼은 이 4중주에서 많은 영감을 받았다고 하는데요. 이 곡에서 사용된 다채로운 소리와 리듬을 오페라 《피터 그라임스》에서도 느껴 보길 바랍니다.

음악 추천 | 유정우   글 | 박지혁

사랑에는 고통과
희망이 따른다

작곡가 | Robert Schumann
곡명 | Dichterliebe Op.48
연주자 | Olaf Bär, Geoffrey Parsons

40년이 다 되어 가는 음반이 이렇게 아름답고 깊을 수 있다니 놀랍습니다. 오늘 소개하는 곡은 슈만의 걸작 중 하나인 〈시인의 사랑〉입니다. 슈만과 클라라의 사랑은 참으로 우여곡절이 많았는데요. 슈만은 스승의 딸과 결혼하겠다며 소송을 했고, 1840년 공식적으로 결혼을 허락받습니다. 클라라와 함께하게 된 슈만은 그해에만 250여 편의 가곡을 작곡하며 '노래의 해'를 맞게 되죠.

그중에서도 〈시인의 사랑〉은 최고의 평을 받습니다. 슈만은 작가 하인리히 하이네와의 짧지만 강렬했던 만남을 통해 『노래의 책』을 읽게 되죠. 하이네는 그 책에 이루지 못한 사랑에 대한 고통을 고스란히 담았고, 슈만은 그중 '서정적 간주곡'을 추려 총 16개의 가곡 모음집을 만듭니다.

30분이 채 되지 않는 〈시인의 사랑〉은 크게 세 부분으로 나뉘는데요. 제1곡부터 제6곡은 사랑의 시작을 알리고, 제7곡부터 제14곡은 실연의 아픔을, 그리고 마지막 제15, 16곡은 잃어버린 사랑과 지나간 청춘의 허망함을 노래합니다.

독일의 바리톤 올라프 베어는 가사에 다양한 색을 입히며 음악을 자유자재로 이끕니다. 피아니스트 제프리 파슨스 또한 부드럽고 아름다운 터치로 성악가와 함께 호흡합니다.

5월 3일

음악 추천 | 조민석   글 | 김소라

작곡가 | Wolfgang Amadeus Mozart
곡명 | Un'aura amorosa
연주자 | Daniel Behle, The Royal Opera

달콤한 사랑의 숨결

어두운 배경 속 셔츠를 멋스럽게 차려입은 다니엘 베를의 감미로운 아리아가 울려 퍼집니다. 이 곡은 모차르트의 오페라 《코지 판 투테》에 등장하는 〈사랑의 숨결〉입니다.

이 오페라는 우리나라에서 '여자는 다 그래'로 번역되는데, 원어를 그대로 번역하면 '모든 건 다 그렇고 그래'입니다. 다만 이 오페라의 줄거리가 여인들의 사랑을 시험하는 것이기에 저렇게 번역된 것이죠.

작품 속 남자 주인공 페르난도와 굴리엘모는 자매인 도라벨라와 피오르딜리지와 각각 연인 사이입니다. 어느 날 그들은 자신들의 사랑이 얼마나 아름다운지 기뻐서 노래하는데 노철학자 돈 알폰소가 '여자들이 그럴 리 없다'라며 내기를 걸어 오죠.

이에 그들은 첫 번째 시험에 돌입합니다. 두 자매에게 자신들은 전쟁에 참전해야 한다고 속인 뒤 다른 남자들로 변장해 그들에게 수작을 거는 것이었죠. 자매는 모든 유혹을 물리치고 참전한 연인을 그리워합니다. 그리고 페르난도는 들뜬 마음을 감추지 못한 채 '거 봐! 나의 도라벨라는 다른 여자들과 다르다!'라며 이 노래를 부릅니다. 잔잔한 선율 속 감출 수 없는 기쁨이 묻어나는 이 곡, 〈사랑의 숨결〉로 달콤한 하루를 시작해 보세요.

쇼스타코비치의
교향곡 제13번

음악 추천 | 황장원   글 | 황장원

작곡가 | Dmitri Shostakovich
곡명 | Symphony No.13, Op.113, 'Babi Yar'
연주자 | Vitali Gromadsky, Men of the Republican State and Gnessin Institute Choirs, Moscow Philharmonic Orchestra, Kirill Kondrashint

1941년 6월 소련을 침공한 독일군은 석 달 만에 우크라이나의 키이우를 점령합니다. 그런데 그 직후 키이우 시내에서 벌어진 일련의 폭탄 공격으로 수많은 독일 병사가 목숨을 잃죠. 이 사건은 사실 소련 NKVD(KGB의 전신)의 소행이었지만, 나치 친위대는 유대인이 배후라고 오판하여 보복을 결정합니다.

같은 해 9월 29일, 키이우에 거주하던 유대인에게 유대인 묘지와 가까운 거리에 집합하라는 명령이 떨어집니다. 유대인들은 강제 이송을 생각하고 떨리는 마음으로 묘지 문밖에서 하루 종일 대기했고, 독일군은 그들을 시 외곽에 있는 큰 골짜기로 끌고 갑니다. 그렇게 총 36시간에 걸쳐 약 3만 4천 명의 유대인이 골짜기에서 몰살을 당합니다. 참극이 벌어진 골짜기의 이름을 따서 '바비야르 학살'로 명명된 그 사건은 나치 친위대의 이동 학살 부대가 저지른 가장 극악무도한 만행 가운데 하나로 꼽힙니다.

그로부터 20년 뒤, 바비야르를 방문한 시인 예브게니 옙투셴코는 큰 충격을 받습니다. 그토록 엄청난 참극이 벌어졌던 현장에 아무런 기념물도, 심지어 작은 표식 하나조차 없었기 때문이죠. 스탈린 사후 소련 사회의 모순과 부조리를 풍자하는 시로 주목받은 그는 그때의 참담하고 비분강개한 심정을 「바비야르」라는 시에 담습니다. '바비야르에는 기념비가 없다'라는 문구로 시작되는 그 시에서 옙투셴코는 파시스트의 광란과 위협, 유대인의 불안과 공포를 생생하고 치열하게 묘파했죠.

그리고 얼마 후 쇼스타코비치는 이 시를 텍스트로 삼아 새로운 교향곡을 쓰기로 결심합니다. 원래 구상은 단악장 구성의 ‘성악 교향시’였지만, 작곡 과정에서 계획을 변경한 그는 옙투셴코에게 추가로 덧붙일 시를 요청합니다. 결과적으로 작품은 ‘바비야르’, ‘유머’, ‘상점에서’, ‘공포’, ‘출세’의 다섯 악장으로 이루어진 그의 열세 번째 교향곡이 됩니다. 그 곡은 바비야르 학살만을 다루지 않았습니다. 파시즘 못지않은 소련 전체주의의 만행과 폐해를 풍자하고 고발하는 작품으로 비화했죠.

지난 4월 예술의전당 교향악축제에서 접한 〈바비야르〉의 임팩트는 대단했습니다. 실연으로 만나기 전에는 언어의 장벽 때문에 미처 파악하지 못했던 이 걸작의 진가를 제대로 절감하게 되었지요. 그 연주를 들으면서 자연스레 ‘러시아의 우크라이나 침공’과 ‘이스라엘의 가자지구 유린’을 떠올렸습니다. 그리고 아이러니로 가득한 세상에서 과연 어떤 삶을 살아가야 하는가 하는 질문이 떠오르더군요.

이 작품을 초연했던 키릴 콘드라신이 지휘한 연주를 소개합니다. 찾아보면 다른 공연 영상도 있지만 기왕이면, 아니 반드시 가사를 음미하며 들어야 하기 때문에 영문 자막이 더해진 콘텐츠를 골라 보았습니다.

일요일 아침을 여는
아름다운
Classic Album

일요일의 추천 음반

데얀 가브리츠
음반 | Beethoven: Violin Sonatas No.3, 7, 8
연주 | Antje Weithaas, Denes Varjon
레이블 | Cavi-Music(2023)

독일 출신의 바이올리니스트이자 베를린 한스 아이슬러 국립음대의 교수이기도 한 안트예 바이타스는 베토벤 소나타 전곡을 녹음하고 있습니다. 이 CD를 들으면서 잊고 지내던 작품을 다시 발견할 수 있어서 기뻤습니다. 그녀의 베토벤은 너무 아름답고 신선합니다.

유정우
음반 | Brahms: Violin Concerto, Double Concerto
연주 | Gil Shaham, Jian Wang, Berliner Philharmoniker, Claudio Abbado
레이블 | Deutsche Grammophon(2002)

브람스 바이올린 협주곡은 2악장 첫머리의 긴 오보에 솔로가 유명하죠. 이 곡을 작곡하는 데 영감이 된 스페인의 비르투오소 바이올리니스트 사라사테는 정작 브람스의 초연 제안을 거절했다고 합니다. 2악장 첫머리에서 오보에가 솔로 연주를 하는 동안 무대 위에서 멍하니 서 있어야 한다는 사실을 받아들이지 못했다는 웃지 못할 에피소드가 있죠. 아바도 음반의 2악장에서는 우리 시대를 대표하는 오보이스트 알브레히트 마이어의 절묘한 솔로를 들을 수 있습니다.

5월 6일

음악 추천 | 유정우   글 | 안일구

작곡가 | Franz Schubert
곡명 | Im Frühling, D.882
연주자 | Christian Gerhaher, Gerold Huber

봄날, 사랑의 행복과 슬픔

문학과 음악의 황홀한 조합은 슈베르트의 가곡에서 늘 만날 수 있습니다. 슈베르트는 〈봄날에〉라는 곡에서 독일의 낭만주의 시인 에른스트 슐츠의 시에 음악을 입혔습니다. 슐츠는 봄과 사랑을 아주 섬세하게 그려 냈죠. 시는 이렇게 시작합니다.

'나는 조용히 언덕 비탈에 앉아 있네 / 하늘은 아주 맑고 / 산들바람은 푸른빛의 골짜기에서 노닌다 / 그곳은 내가 처음 봄의 햇살을 맞은 곳 / 아, 그때는 정말 행복했었지'

시는 봄의 다채로운 모습과 사랑하는 사람과의 기억을 떠올립니다. 그런데 다섯 번째 연에서 갑자기 음울한 모습이 그려집니다.

'변하는 것은 의지와 망상뿐 / 그것은 욕망과 갈등으로 바뀌어 / 사랑의 행복은 멀리 떠나고 / 사랑만 다시 돌아와 머무른다 / 사랑 그리고 아, 슬픔! / 그리고 아, 슬픔!'

앞에서 사랑하는 사람의 마음과 봄날의 풍경을 가득 담던 슈베르트의 음악은 2분 20초를 지나며 다섯 번째 연의 음울한 내용 역시 고스란히 담아냅니다. 이때 바뀌는 게르하허의 목소리와 피아노 연주도 훌륭합니다. 봄날, 사랑의 행복과 슬픔을 이 음악에서 느껴 보세요.

음악 추천 | 조민석   글 | 박지혁

13살 멘델스존의 협주곡

작곡가 | Felix Mendelssohn
곡명 | Violin Concerto in D Minor
연주자 | Clara Jumi Kang, Christoph Roppen, Kölner Kammerorchester

멘델스존의 바이올린 협주곡은 전 세계에서 가장 많이 연주되는 협주곡 중 하나입니다. 오늘은 우리에게 익숙한 e단조 협주곡 대신 d단조 협주곡을 소개합니다. 이 곡은 무거운 분위기의 e단조에 비해 깨끗하고 순수한 느낌입니다.

이 곡이 맑게 들리는 이유는 완성 당시 멘델스존이 13세였기 때문입니다. 놀랍게도 그가 살아 있는 동안은 출판되지 않았다고 하죠. 멘델스존의 아내는 멘델스존이 죽고 난 뒤, 이 곡의 악보를 e단조 협주곡을 초연했던 바이올리니스트 페르디난트 데이비드에게 건넸다고 합니다. 악보는 세상에 알려지지 않다가 결국 다시 멘델스존 가족의 품으로 돌아왔다고 해요. 이 곡은 그가 죽고 거의 100년이 지난 뒤, 바이올리니스트 예후디 메뉴인에 의해 뉴욕 카네기 홀에서 대중에게 연주됩니다.

어린 멘델스존은 이 곡에 끊이지 않는 열정을 담았습니다. 특히 3악장에서 터져 나오는 에너지와 귀에 바로 익숙해지는 주제 선율은 그가 선보인 걸작들의 초기 모습을 보는 듯합니다. 클라라 주미 강의 바이올린은 섬세하면서도 열정적으로 곡에 생명력을 불어넣습니다. 평소에 e단조 협주곡을 좋아했다면 d단조 협주곡에서 멘델스존 음악의 새로운 매력을 찾아보길 추천합니다.

음악 추천 | 유정우   글 | 김소라

애처가 바흐의 사랑 모음곡

작곡가 | Johann Sebastian Bach
곡명 | French Suite No.2 in C Minor BWV.813
연주자 | Pierre Hantaï

단조로워 보이지만 엄숙한 분위기의 홀에 하프시코드의 찰랑이는 음색이 경쾌하게 울려 퍼집니다. 지금 듣는 이 곡은 1722년 작곡된 바흐의 〈프랑스 모음곡〉입니다.

이 시기 바흐는 재혼한 아내 막달레나를 위해서 《안나 막달레나를 위한 클라비어 소곡집》을 작곡했는데요. 이 작품에 〈프랑스 모음곡〉이 포함되어 있습니다. 따라서 이 곡은 프랑스와는 전혀 관계가 없죠. 더군다나 이 곡은 바흐 사후에 출판되었고, 〈프랑스 모음곡〉이라는 제목은 1762년부터 사용되었으므로 바흐는 이 곡을 전혀 다른 이름으로 불렀을 가능성이 높습니다.

쾨텐 시절 바흐는 창작 의욕이 왕성했습니다. 게다가 쾨텐 궁정은 베를린에서 만든 새로운 하프시코드를 구입하는 등 좋은 환경을 제공했고, 바흐는 이 시기에 중요한 작품들을 만들죠. 〈프랑스 모음곡〉도 그중 하나로 전통적인 고전 모음곡의 형식에 따라 작곡되었으며 독일적인 알라망드, 프랑스적인 쿠랑트, 스페인적인 사라방드, 영국적인 지그라는 양식화된 4개의 기본 선율이 중심을 이루고 있습니다.

제목만 듣고 프랑스를 상상했다면 오늘은 그 안에 녹아든 바흐의 사랑을 느껴 보길 바랍니다.

음악 추천 | 조민석　글 | 안일구

런던 심포니 악장의 차이콥스키

작곡가 | Pyotr Ilyich Tchaikovsky
곡명 | Violin Concerto
연주자 | Andrej Power, Tobias Ringborg, The Royal Stockholm Philharmonic

2023년 런던 심포니는 두 바이올리니스트 벤자민 마르키즈 길모어와 안드레이 파워를 악장으로 임명했습니다. 더불어 상임 지휘자로 안토니오 파파노 경까지 영입하면서 새로운 시작을 맞고 있습니다.

런던 심포니는 명실공히 유럽 최고의 오케스트라로 지난 몇십 년간 사랑받고 있는데요. 그런 만큼 이들은 지휘자와 악장 선임에 심혈을 기울일 수밖에 없습니다. 새로 임명된 두 악장의 연주를 들어 보면 이들이 왜 선택받았는지 단번에 이해됩니다. 오늘은 두 악장 중 안드레이 파워의 연주를 소개합니다.

그는 바이올리니스트라면 정복해야 할 거대한 산과 같은 곡 차이콥스키를 연주하고 있습니다. 1878년 말에 작곡되었지만, 우여곡절 끝에 1881년에 초연된 곡이죠. 그나마도 당시에는 '연주할 수 없는 곡'으로 여겨지기도 했습니다. 그러나 현재는 바이올린이라는 악기의 모든 기교와 울림을 감상할 수 있는 명곡으로 자리 잡았으며 베토벤, 멘델스존, 브람스 바이올린 협주곡과 더불어 최고의 바이올린 협주곡으로 평가받고 있죠.

안드레이 파워는 이 어려운 곡을 아주 밀도 있으면서도 편안하게 연주합니다. 악장의 대단한 솔로 연주를 보니 그가 이끌 런던 심포니의 오케스트라 연주 역시 기대됩니다.

음악 추천 | 유정우   글 | 박지혁

말러, 사랑이
내게 말하는 것

작곡가 | Gustav Mahler
곡명 | Symphony No.3 in D Minor
연주자 | Semyon Bychkov, Royal Academy of Music
Symphony Orchestra

오케스트라 공연은 1부와 2부를 합쳐 100분이 넘는 경우가 흔합니다. 오늘 소개하는 말러의 〈교향곡 제3번〉은 총 연주 시간이 100분입니다. 하나의 교향곡인데 말이죠.

어떤 주제를 담았기에 100분이란 시간이 필요했을까요? 말러는 이 작품을 통해 우리가 사는 세상, 우주를 구성하는 모든 존재에 대해 말하려 했습니다. 그래서 이 음악은 보통 교향곡과는 다르게 총 6악장으로 구성되어 있는데요.

'목신 판이 깨어나고, 여름이 행진해 오는 것', '초원의 꽃들이 내게 말하는 것', '숲속의 짐승들이 내게 말하는 것', '인간이 내게 말하는 것', '천사들이 내게 말하는 것', '사랑이 내게 말하는 것'처럼 각 악장의 부제를 보면 이야기의 흐름을 알 수 있습니다.

여름을 배경으로 모든 만물을 지나 천국의 기쁨을 향해 가는 걸작이죠. 오늘 소개하는 영상은 마지막 6악장입니다. 영원한 사랑에 대해 말하는 6악장은 화려하고 빠르게 끝나는 교향곡과는 다르게 느리고, 평온하고, 깊이 있게 연주됩니다. 세묜 미지코프가 지휘하는 영국의 왕립 음악원 심포니 오케스트라의 공연 전 리허설을 담았습니다. 음악을 듣다 보면 영원한 사랑을 음표로 기록한 말러에 대한 경이로움이 느껴집니다.

거친 세상을
부유하던 작곡가의
낭만적 환상

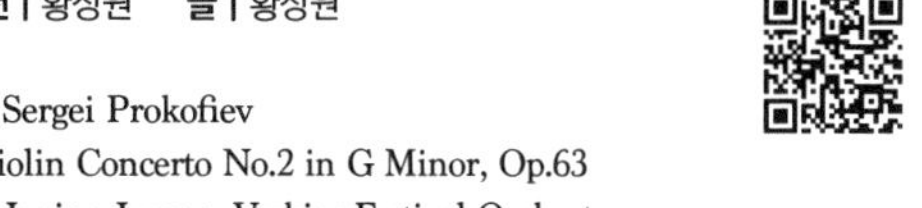

음악 추천 | 황장원　글 | 황장원

작곡가 | Sergei Prokofiev
곡명 | Violin Concerto No.2 in G Minor, Op.63
연주자 | Janine Jansen, Verbier Festival Orchestra,
Kent Nagano

오늘은 프로코피예프의 두 번째 바이올린 협주곡을 들어 봅니다. 프로코피예프는 바이올린 협주곡을 두 편 남겼는데요. 두 곡 공히 작곡가 특유의 서정성과 풍부한 선율미, 그리고 다채로운 악상과 경묘한 터치가 돋보이는 가작들로 꾸준히 사랑받아 왔죠. 그중 첫 번째 곡인 '바이올린 협주곡 제1번 D장조'는 그가 러시아를 떠나기 얼마 전에 쓴 청년기의 작품인 데 비해, 두 번째 곡인 '제2번 g단조'는 오랜 망명 생활을 마감하고 러시아로 귀환하던 무렵에 쓴 중년기의 작품입니다.

프로코피예프가 남긴 현악 협주곡 가운데 가장 자주 연주되는 이 곡은 그가 그 무렵에 추구했던 '선명하고 단순한, 그러나 따분하지 않은 음악 언어'의 표본이라고 할 수 있습니다. 그의 첫 번째 바이올린 협주곡처럼 풍부한 선율, 다채로운 악상, 오묘한 서정성으로 가득하지만 기법적으로 참신한 면은 두드러지지 않습니다. 빠름-느림-빠름의 고전적 3악장 구성을 취하여 전작에 비해 보수적인 인상을 풍기고, 청년 시절의 도발적 모습은 거의 자취를 감췄죠. 대신 한결 정제된 온화한 음색과 표정이 전편에 감돌아 성숙미를 풍깁니다.

이 협주곡을 작곡한 1935년, 프로코피예프는 18년간의 망명 생활을 접고 러시아로 영구 귀국했습니다. 그즈음 소련에서는 스탈린의 철권통치 체제가 확립되고 대숙청 시대가 시작되고 있었건만 그는 정치적 상황에 둔감한 편이었죠. "평화롭게 곡을 쓰게 해 주고, 써 내려간 악보의 잉크가 마르기 전에 출판해 주고, 내 펜에서 나온 모든 음표를 연주해 준다면 어떤 정부든 괜찮다.” 이런 생각을 했기에 프로코피예프는 자신의 전위적인 오페라가 혹독한 비판을 당해도 크게 개의치 않았던 것 같습니다. 지난날 서유럽과 미국에서 성공과 실패를 두루 맛보았던 그는 오히려 고국에서 새롭게 펼쳐질 자신의 앞날을 다분히 낭만적이고 낙천적이기까지 한 눈길로 바라보고 있었던 게 아닐까요.

한편 프랑스 바이올리니스트 로베르 쇠탕을 위해 작곡된 이 협주곡의 작곡 및 발표 과정은 세계 각지를 떠돌아다니던 망명기 프로코피예프의 삶을 잘 보여 줍니다. 즉 제1악장의 주제는 프랑스 파리에서, 제2악장의 주제는 러시아의 보로네시에서, 관현악 총보는 아제르바이잔의 바쿠에서 만들어졌죠. 그리고 초연은 1935년 12월 스페인 마드리드에서 치러졌는데, 독주는 쇠탕이, 지휘는 스페인 지휘자 엔리케 아르보스가 맡았습니다. 더구나 당시 공연도 스페인, 포르투갈, 모로코, 알제리, 튀니지로 이어진 연주 여행의 일환이었다고 하죠. 어쩌면 그 무렵 프로코피예프는 끊임없는 방랑 생활에 염증을 느끼고 있었던 것일지도 모르겠습니다.

영상은 네덜란드의 세계적인 여성 바이올리니스트 재닌 얀센이 2013년 스위스 베르비에 페스티벌에서 가진 공연 실황을 담고 있습니다. 얀센 특유의 농밀한 음색, 우아함과 열정이 공존하는 연수 스타일이 곡상과 잘 맞아떨어질뿐더러 근현대 음악의 명해석가로 정평이 난 켄트 나가노가 조율한 관현악도 솔로를 적절히 뒷받침합니다.

일요일 아침을 여는
아름다운
Classic Album

일요일의 추천 음반

유정우
음반 | Du bist die Welt für mich
연주 | Jonas Kaufmann
레이블 | Sony Classical(2014)

스타 테너 요나스 카우프만이 자신의 할아버지가 즐겨 듣던 1920~1930년대 오페레타 명곡을 모은 음반입니다. 마를레네 디트리히의 고혹적인 음색으로 유명한 로베르트 슈톨츠 작곡의 〈노래는 끝났어요〉와 에머리히 칼만의 오페레타 《마리차 백작부인》 중 남자 주인공 타실로의 아리아 〈나의 빈이 내게 인사를 건네네〉 두 트랙은 제가 학창 시절부터 좋아하는 곡들이죠. 카우프만의 음색은 두 곡이 담은 진한 애수를 너무나도 멋지게 표현합니다.

데얀 가브리츠
음반 | Brahms: String Sextets
연주 | Belcea Quartet, Tabea Zimmermann, Jean-Guihen Queyras
레이블 | Alpha(2022)

브람스는 아름다운 실내악 작품을 많이 작곡했습니다. 제게 그의 6중주는 거의 작은 교향곡과 같습니다. 언제나 활기차고 농밀한 해석을 보여 주는 벨체아 콰르텟과 비올라, 첼로 객원에 세계 최고의 연주자들이 합세했습니다.

찬란한 슬픔의
파리

작곡가 | Marguerite Monnot
곡명 | Hymne à l'amour
연주자 | Gautier Capuçon

감미롭고 부드러운 첼로 선율과 에펠탑을 중심으로 펼쳐지는 아름다운 파리의 풍경, 영상은 시작한 지 30초도 지나지 않아 우리의 눈과 귀를 사로잡습니다. 게다가 연주자는 고티에 카푸숑, 곡은 우리에게도 익숙한 가수 에디트 피아프의 〈사랑의 찬가〉입니다. 이 곡은 언뜻 제목처럼 아름다운 사랑 이야기를 담고 있을 것만 같습니다. 하지만 여기에는 에디트 피아프와 권투 선수 마르셀 세르당의 슬픈 사랑 이야기가 서려 있습니다.

둘은 1946년 파리의 디 생끄 클럽에서 처음 만났는데, 에디트는 세르당을 자기 인생을 지켜줄 수 있는 단 한 사람이라 여기고 유부남이었던 그와 맹목적인 사랑에 빠졌습니다. 그러나 1949년 10월의 어느 날, 세르당이 세상을 떠나고 마는데요. 당시 파리에 있던 그는 뉴욕에 있는 에디트에게 배를 타고 갈 예정이었는데 출발 전날 에디트의 재촉으로 비행기를 타고 맙니다. 그리고 그 비행기가 추락해 버린 것이지요.

그래선지 피아노 반주기 거지머 끝으로 치닫는 3분 무렵의 클라이맥스는 그들의 슬픈 이야기와 극적인 대비를 이루며 눈가를 촉촉하게 적셔 옵니다. 세계에서 가장 유명한 도시 파리, 여러분에게 파리는 어떤 곳인가요? 오늘은 이 영상과 함께 찬란한 슬픔의 파리를 느껴 보길 바랍니다.

음악 추천 | 유정우   글 | 박지혁

랑랑이 선사하는 화려한 대 왈츠

작곡가 | Frédéric Chopin
곡명 | Waltz No.1 'Grande valse brillante'
연주자 | Lang Lang

베를린 필하모니 홀에서 장엄하고 화려하게 울려 퍼지는 랑랑의 연주를 듣고 있으면 크나큰 궁전에서 변화무쌍한 왈츠를 추는 무용수가 떠오릅니다. 이 곡은 쇼팽이 1833년 작곡한 〈왈츠 1번〉으로 부제는 '화려한 대 왈츠'입니다. 쇼팽은 14세부터 세상을 떠나던 해까지 왈츠를 계속 작곡해 왔고, 이 곡은 쇼팽 생전에 출판된 8개의 왈츠 중 가장 먼저 출판된 곡입니다.

처음 출판된 그의 〈왈츠 1번〉은 부제처럼 화려하고 웅장합니다. 빠르고 느린 템포를 오가며 우아함과 강렬함을 넘나들고, 랑랑의 정교하고 깔끔한 연주 덕분에 변덕스러운 캐릭터가 매우 잘 살아납니다.

예를 들면 2분 7초경 나오는 선율은 우아한 왈츠를 보여 주고 곧이어 2분 19초경 나오는 선율은 활기찬 리듬으로 빠른 몸놀림을 보여 주며 곡의 대비가 뚜렷합니다. 자주 반복되는 이러한 구간이 바로 〈왈츠 1번〉의 매력입니다.

2018년 도이치 그라모폰의 120주년을 기념하여 랑랑은 베를린 슈타츠카펠레 오케스트라와 함께 베를린 필하모니 무대에 섰는데요. 그중 앙코르 곡으로 연주된 쇼팽의 〈왈츠 1번〉을 즐겨 보세요.

라벨과 세이의 황홀한 컬래버레이션

음악 추천 | 유정우   글 | 안일구

작곡가 | Maurice Ravel
곡명 | Piano Concerto
연주자 | Fazil Say, l'Orchestre national de France, Kristjan Järvi

20세기 초반의 프랑스 작곡가들은 유럽 음악계를 뒤흔들 정도로 아주 매력적인 작품을 쏟아 냈습니다. 사티, 포레, 드뷔시, 라벨을 비롯한 수많은 작곡가들이 펼친 새로운 음악 세계는 이전에 없던 것이었죠. 새로운 형태의 작품이 많이 출현한 데 반해 최고의 인기 장르인 '피아노 협주곡'에서는 눈에 띄는 곡이 많지 않습니다. 그런데 라벨이 작곡한 두 피아노 협주곡은 예외입니다. 피아노 협주곡과 왼손을 위한 협주곡, 두 작품은 들어도 들어도 질리지 않습니다. 특히 파질 세이와 같은 특별한 피아니스트를 만나면 전혀 새로운 매력의 라벨이 또다시 탄생하죠. 작곡가로도 이름을 떨치고 있는 튀르키예 출신의 피아니스트 세이가 해석하는 라벨은 매 순간 특별한 느낌을 줍니다. 파리의 샤틀레 극장에 와 있는 듯한 현장감이 훌륭한 영상을 소개합니다.

이번에도 2악장을 언급하지 않을 수가 없는데요. 오케스트라 없이 3여분을 끌고 가는 피아노 솔로에서 세이는 아주 깊은 곳으로 우리를 데려갑니다. 차분하고 느리게 형성된 템포 속에서 관악기들의 솔로로 이어지고 이후에도 매력적인 순간들이 여러 번 만들어집니다. 모리스 라벨과 파질 세이의 황홀한 컬래버레이션을 만끽해 보세요.

음악 추천 | 유정우   글 | 안일구

천국은 이런 곳일까?

작곡가 | Gustav Mahler
곡명 | Mahler: Symphony No.4, IV. Das himmlische Leben
연주자 | Les Siècles, François-Xavier Roth

'마지막 악장은 피라미드의 꼭대기' 말러 본인이 이야기한 대로 말러 교향곡 4번은 마지막 악장이 그 어떤 것보다 중요합니다. 다른 교향곡은 1악장의 주제가 곡 전체를 지배하기도 하지만 4번만큼은 마지막 '천상의 삶'을 노래하는 주제가 곡 전체를 감싸고 있습니다.

1번부터 3번까지 대규모 편성의 파격을 보여 준 말러는 교향곡 4번에서 길이와 편성을 모두 줄이며 하나의 메시지에 집중합니다. 바로 어린아이의 시선으로 순수하게 바라본 천국의 삶이죠. 3악장에서 모든 악기가 기도와 회개를 노래하고 마지막에 이르면 '천국의 문'이 열립니다. 말러의 가곡 '어린이의 이상한 뿔피리'에서 가져온 아름다운 노랫말은 오케스트라의 다채로운 소리와 함께 의미를 더합니다.

지휘자 프랑수아 자비에 로스와 그가 이끄는 레 시에클의 영상은 이미 몇 번 소개한 적이 있지만 이런 레퍼토리를 만나면 여지없이 이들의 영상을 추천할 수밖에 없습니다. 천국을 느끼게 하는 부드러운 음악과 방울 소리와 함께 요란한 부분의 대비가 대단합니다. 게다가 사빈 드비엘의 순수하고 맑은 목소리는 가사의 내용과 절묘하게 어우러집니다. 점점 소리가 잦아들며 마무리되는 마지막 부분은 영원한 천국을 다시 한번 느끼게 만듭니다.

라벨의 작은 하프 협주곡

음악 추천 | 유정우   글 | 박지혁

작곡가 | Maurice Ravel
곡명 | Introduction and Allegro
연주자 | Birgitte Volan Håvik, Musicians from the Oslo Philharmonic

1905년, 프랑스의 하프 메이커 에라르사는 새롭게 개발한 반음계 페달식 하프를 알리고자 라벨에게 곡을 의뢰합니다. 페달을 사용해 반음계를 연주하는 이 방식은 현재까지도 이어져 오고 있죠. 20세기 초만 해도 새로운 기술을 가진 하프를 개발하는 치열한 경쟁이 있었다고 합니다. 다른 피아노 제조사 플레엘 앤 컴퍼니는 당시 페달 없는 하프를 광고하기 위해 또 다른 작곡가 드뷔시에게 곡을 의뢰했죠.

라벨은 이 곡을 의뢰받았을 때 호화로운 크루즈 여행에 초대된 상황이었습니다. 크루즈 여행을 절대 포기할 생각이 없었던 라벨은 일주일 안에 〈서주와 알레그로〉를 완성합니다. 완벽주의 성향의 라벨은 3일의 밤샘 작업을 통해서 이 곡을 완성했다고 하죠.

'작은 하프 콘체르토'라고도 불리는 이 곡은 하프를 중심으로 바이올린, 비올라, 첼로, 플루트, 그리고 클라리넷이 함께 연주합니다. 플루트와 클라리넷이 서주를 따듯하게 열고, 바이올린의 고음을 타고 하프가 연주를 시작합니다. 이후 바람을 타고 자유로이 날아가는 새처럼 음악이 자연스럽게 흐르며 라벨 특유의 몽환적이고 우아한 선율이 등장하죠. 특히 6분 13초경 등장하는 하프의 독주는 극한의 아름다움을 보여 줍니다.

음악 추천 | 황장원   글 | 황장원

**랭보와 브리튼이
펼쳐 보이는
너머의 세계**

작곡가 | Benjamin Britten
곡명 | Les illuminations, Op.18
연주자 | Ian Bostridge, London Symphony Orchestra,
Daniel Harding

〈일뤼미나시옹〉은 20세기 영국을 대표하는 작곡가 벤저민 브리튼의 연가곡으로, 프랑스의 상징주의 시인 아르튀르 랭보의 마지막 시집 『채색 판화집』에서 발췌한 시에 곡을 붙인 것입니다. 1939년 미국에서 작곡되고 1940년 1월 30일 런던의 에올리안 홀에서 초연된 이 가곡집으로 브리튼은 국제적 명성을 굳힐 수 있었지요.

가수가 현악 앙상블과 함께 연주하는 이 연가곡은 모두 아홉 곡으로 구성됩니다. 순서대로 '팡파르, 도시들, 문장, 고대 양식, 제왕, 바닷가, 간주, 아름다운 존재, 퍼레이드, 출발'이죠. 브리튼은 나름의 관점과 의도를 가지고 랭보의 시를 자유롭게 발췌해 재구성했는데, 첫 곡 '팡파르'와 여섯 번째 곡 '간주'는 여덟 번째 곡 '퍼레이드'에서 추출한 문장 하나에 기초했고, 세 번째 곡은 두 개의 시를 연결해 구성했습니다. 초연 당시에 소피 위스가 가창을 맡았던 것처럼, 이 곡은 소프라노(또는 메조소프라노)가 부르는 것이 일반적이지만, 브리튼이 동성 연인 피터 피어스와 음반을 남긴 덕에 테너를 위한 레퍼토리로 인식되기도 하죠. 영상에서는 영국 테너 이안 보스트리지가 노래하고 있습니다.

랭보는 무한한 시간과 공간을 꿰뚫어 보고 개인의 인격에 대한 인습적 개념을 형성하는 모든 제약과 통제를 무너뜨림으로써 영원한 신의 목소리를 내는 도구로서의 예언자, 즉 '견자(見者, voyant)'이기를 자처했다고 합니다. 이 시집은 그런 랭보가 '프랑스어의 한계를 뛰어넘고 자신의 모든 역량을 쏟아부어 완성한 언어

건축물'로 일컬어지죠. 그리스와 라틴의 고대 신화에서부터 근대의 풍경까지 아우르는 이 시들을 대하면서 시간의 흔적을 더듬거나 삶의 서정적 의미를 읽어 내려는 노력은 다소 부질없게 여겨지기도 합니다. 그보다는 '견자'로서 세계 안팎을 자유롭게 여행했던 랭보가 풍부한 상상력과 '언어의 연금술'을 발휘해 현실과 상상의 경계를 허물고 시공을 초월해 세상의 끝을 향한 대항해를 감행하며 펼쳐 보이는 풍경들을 선입견 없이, 감각적으로 받아들이는 자세가 우선되어야 하지 않을까 싶네요.

다만 우리 같은 이방인들에게 랭보의 도구였던 프랑스어는 마치 도도한 강물처럼 그의 세계로 향하는 길을 막아설 텐데, 브리튼의 음악은 그런 장애물을 건널 수 있는 가교를 놓아 줍니다. '순수한 서정의 세계를 추구하며 혼돈과 무질서, 자유분방한 보헤미안적 매력을 두려워'했던 브리튼은 자신이 경험하지 못한 세계를 자유로이 유영하는 랭보의 손을 잡고 다채롭고 현란하며 흥미진진한 일탈을 감행했죠. 그의 정교하면서도 직관적인 음악은 우리로 하여금 일렁이고 범람하는 강물과도 같은 랭보의 '시적 우주'를 헤치고 저 너머의 언덕에 도달할 수 있도록 손을 내밉니다.

일요일의 추천 음반

데얀 가브리츠
음반 | Mozart&Strauss: Lieder
연주 | Sabine Devieilhe, Mathieu Pordoy
레이블 | Erato(2024)

이 음반에서 사빈 드비엘은 자신의 목소리가 모차르트와 슈트라우스에 얼마나 잘 어울리는지 다시 한번 증명했습니다. 고전을 대표하는 모차르트의 가곡과 후기 낭만주의를 대표하는 리하르트 슈트라우스의 가곡을 드비엘만의 해석으로 들려줍니다.

유정우
음반 | Wien
연주 | Jonas Kaufmann, Adam Fischer, Wiener Philharmoniker
레이블 | Sony Classical(2019)

카우프만은 빈이라는 도시에 집중한 음반을 빈 필하모닉과 함께 녹음했습니다. 모든 트랙이 절창이지만 루돌프 시에친스키의 〈빈, 그대 나의 꿈의 도시〉를 강력 추천합니다.

햇살이 내리쬐는
'네순 도르마'

음악 추천 | 유정우　　**글** | 김소라

작곡가 | Giacomo Puccini
곡명 | Nessun Dorma
연주자 | WDR Rundfunkchor

보기만 해도 마음이 평온해지는 따스한 유럽의 풍경, 그 풍경만큼 따스한 목소리가 잔잔하게 울려 퍼집니다. 목소리의 주인공은 푸근한 미소가 인상적인 웨이터네요?

야외 테이블에 앉은 손님이 그에 화답하며 둘 사이 짧은 대화가 오가고, 어느덧 옆 테이블에 앉은 단체 손님이 〈네순 도르마〉를 합창합니다. 그 선율은 어느새 퍼져 꽃을 든 젊은이에게, 발코니 위 청년에게, 창문을 닫고 방 안에 있던 사람들에게, 심지어 길을 걷던 사람들에게까지 넘어가고 모두의 목소리가 하나로 울려 퍼집니다.

이 장면은 2021년 9월 2일, 독일 뮌스터 지방의 프린치팔마르크트에서 열린 플래시몹을 촬영한 것인데요. 화음을 이루고 있는 이들은 WDR 방송 합창단입니다. 웨이터의 선창에 칭찬을 아끼지 않던 손님은 수석 지휘자 니콜라스 핑크죠.

〈네순 도르마〉는 푸치니의 오페라 《투란도트》에 등장하는 곡으로 '아무도 잠들지 말라'는 뜻입니다. 여사 주인공 투란도트에게 반한 남자 주인공 칼라프가 투란도트가 자신의 여인이 될 것이라는 확신에 차 부르는 노래죠.

영상 속에서 깜짝 선물을 받은 사람들의 놀라움과 기쁨이 느껴지나요? 오늘은 아름다운 선율에 더해진 놀라운 풍경까지 즐겨 보길 바랍니다.

음악 추천 | 유정우   글 | 박지혁

67세 카운터테너, 제라르 레스네

작곡가 | Henry Purcell
곡명 | 'The Cold genius song' from 《King Arthur》
연주자 | Gérard Lesne, Le Concert Universel

다소 무거운 분위기의 음악이 흐르고 한 노인이 쓸쓸한 겨울이 연상되는 노래를 시작합니다. 오늘 소개하는 곡은 조금은 생소한 영국의 작곡가 헨리 퍼셀의 오페라 《아서 왕》 중 〈겨울 정령의 노래〉입니다.

프랑스의 카운터테너 제라르 레스네는 중세 음악과 바로크 음악으로 유명한 성악가로, 밝고 청아한 고음과 강렬한 저음을 말도 안 되는 부드러움으로 넘나들죠. 카운터테너는 가성으로 소프라노 음역을 구사하는 남성 성악가를 일컫는데요. 올해로 67세가 되는 레스네의 목소리는 변함없이 아름답습니다.

작곡가 헨리 퍼셀은 17세기 영국의 바로크 음악 발전에 많은 공헌을 했습니다. 〈겨울 정령의 노래〉에는 눈 속에서 깨어났지만 움직이지도 숨 쉬지도 못하는 고통에 다시 얼어붙은 채 잠들고 싶어 하는 내용을 담았습니다. 그래서인지 고통스럽게 노래하는 레스네의 표현이 와닿네요. 노래는 3분 6초경 '나를, 나를 다시 얼어붙어 죽게 해 주오'로 마무리되며 여운을 남깁니다.

음악 추천 | 유정우   글 | 안일구

남자 소프라노 브루노 드 사

작곡가 | Alessandro Scarlatti
곡명 | 'Mi rivedi, o selva ombrosa' from 《Griselda》
연주자 | Bruno de Sá, Francesco Corti, Il Pomo d'Oro

카운터테너 중에서도 소프라노 음역은 가성으로 쉽게 낼 수 있는 음역이 아니다 보니 아주 희귀하게 여겨졌습니다. 그러나 요즘은 사춘기 시절 호르몬 이상으로 변성기를 겪지 않는 자연적인 남성 소프라노가 많습니다. 그중에서도 지금 가장 주목할 만한 가수는 브라질 출신의 남성 소프라노 브루노 드 사입니다.

카운터테너 전에는 '카스트라토'가 존재했습니다. 과거 로마에서는 사육제 기간에 교회뿐만 아니라 극장에서도 여성이 무대에서 노래하는 것을 금지하던 시대가 있었죠. 이때 탄생한 남성 거세 가수인 카스트라토는 무대에서 여성 역할을 맡았습니다. 브루노 드 사는 역사 속으로 사라진 카스트라토를 위한 레퍼토리만 한데 모아 데뷔 음반을 냈습니다. 비발디, 빈치, 스카를라티, 갈루피 등이 드 사의 음성과 일 포모 도로의 완벽한 앙상블로 다시 태어났죠.

소개하는 곡은 스카를라티의 오페라 《그리젤다》 중 2막 아리아 〈너는 나를 다시 보는구나, 그늘진 숲이여〉입니다. 《그리젤다》는 1721년 로마에서 초연된 스카를라티의 마지막 오페라로 르네상스의 전원극 전통을 이어받은 아름다운 작품입니다.

음악 추천 | 조민석   글 | 박지혁

깨달음에서 오는 황홀한 기쁨

작곡가 | Alexander Scriabin
곡명 | Poème de l'extase
연주자 | Cristian Măcelaru, Orchestre National de France

러시아의 피아니스트이자 작곡가 알렉산드르 스크랴빈의 〈법열의 시〉를 듣고는 마치 꿈을 꾸는 것 같았습니다. 명확한 선율이 뚜렷하게 느껴지지 않아서 그런지 신비로움으로 가득했죠. 이 곡을 공부해 보니 매우 심오한 의미가 담긴 걸 알게 되었습니다.

스크랴빈은 초기에 쇼팽을 모방하는 작품으로 작곡을 시작했고, 이후 점점 독자적인 작품을 만들었습니다. 〈법열의 시〉는 스크랴빈의 독창성이 듬뿍 담긴 후기 작품 중 하나죠. 스크랴빈은 철학에 큰 흥미를 느꼈는데 특히 니체의 철학에서 큰 감명을 받았습니다. '소나타와 교향곡만 남긴 작곡가가 된다는 것은 가장 끔찍한 운명이다'라는 말을 남긴 그는 철학을 기반으로 보통의 작곡가들과는 다른 방향으로 음악을 만들기 시작합니다.

법열은 '참된 이치를 깨달았을 때 느끼는 황홀한 기쁨'을 뜻합니다. 신비주의에 관심을 가졌던 스크랴빈은 음악을 통해 영적으로 더 높은 경지에 올라 신과의 합일을 실현하고자 했습니다. 그 과정에서 '신비화음'이라는 독창적인 화음을 창조해 이제까지는 없던 음악을 만들어 냈죠.

인간으로 살아가며 쌓는 경험과 시행착오가 결국 깨달음으로 이어지듯, 18분 44초경부터 시작되는 피날레는 그런 깨달음에서 오는 황홀한 기쁨이 고스란히 전해집니다.

음악 추천 | 데얀 가브리츠   글 | 김소라

'가곡의 왕'의
마지막 노래

작곡가 | Franz Schubert
곡명 | Der Hirt auf dem Felsen
연주자 | Chen Reiss, Yevgeny Yehudin, Lahav Shani

슈베르트는 독일 낭만주의 음악의 개척자로 수많은 가곡을 작곡했습니다. 오늘은 그의 마지막 가곡 〈바위 위의 목동〉을 소개합니다.

이 곡은 시인 빌헬름 뮐러의 시에서 가사를 발췌했는데요. 화자는 1부에서 사랑하는 연인에 대한 목동의 애절한 그리움을 토로합니다. 2부에서는 연인에 대한 그리움을 숲의 메아리에 비유하며 슬프지만 부드럽게 표현합니다. 마지막 3부에서는 봄을 주제로 노래하며 만물이 소생하는 가운데 자신의 삶도 행복해질 것이라 자신 있게 이야기합니다.

이 곡은 슈베르트가 남긴 600여 곡의 가곡 중 마지막 작품으로 슈베르트는 1828년 11월 이 곡을 작곡하고 한 달이 지나 세상을 떠납니다. 가브리츠 선생님은 영상에 대해 '라하브 샤니의 피아노 반주 위에 소프라노와 클라리넷이 아름다운 대화를 나누는 듯하다'고 덧붙였습니다.

목소리뿐만 아니라 표성으로도 노래하는 소프라노 첸 레이스, 아련한 클라리넷 선율을 들려주는 예브게니 예후딘, 그리고 항상 자신감이 넘치는 젊은 거장 라하브 샤니의 차분한 피아노 반주가 어우러진 영상과 함께 찬란한 봄을 만끽하길 바랍니다.

음악 추천 | 황장원   글 | 황장원

브람스가 레퀴엠에 투영한 이미지

작곡가 | Johannes Brahms
곡명 | Ein deutsches Requiem Op.45 - 5. Ihr habt nun Traurigkeit
연주자 | Camilla Tilling, Hanno Müller-Brachmann, Symphonieorchester & Chor des Bayerischen Rundfunks, Bernard Haitink

〈독일 레퀴엠〉은 브람스의 결정적 명작 가운데 하나입니다. 브람스는 자신이 직접 루터교 성경에서 발췌한 독일어 가사를 바탕으로 쓴 이 작품을 발표함으로써 30대 중반의 나이에 독일어권을 대표하는 작곡가 반열에 올랐습니다. 한편으론 유명한 '교향곡 제1번'을 발표하기 전에 이루어 낸 최고의 성취였죠. 당대의 유력 평론가 에두아르트 한슬릭은 이 걸작에 이런 찬사를 보냈습니다.

"가장 순수한 예술적 수단, 즉 영혼의 따스함과 깊이, 새롭고 위대한 관념, 그리고 가장 고귀한 본성과 순결로 일궈낸 최고의 작품이다. … 바흐의 〈b단조 미사〉와 베토벤의 〈장엄미사〉를 제외하면, 이 분야에서 이 곡에 비견될 만한 작품은 없다."

그런데 이 곡이 애초에는 지금과 같은 7악장 구성이 아니라 6악장 구성이었다는 사실을 알고 있나요? 1868년 4월 브레멘 대성당에서 초연되었을 당시에는 지금의 제5악장이 빠진 채로 여섯 악장만 연주되었고, 따라서 독창자는 바리톤 가수 한 명뿐이었습니다. 하지만 그 공연을 지켜보고 불만을 느꼈던 브람스는 고심 끝에 소프라노 독창자가 등장하는 새로운 악장을 추가하기로 결심했고, 이듬해 2월 라이프치히에서 진행된 개정판의 초연에서는 지금과 같은 일곱 악장 전체가 연주되었죠.

그렇다면 브람스는 왜 뒤늦게 한 악장을 추가했던 걸까요? 문제의 제5악장 '지금은 너희가 근심하나'는 전곡 가운데 가장 온화하고 감미로운 악상을 지닌 악곡으로, '근심과 고통에 잠긴 영혼에 대한 위로'를 노래하고 있습니다. 그리고 그런 노래를 부르는 소프라노의 음성은 다분히 자애로운 어머니의 이미지를 환기시키지요.

브람스가 은사 슈만의 죽음을 계기로 착수했으나 오랫동안 지연되었던 이 '레퀴엠' 작업에 박차를 가하게 된 결정적 계기는 1865년에 일어난 모친의 죽음이었습니다. 어쩌면 그는 그 악장을 통해서 어머니의 음성을 듣고 싶었던 것은 아닐까요? 결과적으로 새롭게 추가된 악장은 자칫 무겁고 어두운 분위기에 잠길 뻔했던 전체 악곡에 밝고 따뜻한 빛을 더해 주었습니다.

이 아름다운 곡을 스웨덴의 소프라노 카밀라 틸링의 노래로 들어 볼까요. 감정이 가득 실려 있으면서도 결코 과도하게 넘치거나 튀는 법이 없는 정성스러운 가창이 사뭇 감동적으로 다가옵니다. 아울러 그 노래를 바이에른 방송 교향악단의 따뜻한 음색이 받쳐 주고, 만년의 베르나르드 하이팅크가 지휘봉을 잡은 점도 연주를 더욱 아름답게 빛내 주네요.

일요일의 추천 음반

유정우
음반 | Schubert: Fierrabras
연주 | Claudio Abbado, Chamber Orchestra of Europe
레이블 | Deutsche Grammophon(1988)

슈베르트가 작곡한 오페라 중 가장 거대한 규모의 영웅 오페라 《피에라브라스》는 1822년 빈 궁정 오페라 극장의 의뢰로 작곡되었으나 당시 빈에 불어닥친 로시니 열풍에 초연이 취소된 비운의 작품입니다. 결국 이 오페라는 슈베르트 사후 한참이 지난 1988년 아바도에 의해 전곡 초연으로 세상의 빛을 보게 되었습니다. 이 음반은 바로 그때의 역사적 기록입니다. 1막에서 12번째 트랙, 에긴하르트가 밤의 정원에서 부르는 로망스와 2중창 〈저녁은 고요한 강 위로 잠기고〉만으로도 최고의 서정성을 느낄 수 있습니다.

데얀 가브리츠
음반 | Britten: Violin Concerto, Chamber works
연주 | Isabelle Faust, Jakub Hrusa, BR Symphony Orchestra
레이블 | BR Klassik(2024)

브리튼 바이올린 협주곡은 대부분이 접하지 못한 레퍼토리일 것입니다. 하지만 저는 모두가 꼭 들어 봐야 할 작품이라고 생각합니다. 우선 바이올리니스트 이자벨 파우스트의 특별하면서도 탁월한 해석이 일품입니다. 바이에른 방송 교향악단과 지휘자 야쿠프 흐루샤가 빚어내는 오케스트라 사운드 역시 대단합니다.

건반 위의
이단아

음악 추천 | 데얀 가브리츠　**글 |** 김소라

작곡가 | Frederic Chopin
곡명 | Piano Sonata No.3 in B Minor, Op.58
연주자 | Ivo Pogorelich

쇼팽 콩쿠르는 피아노 분야에서 최고의 역사와 권위를 자랑합니다. 그래서인지 수상자들은 우승 직후 빠르게 스타로 거듭나죠. 그런데 이 콩쿠르 예선에서 탈락하고도 유명해진 피아니스트가 있습니다. 바로 이보 포고렐리치인데요. 그는 1980년 쇼팽 콩쿠르 예선에서 특별상과 비평가상을 수상했지만 본선 진출에 실패했습니다. 그의 연주가 개성이 강했던 탓에 심사 위원들의 호불호가 명확히 갈렸고, 결국 탈락한 것이지요.

당시 심사 위원장이었던 마르타 아르헤리치는 '그럼에도 그는 천재다'라고 외친 뒤 심사 위원실 문을 박차고 나갔는데요. 이 일화로 언론은 포고렐리치에게 주목하게 되었고, 그는 그해 우승자보다 훨씬 더 큰 인기를 누리게 되었습니다.

포고렐리치의 별명은 '건반 위의 이단아'인데요. 그는 피아노를 무대 한구석에 두고 연주하기도, 사전 고지 없이 프로그램 순서를 뒤바꾸기도, 또 작품의 템포를 마음대로 조절하며 관객들이 한순간도 긴장을 늦추지 못하게 합니다.

그는 이런 연주를 통해 기존의 연주 방식에 대해 대담하게 도전장을 내민 것인데요. 영상 속에서 쉼 없이 뿜어져 나오는 그의 에너지와 열정을 들어 보길 바랍니다.

음악 추천 | 유정우   글 | 안일구

독일, 프랑스, 이탈리아의 합작품

작곡가 | Johann Sebastian Bach
곡명 | French Suite No.5 in G Major BWV.816
연주자 | Francesco Corti

이탈리아 출신 연주자가 독일 작곡가 바흐의 〈프랑스 모음곡〉을 연주합니다. 세 나라의 음악 자산이 한데 모여 가장 아름답고 우아한 '프랑스 모음곡 5번'이 완성되었습니다.

〈프랑스 모음곡〉은 바흐가 안나 막달레나와 재혼한 이듬해인 1722년부터 1725년에 작곡된 것으로 알려집니다. 특히 5번 모음곡은 가장 인기가 많죠. 알르망드, 쿠랑트, 사라방드, 지그와 더불어 가보트, 부레, 루르까지 다양한 춤곡이 등장해 음악의 여러 표정을 기분 좋게 감상할 수 있습니다. 곡 전체가 기품이 넘치면서도 부분적으로는 입가에 미소를 띠게 하는 유머와 재치로 가득합니다. 프란체스코 코르티는 네덜란드 바흐 소사이어티 채널을 통해 바흐의 여러 작품에 대한 해석을 내놓았는데 그중에서도 단연 돋보이는 것이 '프랑스 모음곡 5번'입니다. 스스로 가장 이탈리아적이라고 말한 것처럼 꾸밈음 처리가 아주 맛깔납니다. 화려한 연주 속에서도 아름다운 선율이 나올 때는 마치 표현력이 풍부한 성악가가 노래하듯 감정이 진하게 전달됩니다. 코르티는 때로는 거침없이, 때로는 친절하게 바흐의 음악 안에 담긴 여러 장면과 감정을 보여 줍니다. 오늘의 영상을 통해 알던 곡도 연주자의 해석으로 완전히 새롭게 느껴지는 마법을 경험해 보세요.

10분 동안 지속되는 초고난도 아리아

음악 추천 | 데얀 가브리츠   글 | 박지혁

작곡가 | Richard Strauss
곡명 | 'Großmächtige Prinzessin' from 《Ariadne auf Naxos》
연주자 | Natalie Dessay

색채가 짙은 실험적인 오페라를 연달아 성공시킨 리하르트 슈트라우스는 그리스 신화 속의 아리아드네를 주제로 《낙소스의 아리아드네》를 완성합니다. 이 오페라는 극중극 형식으로 서막과 1막을 가진 짧은 오페라인데요. 극중극이란 등장인물에 의해 극 중에서 이루어지는 연극을 뜻합니다.

서막에서는 오페라 공연과 코미디 공연을 연달아 준비하는 음악 감독과 작곡가의 모습이 나옵니다. 그들은 밤 9시에 불꽃놀이를 시작해야 했는데요. 오페라와 코미디를 동시에 공연하면 시간을 절약할 수 있다고 생각해 합작 공연을 진행합니다.

1막에서는 아리아드네 신화를 배경으로 한 오페라가 시작됩니다. 중간중간 코미디 팀이 오페라 내용과는 전혀 관련 없는 즉흥극을 펼치기도 하죠. 그중 코미디 팀의 여배우 체르비네타가 아리아드네를 위로하며 부르는 〈고귀하신 공주님〉을 소개합니다.

이 아리아는 현존하는 오페라 아리아 중 가장 고난도의 곡으로 불리기도 합니다. 초고음과 어려운 콜로라투라 기법을 무려 10분 동안 지속해야 하기 때문이죠. 체르비네타는 상처받은 아리아드네를 위로하며 남자들에게 실망하지 말고 새로운 남자를 찾아 인생을 즐기라고 노래합니다.

음악 추천 | 데얀 가브리츠   글 | 안일구

바버의 히트작, 아름답고 슬픈

작곡가 | Samuel Barber
곡명 | Adagio for Strings, Op.11
연주자 | Gustavo Dudamel, Wiener Philharmoniker

'미국 작곡가 그 누구도 이렇게 이른 시기부터 오랫동안 지속되는 호평을 받은 이는 없었다' 사무얼 바버를 일컫는 말입니다. 기악 음악으로 성공을 거둔 바버지만 그의 음악은 언제나 노래하고 있습니다. 그가 1936년에 완성한 〈현을 위한 아다지오〉 또한 그렇습니다.

이 곡은 원래 현악 4중주 중 느린 악장으로 쓰려고 만든 것이었습니다. 그러나 바버는 머지않아 이 곡이 엄청난 곡임을 깨달았고 친구에게도 이 곡을 가리켜 '히트 상품'이라고 말했다고 합니다. 이는 곧 또 다른 거장에 의해 증명되는데요. 바로 지휘자 토스카니니가 이 곡을 마음에 들어 한 것입니다. 〈현을 위한 아다지오〉는 1938년 토스카니니의 지휘로 처음 연주된 후 인기가 식은 적이 없다고 합니다.

바버의 음악은 현대 음악의 고전주의라고 불릴 만큼 선율과 화성이 매우 아름답습니다. 특히 이 곡은 흐름이 유려하면서도 비극적이고 장엄해 추모곡으로도 많이 연주됩니다. 루스벨트 대통령의 장례식, 알베르트 아인슈타인, 존 F. 케네디 대통령 그리고 그레이스 켈리의 추모식에서도 이 곡이 울려 퍼졌죠. 1981년 1월, 바버 자신의 장례식에서 연주된 음악 역시 〈현을 위한 아다지오〉였습니다. 유튜브에서 엄청난 조회 수를 기록 중인 구스타보 두다멜과 빈 필하모닉의 연주는 우주를 연상시킬 정도로 아름답고 장대합니다.

5월 31일

음악 추천 | 유정우   글 | 박지혁

장난꾸러기 틸 오일렌슈피겔

작곡가 | Richard Strauss
곡명 | Till Eulenspiegels lustige Streiche Op.28
연주자 | Cristian Macelaru, WDR Sinfonieorchester

관악기와 금관 악기 연주자들에게 까다롭기로 소문난 이 곡은 리하르트 슈트라우스의 〈틸 오일렌슈피겔의 유쾌한 장난〉입니다. 1895년 작곡된 이후 많은 사람에게 사랑받고 있죠. 틸 오일렌슈피겔은 1300년경 존재했던 장난기 많은 인물로 언어유희를 통해 많은 풍자를 했다고 합니다. 그의 장난에 관한 이야기는 민담을 통해 내려오다 16세기부터 책으로 출판되기 시작했습니다.

슈트라우스는 작곡가 키스틀러의 오페라 《오일렌슈피겔》을 접하고 관심이 생겨 틸을 주인공으로 한 오페라 대본을 쓰기 시작합니다. 하지만 오페라 《군트람》의 실패를 겪은 후 오페라에 대한 흥미를 잃은 슈트라우스는 이 작품을 교향시로 바꾸죠. 그렇게 완성된 이 곡은 틸의 장난기 있는 성격을 관악기의 재빠른 리듬과 짧은 스타카토로 생생하게 묘사합니다.

슈트라우스가 나중에 추가한 프로그램 노트에는 '옛날 옛적에 틸 오일렌슈피겔이란 명랑한 어릿광대가 있었고, 대단한 장난꾸러기인 그는 온갖 소동을 일으켰다. 무시로 변장했다가, 사랑에 빠졌다가 거절당하기도 하고, 결국 조롱하다 잡혀서 교수형에 처한다'라고 적혀 있습니다. 서독일 방송 교향악단과 지휘자 마첼라루의 풍부하면서도 날카로운 해석으로 함께 즐겨 보세요.

음악 추천 | 황장원   글 | 황장원

텔레만이
스케치한
돈키호테의 초상

작곡가 | Georg Philipp Telemann
곡명 | Ouverture 'Burlesque de Quixotte' Suite,
TWV.55:G10
연주자 | Bremer Barockorchester

스페인 작가 세르반테스가 창조한 '라만차의 기사 돈키호테'의 흥미진진한 이야기는 여러 작곡가의 영감을 자극했습니다. 그중 가장 널리 알려진 것은 독일의 후기 낭만주의 작곡가 리하르트 슈트라우스의 교향시가 아닐까 싶은데요. 오늘은 바로크 시대로 거슬러 올라가 게오르크 필리프 텔레만의 모음곡을 소개합니다.

오늘날 독일의 바로크 작곡가 하면 바흐를 가장 먼저 떠올리게 되죠? 하지만 당대에는 바흐보다 네 살 연상인 텔레만이 훨씬 잘나가는 작곡가였습니다. 18세기 초반 독일과 유럽에서 텔레만의 명성과 인기는 바흐는 물론이고 헨델마저 능가할 정도였죠. 일례로 1722년 라이프치히 토마스 교회의 칸토어 자리가 났을 때 텔레만이 1순위 지명자, 바흐는 3순위 지명자였다고 합니다.

텔레만은 역사상 가장 많은 작품을 남긴 작곡가로 알려져 있기도 한데, 무려 3000곡 이상을 헤아리는 그의 작품 목록에는 1000여 편의 교회 칸타타와 40여 편의 수난곡, 50여 편의 오페라, 그리고 600여 편의 관현악 모음곡 등이 포함됩니다.

텔레만은 여든을 넘기던 1761년에 《코마초 결혼식의 돈키호테》라는 단막의 코믹 세레나타를 쓴 적이 있습니다. 세레나타(Serenata)란 18세기에 성행했던 야외용 무대 음악극으로 극적 칸타타와 오페라의 중간 형태를 띠지요. 1761년 함부르크에서 초연된 이 세레나타는 상당한 인기를 끌었고 텔레만은 그 음악을 재활용해 관현악 모음곡으로 만들었습니다.

그렇게 탄생한 텔레만의 《돈키호테 모음곡》은 '서곡, 키호테의 기상(각성), 풍차를 공격하는 키호테, 둘시네아 공주를 향한 사랑의 탄식, 순진한(속아 넘어간) 산초 판사, 로시난테의 질주, 산초의 당나귀, 키호테의 취침(휴식)' 여덟 곡으로 이루어져 있습니다.

소설 『돈키호테』의 줄거리를 대충이라도 알고 있다면 각 곡이 가리키는 인물과 장면을 어렵지 않게 떠올릴 수 있겠죠? 텔레만의 음악은 다분히 묘사적이고도 풍자적입니다. 특히 유명한 풍차 돌격 장면이나 종자 산초와 그의 당나귀를 그린 곡에서는 익살스런 뉘앙스가 두드러져 이 작품의 원제가 '키호테의 부를레스크(Burlesque de Quixotte)'라는 사실을 돌아보게 되죠. 그런가 하면 키호테가 둘시네아 공주를 동경하는 장면을 나타낸 곡에서는 이 서글픈 영웅에게 보내는 애정과 연민의 시선도 감지할 수 있습니다.

영상은 근래 독일 굴지의 바로크 앙상블로 부상한 '브레멘 바로크 오케스트라'의 것입니다. 그들의 2017년 녹음을 단원들의 연주 모습과 접목한 영상인데, 비록 공연 장면을 볼 수 없어 아쉽지만 연주 자체는 상당히 뛰어납니다. 작품 특유의 익살스러운 맛이 충분히 살아 있고, 은연중에 우러나는 인간미도 매력적이네요.

일요일의 추천 음반

데얀 가브리츠
음반 | Canteloube: Chants d'Auvergne
연주 | Carolyn Sampson, Tapiola Sinfonietta, Pascal Rophe
레이블 | BIS(2021)

요제프 캉틀루브에게 민속 음악은 가장 중요한 것이었습니다. 그는 평생에 걸쳐 프랑스 지방색이 강하게 깃든 민속 음악을 다수 편곡했습니다. 그의 대표작 《오베르뉴의 노래》는 특히 그가 태어나고 자란 중부 프랑스 지방의 시골에서 가져온 음악입니다. 총 5권, 30곡의 노래로 구성되는데 하나같이 아름답습니다. 프랑스의 시골 마을에 와 있는 것처럼 마음이 편안해지죠. 고즈넉하고 소박하지만 성악과 기악의 매력까지 느낄 수 있습니다.

유정우
음반 | Versailles
연주 | Alexandre Tharaud
레이블 | Warner Classics(2019)

루이 14세부터 16세까지 프랑스 왕가를 위한 작품을 중심으로 구성한 음반입니다. 음반의 이름 또한 《베르사유》죠. 라모의 전주곡을 시작으로 쿠프랭, 륄리와 같은 프랑스 거장의 음악을 들을 수 있으며 당글베르, 포르크레, 비세, 뒤플리의 주옥같은 선율을 만날 수 있습니다. 타로의 섬세한 피아노 연주는 감정과 상상력을 자극합니다. 마치 베르사유 궁전의 아름다운 홀에서 음악을 듣고 있는 듯한 착각이 들 정도입니다.

말러가 그린
천상의 선율

음악 추천 | 조민석   **글** | 김소라

작곡가 | Gustav Mahler
곡명 | Symphony No.4 Movement 3
연주자 | Barbara Hannigan, London Symphony Orchestra

적막을 깨고 말러 교향곡 4번 3악장이 조심스레 흐릅니다. 화면 아래에는 'Ruhevoll'이라는 단어가 조그맣게 새겨집니다. 'Ruhevoll'은 독일어로 '고요한'이라는 뜻인데요. 말러 4번 3악장의 앞머리에 표기되어 있습니다.

영상을 추천한 조민석 첼리스트는 이 곡이 크게 세 부분으로 나뉜다고 했습니다. 두 번째 파트에서는 두 배로 빨라지고, 마지막에는 아주 통통 튀는 템포로 바뀐다고요. 하지만 악장 전체의 토대가 되는 지시어 'Ruhevoll'을 따라 4/4 박자로 시작해 평화로운 대지를 거닐듯 시작되는 첼로 그룹의 연주에 이어, 2/2 박자로 바뀌며 속도가 붙어도 영상 속 오케스트라 연주자 중 누구 하나 과장해서 연주하는 법이 없습니다. 모두가 차분함 속에서 길고 긴 3악장을 연주해 가는 것이 이 곡의 매력이죠.

말러는 교향곡 4번을 통해 음악으로 '천상의 삶'을 그려 내고자 했다고 합니다. 말러 교향곡의 느린 악장은 언제나 평범함을 거부합니다. 우리가 사는 땅의 음악과는 다른 천상의 음악을 담았기 때문일까요? 음악 속에서 차분한 감동에 젖어 들어 보길 바랍니다.

음악 추천 | 조민석   글 | 안일구

2024년 말코 우승자는 한국인

작곡가 | Maurice Ravel, Angélica Negrón
곡명 | La valse, Campos Flotantes
연주자 | Samuel Seungwon Lee, Danish National Symphony Orchestra

2024년 말코 국제 지휘 콩쿠르의 우승은 한국인 지휘자 이승원이 차지했습니다. 콩쿠르의 3라운드에서 있었던 그의 연주 영상을 소개합니다. 라벨의 〈라 발스〉와 콩쿠르를 통해 처음 공개된 안젤리카 네그론의 곡 〈Campos Flotantes〉입니다.

2년 전쯤 이승원 지휘자의 리드로 말러 교향곡 1번을 연주한 적이 있습니다. 곡을 모두 외워서 하는 점은 그때와 비슷했지만, 콩쿠르에서는 지휘봉을 사용하지 않았고 지휘 동작도 월등하게 다양해진 모습이었습니다. 단원을 대하는 태도와 리허설을 진행할 때도 여유가 넘쳤습니다. 그동안 얼마나 많은 경험과 성장이 있었던 걸까요?

〈라 발스〉는 리허설 없이 지휘해야 했습니다. 말 한마디 없이 참가자의 지휘 능력만 볼 수 있어 아주 흥미롭죠. 듣기엔 흥겨운 왈츠 같지만 라벨의 이 곡은 연주하기가 상당히 까다로운 편입니다. 그런데 영상을 보면 이승원 지휘자는 비교적 수월하게 곡을 진행합니다. 아주 세심하고 정교하게 지휘하는 한편 춤곡의 매력을 듬뿍 담아 전달하고 있습니다. 네그론의 곡에서는 지휘봉을 사용하는 오른손과 음악적 표현을 나타내는 왼손의 조화가 인상적입니다.

클래식 색소폰 협주곡

음악 추천 | 조민석　**글 |** 박지혁

작곡가 | Alexander Glazunov
곡명 | Concerto in Eb Major for alto saxophone and string orchestra, Op.109
연주자 | Valentine Michaud, Vasily Petrenko, Danish National Symphony Orchestra

오늘 소개하는 곡은 러시아 작곡가 글라주노프의 색소폰 협주곡입니다. 색소폰이니 재즈와 관련된 곡일까? 하는 질문이 자연스레 떠오르는데요. 클래식 색소폰은 연주하는 마우스피스, 리드, 그리고 주법이 재즈 색소폰과 완전히 다릅니다. 그렇기에 조금 더 부드럽고 섬세한 소리, 그리고 아련한 음색이 담겨 폭넓은 음악 세계를 보여 줄 수 있죠.

바이올린 협주곡으로 잘 알려진 작곡가 글라주노프는 1934년 이 곡을 작곡하고 초연하는데 당시 비교적 새로운 악기로 취급되던 색소폰을 가지고 새로운 소리를 탐구하기 시작합니다. 글라주노프는 총 14분 정도의 한 악장으로만 이루어진 협주곡을 만들었고, 현재는 색소폰 연주자 사이에서 꼭 연주해야 하는 레퍼토리로 자리 잡았습니다.

프랑스 색소포니스트 발렌타인 미쇼는 색소폰 연주자로서 처음으로 빈 필하모닉과 협연한 연주자이자 끊임없는 활동으로 세계에 색소폰을 알린 연수자입니다. 2022년부터 너욱 활빌하게 연구하고 있으니 더 많은 국제 무대를 기대해도 좋겠네요.

말코 국제 지휘 콩쿠르 덕분에 덴마크 방송 교향악단이 한국에도 자주 소개되고 있는데요. 깔끔하고 정교한 오케스트라의 반주와 함께 따뜻하고 폭넓은 색소폰의 아름다움에 빠져 보세요.

음악 추천 | 데얀 가브리츠　글 | 김소라

리스트가 이뤄 낸
문학과 음악의 만남

작곡가 | Franz Liszt
곡명 | Oh! Quand je dors
연주자 | Renée Fleming, Evgeny Kissin

지금 듣는 곡은 르네 플레밍과 예브게니 키신이 함께 연주한 프랑스 가곡 〈오, 내가 잠든 사이에〉입니다. 이 작품은 훌륭한 교향시와 피아노 작품으로 유명한 프란츠 리스트에 의해 탄생했습니다.

프란츠 리스트는 60곡 남짓한 가곡을 작곡했는데요. 대부분 괴테나 하이네의 시에서 차용한 독일어 가사로 만들었지만 프랑스어와 이탈리아어로 쓰인 작품도 다수입니다.

그는 문학에 매우 심취해 가사의 의미를 충실하게 따라가며 곡을 만들었다고 하는데요. 이 작품은 프랑스 대문호 빅토르 위고의 시에 곡을 붙인 것으로 이탈리아 시인 페트라르카의 일화를 담았습니다.

페트라르카는 어느 날 성당에서 로라 드 노베를 만나고, 첫눈에 반하게 됩니다. 하지만 안타깝게도 로라는 이미 결혼한 상태였죠. 평생 그녀를 잊지 못하고 사랑한 그는 자신의 마음을 구구절절한 소네트로 썼습니다. 시에서 페트라르카는 로라가 결혼한 여성이었기 때문에 그녀를 현실이 아닌 꿈속에서 만나고 싶어 하는데요. 빅토르 위고는 그 애절한 마음을 자신의 시에 담았고, 리스트는 절절하고 감미로운 선율을 붙여 가곡으로 완성했습니다.

오늘은 아련하고 온화한 선율을 그리는 리스트의 가곡에 빠져 보길 바랍니다.

괴를리츠
수용소에서의
초연

음악 추천 | 조민석   글 | 안일구

작곡가 | Olivier Messiaen
곡명 | Louange à l'Éternité de Jésus from 'Quartet for the End of Time'
연주자 | Gary Hoffman, Frank Peters

1941년 1월 15일 저녁, 독일의 괴를리츠 수용소. 임시로 차려진 허름한 무대로 오천여 명의 수용자가 관객으로 자리합니다. 무대 주변은 눈으로 뒤덮여 있었고, 영하의 추위로 모든 것이 꽁꽁 얼어붙었죠. 메시앙의 〈시간의 종말을 위한 4중주〉는 이렇게 수용소 안에서 초연이 이루어졌습니다.

제2차 세계 대전 당시 메시앙은 독일군에게 붙잡혀 괴를리츠 수용소로 끌려갑니다. 불행 중 다행인 것은 독일 감독관이 그가 프랑스의 유명한 작곡가라는 것을 알아채고 노역을 면하고 작곡할 수 있도록 오선지를 주었다는 것이죠. 마침 수용소에 함께 잡힌 프랑스의 첼리스트, 바이올리니스트, 클라리네티스트는 자신의 악기를 가지고 있었고, 메시앙은 이 편성 그대로 4중주를 작곡합니다.

메시앙은 요한 계시록의 10장 1절부터 7절을 이용해 작품을 완성했고 성경에서 부활을 뜻하는 8의 의미를 더해 8악장으로 구성했습니다. 오늘의 영상은 그중 5악장입니다. 메시앙은 악장마다 편성을 달리했는데 5악장은 첼로와 피아노만으로 연주됩니다. '말씀의 예수'라는 제목과 함께 '기쁨에 넘쳐서, 무한히 느리게'라는 지시어가 붙어 있습니다. 혹독한 상황 속에서 메시앙이 노래하는 신과 인간에 대한 뜨거운 사랑을 느껴 보세요.

음악 추천 | 황장원   글 | 황장원

스페인의 거장 라파엘 프뤼베크

작곡가 | Isaac Albéniz
곡명 | Suite española Op.47
연주자 | Rafael Frühbeck de Burgos, Orquesta Sevilla

올해는 유독 타계 10주기를 기려야 할 지휘자가 많은 듯합니다. 그중 클라우디오 아바도, 로린 마젤, 크리스토퍼 호그우드, 프란스 브뤼헨 등이 먼저 떠오르지만, 2014년 6월 11일에 세상을 떠난 스페인의 거장 '라파엘 프뤼베크 데 부르고스'도 빼놓을 수 없습니다.

프뤼베크는 1933년 9월 15일 스페인 부르고스에서 독일인 아버지와 스페인인 어머니 사이에서 태어났습니다. 스페인 국적인 그가 독일식 이름을 가진 이유를 아시겠죠? 이름 뒤에 출생지에서 따온 '데 부르고스'라는 호칭이 붙은 것은 빌바오 심포니 오케스트라의 수석 지휘자로 일할 당시 매니저의 권유를 따른 것이라고 합니다.

비단 혈통이나 이름뿐만 아니라, 그는 지휘자로서도 독일적 특성과 스페인적 특성을 겸비한 인물이었습니다. 어려서는 빌바오와 마드리드의 음악원에서 공부했고, 지휘자의 길을 걷게 되자 보다 체계적이고 심도 있는 수업을 받기 위해 뮌헨에서 유학한 경험이 크게 작용했을 겁니다. 그리고 스페인과 독일에서 굵직한 포스트들을 거쳤지요. 그가 맡았던 두 나라의 악단들로는 빌바오 심포니와 스페인 국립 관현악단, 뒤셀도르프 심포니, 베를린 방송 교향악단, 드레스덴 필하모닉 등이 있고, 베를린 도이치 오퍼의 음악 감독도 역임했지요. 말년에는 덴마크 국립 교향악단의 수석 지휘자도 지냈습니다.

프뤼베크의 주요 음반으로는 역시 스페인 음악 리코딩을 먼저 꼽아야겠습니다. 스페인의 명 소프라노 빅토리아 데 로스 앙헬레스를 주역으로 내세운 파야의 오페라 《허무한 인생》과 발레 음악 《삼각모자》가 대표적인 명반이고, 피아니스트 알리시아 데 라로차와 호흡을 맞춘 파야의 《스페인 정원의 밤》, 하피스트 니카노르 사발레타가 기타 대신 하프로 연주한 로드리고의 《아란후에스 협주곡》도 유명합니다. 스탠다드 레퍼토리 중에도 그레이스 범브리, 존 비커스, 미렐라 프레니 등의 호화 캐스팅과 함께 파리에서 녹음한 비제의 《카르멘》, 특유의 절도와 열정이 멋지게 어우러진 오르프의 《카르미나 부라나》 등 놓치기 아까운 호연이 여럿입니다.

영상은 역시 스페인 음악으로 골랐습니다. 라파엘 프뤼베크가 노년에 세비야 관현악단을 지휘한 알베니스의 《스페인 모음곡》 공연 실황인데요. 기타 연주곡으로 친숙한 〈아스투리아스〉가 포함된 이 모음곡은 원래 피아노 솔로를 위해서 작곡된 것으로 모두 여덟 곡으로 이루어져 있습니다. 그중 다섯 곡(카스티야, 그라나다, 세비야, 아스투리아스, 아라곤)을 골라 관현악곡으로 편곡한 사람이 바로 프뤼베크였죠. 당연히 그가 1960년대에 남긴 음반(Decca)은 이 곡의 대표적인 명반으로 꼽힙니다. 소개하는 영상은 초점이 불분명한 화질이 아쉽지만 음질은 양호한 편이고, 무엇보다 스페인 음악에 정통했던 프뤼베크의 감각과 애정이 잘 드러납니다.

일요일의 추천 음반

유정우
음반 | Escape to Paradise
연주 | Daniel Hope
레이블 | Deutsche Grammophon(2014)

바이올리니스트 다니엘 호프가 할리우드 영화 음악의 황금기를 조명한 음반입니다. 나치의 박해를 피해 미국으로 망명, 후기 낭만주의 어법을 할리우드 영화 음악에 성공적으로 이식한 거장들의 환상적인 음악을 담고 있습니다. 코른골트가 평생의 멘토 말러의 아내 알마에게 헌정한 바이올린 협주곡, 로저의 〈벤허〉 음악, 그리고 브레히트가 절망 속에서 쓴 시에 곡을 붙인 한스 아이슬러의 〈작은 라디오에게〉를 재해석한 스팅의 명곡 〈The Secret Marriage〉의 재녹음에 이르기까지. 20세기 명곡들의 향연이 펼쳐집니다.

데얀 가브리츠
음반 | Shostakovich: Symphony No.5
연주 | Semyon Bychkov, Berliner Philharmoniker
레이블 | Philips(1987)

쇼스타코비치 교향곡 5번은 아마도 그의 가장 잘 알려진 교향곡일 것입니다. 여기 아주 어린 세묜 비치코프와 베를린 필하모닉이 함께한 녹음이 있습니다. 비치코프는 음악을 군더더기 없이 만들어 가면서도 풍성하게 표현합니다. 그의 해석과 베를린 필하모닉의 밀도 높은 사운드가 합쳐져 활기차고 아름다운 쇼스타코비치 5번이 탄생했습니다.

음악 추천 | 유정우   글 | 박지혁

계속 듣게 되는 마력의 2악장

작곡가 | Sergei Rachmaninoff
곡명 | 'Scherzo(Allegro molto)' from Symphony No.2
연주자 | Sir Antonio Pappano, London Symphony Orchestra

라흐마니노프는 제1차 러시아 혁명이 일어난 이듬해 봄, 가족들과 불안했던 러시아를 떠나기로 결심합니다. 라흐마니노프는 독일 드레스덴에서 3년 동안 지내게 되는데요. 당시 그에게는 작곡에 집중할 시간이 절실히 필요하기도 했습니다.

그는 러시아를 떠난 3년 동안 작곡에 매진했고, 그 시간은 1번 교향곡의 실패를 이겨 낼 기회이기도 했죠. 그렇게 완성된 2번 교향곡의 대성공으로 러시아 예술계의 최고 상인 글린카 상을 받으며 다시 러시아에서 입지를 굳게 다졌습니다.

오늘 소개하는 2번 교향곡의 2악장은 경쾌한 스케르초인데요. 밝고 힘찬 분위기 속에서도 무언가 어두운 느낌이 드는 이유는 바로 라흐마니노프가 오랫동안 빠져 있던 '디에스 이레'의 선율을 담았기 때문입니다. 죽은 자를 위한 로마 가톨릭 미사곡 중 '진노의 날'이란 뜻을 가진 '디에스 이레'를 금관이 노래하고, 날카로운 현과 목관이 전투적으로 경쾌한 선율을 연주합니다. 그럼에도 1분 26초경 나오는 선율은 광활한 느낌을 주며 라흐마니노프 특유의 깊은 음악성으로 가슴을 울립니다.

음악 추천 | 유정우   글 | 안일구

류트가
바흐 음악을
만나면

작곡가 | Johann Sebastian Bach
곡명 | Lute Suite in E Major BWV.1006a
연주자 | Evangelina Mascardi

바흐의 작품 번호 1006은 무반주 바이올린을 위한 파르티타로 유명합니다. 1736년부터 1737년쯤 바흐는 이 곡의 화성적인 부분을 보강해 편곡했고, 작품 번호는 1006a가 됩니다. 이후 '류트 모음곡'으로 불리며 류트 연주자들에게는 바흐의 레퍼토리 중 가장 중요한 곡으로 자리 잡았죠.

같은 곡이지만 바이올린의 역동적이고 생동감 넘치는 면모가 류트 모음곡에서는 조금 더 차분하고 고즈넉한 느낌으로 바뀝니다. 바이올린 곡으로 들었을 때는 연주자 자체의 실력과 해석이 눈길을 끌지만, 류트 모음곡으로 들었을 때 바흐 음악 자체의 매력이 더 드러나는 것 같습니다.

모음곡은 모두 7개의 춤곡으로 구성되어 있는데요. 바흐의 칸타타 29번 신포니아에서도 등장하는 음악인 프렐류드를 시작으로 Loure, Gavotte en Rondeau, Menuet I, Menuet II, Bouree, Gigue로 이어집니다. 각 춤곡의 매력이 류트라는 악기의 매력과 함께 드러나면서 바흐의 음악이 부드럽게 다가옵니다. 특히 바로크 류트를 능숙하게 다루는 에반젤리나 마스카르디의 세심하면서도 대담한 연주는 처음부터 끝까지 우리를 강하게 끌어당깁니다.

신대륙의
설렘과 행복

음악 추천 | 김소라   글 | 김소라

작곡가 | Antonín Dvořák
곡명 | String Quartet No.12 in F 'American'
연주자 | New York Philharmonic String Quartet

드보르자크 하면 어떤 나라가 떠오르세요? 그가 보헤미아 지방에서 태어난 만큼 대부분은 체코를 떠올릴 것입니다. 하지만 드보르자크 하면 빼놓을 수 없는 국가가 바로 미국인데요. 그의 작품 중 가장 잘 알려진 교향곡 9번 〈신세계로부터〉와 첼로 협주곡, 그리고 오늘 소개하는 현악 4중주 〈아메리카〉는 모두 미국 땅에서 만들어졌습니다.

1892년, 체코 프라하 음악원의 교수로 후학 양성에 힘쓰던 드보르자크에게 미국의 백만장자 더버 부인이 한 가지 제안을 합니다. 연봉 3만 굴덴을 줄 테니 자신이 설립한 뉴욕 음악원에서 학생들을 가르쳐 달라고 한 것이지요. 드보르자크는 곧바로 프라하 음악원에 휴직을 내고 신대륙으로 향합니다.

미국은 활기찬 대도시와 웅장한 자연이라는 언뜻 보기에는 양립할 수 없는 상반된 매력으로 드보르자크를 압도했습니다. 이듬해 가족과 함께 미국에서 휴가를 보낸 드보르자크는 무척 행복한 기분 속에서 바로 이 곡, 〈아메리카〉를 완성합니다.

드보르자크의 설렘과 행복이 모두 담긴 〈아메리카〉를 들으며 활기찬 하루를 보내길 바랍니다.

음악 추천 | 데얀 가브리츠   글 | 박지혁

신들과 인간의 세상을 담은 노래

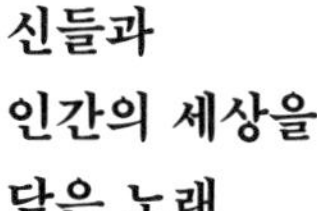

작곡가 | Johannes Brahms
곡명 | Schicksalslied Op.54
연주자 | Philippe Herreweghe, Collegium Vocale Gent, Frankfurt Radio Symphony

오늘 소개할 곡은 〈운명의 노래〉라는 합창곡입니다. 이 곡은 독일의 위대한 시인 괴테의 뒤를 이은 프리드리히 휠덜린의 소설 『히페리온』에 등장하는 시 「히페리온 운명의 노래」에 곡을 붙인 것입니다. 브람스는 〈독일 레퀴엠〉의 초연이 대성공한 뒤 얼마 지나지 않아 이 곡을 작곡하기 시작합니다. 이 곡은 〈독일 레퀴엠〉보다 훨씬 짧지만 3년이 지난 후에나 완성되었다고 하는데요. 브람스가 곡의 결말에 대해서 오랜 시간 고심했기 때문이라고 합니다.

시 「히페리온 운명의 노래」에는 영원한 영광과 평화 속에서 사는 신들에 비해, 쉴 곳 없이 고통받고 쇠퇴하며 절망하는 인간의 모습을 이야기하고 있습니다. 하지만 브람스는 시의 결말을 따르는 대신 인간 세계에 희망과 위안을 주는 결말로 처음 시작했던 순수한 다장조로 마무리하죠.

헤아릴 수 없는 깊음을 음악으로 표현한 브람스의 〈운명의 노래〉. 프랑크푸르트 라디오 심포니와 콜레기움 보칼레 겐트가 훌륭하게 재현하며 마음 깊숙이 녹아듭니다. 초반부터 9분경까지는 신들의 세상, 그 이후부터는 인간의 고통을 표현하며 상반된 분위기를 강렬히 연주하고, 신의 은총을 받은 것처럼 평화롭게 마무리됩니다.

음악 추천 | 유정우　글 | 안일구

베토벤 인생을 관통하는 선율

작곡가 | Ludwig van Beethoven
곡명 | Seufzer eines Ungeliebten und Gegenliebe, WoO 118
연주자 | Daniel Behle, Jan Schultsz

스위스에 위치한 자넨이라는 도시는 인구가 만 명이 채 되지 않는 마을입니다. 이곳의 한 교회에서 울려 퍼진 아름다운 가곡을 하나 소개하고 싶습니다. 바로 '사랑받지 못한 자의 숨결 그리고 사랑의 응답'이라는 작품인데요. 베토벤이 빈에 온 1794년 말 또는 1795년에 고트프리트 아우구스트 뷔르거의 시에 음악을 붙인 것입니다.

이 곡이 중요한 이유는 따로 있는데요. 바로 이 노래의 후반부에 나오는 선율을 1808년 '합창 환상곡(Op.80)'에 그대로 가져오게 됩니다. 이 선율은 또다시 교향곡 9번 '합창'에 환희의 송가 선율로 쓰이죠.

노래 안에서 주인공은 왜 모든 생명체 중에서 자신만이 사랑받지 못하는지 대자연에 묻습니다. 유명한 선율은 3분 20초부터 시작되는데요. 그는 자신의 사랑하는 마음 중 100분의 1만 그녀가 안다면, 그의 마음은 불꽃으로 타오를 것이라고 말합니다. 포르테피아노의 경쾌한 소리와 사랑과 음악에 대한 애정이 듬뿍 담긴 테너의 목소리를 들어 보세요.

음악 추천 | 황장원   글 | 황장원

라벨의
이중 오마주

작곡가 | Maurice Ravel
곡명 | Le Tombeau de Couperin
연주자 | Cristian Măcelaru, L'Orchestre national de France

단아하고 고풍스러운 이 작품은 이중으로 오마주의 성격을 띠고 있습니다. 프랑스어로 '무덤', '묘비'를 뜻하는 제목 '통보(Tombeau)'는 한편으로 죽은 이에 대한 추모 내지 경의를 담은 음악 작품을 가리키기도 하는데, 이 곡에서 그 대상은 프랑스 바로크 시대의 위대한 작곡가인 프랑수아 쿠프랭에게로 향하죠.

이 곡은 기본적으로 바로크 모음곡 형식을 차용하고 있는데, 그 모델은 쿠프랭이 '오르드르(Ordre)'라 명명했던 클라브생(하프시코드) 모음곡입니다. 제1차 세계 대전이 발발하고 얼마 지나지 않아 라벨은 이 옛 양식에서 영감을 얻어 피아노 모음곡을 구상했고, 그로써 당대 프랑스의 여러 작곡가들이 그랬던 것처럼 자신의 예술적 근원을 돌아보는 동시에 선배 대가들에게 경의를 표하고 나아가 민족적, 문화적 자부심을 드러내고자 했죠.

하지만 피아노 모음곡의 완성은 1917년까지 지연되고 맙니다. 그동안 그는 전쟁의 참상을 몸소 체험하면서 부상과 질환에 시달렸고, 병환을 앓던 그의 모친은 세상을 떠났죠. 종전 후 라벨은 여섯 곡으로 구성된 피아노 모음곡 《쿠프랭의 무덤》을 출판하면서 각 악장을 전장에서 유명을 달리한 친구들에게 헌정합니다. 물론 그 이면에는 모친에 대한 추억도 서려 있었겠지요.

다만 이 모음곡에 포함된 곡들은 추모나 애도의 감정을 직접적으로 드러내지는 않습니다. 오히려 태평함이나 행복감마저 느껴지는 경쾌하고 우아한 음률이 주를 이루며, 단지 행간에 자리한 미세한 불협화음이나 돌발적인 몸짓에서 일말의 우수나 어두운 감정을 어렴풋이 느낄 수 있죠. 어쩌면 이 모음곡은 무덤이나 제단에 바쳐진 아름다운 꽃다발에 비유할 수 있을지 모르겠습니다.

한편 라벨은 1919년에 이 여섯 곡 가운데 네 곡을 골라 관현악곡으로 편곡했습니다. 제1곡은 온음계적 성격이 강한 '전주곡'으로 무궁동풍의 부단한 흐름이 이어지는 가운데 세밀한 터치와 생동감이 두드러지고, 제2곡은 북부 이탈리아 기원의 무곡인 '포를란'으로 6박자의 경쾌하고 귀여운 리듬감이 듣는 이로 하여금 부드러운 미소를 짓게 합니다. 제3곡은 바로크 궁정무곡의 전형인 '미뉴에트'로 우아하고 섬세한 주부 사이에 뮈제트풍의 감상적인 트리오가 삽입되어 그윽한 감흥을 자아내고, 제4곡은 프로방스 지방의 전원무곡에서 유래한 '리고동'으로 주부의 활기차고 역동적인 리듬과 중간부의 고즈넉하고 토속미 어린 선율이 오묘한 대비를 이루죠.

영상은 크리스티안 마첼라루가 프랑스 국립 관현악단을 지휘한 연주입니다. 1980년 루마니아에서 태어난 마첼라루는 현재 독일 쾰른의 서독일 방송 교향악단의 수석 지휘자와 프랑스 국립 관현악단(파리)의 음악 감독을 겸하고 있습니다. 다소 수더분해 보이는 외모와 달리 상당히 유연하고 세심한 비팅으로 명료하고 섬세하면서도 표정이 풍부한 연주를 이끌어 내는 모습이 인상적입니다.

일요일의 추천 음반

데얀 가브리츠
음반 | Prokofiev: Piano Concerto 1-5
연주 | Vladimir Krainev, Radio-Sinfonie-Orchester Frankfurt,
Dmitri Kitayenko
레이블 | Teldec(1995)

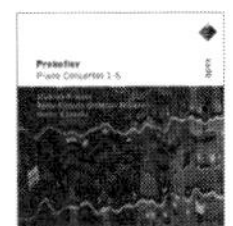

프로코피예프 협주곡 5곡을 이 정도의 수준으로 연주할 수 있는 사람은 블라디미르 크라이네프뿐입니다. 모스크바에서의 녹음이 있습니다만 이 음반의 완성도가 최고라고 생각합니다. 드미트리 키타옌코와 프랑크푸르트 방송 교향악단의 오케스트라 연주 역시 일품입니다.

유정우
음반 | Sibelius, Prokofiev 1 Violin Concertos
연주 | Janine Jansen, Klaus Mäkelä, Oslo Philharmonic
레이블 | Decca(2024)

클라우스 메켈레와 재닌 얀센의 시벨리우스는 우리나라 공연에서도 경험한 적이 있습니다. 이렇게 녹음으로 남게 되어서 참 기쁠 정도로 대단한 퍼포먼스였죠. 그런데 이 음반에는 프로코프예프 협주곡까지 들어 있습니다. 얀센의 날카로우면서도 인간적인 연주는 역시 대단합니다. 메켈레와 오슬로 필하모닉은 얀센의 음악을 충실히 뒷받침하면서 특유의 음향을 매력적으로 구현하고 있습니다.

초성 퀴즈 같은
수수께끼 변주곡

음악 추천 | 유정우   글 | 박지혁

작곡가 | Edward Elgar
곡명 | Enigma Variation
연주자 | Alain Altinoglu, Frankfurt Radio Symphony

엘가는 무엇에 관한 수수께끼를 이야기하는 걸까요? 에드워드 엘가가 영국을 대표하는 작곡가로 기억될 만큼 화제를 몰고 왔던 〈수수께끼 변주곡〉을 소개합니다.

엘가는 1899년 즉흥적으로 간략한 선율을 연주했고, 그의 아내도 새로운 선율을 마음에 들어 했다고 합니다. 더 나아가 자신이 아는 아내의 성격과 주변인들의 특징을 묘사한 변주곡으로 모아 '창작 주제에 의한 변주곡'이란 이름을 짓고, 부제로 '수수께끼'라는 이름을 달았습니다. 그래서 변주곡마다 수많은 이니셜과 이름이 붙었죠. 제1변주곡에는 아내 캐럴라인 앨리스 엘가를 나타내는 'C.A.E'가 적혀 있고, 캐럴라인이 종종 불렀던 애칭 'E.D.U(에드워드의 줄임말)'를 붙여 곡을 마무리합니다.

이 곡의 클라이맥스로 알려진 9번 변주곡 '님로드'는 친구 아우구스트 예거를 위해 작곡한 음악인데요. 예거와 함께 산책하며 베토벤에 관해 토론하던 모습을 담았다고 합니다. 그에게 사랑과 햇살이 가득하면 좋겠다는 편지글 남긴 엘가의 마음이 느껴집니다.

음악 추천 | 김소라   글 | 김소라

새소리를 싣고 온 현악 4중주

작곡가 | Franz Joseph Haydn
곡명 | String Quartet in D Major, Op.64 No.5 'The Lark'
연주자 | Gewandhaus-Quartett

영상의 시작, 상큼한 새소리와 함께 카메라는 새벽이 밝아 오는 유럽의 어느 고성을 비춥니다. 따뜻한 햇살이 드리운 고요한 아침 풍경이 지나면 새소리보다 더욱 아름다운 현악 선율이 화면을 가득 채웁니다.

지금 듣는 곡은 하이든의 현악 4중주 〈종달새〉인데요. 이는 하이든의 후기 작품으로 그의 원숙한 작곡 기법이 잘 나타나 있음은 물론 현존하는 모든 현악 4중주 중에서도 가장 대중적인 작품으로 뽑힙니다.

힘들게 음악 커리어를 이어 가던 하이든은 1761년 헝가리의 귀족 에스테르하지 가문의 관현악단 부악장에 취임하며 비로소 안정을 찾습니다. 그 후 1790년, 그곳에서 하이든이 모시던 니콜라스 후작이 세상을 떠나게 되는데요. 하이든은 이를 기점으로 에스테르하지 궁정에서 보낸 30여 년의 궁정 음악가 생활을 마무리합니다. 그리고 그해 9월 이 곡의 작곡에 착수해 연말에 마무리 지었으니, 〈종달새〉는 하이든이 인생의 새로운 전환기를 맞이하던 중요한 시기에 작곡된 것이지요.

'종달새'라는 별명은 1악장 도입부의 아름다운 바이올린 선율이 새소리와 비슷해서 붙었습니다. 하이든의 노련함과 여유가 담긴 곡 〈종달새〉와 함께 상쾌한 아침을 열길 바랍니다.

틸레만과 함께 폭발하는 브루크너

음악 추천 | 유정우   글 | 안일구

작곡가 | Anton Bruckner
곡명 | Symphony No.5
연주자 | Christian Thielemann, Wiener Philharmoniker

지난 3월 바렌보임과 베를린 슈타츠카펠레가 연주한 브루크너 5번 교향곡을 추천했는데요. 이번에는 틸레만과 빈 필하모닉의 연주입니다.

틸레만은 세계 최고의 지휘자지만, 레퍼토리가 상당히 좁습니다. 주로 베토벤, 브람스, 바그너, 브루크너, 슈트라우스 등 독일 정통 레퍼토리만을 고집합니다. 하지만 그가 다룬 작품들은 이 시대 최고의 해석과 퍼포먼스를 보여 줍니다.

브루크너 교향곡은 호흡이 아주 깁니다. 시작하는 순간부터 모두가 숨을 죽인 채 묵묵히 끝을 향해 한 발씩 내디뎌야 합니다. 틸레만은 이 길고 거대한 작품을 완벽하고 수월하게 이끌어 갑니다. 엄청난 대비와 스펙트럼을 보여 주는 1악장, 피치카토 위에 감동적인 선율로 천국을 여는 듯한 2악장, 서정적인 음악과 폭풍 같은 음악이 교차하는 3악장, 대성당의 파이프 오르간이 떠오르는 4악장까지 황홀한 음악이 쉴 새 없이 울려 퍼집니다.

4악장 끝에 다다르면 그야말로 브루크너의 음향이 폭발하는데요. 곡이 모두 끝나면 마음속에 끝없는 여운이 남습니다.

음악 추천 | 유정우   글 | 김소라

황금 홀에 흩뿌려진 별들의 전쟁

작곡가 | John Williams
곡명 | 'Main Title' from ⟨Star Wars: A New Hope⟩
연주자 | Wiener Philharmoniker

번쩍번쩍 빛나는 무지크페라인에서 빈 필하모닉 단원들을 노련하게 지휘하는 사람은 누구일까요? 흰 수염을 멋지게 기르고 마치 마술봉을 휘두르듯 지휘봉을 힘차게 휘두르는 이는 바로 영화 팬들에게 너무나도 친숙한 존 윌리엄스입니다.

존 윌리엄스는 줄리어드에서 피아노와 작곡을 전공했습니다. 그는 현대 음악처럼 많은 퓨전을 이룬 영화 음악 업계에서 전통 오케스트라를 사용해 클래식적 요소가 짙은 영화 음악을 작곡하며 주목을 받았죠. 그와 여러 작품을 함께한 스티븐 스필버그 감독은 '내 영화는 사람들의 눈에 눈물을 고이게 하지만 그것을 흘러내리게 하는 것은 윌리엄스의 음악이다'라고 말하기도 했습니다.

영상은 지휘자로서 존 윌리엄스의 첫 번째 유럽 공연으로, 2020년 1월 18일 빈 필하모닉 오케스트라 데뷔를 담고 있습니다. 공연은 그의 영화 음악으로 구성되었고, 공연 후 윌리엄스는 빈 필하모닉에 대해 '지휘자가 원하는 소리를 그대로 내는 악단'이라고 극찬했습니다.

지금 흘러나오는 곡은 영화 ⟨스타워즈⟩의 네 번째 시리즈 '새로운 희망'의 메인 타이틀인데요. 최고의 영화 음악 작곡가와 최고의 악단이 들려주는 연주로 힘찬 하루를 시작하길 바랍니다.

음악 추천 | 데얀 가브리츠　글 | 박지혁

시력을 잃은 파라디스의 〈시실리안느〉

작곡가 | Maria Theresia von Paradis
곡명 | Sicilienne
연주자 | Anastasia Kobekina, Dmitry Ablogin

오늘 소개할 곡은 파라디스의 〈시실리안느〉입니다. '시실리안느'는 이탈리아 시칠리아 지방에서 유래된 춤곡으로 보통 느리고 흔들거리는 리듬, 그리고 단조로 작곡되어 18세기부터 이어져 왔습니다.

오스트리아 출신의 여성 작곡가 파라디스는 안타깝게도 어린 나이에 시력을 잃었습니다. 이러한 어려움 속에서도 그녀는 가수 겸 피아니스트로 활동을 이어 갔고, 궁정의 아낌없는 지원으로 당대 유명 음악가들에게 음악을 배우기도 했습니다. 18세기 당시 여성 작곡가의 활약은 흔치 않았는데 그녀는 달랐습니다. 파라디스는 모차르트처럼 빈 고전파로서 많은 작품을 남겼습니다.

바이올린과 피아노를 위해 작곡된 〈시실리안느〉는 여러 악기로 편곡되어 오늘날에도 자주 연주되고 있습니다. 요즘 주목받는 젊은 첼리스트 아나스타샤 코베키나의 연주를 듣다 보면 이 곡이 첼로를 위해 쓰인 곡처럼 느껴지기도 합니다. 또한 국제 시대 악기 쇼팽 콩쿠르에서 수상한 드미트리 아블로긴의 피아노 디치도 첼로와 담백하게 어우러집니다. 행복하면서도 쓸쓸한 파라디스의 〈시실리안느〉를 즐겨 보세요.

음악 추천 | 황장원　글 | 황장원

아프리카판 천지창조

작곡가 | Darius Milhaud
곡명 | La Création du Monde, Op.81
연주자 | Julien Masmondet, Les Apaches

오늘은 프랑스 근대 음악을 주도했던 '6인조' 중 유일한 유대인이었던 다리우스 미요의 사망 50주기입니다. 신고전주의 작곡가로 분류되는 미요는 방대한 작품을 남겼지만, 지금은 발레 음악 〈지붕 위의 소〉, 두 대의 피아노를 위한 모음곡 《스카라무슈》, 관현악을 위한 《프로방스 모음곡》 등 소수의 작품으로 기억되고 있죠. 오늘 소개하는 〈세계의 창조〉는 1923년 10월 25일 샹젤리제 극장에서 초연된 발레 음악입니다.

이 작품은 유럽 음악계가 재즈를 수용하던 초창기의 가장 성공적인 사례로 거론됩니다. 미요가 재즈를 발견한 것은 1920년 런던에서였지만, 그 어법을 자신의 음악에 수용하기로 결심한 것은 1922년 뉴욕의 할렘을 방문하고 나서였죠. 그곳에서 그는 흑인 밴드의 연주를 접하고 이전까지 듣도 보도 못한 스타일의 음악을 알게 됩니다.

그 후 파리로 돌아온 미요에게 스웨덴 발레단이 발레극을 위한 음악을 의뢰합니다. 발레극의 주제는 마침 아프리카의 신화와 민속 음악이었고, 스위스 작가 블레즈 상드라르가 작성한 대본은 '흑인사화집'에 포함된 '우주개벽설'을 기초로 하고 있었죠. 대본을 받아 본 미요는 미국에서 접했던 흑인 재즈를 서구 음악 전통에 접목한 작품을 씁니다. 발레의 초연은 상당한 스캔들을 일으켰고, 이후 미요의 음악은 콘서트 홀로 무대를 옮겨 생명력을 이어 오고 있습니다.

이 작품의 오케스트라 편성은 꽤 변칙적입니다. 현악기는 바이올린 2대, 첼로 1대, 콘트라베이스 1대뿐이고, 목관은 플루트와 클라리넷이 2대씩, 오보에와 바순 1대씩에 알토 색소폰 1대가 추가되지요. 또 금관은 호른과 트롬본 1대씩, 트럼펫 2대이고, 피아노와 5개의 팀파니를 포함한 다수의 타악기가 동원됩니다.

전곡은 서곡과 연속된 5개의 악장으로 구성됩니다. 서곡은 몽롱한 분위기를 지닌 느릿한 템포로 태초의 혼돈과 암흑을 암시합니다. 이후 조용히 막이 오르면 1부에서 창세 이전의 풍경이 펼쳐집니다. 무대에 형태가 분명치 않은 검은 덩어리가 몇 개 뒹굴고, 창조주인 세 거신(巨神)이 무대 위를 오가며 이야기를 나누고 주문을 외웁니다. 2부에서는 식물과 동물이 탄생하고, 3부에서는 인간이 탄생합니다. 4부에서는 한 쌍의 남녀가 '욕망의 춤'을 추고, 그 남녀는 5부에서 '사랑의 포옹'을 하지요. 야만적인 춤의 기운은 가라앉고 무아지경에 빠진 두 남녀만 무대에 남겨 둔 채 다른 존재들은 모두 사라집니다. 음악은 봄날의 감미로운 향기를 은은히 풍기면서 마무리되죠.

영상은 프랑스의 젊은 지휘자 줄리앙 마스몽데가 이끄는 크로스오버 연주 단체 '아파치들(Les Apaches)'의 연주입니다. 파리 오르세 미술관에서 이루어진 연주 장면을 담은 영상미가 각별하고, 중간중간 제목과 관련 그림이 삽입되어 감상을 돕는 점도 돋보이네요.

일요일의 추천 음반

유정우
음반 | Bruckner Symphony No.9
연주 | Christian Thielemann, Wiener Philharmoniker
레이블 | Sony(2023)

빈 필하모닉과 틸레만은 10여 년 전 베토벤 전곡에 이어 브루크너 전곡을 녹음했습니다. 예상했지만 역시나 입이 떡 벌어지는 대단한 연주입니다. 하나하나가 모두 훌륭한 교향곡 중 오늘은 9번 교향곡을 추천합니다. 틸레만의 치밀하고 거대한 해석, 한계가 없는 듯한 빈 필하모닉의 사운드까지 고루 경험할 수 있습니다.

데얀 가브리츠
음반 | Prokofiev, Tchaikovsky Piano Concerto
연주 | Beatrice Rana, Antonio Pappano, Orchestra dell'accademia nazionale di santa cecilia
레이블 | Warner(2015)

환상적인 매력을 가진 이탈리아의 젊은 피아니스트 베아트리체 라나의 데뷔 음반입니다. 라나는 이 음반의 녹음을 앞두고 손가락 부상을 입어 꽤 오랜 시간 연주 활동을 멈출 수밖에 없었습니다. 복귀 후에 발표한 이 음반은 큰 화제를 불러일으켰죠. 라나는 뛰어난 테크닉을 갖춘 것은 물론 영리하고 음악적으로도 민감한 피아니스트입니다. 차이콥스키와 프로코피예프의 피아노 협주곡에서는 이런 그녀의 매력을 모두 느낄 수 있습니다.

코다이와
함께 떠나는
갈란타 여행

음악 추천 | 조민석　글 | 김소라

작곡가 | Kodály Zoltán
곡명 | Tänze aus Galánta
연주자 | hr-Sinfonieorchester

동유럽 하면 어떤 나라들이 떠오르나요? 오스트리아, 체코, 헝가리, 폴란드처럼 큼직한 나라들 사이에 기차로 '하루 찍고' 올 만한 곳으로 꼽히는 작은 도시 브라티슬라바를 품은 슬로바키아가 있습니다. 지금 듣는 곡이 바로 슬로바키아의 도시 갈란타가 담긴 〈갈란타 무곡〉입니다.

1882년에 태어난 헝가리 출신의 작곡가 코다이는 1967년 사망하기까지 민속적 기반을 가지고 민요를 수집해 곡을 만들었습니다. 이 곡은 부다페스트 필하모닉 협회가 창립 80주년을 맞아 그에게 의뢰한 작품인데요. 그는 갈란타 지방에서 유래된 여러 집시 음악에 현대적 기량을 가미해 매우 열정적으로 표현했습니다.

곡은 구성상 느리게 시작해 점차 빨라지며 뮤지컬 음악 같은 다이내믹함을 선사합니다. 이 곡을 추천한 조민석 첼리스트는 마치 이 곡이 증기 기관차가 종착역을 향해 멈추지 않고 달려가듯 우리를 열정이 가득한 마을 갈란타로 데려가는 것 같다고 묘사했습니다.

쉴 틈 없이 몰아치는 오케스트라의 연주 속 아련한 클라리넷 선율까지. 손에 땀을 쥐게 하는 이 곡과 함께 오늘은 동유럽의 작은 마을로 떠나 보길 바랍니다.

음악 추천 | 유정우　글 | 안일구

삶과 죽음의
냉혹한 철칙

작곡가 | Erich Wolfgang Korngold
곡명 | 'Oh Freund' from 《Die Tote Stadt》
연주자 | Jonas Kaufmann, Bayerische Staatsoper

19세에 이미 오페라 《폴리크라테스의 반지》와 《비올란타》를 작곡해 대단한 호평을 끌어낸 코른골트는 23세가 된 1920년 《죽음의 도시》를 발표합니다. 함부르크와 쾰른에서 동시 초연이 이루어질 정도로 화제를 모았던 이 작품은 국제적으로도 큰 성공을 거두었습니다.

조르주 로덴바흐의 소설 『죽음의 도시 브뤼주』를 토대로 작곡된 이 작품은 한 남자의 이야기를 그립니다. 아내 마리를 잃은 충격으로 슬픔에 빠져 지내던 주인공 파울이 어느 날 죽은 아내와 닮은 마리에타를 만나면서 이야기가 펼쳐지죠. 파울은 결국 마리에타를 떠나보내고 죽은 아내 마리에게도 작별 인사를 건넵니다.

'내게 머문 행복인 / 내 진실한 사랑이여, 이제는 안녕 / 삶과 죽음의 세계는 갈라져 있어 / 냉혹한 철칙이지'

유정우 선생님은 이 오페라 전체를 하나의 거대한 '애도 의식'이라고 표현했습니다. 오페라의 마지막 장면에 그 모든 것이 함축되어 있죠. 2019년 바이에른 슈타츠오퍼에서의 공연은 최고의 완성도를 보여 줍니다. 특히 4분 35초경 시작되는 카우프만의 연기와 가창은 믿을 수 없을 정도로 대단합니다.

더블 베이스
협주곡의
끝없는 매력

음악 추천 | 조민석   글 | 박지혁

작곡가 | Giovanni Bottesini
곡명 | Double Bass Concerto No.2
연주자 | Stanislau Anishchanka, Julio García Vico,
WDR Sinfonieorchester

자주 접하기 힘든 더블 베이스라는 악기를, 헤어밴드를 하고 훌륭히 연주하는 사람이 있습니다. 서부 독일 방송 교향악단 더블 베이스 수석 연주자 스타니슬라우 아니샨카가 연주하는 조반니 보테시니의 〈더블 베이스 협주곡 2번〉을 소개합니다.

더블 베이스계의 파가니니라고 불리는 보테시니는 더블 베이스 연주법과 작곡에 집중하며 음악 세계를 확장했는데요. 기술적으로 어려운 그의 곡 덕분에 이후 많은 작곡가가 더블 베이스를 위한 곡에 더욱 관심을 가지게 되었습니다. 이 곡을 들어 보면 첼로보다 어둡지만 깊은 부드러움이 느껴집니다. 빠른 움직임과 순간순간 나오는 고음 부분에서는 더블 베이스의 한계를 넓히려는 보테시니의 의도가 보입니다.

스타니슬라우 아니샨카는 첼로를 6년간 배운 뒤 더블 베이스로 전향했고, 독일의 세계적인 ARD 국제 콩쿠르에서 20세에 특별상, 26세에 2위를 수상하며 세계적으로 기량을 펼쳤습니다. 그 후에는 서부 독일 방송 교향악단의 수석 연주자가 되어 활발한 연주 활동을 이어 가고 있죠. 큰 악기를 쉴 틈 없이 연주하지만, 오히려 음악에는 여유가 넘칩니다. 특히 마음을 감싸 주는 2악장은 더욱 깊게 다가옵니다.

음악 추천 | 유정우　글 | 김소라

브람스의
마흔 즈음에

작곡가 | Johannes Brahms
곡명 | Symphony No.1 in C Minor, Op.68
연주자 | Karl Böhm, Wiener Philharmoniker

마흔은 청춘과 멀어지는 변곡점으로 받아들여지기도 합니다. 그래서 40대에 접어들면 나이 듦을 받아들일 용기가 필요하다고 하죠. 오늘 감상할 곡은 브람스의 첫 번째 교향곡입니다. 1876년 11월, 이 곡이 초연되었을 당시 그는 43세였습니다.

브람스는 22세에 들은 슈만의 《만프레드》 서곡에 영향을 받아 이 곡을 작곡합니다. 하지만 그는 늘 의식 저편에서 베토벤을 신경 쓰고 있었죠. 친구에게 보내는 편지에서는 베토벤을 은유하여 '나는 거인이 내 뒤로 뚜벅뚜벅 쫓아오는 소리를 항상 들어야 한다'라고 쓸 정도였습니다.

그 때문인지 브람스는 교향곡 작곡의 진도를 좀처럼 뺄 수 없었죠. 그는 41세가 되던 1874년 무렵부터 작곡에 힘을 쏟기 시작해 1876년에 드디어 교향곡 1번을 완성해 냅니다. 그리고 이 곡은 낭만주의 바람이 불던 당시, 고전주의의 전통을 계승하며 음악사에 중요한 발자취를 남기죠.

이 곡을 추천한 유정우 선생님은 여러 실황 중 지금 보는 칼 뵘의 1975년 도쿄 연주를 최고로 뽑았습니다. 4악장의 코다는 그 어느 연주도 따라올 수 없다고 하니 45분부터 주의 깊게 들어 보길 바랍니다.

주빈 메타라는
보증 수표

음악 추천 | 조민석   글 | 김소라

작곡가 | Franz Schubert
곡명 | Rosamunde Ouvertüre
연주자 | Zubin Mehta, Symphonieorchester des Bayerischen Rundfunks

올해 89세, 1936년생인 주빈 메타는 인도 출신의 지휘자입니다. 바이올리니스트였던 아버지의 영향으로 어린 시절부터 음악가의 꿈을 키우며 자랐으나, 어머니의 압력으로 의과 대학에 진학하죠. 하지만 2학년 때 유급당한 후 1954년 빈으로 건너가 빈 음악원에서 본격적으로 지휘를 배웁니다. 머지않아 1958년에는 리버풀 국제 지휘 대회에서 우승을 차지합니다. 그 후, 오케스트라계의 양대 산맥으로 뽑히는 빈 필하모닉, 베를린 필하모닉은 물론 이스라엘 필하모닉의 지휘자로 활동하고, 현재도 그들과 50여 년의 인연을 이어 나가고 있습니다.

영상에 나오는 바이에른 방송 교향악단은 지난 2018년에도 내한한 바 있는데요. 당시 상임 지휘자였던 마리스 얀손스와 함께할 예정이었으나, 건강상의 이유로 얀손스는 아시아 투어 직전에 일정을 취소합니다. 그리고 그때 그의 자리를 대신한 사람이 바로 주빈 메타였습니다.

당시 바이에른 방송 교향악단은 주빈 메타와의 첫 리허설을 대만에 가서야 할 수 있었다고 합니다. 그러나 주빈 메타였기 때문에 누구도 불안해하지 않았으며 연주 또한 흠잡을 곳 없었다고 합니다. 그 투어의 일부분인 〈로자문데〉 서곡을 들어 보세요.

음악 추천 | 황장원　글 | 황장원

야노스 스타커의 차분하고 겸허한 원숙미

작곡가 | Johannes Brahms
곡명 | Cello Sonata No.2 in F Major, Op.99
연주자 | Janos Starker, Rudolf Buchbinder

며칠 후면 20세기 가장 훌륭한 첼리스트 중 한 명으로 꼽히는 야노스 스타커의 100번째 생일입니다. 스타커는 명징하고 순도 높은 톤, 말끔하고 세련된 프레이징, 흠잡을 데 없는 테크닉으로 일세를 풍미했습니다. 작곡가와 작품에 대한 존중을 우선시한 그의 이지적 연주에 대해서 정서적 표현이 부족하다거나 너무 냉정하다는 식의 비판도 있었지만, 출중한 기술적 완성도와 절도 있는 표현의 조화는 강력한 설득력을 지닌 결과물을 탄생시켰죠.

스타커는 1924년 헝가리 부다페스트의 유대인 가정에서 태어났습니다. 어려서부터 첼로 신동으로 유명해 리스트 음악원을 다니던 열한 살 때 연주 무대에 데뷔했는가 하면, 여덟 살 때부터 첼로를 배우는 다른 아이들을 지도하기 시작해 열두 살 때 이미 다섯 명의 제자를 두었다고 하네요.

제2차 세계 대전이 끝나고 부다페스트 오페라와 부다페스트 필하모닉의 수석 첼리스트로 활동하던 스타커는 1948년 지휘자 언털 도라티의 제안으로 근거지를 미국으로 옮기게 됩니다. 댈러스 심포니 오케스트라의 수석 첼리스트로 부임했고, 이듬해에는 뉴욕 메트로폴리탄 오페라 오케스트라로 자리를 옮겼죠. 1953년부터는 엄격하고 까칠하기로 악명 높았던 거장 프리츠 라이너의 신임을 받아 시카고 심포니의 첼로 파트를 이끌기도 했습니다.

1958년에 스타커는 오케스트라 연주자로서의 삶을 접게 됩니다. 대신 인디애나 음대에서 학생들을 가르치는 한편 솔리스트로서 인생의 새로운 장을 열어 갔죠. 이후 츠요시 츠츠미, 마리아 클리겔, 게리 호프만, 양성원 등 걸출한 제자들을 길러 냈고, 므스티슬라프 로스트로포비치와 일종의 라이벌 구도를 형성하며 여러 명반을 만들어 냈습니다.

스타커의 명반으로는 무려 다섯 차례나 녹음한 것으로 알려진 바흐의 무반주 첼로 모음곡, 작곡가에게 극찬을 들었던 코다이의 무반주 첼로 소나타, 프로 무대 데뷔 곡이기도 했던 드보르자크의 첼로 협주곡(Mercury, RCA) 등이 대표적입니다. 그리고 오늘 추천하는 브람스의 첼로 소나타도 놓치기 아깝지요.

사실 스타커의 브람스 첼로 소나타 음반으로는 헝가리 출신 피아니스트 죄르지 세뵈크과 호흡을 맞춘 1965년 머큐리 리코딩이 고전적 명반으로 유명하죠. 하지만 여기서는 1992년 RCA 리코딩을 소개합니다. 이 연주에서 스타커는 오스트리아 피아니스트 루돌프 부흐빈더와 호흡을 맞추고 있는데, 녹음 당시 그의 나이는 68세, 부흐빈더는 46세였죠. 부흐빈더의 피아노에서 한창때의 열정과 생동감이 두드러진다면 스타커의 첼로에서는 한결 차분하고 겸허한 원숙미가 느껴집니다. 마치 스타커가 젊은 부흐빈더의 연주에 미소를 보내며 자신의 음악을 넉넉히 펼쳐 보이는 듯하죠. 물론 부흐빈더도 노대가의 연주를 충분히 배려하고 있습니다. 서로 다른 개성을 지닌 두 아티스트의 오묘한 조화가 무척 흥미롭네요.

일요일의 추천 음반

유정우
음반 | Brahms
연주 | Igor Levit, Christian Thielemann, Wiener Philharmoniker
레이블 | Sony(2024)

이고르 레빗은 현재 유럽, 특히 독일에서 가장 돋보이는 피아니스트입니다. 왕성한 음반 활동을 이어 가고 있지만 이번 음반은 더욱 특별합니다. 지휘자 틸레만 그리고 빈 필하모닉이 함께하기 때문이죠. 독일 레퍼토리에 강한 지휘자와 협연자 그리고 오케스트라가 만들어 내는 브람스 사운드가 참 고풍스러우면서도 깊습니다. 레빗의 연주적 특징과 브람스의 감정도 잘 드러납니다.

데얀 가브리츠
음반 | Debussy&Strauss
연주 | Jamie Martin, Siobhan Stagg, Melbourne Symphony Orchestra
레이블 | Melbourne Symphony Orchestra(2024)

우연히 이 CD를 발견하고 큰 감동을 받았습니다. 시본 스태그는 부드러운 목소리를 지닌 호주 출신의 젊은 소프라노입니다. 드뷔시의 노래는 환상적이고 오케스트라의 소리는 정말 일품입니다. 지휘자는 플루트 연주자 출신인데요. 드뷔시와 슈트라우스의 관현악적인 특징까지도 느껴 볼 수 있습니다.

음악 추천 | 데얀 가브리츠　　**글** | 안일구

마림바와 바흐의 달콤한 만남

작곡가 | Johann Sebastian Bach
곡명 | Violin Sonata No.2 in A Minor: II. Fuga(Arr. for Marimba)
연주자 | Kuniko Kato

마림바는 아프리카에서 기원한 타악기입니다. 실로폰보다 크기가 더 크고 울림도 풍성하며 음색 또한 맑고 둥근 편이죠. 저는 마림바를 들을 때마다 소리가 참 달콤하다는 생각을 합니다. 타악기 주자들은 양손에 보통 2개씩 총 4개의 말렛을 쥐고 연주합니다. 그렇게 4개의 말렛은 연주자의 손과 발이 되어 다루지 못하는 음악이 거의 없습니다.

타악기 주자는 주로 오케스트라 뒤에서 음악을 살려 주는 역할을 맡는데 마림바는 솔로 연주로도 전혀 손색이 없습니다. 편곡만 잘 이루어진다면 다른 악기나 피아노 곡마저도 온전하게 연주할 수 있습니다. 물론 4개의 말렛을 각각 따로 움직인다는 게 결코 쉬워 보이진 않지만요.

타악기 연주자 쿠니코는 마림바로 바흐의 바이올린 솔로를 위한 소나타를 연주하고 있습니다. 그녀는 마림바라는 악기를 넘어서 바흐의 음악 세계에 최대한 가깝게 다가가 있습니다. 바흐의 음악에서 음과 음 사이의 공간은 아주 중요한데요. 이 영상이 흥미로운 이유는 그런 부분이 시각적으로 충분히 느껴지기 때문입니다. 빨라졌다 느려졌다 하는 몸동작과 낮게 또는 높게 오르내리는 말렛에서 익숙한 바흐의 음악이 새롭게 만들어지고 있습니다.

음악 추천 | 데얀 가브리츠   글 | 박지혁

작곡가 | Joseph Canteloube
곡명 | 'Baïlero', 'L'aïo de rotso', 'N'ai pas leu de mio', 'Lou Coucut', 'La Delaissado' from 《Chants d'Auvergne》
연주자 | Véronique Gens, Dalia Stasevska, l'Orchestre National de France

프랑스 시골 담은 《오베르뉴의 노래》

민속 음악이 주는 정겨움은 어느 나라에서나 느낄 수 있는 공통점인데요. 오늘은 민요를 모아 곡을 만든 프랑스 작곡가 요제프 캉틀루브의 《오베르뉴의 노래》 모음곡 중 5곡을 소개합니다.

요제프 캉틀루브는 헝가리 작곡가 벨러 버르토크와 유사하게 민요를 수집해 곡으로 만들었습니다. 버르토크가 중앙 유럽의 민요를 수집하고 정리했다면, 캉틀루브는 그가 태어나고 자란 중부 프랑스의 전원 지방에서 들었던 민요를 모아 성악과 오케스트라를 위한 곡으로 작곡했죠.

1923년부터 1954년까지 총 5권의 컬렉션으로 출판된 이 노래는 전체가 30곡으로 이루어져 있지만 오늘은 그중 5개의 곡을 소개합니다. '목동의 노래', '샘물', '날 사랑해 줄 아가씨 하나 없다니', '뻐꾸기', '버림받은 여자' 순으로 연주됩니다. 달리아 스타세브스카의 섬세하고 따뜻한 지휘로 균형 잡힌 오케스트라 연주 위에 베로니크 젠스의 수수하고 아름다운 목소리가 함께합니다.

음악 추천 | 조민석   글 | 김소라

피아졸라의 현현, 반도네온

작곡가 | Astor Piazzolla
곡명 | Oblivion, Libertango
연주자 | Wiener Symphoniker, Omer Meir Wellber

영상의 첫머리에 익숙한 이름이 스쳐 지나갑니다. 이어 피아졸라의 대표곡 〈Oblivion〉이 어딘지 모르게 끈적하면서도 구슬픈 선율을 그리며 유유히 울려 퍼집니다.

피아졸라는 방대하게 수입된 외국 음악들 사이에서 쇠퇴해 가던 탱고를 재즈, 클래식, 팝 등 다양한 장르와 혼합해 '누에보 탱고'로 다시 부활시킨 인물입니다. 오늘은 피아졸라의 현현인 듯한 오메르 메이르 벨버에게 주목하길 바랍니다. 지휘자인 그는 반도네온을 메고 카리스마를 뿜어내고 있습니다.

오메르는 떠오르는 젊은 지휘자 중 한 명으로 켄트 나가노의 뒤를 이어 함부르크 오페라 하우스의 새 음악 감독이 되었습니다. 드레스덴 슈타츠카펠레, 뮌헨 오페라 하우스, 남서독일 방송 교향악단, NDR 엘프필하모니 오케스트라 등 굴지의 단체와 함께하는 지휘자이기도 하지요.

넬손스는 트럼펫, 사이먼 래틀은 타악기, 두다멜은 바이올린. 내로라하는 지휘자들은 피아노 외에도 잘 다루는 악기가 하나씩 있는데요. 오메르의 특기가 반도네온이라는 점이 신선하고 매력적입니다. 떠오르는 신예 지휘자가 들려주는 열정적인 탱고 선율에 푹 빠져 보세요.

음악 추천 | 조민석   글 | 안일구

하늘에 가닿을 듯한 목소리

작곡가 | Felix Mendelssohn
곡명 | No.40 'sei getreu bis in den Tod' from 〈Paulus〉
연주자 | Peter Schreier, Berliner Sinfonieorchester

클래식 중에서도 클래식이 있습니다. 지금 들을 목소리는 오랜 세월 수많은 사람에게 기쁨과 위로를 주었습니다. 바로 독일이 가장 사랑한 테너 페터 슈라이어입니다. 그는 리릭 테너라 불리는 맑은 목소리의 대명사와도 같죠. 수많은 가곡은 물론이고 그가 복음사가가 되어 전했던 바흐의 크리스마스 오라토리오와 수난곡은 여전히 위대한 유산으로 남아 있습니다.

소개하는 곡은 멘델스존의 대표적인 오라토리오 〈파울루스〉 중 '죽을 때까지 충실하여라'입니다. 헨델의 〈메시아〉, 하이든의 〈천지창조〉와 같은 대규모 오라토리오예요. 오라토리오는 정통파 유대교인들이 던진 돌에 맞아 순교하는 스데반과 신을 믿는 사람들을 박해하던 사울이 다메섹에서 신을 만나 바울로 되는 과정, 이후 바울이 이방인에게 전도를 시작하는 내용을 담고 있습니다.

영상이 시작되면 멋진 첼리스트가 등장하는데요. 지금도 라이프치히의 첼로 교수로 재직 중인 페터 브룬스입니다. 소리와 음악이 성악가 못지않습니다. 뒤이어 페터 슈라이어의 음성이 공간을 가득 채웁니다. 그의 목소리는 깨끗하고 밝으며 소리의 방향이 위를 향하는 것처럼 느껴집니다. 목소리가 하늘에 가닿을 것 같다고 할까요?

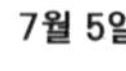

음악 추천 | 유정우   글 | 박지혁

사랑이 넘쳐 흐르는 음악

작곡가 | Pyotr Ilyich Tchaikovsky
곡명 | Symphony No.5 2nd movement
연주자 | Mariss Jansons, Royal Concertgebouworkest

차이콥스키는 4번 교향곡을 작곡한 지 10년이 되던 해, 자신이 아직 녹슬지 않았음을 증명하고 싶다며 5번 교향곡을 작곡하기 시작합니다. 베토벤의 5번 운명 교향곡처럼 차이콥스키도 신의 섭리를 담은 '운명'이라는 주제를 가지고 작곡하죠. 초연 당시 차이콥스키는 이미 러시아의 국민 작곡가로 유명했고, 10년 만에 나온 그의 작품은 많은 사람의 관심 속에 성공적으로 연주됩니다.

오늘은 마리스 얀손스와 로열 콘세르트헤바우 오케스트라가 연주하는 교향곡 5번 중 2악장을 소개합니다. 2악장만 들어도 차이콥스키가 얼마나 정성을 담아 작곡했는지 느껴집니다. 아름답고 가슴을 울리는 선율이 가득합니다. 차이콥스키는 러시아 민속 음악에서도 영감을 많이 받았지만, 한편으로는 전통적인 유럽 음악을 적극 받아들여 균형감 있는 교향곡을 작곡했다는 평가를 받았습니다.

재미있는 사실은 7분 20초경 나오는 차이콥스키의 선율을 독일계 미국인 트롬본 연주자이자 전 세계에 재즈를 알린 공헌자이기도 한 글렌 밀러가 그의 곡 〈Moon Love〉에 차용한 것입니다. 그 부분에 주목해 보세요.

음악 추천 | 황장원   글 | 황장원

작곡가 | Joaquin Rodrigo
곡명 | Concierto de Aranjuez
연주자 | Pepe Romero, Danish National Symphony Orchestra, Rafael Frühbeck de Burgos

스페인 영화를 그리며 신에게 던지는 질문

호아킨 로드리고는 시각 장애인임에도 타고난 재능과 남다른 노력으로 20세기 스페인을 대표하는 작곡가로 우뚝 선 인물입니다. 로드리고는 특히 스페인 대표 악기 기타에 애착을 보였고, 〈어느 신사를 위한 환상곡〉, 〈마드리갈 협주곡〉, 〈안달루시아 협주곡〉 등의 명곡들로 스페인 기타 음악의 수준과 위상을 높이는 데 크게 기여했지요.

〈아란후에스 협주곡〉은 그의 성향과 업적을 대표하는 걸작인 동시에 그가 기타와 오케스트라를 위해서 쓴 첫 작품입니다.

제목에 등장하는 '아란후에스(Aranjuez)'는 스페인 중부, 마드리드 남쪽에 위치한 소도시입니다. 기름진 대지와 녹지로 둘러싸여 '중앙 스페인의 오아시스'로 불리는 곳이죠. 특히 16세기 펠리페 2세의 명으로 이곳에 지어진 여름 별궁은 합스부르크 왕가 통치 시기 스페인 조경 디자인의 극치를 보여 주는 아름다운 정원과 건물 안 '도자기의 방', '거울의 방' 등으로 유명합니다.

로드리고는 자신의 첫 기타 협주곡을 '특정 시대와 장소를 염두에 두고서' 썼다고 밝힌 바 있습니다. 그 시대란 스페인이 유럽과 아메리카를 호령하던 영광의 시대이며 그 상징적 장소로 아란후에스를 내세웠던 것이죠. 아울러 그는 이 협주곡에서 판당고(남미에서 유래한 스페인 민속 춤곡), 칸테(안달루시아 지방의 민요), 불레리아(플라멩코의 리듬) 등을 도입함으로써 스페인 민중의 정신을 표현하는 한편 스페인의 자연을 찬미했습니다.

3악장으로 구성된 이 협주곡의 양단악장은 유쾌한 춤곡의 분위기로 가득합니다. 첫 악장에서는 먼저 40마디에 걸친 도입부가 나오는데, 여기서 기타가 스트럼 주법으로 펼쳐 보이는 주제는 플라멩코풍 리듬과 세 가지 화음의 조합으로 이루어져 있지요. 또 주부에 등장하는 선율적인 주제들은 한결같이 스페인 민요의 정취를 머금고 있습니다. 제1악장이 다분히 서민적이라면, 로코코풍 궁정 무곡의 분위기를 물씬 풍기는 제3악장은 귀족적이라고 할 수 있습니다. 이 두 악장 사이로 고즈넉이 흐르는 아다지오 악장(제2악장)은 사무치는 슬픔과 회한, 그리움의 정서를 환기하는데, 여기서 잉글리시 호른이 노래하는 주제 선율은 세비야 거리에서 사순절이나 강림제 때 불리는 '사에타(안달루시아 지방의 민요)'를 연상시키지요.

그런데 이 유명한 느린 악장은 특유의 비극적 분위기로 인해 특별한 유래나 동기가 있을 것으로 여겨져 왔습니다. 과거에는 스페인 내전의 희생자들을 위한 애가 내지는 추도가의 성격을 지닌다는 추측이 제기되기도 했지요. 하지만 로드리고의 부인은 1986년에 펴낸 자서전에서 부부의 사적 추억을 거론했습니다. 1938년 겨울에 로드리고 부부는 첫 아이의 임신 사실을 알게 되지만 기쁨도 잠시, 궁핍했던 시간 속에서 아내는 몸져누웠고 아이는 유산되고 말았습니다. 스페인 기타리스트 페페 로메로는 그 증언에 기초해서 이 악장의 클라이맥스를 아이를 잃은 로드리고가 절규하며 신에게 질문을 던지는 장면으로 해석하기도 했지요.

일요일의 추천 음반

데얀 가브리츠
음반 | Bach: Sonatas for Viola da gamba und Cembalo
연주 | Jordi Savall, Ton Koopman
레이블 | Alia Vox(2000)

듣는 것을 멈추기 힘든 이 음반은 바흐의 비올라 다 감바 소나타를 담은 것입니다. 톤 쿠프만과 조르디 사발, 두 사람 모두 매우 투명하고 명확하게 연주합니다. 한편 음향적으로는 아주 고풍스러운 울림이 두 악기에서 흘러나옵니다. 특히 비올라 다 감바의 특별한 음색으로 듣는 느린 악장들이 일품입니다.

유정우
음반 | Schubert: Chamber Works
연주 | Lars Vogt, Christian Tetzlaff, Tanja Tetzlaff
레이블 | Ondine(2023)

바이올린과 첼로 연주자인 테츨라프 남매와 피아니스트 라르스 포그트가 뭉쳐 슈베르트의 음악을 연주합니다. 세 연주자 모두 상당히 인간적인 연주를 합니다. 자유로운 듯 보이지만 음악에 담긴 정서를 정확하게 집어내고, 반복할 때마다 변화를 주어 연주하는 등 아이디어로 가득합니다. 음반 마지막에는 타냐 테츨라프가 아르페지오네 소나타를 연주하는데 첼로 음색이 포그트의 연주와 아주 편안하게 어우러집니다.

일렉트로닉 기타를
만난 차이콥스키

음악 추천 | 조민석   글 | 김소라

작곡가 | Pyotr Ilyich Tchaikovsky
곡명 | 5th symphony 2nd movement
연주자 | United Soloists Orchestra

영상을 보기 전, 가만히 눈을 감고 귓가에 울려 퍼지는 소리의 온도를 느껴 보세요. 오케스트라의 익숙한 선율과 함께 따스하고 뭉게뭉게 피어오르는 구름 위를 걷는 듯한 멜로디가 귓가를 간지럽힙니다.

멜로디의 주인공은 바로 일렉트로닉 기타인데요. 눈을 뜨고 영상을 보면 현악기와 관악기가 옹기종기 모여 있는 오케스트라 사이로 오늘의 특별 손님인 일렉트로닉 기타와 작은 드럼셋, 그리고 재즈 더블 베이스가 등장합니다.

클래식은 유럽 대륙을 중심으로 태동한, 고대로부터 20세기 전반까지의 고전 음악이라고 정의할 수 있는데요. 반면에 재즈는 19세기 후반에서 20세기 초반 미국에서 시작되었습니다. 더불어 클래식의 특징이 엄격함과 정형성이라면 재즈는 그런 특징에서 탈피한 즉흥적이고 변화무쌍한 장르입니다.

오늘의 영상에서는 재즈와 클래식의 결합을 볼 수 있습니다. 클래식한 오케스트라가 펼쳐 주는 화음 위에 건반부는 일렉트로닉 기타가, 중반을 넘어서면 재즈 스타일로 연주되는 피아노가 차이콥스키 교향곡 5번 2악장 호른 솔로의 선율을 들려줍니다. 영상과 함께 여러분도 클래식 속의 재즈, 재즈로 만나는 클래식의 매력에 푹 빠져 보길 바랍니다.

음악 추천 | 유정우   글 | 박지혁

작곡가 | Reynaldo Hahn
곡명 | À Chloris
연주자 | Lea Desandre, Thomas Dunford

어떤 왕도
나만큼
행복하진 않겠지

장엄하게 펼쳐진 오르간 앞에서 은은한 빛을 받으며 클로리스를 향해 노래를 부릅니다. 영상은 이유 모를 향수를 자아내고, 따뜻한 추억에 빠지고 싶게 만드는데요. 사랑이 주는 안정감과 달콤함을 음악으로 만든다면 바로 이 곡이지 않을까 싶습니다.

오늘 소개할 곡은 레이날도 안의 〈클로리스에게〉라는 노래입니다. 레이날도 안은 8세 때부터 노래를 작곡했고, 10세가 되었을 무렵 파리 음악원에 입학해 쥘 마스네와 샤를 구노의 제자로 작곡을 시작합니다. 그는 총 95개의 성악을 위한 곡을 작곡했는데 특히 사랑스럽고 적절한 음역만을 사용했다고 알려집니다. 레이날도 안은 자신의 섬세하고 차분한 음악 스타일에 맞는 구절과 시만 인용해 음악 세계를 구축해 갔죠. 그래서 그의 음악은 말하는 듯 담담하고 아름답게 흘러가며 노래 되기에 매력적으로 다가옵니다.

1913년에 작곡된 〈클로리스에게〉는 프랑스 시인 테오필 드 비오의 시를 인용한 것입니다. 시 또한 클로리스를 향한 한 남자의 설레는 감정을 담고 있죠. 영상에서는 세계적인 메조소프라노 레아 데장드르와 고 음악계의 뜨거운 사랑을 받는 류트 연주자 토마스 던포드가 함께합니다. 수수하면서도 최고의 아름다움을 담은 노래가 있다니 놀랍습니다.

음악 추천 | 조민석　　**글** | 안일구

오페레타
서곡이 가진 힘

작곡가 | Franz von Suppé
곡명 | Ouverture 'Dichter und Bauer'
연주자 | Wiener Philharmoniker, Riccardo Muti

'빈 오페레타의 창시자' 혹은 '빈 오페레타의 아버지'라 하면 이분을 떠올려야 합니다. 바로 프란츠 폰 주페입니다. 주페의 아버지는 아들이 법률가가 되길 원해 이탈리아의 명문 파도바 대학으로 유학을 보냅니다. 그런데 이탈리아는 오페라의 나라죠. 로시니, 도니체티, 베르디를 잇달아 만난 주페는 음악가가 되기로 결심합니다.

1846년에 만들어진 오페레타 《시인과 농부》는 3막으로 이루어져 있습니다. 그러나 악보 대부분이 유실되어 현재는 서곡만 주로 연주됩니다. 그런데 이 서곡은 너무 아름다운 탓에 그의 《경기병》 서곡과 함께 주페라는 작곡가를 영원히 잊지 못하게 만들었죠.

음악은 두 가지 분위기가 강한 대비를 이룹니다. 하나는 고즈넉한 시골 풍경과 함께 마음을 울리는 서정적인 부분입니다. 다른 하나는 로시니의 《빌헬름 텔》 서곡이 부럽지 않을 정도로 힘차고 빠른 부분입니다. 서정적인 부분을 담당하는 초반부의 첼로 솔로와 후반부에 나오는 왈츠는 마음을 따뜻하게 위로합니다. 반면 빠른 부분에서의 역동성은 폭풍우가 몰아치듯 어떤 음악보다 강렬합니다.

리카르도 무티와 빈 필하모닉의 놀라운 연주로 따뜻한, 그리고 강렬한 사운드를 경험해 보세요.

음악 추천 | 데얀 가브리츠   글 | 김소라

오랜 기다림 끝에 떠오른 스타 테너

작곡가 | Giuseppe Verdi
곡명 |《La traviata》 Act 2 aria and cabaletta
연주자 | Jonas Kaufmann

수년 전까지만 해도 '테너' 하면 루치아노 파바로티를 최고로 뽑았습니다. 하지만 2007년 파바로티 타계 후 오페라 무대는 이렇다 할 스타 없이 오랜 기근을 겪게 됩니다. 오늘 만날 요나스 카우프만은 소위 '포스트 파바로티'를 찾아 헤매던 오페라 팬들에게 가히 단비 같은 존재라고 할 수 있습니다.

카우프만은 수려한 외모와 강렬한 성량으로 단숨에 스타덤에 올랐을 것 같지만 사실 오랜 무명 생활을 지나 40대가 되어서야 진정한 전성기를 누리기 시작했습니다.

1969년생인 그는 20대 초반부터 단역 생활을 했는데요. 이때 좌절하고 절망하는 대신 컴퓨터를 포맷하듯 발성을 완전히 다시 시작하며 무명 생활을 견뎌 냈습니다. 덕분에 그는 가벼운 리릭 테너에서 무거운 스핀토 계열로, 그리고 드라마틱 보이스로 변화했다고 합니다.

이런 노력 덕분일까요? 그는 2006년 메트로폴리탄 오페라《라 트라비아타》에 알프레도 역으로 성공적인 데뷔를 치르며 스타가 되었습니다. 현재 세계 메이저 오페라 극장과 페스티벌을 평정한 카우프만은 21세기 최고의 스타 테너로 불리는데요.

그의 스타성이 드러나기 시작한 《라 트라비아타》. 2007년 파리 오페라에서 명연기를 펼치는 카우프만을 만나 보세요.

스트라빈스키
색채와
성경의 조합

음악 추천 | 조민석   글 | 박지혁

작곡가 | Igor Stravinsky
곡명 | Symphony of Psalms
연주자 | Daniel Harding, Orchestre de Paris

1930년 보스턴 심포니 오케스트라는 창립 50주년을 기념해 스트라빈스키에게 작곡을 의뢰합니다. 오케스트라는 전형적인 교향곡을 원했고, 스트라빈스키의 출판사는 유명한 곡을 만들길 원했죠. 그러나 스트라빈스키는 그 두 가지를 예상치 못한 방법으로 충족시키며 오늘 소개하는 〈시편 교향곡〉을 세상에 내놓습니다.

〈시편 교향곡〉은 종교 음악에 대한 생각을 담은 곡인데요. 자신만의 색이 담기길 원했던 스트라빈스키는 라틴어 성서 중 다윗의 「시편」에서 제38, 39, 150편을 토대로 3개의 악장을 완성합니다.

이 곡은 특이하게도 바이올린과 비올라를 사용하지 않는 대신 두 대의 피아노, 목금관 악기에 큰 비중을 두며 연주합니다. 그리고 합창단의 노래와 함께 시편의 내용을 이야기하는데요. 다니엘 하딩의 일목요연한 지휘와 프랑스 대표 파리 오케스트라의 조화가 훌륭한 연주입니다.

쾌활한 관악기의 리듬으로 시작하는 도입부는 기괴함과 공포가 묻어나는 동시에 합창단의 노래로 숭고한 분위기를 풍깁니다. 특히 15분 17초경부터 잔잔하게 노래하며 마무리되는 곡의 말미는 깊은 여운을 남깁니다.

음악 추천 | 황장원　글 | 황장원

베르곤지와
테발디의
우아한 만남

작곡가 | Giacomo Puccini
곡명 |《La Bohème》Act 1: 'Non sono in vena!… Che gelida manina', 'Sì. Mi chiamano Mimì', 'O soave fanciulla'
연주자 | Carlo Bergonzi, Renata Tebaldi, Orchestra dell'Accademia Nazionale di Santa Cecilia, Tullio Serafin

한겨울 춥고 허름한 다락방에 홀로 남은 시인 로돌포. 잡지사에 넘길 원고를 마저 써야 하지만 좀처럼 시상이 떠오르지 않습니다. "감이 안 오네" 그때 누군가 노크하는 소리가 들립니다. "누구세요?" 방문을 열자 촛불을 빌리러 온 이웃 아가씨 미미가 수줍은 모습으로 서 있습니다. 로돌포는 반색하며 미미를 맞아들이고, 그녀는 방으로 들어서다 현기증을 느껴 자기 방 열쇠를 떨어뜨리죠. 그는 그녀를 부축해 의자에 앉히고, 따뜻한 포도주를 건넵니다.

그가 초에 불을 붙여 주자 그녀는 감사 인사를 하고 방을 나서다가 열쇠를 잃어버린 걸 알아차리고 당황합니다. 열린 문으로 불어 든 바람에 미미의 촛불이 꺼지고, 때마침 로돌포의 촛불도 꺼집니다. 어둠 속에서 열쇠를 찾는 두 사람. 로돌포가 먼저 열쇠를 찾지만 아닌 척 슬그머니 자기 주머니에 집어넣고…. 잠시 후 방바닥을 더듬던 두 사람의 손이 마주칩니다.

미미의 탄식에 이어 잠시 침묵이 흐르고, 로돌포는 "그대의 차가운 손, 제가 녹여 드릴게요"라며 달밤의 정취를 상기시키곤 자기 소개를 시작합니다. "저는 시인입니다. (중략) 비록 가난하지만 사랑의 꿈과 환상으로 가득한 마음만은 백만장자 못지않답니다. 그런데 방금 내 보물상자를 도둑맞았네요. 범인은 바로 당신의 두 눈! 하지만 상관없죠. 가장 달콤한 희망이 그 자리를 대신하게 되었으니까요. 이제 당신 이야기도 들려주시죠?" 미미가 화답합니다. "사람들은 저를 미미라고 부르죠. 하지만 실제 이름은 루치아

예요. 천에 수를 놓으며 평온하고 만족스럽게 살죠. 장미며 백합을 수놓는 걸 좋아하고, 사랑과 봄을 말해 주는 것, 꿈과 환상에 대해서 이야기하는 걸 좋아한답니다. 물론 시라고 불리는 것들도요. 이해하시겠어요? (중략) 저는 혼자 살고 교회엔 다니지 않지만 기도는 자주 해요. 비록 지붕들과 하늘이 보이는 다락방에 살지만 눈이 녹으면 봄날의 첫 햇살은, 4월의 첫 키스는 제 것이죠!" 미미가 수줍어하며 자기소개를 끝마치자 창밖 거리에서 로돌포를 부르는 친구들의 소리가 들립니다. 이제 연인이 된 두 사람은 사랑의 이중창을 부르며 함께 번화가로 향하죠.

이상은 크리스마스이브를 배경으로 펼쳐지는 낭만적인 사랑의 장면, 푸치니 오페라 《라 보엠》의 제1막 후반부 줄거리입니다. 한여름에 이 장면을 소환한 이유는 노래를 부른 두 가수, 카를로 베르곤지와 레나타 테발디 때문이지요. 오늘이 베르곤지의 탄생 100주년이고, 테발디는 연말에 타계 20주기를 맞습니다. 20세기 중반을 풍미한 이탈리아 출신의 두 명가수는 수많은 오페라 무대와 녹음을 함께했는데, 음반 중에서는 카라얀이 지휘한 베르디의 《아이다》와 툴리오 세라핀이 지휘한 푸치니의 《라 보엠》이 가장 유명합니다. 우아한 음성과 유려한 가창, 기품 어린 매너로 칭송받던 두 명가수의 노래에 귀 기울이며 그리운 시절을 추억해 봅니다.

일요일의 추천 음반

유정우
음반 | Ferrer, Piazzolla: Maria de Buenos Aires
연주 | Gidon Kremer, KremerATAMusica
레이블 | Warner Classics(1998)

피아졸라가 1958년 번스타인의 《웨스트 사이드 스토리》를 보고 영감을 받아 작곡한 탱고 오페레타. 우루과이 시인이자 극작가인 오라시오 페레르와 함께 칩거하며 작곡했고, 1968년 초연이 이루어졌습니다. 이 음반에서는 원작자 오라시오 페레르가 작은 악마 역으로 내레이션을 맡고 있습니다. 부에노스아이레스 뒷골목에서 태어난 매춘부 마리아의 삶과 죽음, 그림자 유령의 등장 같은 초현실적 이야기 속에 가톨릭에 대한 도발도 담긴 명작입니다.

데얀 가브리츠
음반 | Voyage au Pays du Tendre et de l Effroi
연주 | Oxalys
레이블 | Alia Vox(2000)

'부드럽고 두려운 나라로 떠나는 여행'이라는 타이틀의 매혹적인 음반입니다. 제가 가장 좋아하는 곡인 드뷔시의 플루트와 첼로, 비올라를 위한 소나타 또한 수록되어 있습니다. 그 외에도 피에르네, 외르겐의 곡도 접할 수 있습니다. 옥살리스는 현악 4중주를 중심으로 더블 베이스, 플루트, 클라리넷, 하프로 이루어진 실내악 그룹입니다. 그들의 연주는 언제나 훌륭한데 특히 이 음반에서 음악성이 돋보입니다.

음악 추천 | 유정우　글 | 안일구

아바도, 파위, 랑글라메 그리고 모차르트

작곡가 | Wolfgang Amadeus Mozart
곡명 | Concerto for Flute and Harp KV.299
연주자 | Emmanuel Pahud, Marie-Pierre Langlamet,
Claudio Abbado, Berliner Philharmoniker

음악이 날개를 달고 훨훨 날아갑니다. 모차르트를 대표하는 음악 중 하나인 플루트와 하프를 위한 협주곡입니다. 특히 2악장에서 울려 퍼지는 두 악기의 소리는 플루트와 하프가 주연인 곡에 상징성을 부여합니다. 모두에게 익숙한 음악이지만 예술성 역시 극에 달해 있습니다.

1778년, 22세의 모차르트는 고향인 잘츠부르크를 벗어나 만하임과 파리를 여행했는데요. 파리에서 지방의 영주이자 음악 애호가인 드 권 백작을 소개받았고, 그에게 협주곡 작곡을 의뢰받습니다. 아마추어 플루티스트였던 백작이 하프를 연주하던 딸과 함께할 수 있는 곡을 부탁한 것입니다. 이에 모차르트는 기술적인 난이도는 크게 높지 않지만, 작품성은 하늘을 찌르는 명곡으로 보답했죠.

1994년, 이탈리아 밀라노 출신의 지휘자 아바도는 베를린 필하모닉에 부임한 이후 악단의 세대교체를 이끌게 됩니다. 경험 많은 원로 단원과 뛰어난 기량을 갖춘 젊은 단원들은 이 비도의 지휘 아래에서 호흡을 맞춥니다. 플루티스트 엠마누엘 파위와 하피스트 마리 피에르 랑글라메는 젊은 단원을 대표하고 있었죠. 외모까지 훌륭한 두 사람의 연주는 아바도와 함께하는 새로운 베를린 필하모닉의 음향과 조화롭게 어우러집니다.

음악 추천 | 조민석   글 | 김소라

작곡가 | Wolfgang Amadeus Mozart
곡명 | Concerto in A Major for Clarinet&Orchestra
연주자 | Sharon Kam, Czech Philharmonic Orchestra

바셋 클라리넷과 거니는 기분 좋은 꿈길

영상 속 흐르는 곡은 모차르트의 클라리넷 협주곡 가장조입니다. 이 작품은 모차르트가 작곡한 마지막 협주곡으로 유명한데요. 1791년 10월경 빈에서 완성된 것으로 추정됩니다. 이 곡은 클라리넷이 충분히 발달하지 않았던 당시, 클라리넷 고유의 매력과 특징을 잘 드러낸 작곡으로 모차르트의 천재성이 돋보이는 작품이라 평가받고 있습니다.

영상을 추천한 조민석 첼리스트에 따르면 협연자 샤론 캄은 긴 모양의 바셋 클라리넷으로 모차르트를 연주하는 것으로 유명하다고 합니다. 그녀가 연주하는 바셋 클라리넷은 18세기 후반, 모차르트 시대에 사용된 클라리넷의 한 종류로 관이 더 길어 낮은 음까지 낼 수 있습니다.

클라리넷은 다른 관악기와 달리 비브라토를 거의 사용하지 않지만, 피아니시모를 가장 잘 표현할 수 있습니다. 따라서 다른 악기와 차별된 몽환적인 느낌을 풍길 수 있죠.

클라리넷의 꿈꾸는 듯한 감상이 가장 잘 살아 있는 2악장, 그 꿈을 뒤로하고 축제로 나아가는 힘찬 발걸음을 묘사한 것 같은 3악장까지. 모든 악장을 감상하고 나면 기분 좋은 꿈에서 깨어난 듯한 느낌을 주는 이 곡과 함께 즐겁고 행복한 하루 되시길 바랍니다.

음악 추천 | 데얀 가브리츠   글 | 박지혁

음악가에게
절망은 희망이 된다

작곡가 | Ludwig van Beethoven
곡명 | Symphony No.2
연주자 | Christian Thielemann, Wiener Philharmon-iker

창작열을 한창 불태울 나이에 베토벤은 청력에 장애가 생겨 하일리겐슈타트라는 시골로 요양을 가게 됩니다. 그곳에서도 청력이 더 이상 좋아지지 않자, 그는 절망 속에서 하일리겐슈타트 유서를 남겼죠.

죽음이 곧 다가올 것이라는 두려움 속에서도 베토벤을 다시 살게 한 원동력은 작곡이었습니다. 고통은 영감을 자극했고, 내면에 있는 모든 아이디어를 세상에 꺼내기 전에는 죽을 수 없다고 다짐하며 교향곡 2번을 작곡합니다. 이 곡은 모차르트와 하이든에게서 고전 교향곡의 양식을 그대로 전달받아 정교하게 완성되죠.

영상은 크리스티안 틸레만과 빈 필하모닉의 깔끔한 프레이징과 정교함이 만나 유서 깊은 예술 작품을 보는 감동을 전해 주는데요. 1악장은 차분하게 시작되며 절망의 시기를 보여 주다가, 곧 끓어오르는 희망과 열정을 빠른 현악기의 선율로 보여 줍니다. 2악장에서는 평화로운 자연의 아름다움이 느껴지고, 3악장과 4악장에는 베토벤 특유의 유머러스함이 담겨 있어 듣는 내내 지루할 틈이 없습니다.

음악 추천 | 조민석　글 | 안일구

바렌보임과 베를린 슈타츠카펠레의 호흡

작곡가 | Ludwig van Beethoven
곡명 | Piano Concerto No.2 in B-flat Major Op.1
연주자 | Daniel Barenboim, Staatskapelle Berlin

오늘의 영상을 처음부터 끝까지 제대로 본다면 앞으로 가장 좋아하는 베토벤 피아노 협주곡을 2번으로 꼽게 될지도 모릅니다. 그만큼 이들이 표현한 베토벤의 음악 세계는 아름답습니다. 2023년 다니엘 바렌보임은 베를린 장벽 붕괴 이후 무려 31년간 이끌었던 베를린 시립 오페라의 음악 총감독 자리에서 물러났습니다. 바로 건강 악화 때문이었죠. 늘 에너지 넘치는 인물이었기에 세월이 야속하게 느껴집니다.

바렌보임의 지휘와 피아노 연주는 두 분야 모두 세계 최고입니다. 지휘와 피아노를 동시에 하는 것이 어렵다는 인식은 그로 인해 완전히 깨졌죠.

바렌보임은 베토벤의 음악을 정확히 꿰뚫어 보며 악단을 이끕니다. 피아노와 오케스트라가 합쳐질 때는 그들의 30년 호흡이 고스란히 느껴지고, 오케스트라 없이 피아노 솔로 연주가 이어질 때는 정해진 템포 안에서 한없이 자유롭습니다.

베토벤의 음악은 이런 연주자를 만날 때 가능성이 무한대로 열립니다. 모든 음표는 바렌보임의 연주로 새로운 생명력을 얻은 듯 보입니다. 특히 2악장 후반부 22분경, 그는 관객과 연주자가 얼어붙을 정도의 긴장감 속에 신비로운 순간을 만들어 내고 있습니다.

어느 피아니스트와의 조우

음악 추천 | 데얀 가브리츠　　**글 |** 김소라

작곡가 | Frédéric Chopin
곡명 | Nocturne No.8, Op.27, No.2
연주자 | Maurizio Pollini

2022년과 2023년 봄, 폴리니의 방한 소식은 한국의 클래식 팬들을 설레게 했죠. 하지만 생전 처음으로 성사된 내한 공연은 아쉽게도 그의 건강 문제로 취소되었고, 많은 애호가에게 실망을 안겨 주었습니다. 그리고 이듬해 봄, 폴리니의 사망 소식은 또 하나의 별을 잃은 클래식계에 큰 슬픔을 가져다주었지요.

마우리치오 폴리니. 1942년 유명 건축가 지노 폴리니의 아들로 태어난 그는 다섯 살 때 피아노를 시작했습니다. 그 후 1960년 쇼팽 국제 피아노 콩쿠르에서 만장일치로 우승하며 이름을 널리 알렸지요. 당시 심사 위원이었던 아르투르 루빈스타인이 '저 소년이 우리 심사 위원들보다 더 잘 친다'라고 극찬할 정도였습니다.

영상 속에 흐르는 곡은 쇼팽의 녹턴 8번입니다. 이는 쇼팽이 연인 마리아 보진스카와 헤어진 뒤 그 아픔을 표현한 곡으로 이별 뒤의 슬픔과 격정적인 감정이 묘사되어 있죠. 그래서인지 영상을 보는 내내 폴리니를 향한 그리움과 슬픔이 아름다운 선율을 타고 끌려옵니다.

'쇼팽의 교과서'라고 불렸던 폴리니. 다신 만날 수 없지만 영상 속 쇼팽을 통해 대체 불가능한 피아니스트와 잠시 조우해 보길 바랍니다.

음악 추천 | 황장원   글 | 황장원

작곡가 | Richard Strauss
곡명 | Till Eulenspiegels lustige Streiche, Op.28
연주자 | Lorin Maazel, NDR Sinfonieorchester

바통 테크닉의 달인 로린 마젤

곡은 마치 이야기꾼이 운을 띄우는 것 같은 분위기로 출발합니다. 바이올린에서 은근히 흘러나오는 선율은 '옛날 옛적에 소문난 장난꾸러기가 살았는데…'라고 말하는 듯하죠. 이어서 호른이 유머러스한 주제를 연주하면 주인공의 모습이 떠오릅니다. 그의 이름은 바로 틸 오일렌슈피겔! 줄여서 '틸'이라고도 불리는 이 주인공은 옛 독일의 민담에 등장하는 말썽꾸러기 모험가입니다.

14세기경 독일 북부의 브라운슈바이크에서 태어난 틸은 플랑드르 지방에서 독일 북서부 지방에 이르는 넓은 지역을 유랑하며 온갖 말썽을 피우고 사고를 치며 갖가지 일화를 남겼지요. 젊은 시절 교향시 작곡가로 명성을 떨치던 리하르트 슈트라우스는 그런 틸의 이야기에서 영감을 얻어 무척 재기 발랄하고 어지러울 정도로 흥미진진한 관현악곡 〈틸 오일렌슈피겔의 유쾌한 장난〉을 썼습니다.

이 곡의 첫 부분은 틸의 짓궂고 익살맞은 성격을 부각시킵니다. 이후 음악은 그가 남긴 유명한 일화들을 차례차례 묘사해 나가죠. 틸은 심술이 나서 시장통을 난장판으로 만들기도 하고, 사제복을 입고 사람들에게 설교를 늘어놓는가 하면, 기사로 변장해 아리따운 아가씨에게 사랑을 고백하기도 합니다. 그러다 그 아가씨에게 버림받자, 틸은 '인류에 대한 복수'를 다짐하고 세상을 주유하며 더욱 큰 말썽을 일으키죠. 하지만 결국에는 체포되어 재판에 회부되고 형장의 이슬로 사라집니다. 슈트라우스의 음악은 일련의 장면들을 생생하게 묘파합니다.

그런데 이 곡은 지휘와 연주가 상당히 까다로운 곡으로도 유명합니다. 빼어난 지휘자이기도 했던 슈트라우스가 이 곡을 직접 지휘했을 때, 한 번은 리허설에서 오케스트라 단원들이 연주하다가 자꾸 머뭇거리더랍니다. 그러자 슈트라우스는 '여기서는 틀린 것처럼 들릴수록 맞는 겁니다'라고 했다나요? 그만큼 이 곡은 복잡다단하고 변화무쌍한 악구들로 점철되어 있죠.

하지만 오늘 소개하는 영상 속 지휘자를 따라가면 이 곡을 연주하거나 듣다가 길을 잃을 염려는 없습니다. 그의 비팅은 악곡의 요소요소를 빠짐없이 짚어 주면서도 복잡하거나 부산하기는커녕 명료하고 유연하기 이를 데 없고, 그의 얼굴만 봐도 지금 어느 장면을 지나고 있는지 알아챌 수 있을 정도로 표정이 다채롭고 풍부하니까요.

이 지휘자는 일주일 전 타계 10주기를 맞은 거장 로린 마젤입니다. 마젤은 20세기 후반에서 21세기 초까지 활약한 지휘자들 가운데 가장 돋보였던 인물 중 한 명이죠. 미국과 유럽을 넘나들며 화려한 경력을 구축했고, 비슷한 연배인 클라우디오 아바도와 라이벌 구도를 형성하기도 했습니다.

무엇보다 지휘계에서는 드문 '신동' 출신인 마젤은 신출귀몰한 바통 테크닉으로 유명했습니다. 아무리 복잡하고 난해한 곡도 너무 쉽게 요리해 비터 지켜보는 이도 하여금 여를 내부르세 했시요. 이 영상은 그런 그의 탁월한 지휘 솜씨를 아주 잘 보여 줍니다.

일요일의 추천 음반

데얀 가브리츠
음반 | Dutilleux: Le Loup&Other Works
연주 | Juliana Koch, Jonathan Davies, Adam Walker, John Wilson,
Sinfonia of London
레이블 | Chandos(2021)

이런 음반 작업이 가능하다는 사실이 놀랍습니다. 앙리 뒤티외의 대표곡 중 발레 음악 〈늑대〉와 플루트, 오보에, 바순을 위한 곡이 담겨 있습니다. 신포니아 오브 런던과 지휘자 존 윌슨은 주요 음반상을 휩쓸며 음악계의 주목을 받았습니다. 원래 피아노로 연주되는 파트를 뛰어난 편곡으로 오케스트라가 연주하고 있는데 솔로 악기와의 조화가 상당히 훌륭합니다. 뒤티외의 음악 세계가 탁월한 연주자 덕분에 크게 확장되었습니다.

유정우
음반 | Walkure-Complete Opera
연주 | Bernard Haitink, Waltraud Meier 외
레이블 | Warner Classics(1988)

바그너 《니벨룽의 반지》 중 '발퀴레' 음반입니다. 지휘자 하이팅크와 바이에른 방송 교향악단이 함께한 스튜디오 녹음입니다. 오케스트라 음향도 압도적이지만, 성악가 한 명 한 명이 대단한 기량을 바탕으로 원숙한 해석을 보여 줍니다. 특히 프리카 역을 맡은 발트라우트 마이어를 주목해 보세요. 2막 중 보탄과 프리카가 나누는 격정적인 대화에서 전성기의 기량을 유감없이 뽐내고 있습니다.

음악 추천 | 조민석　글 | 박지혁

첼로가
풍부해지면
음악이 바뀐다

작곡가 | Franz Schubert
곡명 | String Quintet in C Major, D.956
연주자 | Amaryllis Quartett, Jens Peter Maintz

프란츠 슈베르트가 남긴 대작 중 가장 기억에 남는 실내악은 피아노 5중주 〈송어〉죠. 하지만 오늘은 그에 못지않은 완성도를 가진 현악 5중주를 소개합니다.

현악 4중주는 두 대의 바이올린, 비올라, 그리고 첼로로 구성되는데 여기에 비올라 한 대를 더 추가해 현악 5중주를 구성하는 게 그 당시에는 일반적인 선택이었죠. 슈베르트는 비올라 대신 첼로를 두 대로 늘리며 기존과는 전혀 다른 분위기의 현악 5중주를 작곡합니다.

슈베르트가 죽음을 앞둔 해에 완성된 이 곡은 무한한 지혜와 경험을 담은 듯 흠잡을 곳이 없습니다. 편안하고 아름다운 화음과 불협화음이 계속 뒤틀리는 불안정한 분위기를 시작으로, 포근한 빛에 감싸진 2악장을 지나 3악장에서는 오케스트라가 연주하는 듯 웅장하고 고요한 분위기를 충분히 보여 줍니다. 그리고 4악장은 이국적인 헝가리풍으로 힘차고 화려하게 마무리되죠.

현악 5중주는 안타깝게도 당시에 큰 관심을 받지 못했고, 그로 인해 슈베르트의 자필 악보는 전해지지 않고 있습니다. 하지만 슈베르트 사후 25년이 지난 해에 출판된 악보를 바탕으로 지금까지 연주되고 있어 참 다행이란 생각이 듭니다.

음악 추천 | 데얀 가브리츠   글 | 안일구

작곡가 | Giuseppe Verdi
곡명 | String Quartet in E Minor
연주자 | Ana Landauer, Movses Pogossian, Brian Dembow, John Walz

베르디의 현악 4중주

'오페라의 거인' 작곡가 베르디를 부르는 말입니다. 이탈리아에서 탄생한 베르디의 수많은 걸작 오페라는 음악사 전체에 영향을 끼쳤습니다. 도니제티, 로시니, 벨리니로부터 이어받은 유산을 베르디는 멋지게 완성했고, 푸치니와 같은 후배들이 뒤를 이었습니다. '베르디'라는 이름을 들었을 때 떠오르는 작품이 있으신가요? 저는 《라 트라비아타》, 《나부코》, 《맥베스》, 《리골레토》, 《아이다》, 《오텔로》, 《돈 카를로》, 《팔스타프》 등이 떠오릅니다. 그 외에 하나가 떠오른다면 《레퀴엠》도 있을 것입니다. 이런 엄청난 대작들 사이에서 딱 한 곡 살아남은 실내악 작품이 있습니다.

1873년 봄, 나폴리에서 《아이다》를 제작하던 중 작곡된 그의 e단조 현악 4중주입니다. 무려 23분에 걸친 큰 규모의 작품인데요. 4악장으로 이루어져 있고 각 악장이 뚜렷한 성격을 지닙니다. 따뜻하고 묵직한 1악장, 아름다운 2악장, 오페라의 한 장면 같은 빠른 템포의 3악장, 푸가 형식을 사용한 4악장까지 탄탄한 구조와 음악을 담았죠. 베르디의 음악은 무엇이 되었든 사람의 마음을 움직입니다. 그의 유일한 현악 4중주에서도 그 매력을 느껴 보세요.

쇤베르크의
낭만과 젊음

작곡가 | Arnold Schönberg
곡명 | Notturno for String and Harp
연주자 | Eileen Siegel, Oslo Philharmonic

음악 추천 | 유정우   글 | 안일구

쇤베르크를 이야기할 때 빠지지 않는 인물이 쳄린스키입니다. 쇤베르크는 1895년 아마추어 오케스트라인 폴리힘니아에 첼리스트로 입단했고, 지휘자이자 작곡가였던 쳄린스키와 친분을 쌓습니다. 그는 쇤베르크의 가능성을 알아보고 작곡과 대위법을 가르쳐 주었는데 이는 쇤베르크가 받은 거의 유일한 음악 교육이었죠. 나중에 쇤베르크가 쳄린스키의 여동생과 결혼하면서 둘은 가족이 되기도 합니다.

쳄린스키는 쇤베르크가 작곡한 작품을 연주할 기회까지 주었는데, 1896년 그렇게 발표된 곡이 오늘 감상할 〈현악과 하프를 위한 녹턴〉입니다. 쇤베르크는 직접 첼로 연주를 맡았습니다. 그들의 오케스트라는 바이올린, 비올라, 첼로와 더블 베이스 등 몇 대의 현악기만으로 구성되어 있었죠. 이 작은 편성은 3년 후 발표되는 거대한 녹턴 〈정화된 밤〉을 작곡하는 계기가 되기도 합니다.

22세의 젊은 쇤베르크가 작곡한 이 작은 녹턴은 아주 낭만적입니다. 무조음악과 12음 기법의 내가 쇤베르크를 상상하기 어려울 정도로요. 아주 작은 편성의 소박한 곡이지만 음악이 이야기하는 세상은 아주 풍요롭고 넓게 느껴집니다. 오슬로 필하모닉의 현악 주자들이 가진 특유의 사운드가 곡의 매력을 한층 끌어올리고 있습니다.

음악 추천 | 조민석   글 | 박지혁

코른골트의
보물

작곡가 | Erich Wolfgang Korngold
곡명 | Incidental Music for Shakespeare's Much Ado About Nothing Op.11
연주자 | Vinzenz Praxmarer, Orchester Divertimento Viennese

에리히 볼프강 코른골트는 작곡계의 신동으로 많은 주목을 받았습니다. 7세 무렵 작곡을 시작해, 9세 때는 구스타프 말러와 리하르트 슈트라우스에게 '천재'라는 칭송을 받을 정도로 재능을 보였죠. 끊임없이 작곡을 해 오던 그는 22세 때 빈의 작은 극장에서 셰익스피어 희곡『헛소동』의 부수 음악 작곡을 의뢰받습니다.

『헛소동』은 청춘 남녀 사이 사악한 음모가 그들을 갈라서게 하지만 결국 진실이 밝혀지며 결혼하는 내용을 다루고 있는데요. 희극답게 티격태격 말싸움과 사랑싸움을 하는 커플도 등장하는 등 다채로운 사랑 이야기로 극을 더욱 재밌게 만듭니다. 코른골트가 곡을 완성했을 때는 의뢰했던 극장이 파산하는 바람에 모든 게 취소될 위기에 봉착하지만, 빈 국립 극장과 빈 필하모닉 오케스트라가 합류하며 구사일생합니다.

오늘 소개하는 〈헛소동 모음곡〉은 오케스트라를 위해 편곡된 버전이지만, 연주 이후 큰 인기를 얻어 현재까지도 자주 연주되고 있습니다. 〈헛소동〉 작곡 후 15년이 흐른 뒤 코른골트는 영화 음악 작곡가로 헌신하는데 그 재능이 이미 이 곡에서부터 흘러나오고 있었네요. 특히 11분 3초경은 정원에서 펼쳐지는 한 편의 영화가 그려집니다.

7월 26일

음악 추천 | 데얀 가브리츠　글 | 김소라

작곡가 | Franz Joseph Haydn
곡명 | Symphony No.46 in B Major
연주자 | Il Giardino Armonico

장조로 만들어 낸 질풍노도

격동적인 감정의 변화를 겪는 청소년기를 가리켜 '질풍노도의 시기'라고 하죠. 사람의 일생뿐만 아니라 문학과 음악에서도 이런 질풍노도의 시기가 존재하는데요. 우리는 그를 '슈투름 운트 드랑(Sturm und Drang)'이라고 합니다. 슈투름 운트 드랑은 1765년에서 1785년경 독일에서 일어난 문학 운동을 지칭하는데요. 이성과 합리적인 계몽사상을 버리고 자연, 감정, 개인주의를 지향하는 것을 말합니다.

이 운동은 음악에까지 퍼져 이 시기 많은 음악가가 작품 속에서 광기 같은 열정이나 슬픔을 표현했습니다. 그래서 당시 음악에서는 선율이 큰 폭으로 건너뛰고, 급박한 리듬이 강조되었으며, 단조 선율이 선호되었습니다.

영상 속에 흐르는 곡은 '교향곡의 아버지' 하이든의 46번 교향곡입니다. 질풍노도 시기에 만들어졌지만, B장조로 이루어져 단조 선율이 주를 이루던 당시에는 매우 특이한 경우였죠. 하지만 B장조는 동성적인 장조의 느낌과 거리가 있으며 듣는 이에게 거칠고 야생적인 느낌으로 다가옵니다. 하이든은 이 작품을 통해 강렬한 감정과 극적인 대조를 표현했는데요. 오늘은 이 곡을 들으며 하이든의 '야성을 품은 열정'을 느껴 보길 바랍니다.

음악 추천 | 황장원   글 | 황장원

근대의 르네상스맨
페루초 부소니

작곡가 | Ferruccio Busoni
곡명 | Berceuse élégiaque, Op.42
연주자 | Ed Spanjaard, Royal Concertgebouw Orchestra

오늘은 이탈리아 출신의 독일 피아니스트 겸 작곡가 페루초 부소니가 세상을 떠난 지 꼭 100년이 되는 날입니다. 부소니라는 이름은 우리나라 피아니스트 문지영, 박재홍 등이 우승을 차지한 '부소니 국제 피아노 콩쿠르'를 통해서 어느 정도 익숙해졌지요. 하지만 정작 그가 얼마나 대단한 음악가였는지에 대해서는 별로 알려지지 않은 것 같습니다.

부소니는 피아니스트이자 작곡가였고, 동시에 지휘자, 음악 교사, 대본 작가, 철학자, 미학자, 비평가이기도 했습니다. 피아니스트로서 유럽과 미국을 넘나들며 큰 명성을 떨쳤고, 지휘자로서 드뷔시, 딜리어스, 버르토크, 시벨리우스 등의 작품을 초연했으며, 작곡가로서 후기 낭만주의를 거쳐 모더니즘으로 이행하는 독자적 음악 세계를 선보였지요. 교사로서는 독일, 핀란드, 러시아, 미국에서 후학을 양성했고, 음악과 연주에 관한 다수의 에세이를 남기기도 했습니다. 또 시벨리우스, 쇤베르크 등 동시대 거장들과 서로 존중하며 교류했고, 에드가르 바레즈, 쿠르트 바일 등은 그에게 경의를 표했지요. 다시 말해 부소니는 19세기 말에서 20세기 초에 걸쳐 활약했던 르네상스적 인물로서 당대에는 음악계에 커다란 영향력을 행사했던 거인이었습니다.

다만 오늘날 부소니는 유명한 〈샤콘(샤콘느)〉을 비롯한 바흐의 작품들을 피아노용으로 편곡한 인물 정도로 알려져 있기도 합니다. 하지만 그렇게 치부하고 말기에는 그의 오리지널 작품들 중에도 귀 기울여 볼 만한 수작이 적지 않습니다. 이를테면 바흐의 영향을 승화시킨 〈대위법적 환상곡〉이나 실험적인 〈소나티네 제2번〉과 같은 피아노곡들, 《투란도트》나 《파우스트 박사》와 같은 오페라들, 그리고 말러의 교향곡에 필적하는 거대한 규모와 구상이 인상적인 〈피아노 협주곡〉 등이 있지요.

오늘 소개하는 곡은 〈비가(悲歌)적 자장가〉입니다. 부소니 자신이 2년 전에 썼던 피아노 소품에 기초한 이 조용하고 음울한 관현악곡은 그의 작품 세계에서 하나의 이정표로 여겨집니다. 이 작품에서부터 이전까지의 후기 낭만적 음악 세계를 초월하여 무조음악의 세계를 탐구하는 모습이 나타났기 때문이지요. 특히 이 곡의 섬세한 오케스트레이션은 같은 해에 작곡된 쇤베르크의 〈다섯 개의 관현악 소품(Op.16)〉과 비슷한 방식으로 음색의 가능성을 개발하고 있는 것처럼 보입니다.

아울러 이 곡은 기악을 위한 작은 '레퀴엠(진혼곡)'이라고 할 수 있습니다. 부소니는 그해 봄에 세상을 떠난 어머니를 추모하며 이 곡을 썼고, '어머니의 관 곁에 서 있는 남자의 요람 노래'라는 부제를 달았지요. 그리고 '아이의 요람이 흔들리고, 그의 운명에 위험이 감겨 온다. 인생의 길은 희미해지고, 영원의 거리(Distance)로 사라져 간다'라는 문구도 덧붙였습니다.

한편 이 곡은 1911년 2월 21일 뉴욕에서 구스타프 말러의 지휘로 초연되었는데, 공교롭게도 그 공연이 말러의 생에 마지막 공연이 되었다고 합니다.

일요일의 추천 음반

유정우
음반 | Tchaikovsky: Eugene Onegin
연주 | Semyon Bychkov, Orchestre de Paris, Hvorostovsky 외
레이블 | Universal International Music(1993)

1993년 비치코프가 파리 오케스트라와 함께 녹음한 명반입니다. 이제 막 40대에 접어든 거장이 서두르지 않으면서 치밀하게 차이콥스키 악보의 정수를 뽑아내고 있습니다. 비치코프 해석의 전형이 된 모든 성부가 또렷하게 들리면서도 일관된 연결성을 지닌 선율선의 명확한 부각은 전곡을 단숨에 듣게 만듭니다. 데뷔한 지 얼마 되지 않은 흐보로스톱스키의 젊은 패기와 베테랑 닐 시코프의 조화도 흥미롭습니다.

데얀 가브리츠
음반 | J. S. Bach: Trio Sonatas BWV.525-530
연주 | London Baroque
레이블 | BIS(2002)

바로크 실내악 그룹인 런던 바로크의 음반을 소개합니다. 바흐의 6개의 오르간 소나타를 실내악 편성으로 연주했습니다. 오르간으로 연주될 때보다 하나하나의 성부를 듣기가 훨씬 수월합니다. 6곡 모두가 명곡이기 때문에 수준 높은 연주로 꼭 감상해 보길 바랍니다.

음악 추천 | 데얀 가브리츠   글 | 안일구

작곡가 | Wolfgang Amadeus Mozart
곡명 | Piano Sonata No.14, C Minor, K.457
연주자 | Alfred Brendel

브렌델의 모차르트는 특별하다

정답이 없다는 사실을 빠르게 받아들일수록 감상의 즐거움이 늘어납니다. 음악 해석에 정답은 있을 수가 없습니다. 그러나 한 가지 확실한 것은 모든 음악이 고유하다는 것입니다. 훌륭한 작곡가와 연주자가 합쳐지면 이런 고유함이 마음에 훅 다가올 때가 있습니다. 한때 모차르트 해석의 정답처럼 받아들여졌던 연주자가 있습니다. 바로 오스트리아 출신 피아니스트 알프레드 브렌델입니다.

브렌델의 모차르트는 언제나 여러 생각을 하게 만듭니다. 그가 꺼내 놓는 모차르트 피아노 소나타 C단조를 들어 보세요. 8번 소나타와 함께 단조곡이고 베토벤의 비창 소나타가 떠오르는 곡이기도 합니다. 몰아치듯 느껴지는 1악장과 정수만을 뽑아 똑똑 떨구는 듯한 2악장의 대비가 너무 아름답습니다. 평소 주목하지 못했던 3악장 역시 드라마로 가득합니다.

영상을 자세히 보면 브렌델의 손가락 끝에 반창고가 덕지덕지 붙어 있습니다. 벌기 이닐 수 있는 꺼 모습은 브렌델이 마기막까기 얼마나 음악에 헌신적이었는지를 보여 줍니다. 그의 노력은 음악에 고스란히 담겨 있습니다. 브렌델의 모차르트는 언제나 특별합니다. 이 영상을 시작으로 브렌델의 음악 세상을 한 번쯤 탐구해 보세요.

음악 추천 | 데얀 가브리츠   글 | 김소라

소프라노인가, 지휘자인가?

작곡가 | Igor Stravinsky
곡명 | Aria en cabaletta from 《The Rake's Progress》
연주자 | Barbara Hannigan, Ludwig Orchestra

영상의 시작, 한 여인이 고고한 아름다움을 풍기며 오케스트라를 지휘합니다. 그러더니 어느새 객석으로 돌아서서 호소력 짙은 목소리로 무대 전체를 감싸안습니다. 오늘 소개하는 인물은 바바라 해니건인데요. 1971년 캐나다에서 태어난 그녀는 현대 오페라 무대에서 주로 활동하는 소프라노이자 지휘자로 잘 알려져 있습니다.

17세 때 처음으로 현대 음악 초연 무대에 선 해니건은, 2011년까지 약 23년간 75개의 현대 음악 작품 초연에 참가하는 기록을 쌓으며 자연스럽게 이 분야의 전문 퍼포머가 되었는데요. 현대 음악의 특성 때문에 전통적 의미의 연주보다는 퍼포밍(Performing)하는 경우가 많아서 '퍼포머'라는 수식어가 따라붙었다고 합니다.

2014년에는 암스테르담 콘세르트헤바우에서 루트비히 오케스트라를 지휘하고 노래하며 지휘자로도 성공적으로 데뷔합니다. 이 연주로 그녀는 오바티 상을 수상하기도 했지요.

영상 속에서 그녀는 역시나 루트비히 오케스트라와 함께 스트라빈스키의 아리아를 들려주고 있는데요. 스트라빈스키의 신고전주의 오페라 《난봉꾼의 인생 역정》에 등장하는 아리아를 그녀의 흥미로운 해석으로 들어 보세요.

7월 31일

음악 추천 | 유정우　　글 | 안일구

작곡가 | Johannes Brahms
곡명 | Piano Concerto No.2 in B-flat Major, Op.83
연주자 | Maurizio Pollini, Claudio Abbado, Wiener Philharmoniker

'아름다움' 그 자체

나열된 이름만으로도 가슴 설레는 1976년 영상입니다. 우선 폴리니는 주요 피아노 협주곡을 모두 최고의 지휘자, 최고의 악단과 함께한 거장이었습니다. 폴리니는 언제나 특별한 음악을 선보였고, 머지않아 그가 녹음한 모든 음악은 우리 시대 최고의 명반이 되었습니다.

또한 아바도는 빈에서 활발히 활동한 지휘자입니다. 그런데 1991년 빈 필 신년 음악회에서 빈 왈츠와 폴카만을 연주하는 악단의 전통을 깨고 로시니, 모차르트, 슈베르트 등의 작품을 선곡하면서 큰 반발을 불러일으킵니다. 이후 아바도는 더 이상 빈 필의 신년 음악회에 초대되지 못했습니다.

브람스는 피아노 협주곡 1번으로부터 20년이나 지나 두 번째 피아노 협주곡을 작곡했습니다. 그동안 자연스레 무르익은 그의 음악은 인생을 바라보는 엄청난 통찰력을 보여 줍니다. 이 작품은 '피아노를 위한 교향곡'으로 불릴 정도로 규모가 대단합니다. 피아노 파트와 오케스트라 파트 양쪽이 모두 거대한 음악을 도해내고 그 두 가지가 절묘하게 어우러지면서 하나의 인상을 만들어 냅니다.

폴리니의 단단하고 확신에 찬 연주, 아바도와 빈 필하모닉의 유려하면서도 폭풍 같은 음향, 인생 최고에 다다른 브람스의 원숙한 음악성은 '아름다움' 그 자체입니다.

음악 추천 | 데얀 가브리츠　　글 | 박지혁

**단숨에
카르멘이 되었다**

작곡가 | Georges Bizet
곡명 | 'Seguidilla' from《Carmen》
연주자 | Jessye Norman

클래식 연주자는 음악을 해석할 때 감정 조절을 고민합니다. 처음부터 감정을 모두 쏟아 버리면 연주자 개인은 만족스러울 수 있으나 작품을 끝까지 흥미롭게 이어 가기 어렵고, 감정을 억제해 연주하면 완성도는 높지만 음악이 주는 풍부한 감정을 모두 보여 주지 못할 수 있죠. 하지만 오늘 소개하는 이 연주는 감정 밸런스를 완벽하게 맞추며 관객의 흥미를 단번에 사로잡습니다. 제시 노먼은 우아한 손짓으로 노래하며 단숨에 카르멘이 되어 연기를 시작합니다. 넘치는 유머를 받쳐 주는 탄탄한 실력과 절제미는 이 사람이 '노래하고 있구나'라는 생각을 넘어서 일상 대화를 보는 것과 같은 자연스러움을 자아내죠.

비제의 오페라《카르멘》의 대표곡 같은 이 아리아는 '세기디야'인데요. '세기디야'는 스페인 카스티야 지방의 민속 무용으로 약간 빠른 3박자 리듬의 춤입니다. 매력적인 집시 카르멘이 자신을 체포한 군인 돈 호세에게 세기디야를 추며 자신을 풀어 달라고 유혹하는 장면입니다. 제시 노먼의 연기는 돈 호세를 유혹하는 카르멘의 표정과 몸동작을 완벽히 표현하고 있죠. 그래서 그런지 이 연주는 30년이 지난 지금도 많은 사랑을 받고 있습니다.

8월 2일

음악 추천 | 조민석　글 | 김소라

《리골레토》 속 비극의 서막

작곡가 | Giuseppe Verdi
곡명 | Cortigiani vil razza dannata
연주자 | Dmitri Hvorostovsky

한때 가전제품 회사의 광고 음악으로 쓰이며 큰 사랑을 받은 오페라 곡이 있습니다. 바로 《리골레토》의 '여자의 마음'인데요. 덕분에 막연히 '《리골레토》는 재밌는 이야기가 아닐까?'라고 생각하는 분들이 많았습니다. 사실 이 작품은 비극으로 베르디의 여러 오페라 가운데서도 사회 비판적 성격이 가장 강한 작품입니다.

오페라를 이끌고 나가는 세 명의 핵심 인물은 바람둥이 만토바 공작(테너), 리골레토의 딸이자 10대 처녀 질다(소프라노), 그리고 궁정 광대 리골레토(바리톤)입니다. 오늘 보실 인물은 그중 바리톤 리골레토로, 딸이 납치된 상황에서 부르는 〈가신들아 이 천벌 받을 놈들아〉입니다.

영상 속 리골레토는 바리톤 드미트리 흐보로스톱스키가 맡았습니다. 1962년 시베리아에서 태어난 그는 성악, 크로스오버 등 다양한 장르를 넘나들며 전 세계적으로 사랑받았습니다. 하지만 뇌종양으로 투병 끝에 2017년 향년 55세로 우리 곁을 떠나고 말았지요. 영상을 추천한 조민석 첼리스트는 그 무렵 SNS에 가득 올라온 흐보로스톱스키를 추모하는 글이 아직도 생생하다 전했습니다. 오늘만큼은 오페라 《리골레토》 속 비극의 서막을 노래하는 건강했던 그의 소리를 추억해 보길 바랍니다.

음악 추천 | 황장원　글 | 황장원

어느 바닷가 마을의 비극

작곡가 | Benjamin Britten
곡명 | 4 Sea Interludes from Peter Grimes, Op.33a
연주자 | Edward Gardner, BBC Symphony Orchestra

20세기 영국을 대표하는 작곡가 벤저민 브리튼의 《피터 그라임스》는 '(악의에 찬) 군중에 의한 (유별난) 개인의 소외'라는 주제를 다룬 그의 첫 장편 오페라입니다. 배경은 영국의 한 어촌이고 주인공인 어부 피터 그라임스는 마음씨는 선량하고 앞날에 대한 꿈과 희망도 지녔지만 거칠고 사교성 부족한 성격 탓에 마을 사람들로부터 오해받고 '왕따'를 당하는 인물이지요. 1945년 6월 7일 런던의 새들러스 웰즈 극장에서 초연된 이 오페라의 성공으로 브리튼은 일약 '영국 신음악의 기수'로 등극했습니다.

이 오페라는 프롤로그와 3막 6장으로 구성되는데요. 각 막과 장 사이마다 '장면 전환 음악'의 성격을 띠는 관현악 간주곡(Interlude)이 배치되어 있습니다. 이 간주곡들은 극의 배경인 바다의 정경을 묘사하는 동시에 주인공 피터가 처한 상황을 암시하는 기능을 하지요. 브리튼은 초연 직후 여섯 개의 간주곡 가운데 네 곡을 골라 《바다 간주곡(Sea Interludes)》이라는 제목으로 묶어 냈습니다. 각 곡은 공히 섬세하고 오묘한 뉘앙스를 지니며 시간의 흐름과 사건의 진행에 따라 변화하는 바다의 다채로운 모습을 인상적으로 펼쳐 놓는데, 네 곡이 연속해서 연주되면 마치 교향시와도 같은 오라(Aura)를 띠게 되지요.

첫 곡 〈새벽〉은 프롤로그와 1막 사이의 간주곡입니다. 프롤로그에서는 바다에 나갔다가 사고로 소년 조수를 잃은 어부 피터 그라임스에 대한 재판이 열립니다. 이어지는 1막에서 피터는 자신에게 따뜻한 위로와 도움의 손길을 내민 여교사 엘렌과의 밝은 미래를 꿈꾸지요. 음악은 새벽 어스름의 바닷가를 떠올리게 하는데, 현과 플루트에 의한 주제가 서늘한 바닷바람을, 하프의 아르페지오와 금관의 불협화음이 앞으로 다가올 미래를 암시합니다.

두 번째 곡 〈일요일 아침〉은 1막과 2막 사이의 간주곡으로 화창한 아침의 교회당 앞 정경을 그려 보이는데, 여기서 목관은 파도 위에 빛나는 아침 햇살을 나타내지요. 이 곡에 이어지는 2막 첫 장면에서 피터는 새로 구한 소년 조수와 교회 앞에 앉아 있습니다. 하지만 그는 특유의 과격하고 성급한 성격으로 소년을 혹사하다 엘렌과 다투고, 소년은 피터의 다그침에 절벽을 내려가던 중 안타까운 사고를 당하고 맙니다.

세 번째 곡 〈달빛〉은 2막과 3막 사이의 간주곡입니다. 달빛 비치는 해변의 정경을 다소 음울하게 부각하는데, 호른과 낮은 현악의 하모니가 명상적인 분위기를 연출하는 가운데 플루트와 하프가 구름과 달빛을 암시하지요. 이 곡에 이어지는 3막 1장에서는 한 부인이 피터가 새 조수까지 죽였다며 마을 사람들의 적대심을 부추기며 선동합니다. 3막 2장에서 광기와 절망에 휩싸인 피터는 엘렌과 퇴역 선장의 도움으로 배를 띄워 바다로 나가지만, 아침이 밝아 올 무렵 그의 배는 먼바다에서 침몰하고 맙니다.

네 번째 곡 〈폭풍우〉는 1막 1장과 2장 사이에 나오는 간주곡으로, 전체 관현악이 격렬한 움직임과 긴장감 넘치는 분위기로 휘몰아치며 폭풍우의 밤을 묘파하지요.

일요일의 추천 음반

데얀 가브리츠
음반 | Valentyn Silvestrov: The Messenger
연주 | Daniel Rowland, Borys Fedorov
레이블 | Challenge Classics(2022)

'나는 전혀 새로운 음악을 쓰려는 것이 아니다. 내 음악은 이미 존재해 있던 어떤 것들에 대한 반향이며 대답이다' 우크라이나 작곡가 발렌틴 실베스트로프는 자신의 작품에 대해 이렇게 말했습니다. 그의 음악은 새롭지만 다른 한편으로는 아주 익숙하기도 합니다. 게다가 다니엘 롤런드는 모든 곡을 특별하게 소화하는 능력을 가진 바이올리니스트입니다. 그의 음악 동료인 피아니스트 페도로프 역시 특별한 해석과 연주를 선사합니다.

유정우
음반 | Alban Berg Quartet Beethoven
연주 | Alban Berg Quartett
레이블 | Warner Classic(1993)

알반 베르크 현악 4중주단의 베토벤 전곡 녹음은 스튜디오 녹음과 실황 녹음 두 가지가 존재합니다. 음질과 해석은 스튜디오 녹음이 더 뛰어나지만 저는 실황 녹음을 추천합니다. 빈 콘체르트하우스에서의 이 기념비적인 전곡 실황은 음원과 영상으로 꼭 경험해 보길 바랍니다. 7개의 전 악장이 휴식 없이 연주되기에 고도의 집중력이 요구되는 14번 연주는 4개의 현악기만이 들려줄 수 있는 베토벤 만년의 심오한 예술 세계 그 자체입니다.

음악 추천 | 데얀 가브리츠　　글 | 안일구

불태워 버렸던
교향곡 1번

작곡가 | Georges Bizet
곡명 | Symphony No.1
연주자 | Netherlands Chamber Orchestra

'비제' 하면 떠오르는 작품은 단연 《카르멘》입니다. 그러나 비제는 이 작품을 파리에서 발표한 후 엄청난 혹평에 시달렸습니다. 그로부터 3개월이 지난 뒤 비제는 불과 36세의 젊은 나이로 세상을 떠났습니다. 머지않아 《카르멘》은 국제적인 성공을 거두죠. 자신이 만든 최고의 작품이 성공하는 것을 보지 못하고 떠난 걸 생각하면 참 가슴이 아픕니다.

한편, 비제가 후세에 남기고 싶지 않다며 불태워 버린 작품도 있습니다. 바로 그가 쓴 3개의 교향곡인데요. 그중 하나의 초고가 파리 음악원 도서관에서 발견되어 1935년 스위스 바젤에서 초연되었습니다. 이 곡은 17세의 비제가 1855년 파리 음악원 재학 시절 로마 상 콩쿠르를 위하여 작곡한 교향곡이었습니다.

곡은 젊음, 기쁨 그리고 생명력으로 가득합니다. 특히 2악장에 나오는 애수 어린 음악은 '역시 비제구나' 하는 생각이 절로 듭니다. 연주자들의 표정에서 이 음악을 얼마나 흠뻑 느끼며 즐기고 있는지를 알 수 있습니다. 이런 아름다운 작품을 불태우다니요. 사람들은 나머지 2개의 교향곡도 언젠가 발견할 수 있을 거란 희망을 담아 이 곡의 제목을 '교향곡 1번'이라고 붙였습니다. 비제의 교향곡 2번과 3번은 얼마나 더 좋을까요?

음악 추천 | 조민석　글 | 박지혁

아르헨티나 문화를 고급스럽게 표현하다

작곡가 | Alberto Ginastera
곡명 | Variaciones Concertantes Op.23
연주자 | Alondra de la Parra, WDR Funkhausorchester

남미 국가 사람들의 열정은 전 세계적으로도 유명하죠. 문화적 자산이 풍부한 남미 나라 중 아르헨티나를 대표하는 현대 작곡가를 소개합니다. 알베르토 히나스테라인데요. 그는 문화적 유산을 기반으로 민속 선율이 가득 담긴 곡을 썼으나, 점점 직접적인 인용보다는 상징적인 분위기만 곡에 남겨 두고 자신만의 새로운 화성법과 리듬으로 아르헨티나의 전통을 새롭게 표현했습니다.

오늘 감상할 〈교향적 변주곡〉은 바로 그 시기에 작곡되었는데요. 민속 선율이 가득했던 〈하프 협주곡〉과는 전혀 다른 느낌의 하프 연주가 들려오며 곡이 시작됩니다. 이 곡의 매력은 총 12개의 변주곡을 각기 다른 악기들이 돋보이는 협주곡처럼 작곡했다는 점입니다. 주목받는 악기의 순서는 첼로와 하프, 현악기, 플루트, 클라리넷, 비올라, 오보에와 바순, 트럼펫과 트롬본, 바이올린, 호른, 목관 악기, 더블 베이스, 그리고 오케스트라입니다.

이렇게 모든 악기의 매력을 한 곡으로 듣기에는 쉽지 않죠. 더 나아가 은은한 향기처럼 아르헨티나의 문화가 곡에 배어 있다는 점이 천재적입니다. 4분 54초경 나오는 클라리넷 솔로와 19분 3초경 나오는 오케스트라를 위한 변주곡은 히나스테라의 색채가 확연히 보이는 곳입니다.

음악 추천 | 유정우   글 | 박지혁

작은 교향곡 같은 현악 4중주 연주

작곡가 | Ludwig van Beethoven
곡명 | String Quartet No.12 in E-flat Major, Op.127
연주자 | Quatuor Ébène

교향곡 못지않은 깊이를 가진 현악 4중주 음악은 보통 30분 이상 연주되며, 처음부터 끝까지 집중력 있게 마무리하는 데 큰 노력을 들여야 합니다. 하지만 그 한계를 넘어 에벤 콰르텟은 베토벤의 〈현악 4중주 12번〉을 엄청난 완성도로 연주합니다.

〈현악 4중주 12번〉은 베토벤이 10년 만에 긴 침묵을 깨고 다시 작곡한 4중주인데요. 작곡 배경에는 러시아의 귀족 갈리친 후작이 있습니다. 수준 높은 첼로 연주자로 유명했던 갈리친 후작은 베토벤 작품의 진가를 알아보고 작곡을 의뢰합니다. 1824년 당시 베토벤은 〈9번 교향곡〉의 초연을 마친 뒤에서야 작곡할 여유가 생겼고, 1825년 초에 이 곡을 완성해 초연합니다.

에벤 콰르텟은 소리의 색을 유연하고 부드럽게 바꾸며 연주합니다. 현재 세계에서 가장 주목받고 있는 팀답게 4명 각각의 연주 실력이 출중한 것은 당연하고, 거대한 건축물을 쌓아 올리듯 모든 음이 정확한 위치에서 역할을 수행하도록 연주합니다. 건물의 겉모습에서 곡선과 직선이 보이는 것처럼 소리에서도 부드럽고 견고한 선율의 대비를 보여 주며 베토벤의 곡을 완벽한 예술 작품으로 승화해 냅니다.

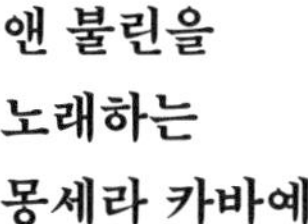

**앤 불린을
노래하는
몽세라 카바예**

음악 추천 | 데얀 가브리츠   글 | 김소라

작곡가 | Gaetano Donizetti
곡명 | Al Dolce Guidami
연주자 | Montserrat Caballé

오래된 흑백 화면 속 반짝이는 귀걸이에 시선을 빼앗길 때쯤 그보다 더 빛나는 목소리에 귀를 기울이게 됩니다. 화면에 등장하는 여성은 몽세라 카바예인데요. 1933년생으로 삶의 마지막까지 왕성한 음악 활동을 펼치다 2018년 타계한 그녀는 스페인 바르셀로나 출신의 소프라노입니다.

그녀의 음악적 특징은 한마디로 '강력한 포스'라고 할 수 있는데요. 큰 몸집이 주는 아우라도 있지만 성량도 매우 커서 큰 목소리를 요구하는 오페라에서 그녀는 빛을 발했습니다. 그 덕분인지 스페인 출신의 성악가 중에서는 드물게 독일 오페라와 리트 분야에서도 많이 활동했죠. 뿐만 아니라 카바예는 베르디와 푸치니 오페라에도 능했으며 헨델의 《줄리오 체사레》, 벨리니의 《해적》과 《노르마》, 도니체티의 《마리아 스투아르다》 등 폭넓은 레퍼토리를 보유했던 것으로도 유명합니다.

지금 듣는 곡은 도니체티의 오페라 《안나 볼레나》에 흐르는 아리아입니다. 안니 볼레나는 헨리 8세의 두 번째 왕비이자 엘리자베스 1세의 생모인 앤 불린의 이탈리아어 표기입니다. '세기의 스캔들'을 일으켰던 앤 불린. 오늘 영상 속에서 몽세라 카바예만의 앤 불린을 만나 보세요.

음악 추천 | 조민석　　글 | 김소라

불꽃과 환희를 음악으로 표현하면

작곡가 | César Franck
곡명 | Sonata for Violin and Piano in A Major
연주자 | Janine Jansen, Kathryn Stott

옅은 어둠이 드리운 무대 위로 피아노와 바이올린의 감미로운 선율이 울려 퍼집니다. 지금 듣는 곡은 세자르 프랑크의 〈바이올린 소나타〉인데요. 이 곡은 거의 모든 악기로 연주될 정도로 사랑받는 명곡 중의 명곡입니다.

1886년 9월 28일, 벨기에의 바이올린 연주자이자 작곡가인 외젠 이자이의 결혼식에서 초연된 이 곡은 이자이에게 전하는 우정의 선물임과 동시에 프랑크가 작곡가로 자리매김할 수 있게 도와준 곡입니다. 실제로 이 음악은 그가 죽기 몇 달 전에 선보인 〈현악 4중주〉를 제외하면 생전에 유일하게 성공한 작품이라고 하네요.

음악적 감성이 풍부하면서도 형식 구조가 논리적인 이 곡은 총 4개의 악장으로 구성되어 있습니다. 영상을 소개한 조민석 첼리스트는 이 곡에서 2악장과 4악장을 주목해 들어 보라고 전했는데요. 불꽃, 환희, 정열과 같은 단어들이 소리로 표현되어 많은 이들이 사랑하는 부분이라고 합니다.

또한 영상은 유튜브 전체를 통틀어 최고의 프랑크 바이올린 소나타라고 자신 있게 소개할 수 있다고 했는데요. 좋지 못한 음질에도 불구하고 악장별 컬러 체인지가 선명합니다.

안토니우 메네지스를 기리며

작곡가 | Johann Sebastian Bach
곡명 | Pastorale in F Major, BWV.590
연주자 | Antonio Meneses, Maria João Pires

때로는 톤(Tone) 하나만으로도 감동 내지 감화를 불러일으키는 연주가를 만나기도 합니다. 일례로 오래전 호암아트홀에서 만났던 한 첼리스트를 잊을 수 없는데요. 그의 연주를 듣는 내내 그따스한 가운데 풍부한 인간미가 전해 오는 톤에 형언하기 어려운 감흥을 느꼈지요. 바로 지난 8월 3일 세상을 떠난 안토니우 메네지스, 과거 우리나라에서는 '안토니오 메네세스'로 잘못 불렸던 첼리스트에 관한 이야기입니다.

안토니우 메네지스는 1957년 브라질 동부의 해안 도시 헤시피에서 태어났습니다. 그의 아버지는 리우데자네이루 오페라 극장의 호른 주자였고, 메네지스는 그곳에서 성장하며 첼로를 배웠고 청소년 오케스트라 단원으로 활동했습니다. 브라질 심포니 오케스트라에 몸담고 있던 열여섯 살 때 악단과 협연하러 온 이탈리아의 첼로 거장 안토니오 야니그로에게 발탁되어 유럽으로 건너가게 되죠. 뒤셀도르프와 슈투트가르트에서 야니그로를 사사한 그는 1977년 뮌헨에서 열린 ARD 국제 콩쿠르에서 우승하며 주목받기 시작합니다. 그리고 1982년에는 모스크바 차이콥스키 콩쿠르에 출전하여 1위와 금메달을 거머쥐었죠.

차이콥스키 콩쿠르 우승 이후 메네지스의 경력은 날개를 달았습니다. 유럽과 미국, 세계 각지를 무대로 유수의 지휘자, 오케스트라들과 협연하며 명성을 한껏 높였죠. 그중에서도 클라우디오 아바도가 지휘한 런던 심포니와 함께했던 미국 데뷔와 폰 카라얀이 지휘한 베를린 필하모닉과의 협연은 각별히 기억되는 장면들입니다. 특히 1980년대에 그는 크리스티안 지메르만, 예브게니 키신 등과 더불어 만년의 카라얀이 낙점한 젊은 솔리스트 중 한 명이었죠. 카라얀은 그를 기용해 브람스의 〈2중 협주곡〉, 리하르트 슈트라우스의 〈돈키호테〉를 녹음하기도 했습니다.

솔리스트로서 더 화려한 커리어를 쌓을 수도 있었겠지만, 메네지스는 뜻과 마음이 맞는 아티스트들과 앙상블을 이루고 실내악을 연주하는 데서 보다 큰 만족과 보람을 찾았습니다. 솔리스트로는 메나헴 프레슬러, 마리아 주앙 피르스, 넬손 프레이리, 제라르 위스 등과, 실내악 단체로는 페르메르 콰르텟, 에머슨 콰르텟, 아마티 콰르텟 등과 자주 호흡을 맞췄지요. 1998년부터 2008년까지는 보자르 트리오의 마지막 첼리스트로 활동하기도 했습니다.

메네지스가 중년 이후에 남긴 리코딩을 들어 보면 충실하고 유연하며 군더더기 없는, 그리고 따스한 인간미가 배어 있는 특유의 스타일을 잘 확인할 수 있습니다. 피르스와의 위그모어홀 리사이틀 실황, 프레슬러와의 베토벤 첼로 소나타집, 위스와의 브람스 소나타집과 멘델스존 작품집, 바흐 무반주 첼로 조곡집 등이 대표적이죠.

오늘은 바흐의 〈파스토랄〉중 3악장 '아리아'를 메네지스의 연주로 들어 봅니다. 원래는 오르간이나 하프시코드로 연주되는 곡인데, 메네지스의 가식 없는 연주 탓인지 오히려 첼로 편곡판이 더 매력적으로, 가슴 깊이 다가오네요.

일요일의 추천 음반

유정우
음반 | Passione
연주 | Luciano Pavarotti 외
레이블 | Decca(1985)

파바로티의 시원한 음성으로 이 여름에 듣기 좋은 나폴리 칸초네 모음입니다. 델 모나코의 폭발적인 가창이나 마리오 란자의 기름진 음성으로만 기억되던 〈열정〉을 파바로티만의 빛나는 음색과 절제된 감정으로 들려주는 첫 트랙부터 매혹적입니다. 특히 추천하는 트랙은 〈그녀에게 내 말 전해주오(Dicitencello vuie)〉입니다. 제가 가장 좋아하는 나폴리 칸초네인데 파바로티의 해석은 가장 독특하지만 너무나도 기품 있고 귀족적인 해석으로 또 다른 차원에서의 나폴리 칸초네 미학을 들려줍니다.

데얀 가브리츠
음반 | Beethoven: The Piano Trios
연주 | Beaux Arts Trio
레이블 | Decca(2001)

거의 모든 음반이 걸작으로 여겨질 만큼 세계적인 팀이죠. 보자르 트리오는 음악의 깊이를 보여 주는 해석과 연주력으로 유명합니다. 또한 아주 광범위한 레퍼토리를 갖고 있습니다. 그중에서도 베토벤 피아노 트리오는 가장 매혹적입니다. 모든 음들이 살아 있는 것처럼 느껴져요. 특히 피아노 연주에 귀를 기울여 보길 추천합니다.

음악 추천 | 조민석   글 | 김소라

불안이 탄생시킨 신비한 선율

작곡가 | Carl Nielsen
곡명 | Clarinet Concerto Op.57
연주자 | Kilian Herold, SWR Sinfonieorchester

중후한 신사의 흑백 사진이 흐려지며 날렵한 클라리넷 선율이 흐릅니다. 신사는 작곡가 칼 닐센이고, 지금 듣는 곡은 그의 클라리넷 협주곡입니다.

1865년 덴마크에서 태어난 칼 닐센은 그리그, 시벨리우스와 더불어 대표적인 북유럽 작곡가로 뽑히는데요. 그는 가난한 가정에서 태어났지만, 음악을 좋아하는 가족들 덕분에 어렸을 때부터 음악을 가까이했습니다.

한편, 이 곡은 그의 인생에서 가장 어려운 시기에 구상되었는데요. 당시 닐센은 63세였고 스칸디나비아 전역에서 상당한 명성을 얻었습니다. 하지만 자신의 음악이 더 많은 청중에게 다가가지 못함에 실망했고, 불안한 세계정세를 우려했으며, 살날이 얼마 남지 않았다는 것에 울적해했습니다. 때문에 곡 전반에는 왠지 모르게 전투적인 분위기가 흐르죠.

닐센 다음으로 영상에 등장하는 인물은 클라리네티스트 킬리안 헤를드입니다. 작은북을 필두로 한 오께스트라와의 내지를 클라리넷의 유려한 선율로 요리조리 빠져나가는 모습이 인상적입니다. 현재 프라이부르크 음대 교수이며 베를린 필의 객원 수석으로 자주 등장하는 독일 최고의 클라리네티스트인 헤롤드. 그의 신비로운 선율로 닐센의 협주곡을 만나 보세요.

음악 추천 | 유정우   글 | 안일구

야네치코바의
천사 같은 목소리

작곡가 | Wolfgang Amadeus Mozart
곡명 | Laudate Dominum, KV.339
연주자 | Patricia Janečková, Jakub Černohorský,
Janáčkův komorní orchestr

불과 25세에 세상을 떠난 안타까운 음악가가 있습니다. 파트리치아 야네치코바는 체코의 오스트라바에서 활동한 소프라노입니다. 그녀는 12세에 체코-슬로바키아 TV쇼 〈탤런트마니아〉에서 우승한 후, 야나체크 음악원에서 성악을 공부했습니다. 야네치코바의 아름다운 목소리는 많은 사람들에게 사랑을 받았죠.

그러던 2022년 2월, 이제 막 본격적인 활동을 펼쳐야 할 24세의 그녀는 SNS를 통해 자신이 유방암에 걸린 사실을 알립니다. 쾌유를 빌던 사람들의 기대와 달리 그녀는 25세에 세상을 떠나고 맙니다.

비록 국제적인 명성을 얻는 성악가로 성장하지는 못했지만, 많은 사람들은 야네치코바를 여전히 그리워하고 있습니다. 2017년 영상에서 그녀는 체코의 한 페스티벌에서 모차르트의 유명한 미사곡 '주를 찬양하라'를 불렀는데요. 1780년 모차르트가 대성당 예배를 위해 작곡한 〈구도자의 엄숙한 저녁 기도〉 중 다섯 번째에 해당하는 곡입니다.

그녀는 모차르트의 아름다운 선율을 별다른 기교 없이 순수하고 깨끗하게 부릅니다. 그녀의 목소리는 마치 천사와 같습니다. 짧지만 수많은 이야기가 담긴 듯한 모차르트의 음악과 함께 사람들은 그녀를 마음 깊이 추모하고 있습니다.

8월 14일

음악 추천 | 데얀 가브리츠   글 | 안일구

카를 뢰베의
발라드 〈올루프 씨〉

작곡가 | Carl Loewe
곡명 | 'Herr Oluf' Ballade, Op.2-2
연주자 | Konstantin Krimmel, Ammiel Bushakevitz

카를 뢰베를 아시나요? 그는 독일의 작곡가로 슈베르트보다 한 살이 많으며, 수많은 가곡과 발라드를 남겼습니다. 또한 그는 음악 교사이자 합창 지휘자로 활동했고, 가곡 이외에도 오페라, 교향곡, 협주곡, 실내악곡 등 다양한 작품을 남겼습니다. 리스트는 뢰베를 '천재'라 불렀고, 바그너 역시 그를 높게 평가했다고 합니다. 오늘날 그의 이름은 많은 사람들에게 잊혀졌지만, 그의 가곡과 발라드는 여전히 인기를 누리고 있습니다.

슈베르트가 〈마왕〉을 발표한 지 3년이 지나 뢰베 역시 〈마왕〉을 작곡했는데 놀라운 작품성을 보여 줍니다. 영상에 등장하는 〈올루프 씨〉라는 발라드 역시 대단한 작품인데요. 뢰베의 '3개의 발라드' 작품 번호 2번 중 두 번째에 해당하는 작품입니다. 18세기 독일의 '슈투름 운트 드랑' 시대의 대표적 사상가이자 작가인 요한 고트프리트 헤르더의 시에 음악을 입혔습니다.

'올루프 씨, 저와 함께 춤을 추지 않겠어요?' 마왕의 딸이 결혼식을 앞둔 올루프를 유혹합니다. 계속 거절하던 올루프는 결국 꼬임에 넘어가 죽음을 맞고, 그의 신부와 초대된 하객들은 올루프의 주검을 마주합니다. 노래를 부르는 콘스탄틴 크림멜의 놀라운 연기와 가창, 뛰어난 작품성에 주목해서 들어 보세요.

음악 추천 | 조민석   글 | 박지혁

글렌 굴드의
해석은 천재적이다

작곡가 | Johann Sebastian Bach
곡명 | Bach: Goldberg Variations, BWV.988
연주자 | Glenn Gould

바흐의 골드베르크 변주곡의 대명사인 피아니스트 글렌 굴드는 어머니의 권유로 피아노를 시작하게 되었습니다. 10세가 되던 해에는 토론토 왕립 음악원에서 알베르토 게레로의 가르침을 받았죠. 알베르토 게레로는 특히 글렌 굴드의 연주에 많은 영향을 끼쳤는데요. 예를 들면 낮은 의자에 앉아서 손을 건반과 수평으로 만들고, 손가락 끝의 힘만으로 연주하는 법을 가르쳤습니다. 그 덕분에 또랑또랑한 맑은소리와 정교함을 보여 주는 연주가 나오지 않았을까 짐작해 봅니다.

굴드의 인생에서 가장 큰 변화를 불러온 사건은 아무래도 1955년 워싱턴과 뉴욕에서 골드베르크 변주곡을 연주했을 때죠. 새로운 피아니스트를 찾고 있던 컬럼비아 녹음 책임자 데이비드 오펜하임이 그의 진가를 알아보고 녹음 계약을 제의하는데요. 그로 인해 1955년 굴드의 골드베르크 변주곡이 음반으로 나오게 됩니다. 이 영상에는 30개의 변주곡이 모두 들어 있지는 않지만, 곡을 음미하며 흥얼거리는 그의 모습과 음악의 생동감을 즐겨 보세요.

바로크 오보에의
아름다운 음색

음악 추천 | 유정우　　**글** | 안일구

작곡가 | Johann Sebastian Bach
곡명 | Oboe concerto in D Minor BWV.1059R(B-WV.35)
연주자 | López Paz, Netherlands Bach Society

'BWV.1059R' 바흐의 작품 번호를 보다 보면 R이 붙은 경우가 있습니다. R은 '재건' 또는 '재구성'을 뜻하는 'Reconstruction'의 약자입니다. 이런 곡은 작품 번호를 쓸 때 원곡인 BWV.35를 나란히 쓰기도 합니다.

BWV.35에서 첫 곡과 두 번째 파트의 신포니아는 오늘 듣는 오보에 협주곡의 1악장, 3악장과 완전히 동일합니다. 칸타타에서 성악이 없는 부분을 따로 떼어 협주곡으로 구성한 것이죠.

여기에 2악장은 바흐의 원곡이 존재하지 않기 때문에 연주자에 따라 다르게 선택하는데요. 영상에서는 마르첼로 오보에 협주곡의 2악장이 흐릅니다. 따로 떼어 들어도 아름다운 음악이지만 오늘처럼 1악장과 3악장이 단조곡일 경우 밝고 느린 템포의 2악장은 더 화사하게 살아납니다.

바흐의 곡처럼 같은 음악이 여러 작품에 사용되는 데에는 모두 이유가 있습니다. 하나같이 멋지고 훌륭한 곡들이 많은데 이 작품 역시 듣다 보면 한 번만 사용되기 아깝다는 생각이 절로 듭니다. 게다가 오보이스트 로페즈 파즈가 연주하는 바로크 오보에의 아름다운 음색은 바흐와 마르첼로의 음악에 생기를 가득 불어넣고 있습니다.

음악 추천 | 황장원   글 | 황장원

작곡가 | Ludwig van Beethoven
곡명 | Sinfonie Nr.3 in Es-Dur Op.55 'Eroica'
연주자 | Frans Brüggen, Orchestra of the 18th Century

시대 연주계의 푸르트벵글러

'나는 수 세기 전의 악기를 연주하지만, 나 자신을 모든 음악가 중에서 가장 로맨틱하다고 생각합니다. 유일한 차이점은 나에게 있어서는 로맨틱하게 연주하는 것이 현대의 연주자들과 다르다는 것입니다. 나에게 로맨스는 오리지널 악기를 손에 쥐고 그 당시의 소리를 만들어 내는 것에서부터 시작됩니다'

프란스 브뤼헨이 생전에 남긴 인터뷰입니다. 브뤼헨은 고음악 부흥의 위대한 선구자 중 한 명으로 꼽히는 네덜란드의 연주가이자 음악학자입니다. 젊은 시절 그는 암스테르담 음악원에서 리코더와 플루트를, 암스테르담 대학에서 음악학을 전공했고, 스물한 살 때 헤이그 왕립 음악원의 교수로 임용된 수재였죠. 이후 하버드, 버클리에서도 교편을 잡으며 20세기 중반에 가장 젊은 음악학자로 각광받았습니다. 하지만 루치아노 베리오의 말처럼 그는 '고고학자가 아니라 위대한 예술가인 음악가'였습니다.

학업을 마친 후 브뤼헨은 리코더 연주가로 나섭니다. 다양한 리코더와 바로크 플루트를 자유자재로 다루며 놀랍도록 다채로운 음색, 유연한 템포와 리듬 감각, 빼어난 테크닉을 구사하여 찬사를 받았죠. 게다가 무대와 매체에 독특한 복장이나 자세로 등장해 화제를 모으는 등, 브뤼헨은 실력과 개성을 겸비한 리코더 비르투오소로 명성을 떨쳤습니다.

1981년에 브뤼헨은 네덜란드 시대 악기 연주자들이 주축을 이룬 '18세기 오케스트라'의 창단을 주도하면서 지휘자로 변신합니다.

비록 공식 직함은 갖지 않았지만 사실상 그는 죽기 직전까지 수석 지휘자로 활약하며 악단의 실력과 명성을 견인했죠. 덕분에 '18세기 오케스트라'는 20세기 후반을 대표하는 시대 악기 앙상블 가운데 하나로 각광받았고, 그는 니콜라우스 아르농쿠르, 크리스토퍼 호그우드, 로저 노링턴, 존 엘리엇 가디너 등과 어깨를 나란히 하는 시대 연주의 거장으로 성가를 높였습니다.

브뤼헨과 18세기 오케스트라는 악단 이름처럼 18세기 레퍼토리에 집중하는 경향이 강했습니다. 라모, 하이든, 모차르트, 베토벤 등이 주력 레퍼토리였죠. 그리고 슈베르트, 멘델스존 등 다분히 고전주의에 기반을 둔 19세기 작곡가들의 작품도 다뤘습니다.

오늘은 그중 가장 잘 알려진 베토벤의 '에로이카 교향곡' 영상을 소개합니다. 시대 악기의 특성을 잘 활용하면서도 극단적이기보다는 중도적인 접근 방식을 취해 현대 오케스트라 연주에 익숙한 청중들에게도 널리 호평을 받았던 리코딩이죠. 혹자는 중후한 음색에 낭만적 감수성이 풍부하게 느껴진다면서 '시대 연주계의 푸르트벵글러'라고까지 추켜세우던 기억도 납니다.

일요일의 추천 음반

데얀 가브리츠
음반 | Ravel: Daphnis et chloé
연주 | Bernard Haitink, Boston Symphony Orchestra
레이블 | Decca(1990)

라벨의 〈다프니스와 클로에〉가 담긴 음반 중 가장 좋아하는 버전입니다. 발레를 위한 곡이고 합창단도 함께하지만 우선 오케스트라 음악부터 신비로움으로 가득해 우리를 깊은 심연으로 이끕니다. 라벨은 관현악법의 대가답게 여러 악기를 효과적으로 사용해서 환상적인 이미지를 끝없이 만들어 내죠. 하이팅크와 전성기의 보스턴 심포니 오케스트라는 치밀하면서도 완벽한 균형미를 느끼게 해 줍니다. 3부에 걸친 전체 음악을 꼭 들어 보길 추천합니다.

유정우
음반 | Berg, Korngold&Strauss Lieder
연주 | Anne Sofie von Otter, Bengt Forsberg
레이블 | Deutsche Grammophon(1994)

전 세계 최고의 오페라 극장 중 메조소프라노 안네 소피 폰 오터가 무대에 오르지 않은 곳은 거의 없습니다. 그녀의 레퍼토리는 바로크에서 21세기에 이르기까지 방대하며 모든 해석이 탁월합니다. 리하르트 슈트라우스의 음악과 함께 음반에 수록된 곡들은 베르크의 초기 가곡과 코른골트의 가곡까지 다양합니다. 덜 알려진 곡들이지만 너무 아름답습니다. 그녀의 노래를 사려 깊게 뒷받침하는 벵트 포스버그의 피아노 연주 역시 주목할 만합니다.

발레 블랑과
만난 비올라

음악 추천 | 조민석　　**글** | 김소라

작곡가 | Adolphe Charles Adam
곡명 | Grand Pas De Deux from 《Giselle》
연주자 | Bolshoi Orchestra

순백색 튜튜의 향연. 오늘의 영상은 이 한마디로 요약할 수 있습니다. 영상은 낭만 발레의 대표작인 《지젤》의 한 장면입니다. 낭만 발레는 '하얀 발레'라는 뜻인 '발레 블랑(Ballet Blanc)'으로 불리는데요. 이는 당시 발레리나들이 입었던 의상 튜튜 때문입니다.

《지젤》은 무용계의 《햄릿》으로 여겨집니다. 《햄릿》을 통해 배우들은 자신의 역량을 크게 인정받거나 폄하를 받곤 합니다. 이처럼 《지젤》은 발레리나의 실력을 가늠해 볼 수 있는 작품 중 하나로 꼽히죠.

여주인공 지젤을 맡은 발레리나 스베틀라나 자하로바와 남자 주인공 알브레히트로 분한 로베르토 볼레의 2막 그랑 파 드 되가 펼쳐지고 있습니다. 아름답지만 어딘가 슬퍼 보이는 이 춤은 주인공 지젤이 비록 자신은 죽었을지라도 사랑하는 알브레히트를 지키기 위해 밤새 추는 몸부림이기도 한데요.

처연한 아름다움을 극대화하는 것은 바로 비올라 선율입니다. 비올리스트들이 전 세계 오페라 하우스 수석이 되려면 반드시 서서야 한다는 이 곡을 환상적인 장면과 함께 즐겨 보세요.

음악 추천 | 유정우   글 | 안일구

몬테베르디의 감정 표현력

작곡가 | Claudio Monteverdi
곡명 | 'Pur ti miro, Pur ti godo' from 《L'incoronazione di Poppea》
연주자 | Lette Vos, Tobias Segura Peralta, Teun Braken

클래식 음악 역사에서 언제나 가장 먼저 이름을 올리는 작곡가는 몬테베르디입니다. 동시대에 수많은 작곡가가 활동했지만, 현재까지 전 세계 공연장에서 활발하게 작품이 연주되는 작곡가는 몬테베르디뿐입니다. 그는 1567년 크레모나에서 태어나 작곡가로 최고의 인기를 누렸죠. 그러나 사후 철저히 잊혀졌고, 한참이 지나서야 재평가됩니다.

그의 작품은 1900년대 중반부터 활발하게 연주되기 시작합니다. 그는 사람의 감정을 듬뿍 담은 마드리갈의 대가이기도 했지만 오페라 분야의 개척자로 불립니다. 《오르페오》, 《다프네》, 《에우리디케》, 《오디세우스의 귀환》 등의 작품을 써 내려갔지만 당시에는 '오페라'라는 이름도 없어서 '음악이 있는 이야기' 정도로 불렸다고 합니다.

몬테베르디는 이야기를 통해 자신의 마음이 움직이지 않으면 음악 붙이기를 거부했다고 하는데요. 그의 음악 양식과 음악에 대한 철학이 집대성된 작품이 《포페아의 대관식》입니다. 음악 역사 전체에서도 이토록 완성도 높은 예술 작품은 드뭅니다. 인물들이 처한 상황과 감정은 관객에게 생생하게 전달되죠. 그중에서도 3막에 등장하는 포페아와 네로의 아름다운 2중창 〈당신을 보고(Pur ti miro)〉를 들어 보세요.

음악 추천 | 데얀 가브리츠   글 | 박지혁

브루크너의
4분짜리 모테트

작곡가 | Anton Bruckner
곡명 | Virga Jesse
연주자 | Nigel Short, Tenebrae Choir

19세기 작곡가로 알려진 브루크너가 중세 르네상스 시대에 유행했던 모테트를 작곡했다니 흥미로운데요. 그는 독실한 가톨릭 신자로 중세의 그레고리오 성가와 르네상스 폴리포니를 신성한 음악으로 복원하기 위한 세실리아 운동에 가입했고, 총 40개의 모테트를 완성했습니다.

모테트는 르네상스 시대에 종교 음악으로 사용되던 무반주 다성 성악곡인데요. 오늘 소개하는 〈이새의 나무〉는 이사야서 11장을 기반으로 작곡된 모테트입니다. 브루크너의 긴 교향곡에 비해 아주 짧은 곡이지만, 완성도는 전혀 부족하지 않습니다.

성스러운 분위기로 여러 성부가 끊임없이 움직이며 곡에 깊이를 더합니다. 그러다 1분 54초경 '신은 평화를 회복했다(pacem Deus reddidit)' 구절에서 클라이맥스에 도달하고, 바로 이어서 나오는 '가장 낮은 것과 가장 높은 것을 자신 안에서 화해시키셨다(in se reconcilians imo summis)' 구절에서 극에 달했던 고음과 저음 성부는 기세처럼 그윽하게 지나가 되죠. 그리고 힐렐루야가 울려 퍼지며 곡은 천상의 노래로 마무리됩니다.

음악 추천 | 조민석   글 | 박지혁

청소년을 위한 관현악 입문

작곡가 | Benjamin Britten
곡명 | 'The Young Person's Guide to the Orchestra', Variations and Fugue on a Theme of Purcell, Opus.34
연주자 | Jukka-Pekka Saraste, WDR Symphony Orchestra

벤저민 브리튼의 〈청소년을 위한 관현악 입문〉은 제목 그대로 청소년의 음악 교육을 위해 작곡되었는데요. 1946년 영국 교육부로부터 음악 영화 〈오케스트라의 악기〉에 사용될 음악을 의뢰받은 그는 단순하게 악기를 나열해 소개하지 않고 창의적인 방법으로 곡을 만듭니다.

브리튼은 17세기 영국을 대표하는 작곡가 헨리 퍼셀의 부수 음악 〈압델라자르〉의 론도를 인용해 곡을 완성했습니다. 이 곡이 흥미로운 이유는 오케스트라가 테마를 함께 연주하고 난 뒤에 목관 악기, 금관 악기, 현악기, 타악기 순으로 오케스트라의 섹션을 소개하기 때문입니다. 더 나아가 섹션이 끝나고 오케스트라가 테마를 한 번 더 연주한 뒤, 각 악기의 특징을 살린 솔로가 연달아 연주됩니다. 이로써 합주, 섹션, 합주, 그리고 독주 순으로 다각도의 오케스트라를 경험할 수 있죠.

교육용 영화를 위해 작곡되었지만, 훌륭한 선율을 가득 담고 있다 보니 많은 오케스트라 공연에서 연주되고 있습니다. 이번 영상은 내레이션이 없는 버전이지만, 중간중간 이해를 돕는 내레이션이 있는 전체 영상을 보면 마치 프로코피예프의 〈피터와 늑대〉를 감상하는 것처럼 즐거울 것입니다.

음악 추천 | 유정우   글 | 안일구

모차르트의
혹독한 성인식

작곡가 | Wolfgang Amadeus Mozart
곡명 | Mozart Violin Sonata in E Minor K.304(Mandolin Version)
연주자 | Shmuel Elbaz, Orit Wolf

1777년 9월, 21세의 모차르트는 어머니와 함께 오랜 여행길에 올랐습니다. 16개월 동안 만하임, 파리, 뮌헨 등을 거치는 긴 여행이었죠. 모차르트는 이 여행을 통해 궁정 음악가 자리를 얻길 원했지만, 그는 더 이상 신동이 아니었고 그에게 관심을 보이는 도시는 없었습니다. 게다가 만하임에서 알로이지아와의 사랑도 이루지 못했죠.

그러던 모차르트는 여행의 한가운데인 1778년 7월 파리에서 크나큰 비극을 마주합니다. 그의 어머니가 세상을 떠난 것입니다. 모차르트에게는 혹독한 성인식이었던 이 여행의 와중에 그는 7곡의 바이올린 소나타를 썼고 파리에서 그중 6곡을 출판했습니다. 앞선 4곡은 만하임에서 작곡되었고 21번 소나타를 포함한 뒤의 2곡은 1778년 파리에서 작곡되었습니다.

그중에서도 유일한 단조곡인 21번 E단조 소나타는 애틋하고 구슬픈 선율로 가득한데요. 모차르트의 개인사가 작품에 반영되었다는 증거는 없지만, 음악을 통해 이 시기 모차르트의 마음을 헤아리기에는 충분합니다. 수많은 바이올리니스트가 애정을 담아 이 곡을 해석했지만, 오늘은 특별한 편곡과 연주로 소개합니다. 아주 섬세한 피아노 연주와 여러 감정을 표현하는 만돌린 연주가 감동적입니다.

음악 추천 | 황장원   글 | 황장원

리처드 이가가 들려주는 시계 교향곡

작곡가 | Franz Joseph Haydn
곡명 | Symphony No.101 in D Major Hob.I:101, 'The Clock'
연주자 | Richard Egarr, Orquesta Sinfónica de Galicia

1790년 말, 하이든은 바이올리니스트이자 공연 기획자인 요한 페터 잘로몬을 따라 런던으로 여행을 떠났습니다. 그곳에서 1년 반 동안 머물며 음악가 경력의 절정기를 구가하는 동시에 음악사에 새로운 장을 열어 나갔죠. 그는 음악의 천재, 거장으로 큰 환대와 존경을 받았고, 그의 작품이 연주된 공연들은 큰 인기를 끌었습니다. 빈으로 돌아온 후에도 즐거웠던 추억을 잊을 수 없었던 하이든은 1794년에서 1795년에 걸쳐 두 번째 런던 여행을 다녀오기도 했습니다.

두 차례에 걸친 영국 여행에서 하이든은 열두 편의 교향곡을 선보였습니다. 통칭해서 '잘로몬 교향곡' 또는 '런던 교향곡'이라 부르기도 하죠. 훗날 정리된 번호로는 제93번에서 제104번에 해당하는 작품들로, '놀람', '군대', '시계' 등 흥미로운 별명이 붙은 곡들이 포함되어 있습니다. 이 곡들은 모차르트의 '3대 교향곡'과 더불어 고전파 교향곡의 절정을 보여 주는 걸작들로 평가받습니다. 다채롭고 능란한 악기 용법과 음악 형식의 능숙한 활용, 자유롭게 펼쳐지는 선율적 영감, 그리고 하이든 특유의 재치와 유머 등이 돋보이죠. 오늘은 그중 두 번째 런던 체류기에 탄생한 '교향곡 제101번 D장조'를 영국의 시대 연주 거장 리처드 이가의 연주로 들어 봅니다.

이 작품에 붙은 '시계'라는 별명은 특징적인 완서악장에서 유래했는데요. 바순의 스타카토와 현악의 피치카토로 새겨지는 기저의

리듬이 시계가 똑딱(째깍)거리는 소리와 모양을 연상시키기 때문
이죠. 그것은 다양한 표정과 색채로 변주되어 마치 여러 개의 다
양한 시계들이 똑딱거리는 듯한 인상을 자아냅니다. 물론 이 곡
이 명작으로 각광받는 이유가 여기에만 있지는 않죠.

먼저 제1악장은 주부에 대한 암시로 가득한 23마디의 서주로 출
발합니다. 그리고 초연 당시 '이보다 더 독창적인 주제는 없다'라
는 찬사를 받았던 두 주제, 지그풍의 쾌활하고 익살스런 제1주제
와 역시 경쾌하지만 보다 미묘한 제2주제가 나란히 등장하죠. 발
전부와 재현부는 이 주제들을 바탕으로 끊임없는 다양성을 빚어
내며 아주 흥미진진하게 펼쳐집니다. 제2악장은 별명의 유래가
된 완서악장으로 자유로운 변주곡 형식을 취하고 있습니다. 평온
한 '시계 리듬'에 기초한 주제의 다채롭고 장난스럽기까지 한 변
주도 흥미롭지만, 중간에 폭풍처럼 휘몰아치는 단조 에피소드의
극적인 움직임도 놓치지 않길 바랍니다.

제3악장은 하이든의 교향곡 중 가장 길고 복잡한 미뉴에트 악장
입니다. 중간에 삽입된 트리오 부분이 특히 흥미로운데, 이 트리
오는 마치 시골 밴드의 서툰 연주를 투영한 듯 '잘못된' 음표와 화
음을 통해서 하이든 특유의 유머를 드러내죠. 제4악장은 많은 비
평가들이 '하이든의 가장 위대한 피날레'로 칭송하는 악장입니다.
거의 단일 주제에 의한 론도 소나타 형식을 취해서 집중력 있으
면서도 자유로운 전개를 보이고, 재현부에 나타나는 '피아니시모
푸가토'도 절묘합니다.

일요일의 추천 음반

데얀 가브리츠
음반 | Bartok: Violin Concertos No.1&2
연주 | Isabelle Faust, Daniel Harding, Swedish Radio Symphony Orchestra
레이블 | harmonia mundi(2013)

버르토크의 바이올린 협주곡은 공연에서 자주 들을 수 없지만 이 녹음을 통해 버르토크의 비밀스러운 음악 세계에 아주 가까이 다가갈 수 있습니다. 이자벨 파우스트의 연주는 매우 명확하면서도 표현력이 뛰어납니다. 다니엘 하딩의 리드와 스웨덴 라디오 심포니 오케스트라의 연주 역시 어렵게만 느껴지던 작품에 대한 이해를 돕고 있습니다.

유정우
음반 | Handel: Ombra Mai Fu
연주 | Andreas Scholl, Akademie für Alte Musik Berlin
레이블 | Harmonia Mundi(1999)

카운터테너의 부흥을 이끈 안드레아스 숄이 녹음한 헨델 음반입니다. 헨델의 성악 음악은 고귀한 느낌을 줍니다. 헨델을 대표하는 장르인 오페라의 매력과 안드레아스 숄의 맑고 청아한 음색을 풍성하게 느낄 수 있습니다. 특히 오페라 《세르세》 중 〈그리운 나무 그늘이여(Ombra Mai Fu)〉와 《로델린다》의 〈어디 있나요? 사랑하는이여(Dove sei, amateur bene)〉는 그 어떤 버전보다 아름답습니다.

보헤미아의 숲을 거닐며

음악 추천 | 조민석　**글 |** 김소라

작곡가 | Anton Dvorak
곡명 | 'Silent woods' from the Bohemian Forest, Op.68, B.182: No.5
연주자 | Yo-Yo Ma, Boston Symphony Orchestra, Seiji Ozawa

체코를 대표하는 작곡가 하면 빠지지 않고 등장하는 인물이 있죠. 바로 드보르자크입니다. 드보르자크는 평범한 집안에서 태어났지만 10대 후반 프라하에서 공부하고, 30대에 오스트리아 정부 장학금을 받으며 음악을 통해 점차 넓은 세계로 나아갔지요.

당시 시험의 심사 위원이던 브람스는 드보르자크의 독자적인 슬라브 양식을 높이 평가했는데요. 지금 듣는 〈고요한 숲(Silent Woods)〉 역시 체코의 색채를 녹여 낸 작품으로, 본래 1884년 작곡된 '보헤미아 숲으로부터'라는 제목의 피아노 연탄용 모음곡 중 다섯 번째 곡이었습니다.

원곡은 크게 주목받지 못했지만, 첼로 곡으로 바뀌면서 큰 사랑과 관심을 받게 되었는데요. 영상을 추천한 조민석 첼리스트는 가끔 클래식을 들으며 마음의 평화를 얻고자 하는 분들께 이 곡을 선물하고 싶다고 전했습니다.

묵직한 첼로 선율은 묵묵히 서 있는 나무의 고요함을, 그 사이를 디고 피이오크는 비이올린 등의 현은 바림에 부딪이며 빙링자에게 인사를 건네는 잔가지를, 플루트를 비롯한 관은 새의 지저귐을 그려 내는 듯한데요. 평화롭고 아름다운 선율 속에서 보헤미아의 숲을 거닐며 평안한 시간 보내시길 바랍니다.

음악 추천 | 유정우　글 | 안일구

쇼스타코비치가 마음으로 외치는 노래

작곡가 | Dmitri Shostakovich
곡명 | Symphony No.5
연주자 | Semyon Bychkov, WDR Sinfonieorchester

젊은 시절부터 이름을 날리며 소련을 대표하는 인물로 급부상한 쇼스타코비치는 오페라 《므첸스크의 맥베스 부인》을 기점으로 엄청난 비난과 압박에 시달리게 됩니다. 스탈린의 사회주의 체제에 부합한 음악이어야 한다는 이유 때문이었죠. 결과적으로 교향곡 5번은 모두를 만족시켰습니다.

쇼스타코비치 음악을 이야기할 때면 언제나 불안한 정치 상황과 천재 작곡가의 정서적 괴로움을 빼놓을 수 없습니다. 그러나 오늘은 그저 음악을 있는 그대로 들어 보면 좋겠습니다. 음악 안에는 쇼스타코비치의 찬란한 재능이 모두 녹아 있습니다. 끊임없이 노래하는 선율의 아름다움, 각 악기를 제대로 활용한 놀라운 관현악법, 다채로운 리듬과 화성에서 뿜어져 나오는 마법 같은 분위기까지. 쇼스타코비치가 마음으로 외치는 노래가 끝없이 들려옵니다.

지휘자 비치코프는 1987년 베를린 필하모닉과의 녹음에서 이미 이 작품으로 음악계에 강한 충격을 던진 바 있습니다. 오늘 영상에서는 오랜 시간 함께해 온 서독일 방송 교향악단과 작품 전반을 통해 오케스트라와 쇼스타코비치 음악이 보여 줄 수 있는 거의 모든 매력을 보여 주고 있습니다.

음악 추천 | 데얀 가브리츠   글 | 박지혁

라벨의 완벽한 피아노 트리오

작곡가 | Maurice Ravel
곡명 | Piano Trio in A Minor
연주자 | Augustin Hadelich, Efe Baltacigil, Inon Barnatan

라벨의 곡은 꿈 같이 몽롱하고 환상적입니다. 수많은 명작이 있지만 오늘 소개하는 피아노 3중주는 첫 소절부터 매력적으로 다가오며, 어느새 음악이 끝났을 땐 하나의 환상을 경험한 듯 여운이 남습니다.

현실의 간섭과 음악에 대한 갈망 사이를 오가며 중심을 잡고 있을 때 라벨에게 제1차 세계 대전이라는 큰 사건이 다가오죠. 그는 40세에 가까웠지만 불타는 애국심으로 전쟁에 참여합니다. 현실과 음악을 둘 다 잡기 위해 라벨은 작곡을 빠르게 마무리했는데요. 그는 스트라빈스키에게 '미치광이의 확실성과 명료함으로 5개월이 걸릴 작업을 5주 만에 끝낼 수 있었다'라고 편지를 남겼다고 합니다.

이 곡은 악장마다 흥미로운 점이 많습니다. 1악장에 반복적으로 나오는 주선율은 8/8 박자가 3, 2, 3으로 쪼개져서 연주되는데요. 바스크 민족 출신인 라벨이 전통 춤 조르치코에서 인용했습니다. 2악장은 인도네시아와 말레이시아의 전통 성형시 '판툰'을 모티브로 이국적인 음색이 도드라지고, 3악장에서는 2악장의 선율을 모티브로 파사칼리아를 연주합니다. 다시 환상적인 분위기로 돌아온 4악장에서는 5/4 박자와 7/4 박자와 같은 폴리 리듬을 타고 넓고 광활한 피날레로 향해 갑니다.

음악 추천 | 조민석   글 | 김소라

작곡가 | Richard Wagner
곡명 | Prelude to 《Lohengrin》
연주자 | Simon Rattle, Berliner Philharmoniker

성배의 신성함을 그려 낸 전주곡

영상 속에는 바그너의 오페라 《로엔그린》 전주곡이 흐릅니다. 작품의 제목이기도 한 '로엔그린'은 독일 중세 서사시와 문학 작품에 등장하는 영웅인데요.

공주 엘자는 텔라문트 백작과 그의 아내 오르트루트의 모함으로 동생 고트프리트를 죽였다는 누명을 씁니다. 사실 고트프리트는 오르트루트의 마법에 걸려 백조로 변한 것이었습니다. 이때 로엔그린이 나타나 엘자의 무죄를 입증하고 그녀와 결혼하는데요. 이 과정에서 엘자에게 자신의 정체를 절대 묻지 말라고 당부합니다. 하지만 주위의 꼬드김에 빠진 엘자는 서약을 깨뜨리지요. 결국 그는 성배의 기사 로엔그린이라고 밝히나 '신성한 비밀'이 밝혀졌기에 떠날 수밖에 없게 됩니다. 그는 백조를 고트프리트로 변하게 한 후 배에 오르고, 엘자는 절규하다 쓰러져 죽음을 맞이합니다.

작품의 줄거리는 매우 비극적이지만 그 시작을 알리는 전주곡은 굉장히 감미롭습니다. 이는 첫 부분에서 '성배'의 신성함을 신비롭고 아름답게 묘사한 것이라고 합니다.

영상을 추천한 조민석 첼리스트는 '쌓여 감'이라는 단어를 오케스트라로 들려주는 곡이라고 했는데요. 수많은 감정을 품에 감싸안고 천천히 일어서는 듯한 이 곡 속에 여러분의 희로애락을 모두 담아 보길 바랍니다.

음악 추천 | 유정우   글 | 안일구

브루크너
종교 음악의
결정체

작곡가 | Anton Bruckner
곡명 | 'Te Deum' in C Major
연주자 | Herbert von Karajan, Wiener Philharmoniker, Wiener Singverein 외

〈테 데움(Te Deum)〉은 가톨릭 교회에서 아주 오래된 찬송가입니다. 브루크너 외에도 드보르자크, 베를리오즈, 베르디의 〈테 데움〉 역시 유명합니다.

브루크너는 레퀴엠, 미사, 모테트 등 수많은 종교 음악을 작곡했습니다. 대부분 브루크너가 린츠에 머물던 시기에 집중적으로 작곡되었죠. 〈테 데움〉은 1881년 초고를 쓰고 1884년 개정판이 완성되었으며, 제대로 된 구성의 초연은 1886년 1월에 한스 리히터의 지휘와 빈 필하모닉 오케스트라의 연주로 이루어졌습니다.

작품은 5개 부분으로 이루어져 있습니다. 가사의 흐름에 따라 곡이 진행되지만, 브루크너 특유의 관현악 사운드는 그의 교향곡을 떠올리게 합니다. 게다가 곡의 완성 시기는 정확히 그의 교향곡 7번과 맞물려 있습니다.

브루크너가 죽기 전 공개 석상에서 마지막으로 들었던 작품이 〈테 데움〉이었다고 하는데요. 이 작품은 지금까지도 19세기 종교 음악의 최고 걸작으로 평가받습니다. 관현악법, 화성법, 합창의 사용, 종교적 경건함까지 당시 브루크너의 엄청난 능력을 〈테 데움〉이 모두 담고 있기 때문이죠. 전성기의 카라얀과 빈 필하모닉 그리고 독창과 합창의 엄청난 폭발력을 느껴 보세요.

음악 추천 | 황장원   글 | 황장원

독백이 드러내는 영혼의 외로움

작곡가 | Giuseppe Verdi
곡명 | 'Dio! Mi potevi scagliar' from 《Otello》 Act 3
연주자 | Jonas Kaufmann, Royal Opera House Orchestra, Antonio Pappano

오페라 《오텔로》(1886)는 셰익스피어 '4대 비극'의 하나인 『오셀로』를 바탕으로 한 작품으로, 이탈리아 낭만주의 오페라의 대표자인 주세페 베르디가 오랜 침묵을 깨고 내놓은 걸작입니다. 전작 《아이다》(1871)를 발표한 후로 새로운 오페라 작곡에 관심을 보이지 않던 노년의 베르디가 출판업자 줄리오 리코르디와 대본작가 아리고 보이토의 끈질긴 설득과 유혹에 넘어가 비로소 꺼내놓은 마지막 비극이자 최고의 역작이죠.

이 작품에서 베르디는 평생 연마하고 심화한 음악적 노하우, 셰익스피어 드라마를 향한 애착과 열정 등을 총동원해 오텔로의 비극적 질투와 자격지심을, 데스데모나의 애처로운 우아함을, 이아고의 지독한 악마성을 더없이 예리하게 묘파합니다. 원숙하고 절묘한 솜씨가 이루어 낸 성과와 감흥은 실로 대단해서, 아마도 『오셀로』에 기초한 수많은 무대 예술 작품들 중에서 이만큼 강렬하고 신랄하며 처절한 작품은 또 없지 않을까 싶을 정도죠.

오페라 《오텔로》는 처음부터 끝까지 명장면으로 가득합니다. 개막과 함께 강렬하게 휘몰아치는 '폭풍우 장면'과 이어지는 '오텔로의 상륙', 제1막의 피날레를 장식하는 오텔로와 데스데모나의 '사랑의 2중창', 이아고가 부르는 '권주가'와 '이아고의 신앙', 오텔로와 이아고가 함께 부르는 '복수의 2중창', 죽음을 예감한 데스데모나가 부르는 '버들의 노래'와 '아베 마리아', 그리고 아내를 죽이고 나서야 모든 진상을 알게 된 오텔로가 후회와 절망에 빠져 탄식하는 마지막 장면에 이르기까지. 때로는 매력적이고 때로는 전율적인 장면과 노래들이 거의 쉴 틈 없이 떠오르고 이어지죠.

오늘은 그중 제3막에 나오는 '오텔로의 독백' 장면을 소개합니다. '베네치아의 영웅' 오텔로는 키프로스 총독으로 부임한 직후 부하 장수 이아고의 사악한 모략에 휘말리죠. 그래서 사랑하는 아내 데스데모나가 자신의 부관인 카시오와 불륜에 빠졌다고 의심하게 됩니다. 그런 상황에서 데스데모나는 해임된 카시오를 위한 탄원을 거듭 청해서 남편의 분노를 부추기죠. 안 그래도 이아고의 거짓 고변에 흔들려 의심이 커져 가던 오텔로는 급기야 아내의 외도를 확신하기에 이릅니다. 그는 아내에게 '매춘부'라는 극언까지 퍼붓고, 데스데모나는 울며 뛰쳐나갑니다. '오텔로의 독백'은 그 뒤에 홀로 남은 오텔로가 절망에 빠져 회한을 쏟아내는 장면이죠.

영상은 2017년 런던 로열 오페라 하우스 공연 실황입니다. 독일의 스타 테너 요나스 카우프만이 오텔로로 분해 열연을 펼치는데, 당시 공연은 그의 배역 데뷔 무대이기도 했죠. 영국의 저명 연출가 키스 워너는 이 드라마의 핵심이 오텔로가 느끼는 '영혼의 외로움'에 있다고 지적합니다. 독백 장면이 시작될 때 무대 후면의 문이 닫히면서 어둠 속에 고립되는 오텔로의 모습이 그런 면을 잘 표현해 주고 있네요.

일요일의 추천 음반

유정우
음반 | Bach Partitas, BWV.825-830
연주 | Igor Levit
레이블 | Sony Music(2014)

2014년에 레빗이 녹음한 바흐 파르티타 전곡입니다. 자의적인 템포와 악상이 매우 개성적이며 대체로 낭만적인 해석입니다. '파르티타'라는 용어는 라이프치히 토마스 교회에서 바흐의 전임 칸토어였던 요한 쿠나우 이래로 모음곡과 같은 의미로 사용되었습니다. 전형적인 바로크 춤곡 모음곡으로 간주해도 됩니다. 이고르 레빗은 피아노의 장점을 최대한 활용해서 바흐의 음악 세계에 깊게 도달해 있습니다.

데얀 가브리츠
음반 | Brahms, Wolf, Mahler: Lieder
연주 | Andreas Schmidt, Cord Garben
레이블 | Deutsche Grammophon(1991)

안드레아스 슈미트는 1990년대 가장 유명한 성악가 중 한 명이었습니다. 그의 목소리는 매우 특별합니다. 브람스, 볼프, 말러의 노래가 담긴 이 음반을 통해 슈미트의 목소리와 음악성을 제대로 느껴 볼 수 있습니다. 안타깝게도 오늘은 거의 잊혀졌지만 그의 목소리는 여전히 아름답습니다.

9월 2일

음악 추천 | 데얀 가브리츠   글 | 박지혁

**완성도를 위해
순서를 바꾸다**

작곡가 | Robert Schumann
곡명 | Symphony No.4 in D Minor, Op.120
연주자 | Dima Slobodeniouk, WDR Sinfonieorchester

음악의 꿈을 놓지 못한 청년이 있습니다. 그는 어린 나이부터 작곡을 시작했고, 피아노를 배우며 책에 푹 빠져 지냈습니다. 하지만 16세에 아버지를 잃었고, 어머니가 희망하던 법대 진학을 위해 음악을 잠시 멈추게 됩니다. 그러나 그의 가슴은 여전히 음악을 향해 타오르고 있었기에 '가난하더라도 예술을 하며 행복하고 싶다'라는 편지를 어머니께 남기며 음악 인생을 시작합니다.

그 청년은 바로 낭만주의를 대표하는 작곡가 중 한 명인 로베르트 슈만입니다. 오늘 소개하는 〈교향곡 4번〉은 '교향곡의 해'라고 불리는 1841년에 탄생한 작품인데요. 초연의 반응이 좋지 않았고, 슈만 스스로도 완성도를 더 끌어올리기 위해 출판을 보류합니다. 흥미로운 사실은 10년이 지나 이 곡을 완성했을 때 〈2번 교향곡〉과 〈3번 교향곡〉이 이미 출판되어, 제목을 〈4번 교향곡〉으로 수정해야 했다는 점입니다.

음악과 사랑에 진심이던 슈만의 삶, 그리고 든든한 아내 클라라의 지지가 함께했던 시기에 작곡된 곡이라 그런지 낭만과 열정이 풍부하게 느껴집니다. 길고 서정적인 구간과 폭발적인 리듬의 구간이 악기를 넘나들며 높은 완성도를 보여 줍니다.

음악 추천 | 유정우   글 | 김소라

음악이 독일어에 마법을 부리면

작곡가 | Franz Schubert
곡명 | 'Die Forelle(The Trout)' D.550.
연주자 | Thomas Cooley, Eric Zivian

세상에서 가장 딱딱한 언어를 뽑는다면 어떤 언어를 이야기할 수 있을까요? 모르긴 몰라도 독일어는 분명 순위권에 이름을 올릴 것입니다. 하지만 그렇게 딱딱하게 느껴지는 독일어도 멜로디의 힘으로 통통 튀게 만드는 곡이 있으니, 바로 가곡 〈송어〉입니다.

〈송어〉는 낭만주의 작곡가 프란츠 슈베르트가 스무 살이 되던 해인 1817년 작곡했습니다. 오스트리아 빈 출신인 슈베르트는 가곡의 왕으로 알려져 있는데요. 그는 독일 가곡 '리트'의 창시자이기도 합니다.

문학에도 조예가 깊었던 슈베르트는 이 곡을 만들기 위해 크리스티안 프리드리히 다니엘 슈바르트의 시를 가사로 차용했는데요. 가사는 맑은 강물에서 유쾌하게 뛰노는 송어를 바라보던 나그네가 끝내 낚시꾼에게 잡힌 송어를 보고 안타까워하는 내용입니다. 슈베르트는 이 곡에서 활기차고 경쾌한 움직임으로 맑은 물속을 헤엄치는 송어의 모습을 그렸습니다.

딱딱하고 어려운 독일어마저 통통 튀고 재치 있는 언어로 만드는 음악의 마법을 느끼게 하는 〈송어〉. 그 안에 숨겨진 재치 있는 가사, 그리고 아름다운 선율과 함께 즐거운 하루를 시작하길 바랍니다.

음악 추천 | 조민석   글 | 안일구

가야금과 첼로 사이, 윤이상의 미끄러짐

작곡가 | Isang Yun
곡명 | Glissées
연주자 | Minjoung Kim

통영 국제 음악제를 필두로 많은 사람들이 작곡가 윤이상의 음악을 가까이 접하고 있습니다. 대한민국을 대표하는 작곡가지만 사실 독일과 유럽에서 윤이상 작곡가의 입지는 훨씬 더 대단합니다. 유럽의 음악사를 논하는 이들은 '윤이상의 등장은 세계 음악사의 행운이다'라고까지 말합니다.

1995년 그가 베를린에서 세상을 떠났을 때, 독일의 한 신문은 헤드라인을 통해 작곡가 윤이상을 '두 세계 사이의 중재자(Mittler zwischen Welten)'라고 평가했습니다. 윤이상은 실제 음악을 통해 여러 세계를, 과거와 미래를 연결했습니다.

첼리스트 김민정이 첼로를 위한 독주곡 〈활주(Glissées)〉를 연주합니다. 'Glissées'는 '미끄러지다' 또는 음악 용어 '글리산도'를 뜻하는 프랑스어인데요. 이 작품에서는 다른 느낌의 피치카토와 미끄러짐이 들려옵니다. 바로 국악의 가야금 소리입니다. 이 곡의 악보에는 박자표도 마디도 존재하지 않습니다. 그래서 연주자는 음표를 소리로 써내면서 그 안에 담긴 움직임과 호흡을 띠끼기며 연주해야만 하죠. 우리 음악의 다채롭고 변화가 많은 움직임을 서양 악기를 대표하는 첼로 연주로 따라가 보세요.

음악 추천 | 데얀 가브리츠   글 | 김소라

작곡가 | Wolfgang Amadeus Mozart
곡명 | Mozart Piano Concerto 9 E-flat Major
연주자 | Maria João Pires, BRSO

투명한 눈망울이 음악으로 흐를 때

모차르트 스페셜리스트를 뽑자면 영상에 등장하는 마리아 주앙 피르스를 빼놓을 수 없습니다. 그녀는 일견 어린아이처럼 순수한 눈동자와 선한 눈매로 다가오지만 무려 1944년생으로 2024년 현재 80세 생일을 맞은 거장입니다. 그녀는 지난 2007년 포르투갈의 공영 방송국이 선정한 '가장 위대한 포르투갈인 100명'에 이름을 올렸을 정도로 전 세계에서뿐만 아니라 조국 포르투갈에서도 큰 사랑을 받고 있습니다.

피르스는 리스본 출생으로 3세에 연주를 시작했고 7세에 모차르트 피아노 협주곡을 공연할 정도로 신동이었다고 하는데요. 9세에 포르투갈에서 권위 있는 젊은 음악가 상을 수상했으며 1970년 브뤼셀에서 열린 베토벤 탄생 200주년 기념 콩쿠르 우승을 계기로 국제 무대에 데뷔합니다.

가브리츠 선생님은 피르스가 손이 작은 까닭에 브람스 이후의 레퍼토리를 거의 연주하지 못한다고 귀띔했는데요. 그럼에도 불구하고 음악이 얼마나 아름다운지를 항상 일깨워 주는 연주자라며 최고의 찬사를 덧붙였습니다.

피르스의 호수와도 같은 맑고 투명한 눈망울이 건반을 타고 흐르는 듯한 모차르트 피아노 협주곡 9번을 바이에른 방송 교향악단의 연주로 만나 보세요.

 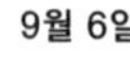

음악 추천 | 유정우   글 | 안일구

음악이 주는 살아 숨 쉬는 기쁨

작곡가 | Wolfgang Amadeus Mozart
곡명 | 'Pa-Pa-Pa-Papagena' from 《Die Zauberflöte》
연주자 | Huw Montague Rendall, Elisabeth Boudreault

'당신은 이제 내 사람이 되었나요?'

'이제 당신의 사람이 되었어요'

모차르트의 오페라 《마술피리》는 어쩌면 작품성 측면에서는 《돈 조반니》나 《피가로의 결혼》에 밀릴지도 모릅니다. 그렇지만 아리아 하나하나의 아름다움과 독창성은 가히 최고라고 생각합니다. 무시무시한 밤의 여왕의 아리아 '지옥의 복수심이 내 마음속에 끓어오르고', 파파게노의 첫 번째 아리아 '나는 새잡이'는 클래식 음악 자체를 대표하는 명곡이기도 하죠. 저는 사랑과 행복이 떠나 버렸음을 직감하는 파미나의 '아, 나는 느껴지네'를 자주 듣습니다.

관객들이 가장 기다리는 아리아 중에는 분명 이 곡이 있을 것입니다. 바로 파파게노가 파파게나를 만나 부르는 이중창 '파-파-파-파파게나'인데요. 모차르트의 음악이 주는 강력한 힘은 여기서도 증명됩니다. 가사는 단순하고 길이도 2분 30초 남짓이지만 살아 숨 쉬는 최고의 기쁨이 담겨 있습니다.

영상에서는 전 세계 오페라 씬에서 주목하는 두 성악가의 엄청난 음악성과 연기력도 감상할 수 있습니다. 두 사람의 노래는 '파-파-파'를 뱉으며 시작하는데요. 이 짧은 음절에서부터 두 사람의 애틋한 감정을 느낄 수 있습니다.

음악 추천 | 황장원   글 | 황장원

블롬슈테트가
들려주는 브루크너

작곡가 | Anton Bruckner
곡명 | Sinfonie Nr.6 A-Dur
연주자 | NDR Elbphilharmonie Orchester, Herbert Blomstedt

브루크너의 교향곡 가운데 제6번, A장조 교향곡은 종종 비(非) 브루크너적인 작품으로 거론되곤 합니다. 브루크너 교향곡을 특징 짓는 대표적인 수법들이 희석되어 있기 때문이죠. 이를테면 브루크너다운 심각하고 장중한 표정이 상당 부분 유화되어 있고, '게네랄파우제(Generalpause, 모두 쉼표)'로 악상을 구분 짓는 이른바 '브루크너 휴지(休止)'도 별로 나타나지 않으며, 현악의 긴 트레몰로로 곡을 시작하는 '브루크너 개시(開始)'도 조금 다른 방식으로 나타납니다.

하지만 그럼에도 불구하고 이 곡은 뼛속까지 브루크너의 작품입니다. 도처에서 '브루크너 리듬'이 나타나고, 금관 악기의 사용법이나 오케스트라 전체에서 오르간풍의 장려한 음향을 이끌어 내는 수법도 그의 전매특허 그대로죠. 그런가 하면 작품 전반에서 두드러지는 평온한 분위기와 밝은 색채, 쾌활한 표정 등 이 곡 특유의 성격은 'A장조'라는 주조성에서 기인하는데, 브루크너가 교향곡에서 취한 주조성의 변천 과정을 짚어 보면 '제3번'까지 단조로 일관하다가 '제4번'부터 '제7번'까지는 장조에 집중했죠. 다시 말해 이 곡은 '제4번'으로 새로운 장을 열고 '제5번'에서 한 차례 정점에 도달한 그가 후기 교향곡(제7번~제9번)이라는 새로운 차원의 문을 열기 위해 이전과는 다른 방향을 모색하던 시기의 작품으로 규정할 수도 있겠습니다.

오늘은 이 교향곡의 중간 두 악장을 들어 봅니다. 먼저 제2악장(51

분 18초부터)은 브루크너가 쓴 느린 악장 중에서는 짧은 축에 들지만, 그래도 통상 연주 시간이 15분을 넘기는 악장입니다. 유려하고 온화한 흐름에 모종의 기품이 서려 있고, 브루크너 교향곡의 악장 중에서 가장 따스하고 풍부한 인간미를 자아내는 곡이기도 하죠. 누군가는 이 악장의 제2주제를 두고 '삶을 영위하는 자의 행복감을 노래한 것'이라고도 했는데, 빈 대학에서 연봉을 받기 시작하고 스위스로 휴가를 다녀오기도 하면서 급속히 호전되던 당시 브루크너의 생활상을 떠올리면 그럴듯한 해석입니다. 제3악장(1시간 8분 34초부터)은 브루크너 특유의 랜틀러(3박자의 오스트리아-독일 민속 무곡) 리듬에 기초한 스케르초 악장입니다. 그가 남긴 스케르초 중 가장 아름다운 하나로 손꼽히는데, 특히 중간의 C장조 트리오에서 나타나는 색채적이고 환상적이며 깊은 미감을 머금은 흐름이 일품이죠.

영상은 헤르베르트 블롬슈테트와 NDR 엘프필하모니 오케스트라의 함부르크 공연 실황입니다. 현역 최고령 지휘자로 유명한 블롬슈테트는 젊은 시절부터 브루크너 전문가로 입지를 다졌습니다. 특히 드레스덴 슈타츠카펠레, 라이프치히 게반트하우스 오케스트라와 남긴 브루크너 리코딩은 굴지의 명연으로 손꼽히죠. 이 영상에서도 군더더기 없는 표현으로 작품의 정수를 자연스럽게 드러내는 그의 원숙한 해석이 돋보입니다.

일요일의 추천 음반

데얀 가브리츠
음반 | Granados: Spanish Dances
연주 | Angela Hewitt
레이블 | CBC(2000)

엔리케 그라나도스의 작품을 들어 본 적 있나요? 안젤라 휴이트의 피아노 연주는요? 없다면 이 음반을 한 번 들어 보세요. 그라나도스의 작품은 언제나 따뜻한 햇살을 머금은 듯 사람의 마음을 포근하게 감싸 줍니다. 더군다나 안젤라 휴이트와 같은 피아니스트의 해석으로 듣는다는 것은 아주 큰 즐거움입니다. 시대와 문화권을 가리지 않고 거의 모든 레퍼토리에서 휴이트는 탁월한 연주를 들려줍니다. 그라나도스의 음악을 온전하게 즐겨 보세요.

유정우
음반 | Dvořák: Symphonies Nos.7, 8, 9
연주 | Semyon Bychkov, Czech Philharmonic Orchestra
레이블 | Pentatone(2024)

체코 필하모닉과 비치코프가 만난 이후 그들의 호흡은 최고의 음반으로 증명되고 있습니다. 드보르자크의 7번, 8번, 9번 교향곡과 더불어 '카니발 서곡', '자연의 왕국', '오텔로'까지 수록되어 있습니다. 우리에게 익숙한 8번, 9번 교향곡 연주도 물론 좋지만 다소 덜 알려진 7번 교향곡의 매력이 정성껏 담겨 있습니다. 지휘자 비치코프는 악단의 실력과 음색을 적극 활용해서 드보르자크 음악의 핵심을 제대로 꿰뚫고 있습니다.

음악 추천 | 데얀 가브리츠　　글 | 박지혁

포르테피아노의 매력을 살린 하이든 소나타

작곡가 | Franz Joseph Haydn
곡명 | Piano Sonata No.59 in E-flat Major, Hob. XVI:49
연주자 | Ronald Brautigam

하이든의 피아노 소나타가 작곡될 무렵에는 건반 악기의 발전이 함께 이뤄지고 있었습니다. 바로크 시대에 주로 연주되던 하프시코드는 '강약 조절이 가능한 하프시코드'인 포르테피아노로 대체되며 작곡가들은 더욱 폭넓은 음악을 작곡할 수 있었죠.

그 시기에 작곡된 하이든의 〈피아노 소나타 59번〉을 소개합니다. 이 곡은 하이든의 친구인 마리아 안나 폰 겐징거에게 헌정된 곡인데요. 아마추어 음악가였던 그녀는 이 곡을 마음에 들어 했지만, 왼손이 오른손을 넘어 연주되는 핸드 크로싱 부분을 '익숙하지 않은 기술이라 나에겐 어렵다'라며 잘 소화해 내지 못했다고 합니다. 10분 19초경 시작되는 이 구간은 2악장에서 분위기를 반전시키는 중요한 구간이고, 특히나 고악기를 잘 다루는 피아니스트 로널드 브라우티갬이 완벽하게 연주하며 하이든이 구상했던 음악을 고스란히 들려주네요.

포르테피아노는 연주자의 터치에 따라서 다양한 볼륨을 연주할 수 있고, 현대 피아노보다 부드럽다 보니 소리를 지속하는 힘이 조금 약해도 악센트와 같은 강조 음은 더 잘 들린다고 합니다. 현대의 피아노보다 더 따뜻하고 어두운 음색을 가지고 있어서 그런지 어느새 귀가 편안해지고 강약의 대비가 뚜렷하게 느껴집니다.

음악 추천 | 유정우   글 | 김소라

별이 된 이 시대 최고의 테너

작곡가 | Giacomo Puccini
곡명 | 'E lucevan le stelle' from 《Tosca》
연주자 | Luciano Pavarotti

과연 이 사람을 빼놓고 오늘날의 성악을 이야기할 수 있을까요? 영상의 주인공은 1935년 이탈리아에서 태어나 20세기 성악가의 대명사로 불리다 2007년 하늘의 별로 돌아간 루치아노 파바로티입니다.

파바로티는 플라시도 도밍고, 호세 카레라스와 함께 '세계 3대 테너'로 불렸습니다. 1990년 로마 월드컵 결승전 전야제에서 시작된 쓰리 테너 콘서트의 열기가 2001년 한국 잠실 올림픽 주경기장으로 옮겨졌을 때, 파바로티의 풍부한 성량은 사람들을 무대와 TV 앞으로 홀린 듯 인도했었죠.

파바로티는 음악을 좋아했던 아버지 덕분에 어린 시절부터 명반을 들으며 자랐습니다. 고교 졸업 후, 그는 공부나 운동을 계속해 교사가 될지, 자신의 재능을 살려 성악가가 될지 고민했다고 하는데요. 어린 시절 음반으로만 접하던 당대 이탈리아 최고의 테너 베니아미노 질리를 직접 만난 경험이 성악가를 택하는 데 결정적인 계기가 되었습니다.

지금 보시는 영상은 1978년 메트 오페라에서 파바로티가 푸치니의 오페라 《토스카》 속 '별은 빛나건만'을 노래하는 장면인데요. '신이 내린 목소리'라 불렸던 이 시대 최고의 테너 파바로티, 그의 감정선과 한계가 없는 듯한 호흡에 주목해 《토스카》 속 최고의 아리아를 감상해 보세요.

부상을 딛고
축제로

음악 추천 | 조민석   글 | 김소라

작곡가 | Pablo de Sarasate
곡명 | Introduction et Tarantelle
연주자 | Maxim Vengerov

'타란텔라'는 이탈리아 나폴리 지방의 춤곡을 의미하는데요. 이탈리아 도시 타란토에서 유래되었다는 설과 독거미 '타란툴라'한테 물렸을 때 이 춤을 춰야 치료가 된다는 민간 요법에서 유래되었다는 설이 있습니다.

독거미가 등장하는 무시무시한 유래와는 다르게 연주자들의 표정과 선율은 너무나 온화하고 감미롭습니다. 그런데 무대 중앙에 선 바이올리니스트, 처음에는 지휘하는 듯하더니 어느덧 곡의 주선율을 맡으며 현란하게 연주를 이끌어 가고 있네요.

그는 바로 러시아 출신의 이스라엘 바이올리니스트이자 지휘자인 막심 벤게로프인데요. 벤게로프는 1974년 오보이스트인 아버지 알렉산드르와 합창단 지휘자인 어머니 보리소프나의 외아들로 태어나 10세에 국제 콩쿠르에서 우승하며 바이올린으로 세상에 이름을 알렸습니다. 그러던 중 2007년에 팔 부상을 당해 갑작스레 은퇴하고 지휘자의 길을 걷게 되는데요. 2011년에 재활에 성공해 다시 바이올리니스트로도 활동하게 되었습니다.

조민석 첼리스트는 바이올린을 몇 년이나 쉬다 돌아온 사람의 연주인가 싶을 정도로 환상의 밸런스를 보여 준다고 했습니다. 부상을 딛고 일어선 벤게로프의 아름답고 환상적인 축제의 선율을 즐겨 보세요.

음악 추천 | 데얀 가브리츠   글 | 박지혁

작곡가 | Ludwig van Beethoven
곡명 | String Quartet No.8 in E Minor, Op.59, No.2
연주자 | Gewandhaus Quartett

교향곡급의 현악 4중주

베토벤은 러시아 대사 안드레아스 라주모프스키 백작의 화려한 궁전에 어울릴 만한 곡을 의뢰받고, 〈라주모프스키 4중주〉 세 곡을 작곡합니다. 하지만 〈라주모프스키 4중주〉는 유쾌했던 초기 현악 4중주와 달리 6년간 귓병 악화로 인한 심경 변화를 담게 되었죠. 베토벤은 함께 즐기기 위한 곡보다는 본인의 자아실현을 위한 진중한 곡을 작곡합니다.

남을 위한 음악이 아닌 자신의 확고한 독창성을 펼치기 위해 곡을 쓰게 된 베토벤은 '미래의 청중을 위해 작곡했다'라는 말을 남겼습니다. 정확하게도 현대에는 〈라주모프스키 4중주〉가 교향곡에 맞먹는 규모를 가졌다는 평을 받고 있죠.

그중 2번 곡은 다른 곡보다는 서정적인 표현이 돋보이고, 음악의 호흡을 길게 끌어갑니다. 독주와 오케스트라 사이에서 굳건히 자리를 지키며 연주되는 현악 4중주의 매력은 무엇일까요? 바로 최소의 악기로 최대의 음악적인 효과를 낼 수 있는 점입니다. 웅장한 오케스트라에서는 선명하게 듣지 못했던 고음, 중음, 저음의 변화를 베토벤은 결단력 있게 작곡하며 매력을 극대화합니다. 유서 깊은 독일 게반트하우스 오케스트라 콰르텟의 베토벤 연주를 즐겨 보세요.

세계 무대를
접수한
한국의 바리톤

음악 추천 | 유정우　**글 |** 김소라

작곡가 | Various Artists
곡명 | Queen Elisabeth Competition 2023, Final
연주자 | Taehan Kim

한 청년이 긴장된 모습으로, 하지만 입가에는 미소를 머금은 채 무대로 걸어 들어옵니다. 그리고 어느새 진지해진 표정과 함께 중후한 목소리가 홀 전체에 울려 퍼집니다.

영상은 2023년 퀸 엘리자베스 콩쿠르의 파이널 무대인데요. 영상 속 청년은 바리톤 김태한입니다. 그는 퀸 엘리자베스 콩쿠르에서 아시아 남성 성악인 최초로 우승했는데요. 2000년생, 22세로 최연소 우승자로도 기록되었습니다.

무대에서 그는 여러 작품을 이어 불렀습니다. 첫 곡 '저녁별의 노래'가 사랑하는 여인의 죽음을 예감하고 그 영혼이 평안하기를 기원하는 슬픈 곡이라면 바로 이어지는 말러의 연가곡 〈젊은이의 노래〉 중 '타는 듯한 단검으로'는 힘 있고 박진감이 넘칩니다. 코른골트의 오페라 《죽은 도시》에 등장하는 아리아 '나의 갈망, 나의 망상'에 베르디 오페라 《돈 카를로》 중 '아, 나는 죽더라도 행복하오'까지. 모두 다른 곡이지만, 작품 전체를 꿰뚫는 듯한 해석과 음악성이 놀라울 따름입니다.

올해에는 소프라노 조수미가 심사 위원으로 참여해 김태한의 우승을 더욱 빛내 주었죠. 이 멋진 청년이 또 다른 대한민국 대표 성악가로, 세계적인 바리톤으로 꾸준히 성장하기를 기원하며 영상을 즐겨 보세요.

음악 추천 | 황장원   글 | 황장원

작곡가 | Anton Webern
곡명 | Passacaglia, Op.1
연주자 | WDR Sinfonieorchester, Jukka-Pekka Saraste

새로운 출발점에 드리운 죽음의 그림자

안톤 베베른은 아르놀트 쇤베르크, 알반 베르크와 더불어 '제2 빈 악파'로 불리는 오스트리아의 작곡가 겸 지휘자입니다. 쇤베르크 문하에서 동문수학했던 베르크가 스승의 낭만적 면모를 계승했다면, 베베른은 스승의 고전적 면모를 계승한 작곡가로서 쇤베르크가 정립한 '12음 기법' 이론을 완고하게 적용하면서 철저한 경제성과 극단적 집중을 추구했습니다.

베베른은 1904년 가을에 쇤베르크의 제자로 입문하여 1908년까지 정기적인 레슨을 받았습니다. 〈파사칼리아〉는 그가 쇤베르크의 지도를 받으며 작곡한 마지막 작품인데, 말하자면 그의 졸업 작품이었죠. 4년간에 걸친 레슨의 성과가 두루 반영되었을 뿐만 아니라 그만의 독자적인 음악적 특질도 선명하게 드러난 이 곡에 공식적인 첫 작품을 의미하는 'Op.1'이라는 작품 번호가 붙은 것은 필연입니다.

이 곡은 베베른의 초창기 작품이기 때문에 그의 성숙기 작품들과는 여러모로 다릅니다. 일단 'd단조'라는 조성이 설정되어 있고, 음조와 화성이 풍부하고 텍스처도 복잡하며 연주 시간도 10분 정도로 꽤 긴 편이죠. 다만 주된 조성이 정해져 있다고는 해도 반음계적으로 자유롭게 변화하고 확장되는 양상이 두드러지는데, 이는 스승 쇤베르크의 작품 가운데 특히 '실내 교향곡(Op.9)'의 영향으로 볼 수 있습니다. 그런가 하면 관현악의 텍스처를 실내악적 투명성의 관점에서 다룬다는 면에서는 구스타프 말러의 후기 작품의 영향이 엿보입니다. 또 주제의 고안, 구조의 설계, 미묘한 오케스트레이션 등의 면에서는 성숙기 작품과 일맥상통하는 경향이 이미 나타나고 있죠.

곡은 현악의 피치카토로 제시되는 8마디 주제와 20여 개의 변주로 이루어진 파사칼리아입니다. '파사칼리아'란 원래 바로크 시대에 유행했던 변주곡으로서 저음 선율이 반복되는 가운데 변주가 진행되는 것이 특징이죠. 베베른은 이 곡을 쓰면서 브람스의 '교향곡 제4번 e단조'의 유명한 파사칼리아 악장(피날레)을 참고한 것으로 알려져 있는데요. 그 곡과 마찬가지로 이 곡에도 죽음의 그림자가 드리워 있습니다. 베베른은 베르크에게 보낸 편지에서 이 곡이 어머니의 죽음과 연계되어 있다고 고백한 바 있죠.

베베른의 어머니 아말리는 피아니스트이자 뛰어난 가수였습니다. 그는 어머니에게 피아노를 배웠고 어머니와 함께 오페라 악보를 보고 노래하며 음악적 소양을 키웠죠. 어린 시절 크리스마스에는 어머니로부터 드럼, 트럼펫, 바이올린을 선물 받기도 했습니다. 어머니는 그에게 스승이자 멘토였고 첫사랑이었습니다. 그런 어머니가 1906년에 당뇨병으로 세상을 떠났을 때 그는 스물두 살 청년이었습니다. 하늘이 무너져 내렸고, 남은 인생 내내 트라우마에 시달렸죠. 이 곡에서 감지되는 표현주의적 열기는 어머니의 죽음에 대한 그의 강박 관념에서 비롯된 것이라고 할 수 있습니다.

일요일의 추천 음반

유정우
음반 | Mahler: Symphony
연주 | Claudio Abbado, Berliner Philharmoniker
레이블 | Deutsche Grammophon(1991)

녹음한 지 오랜 시간이 지났지만 여전히 말러 교향곡 1번 음반을 이야기할 때 첫 번째로 꼽는 음반입니다. 아바도는 말러라는 작곡가를 알린 대표적인 음악가죠. 카라얀 시대에는 자주 연주되지 못했고 관객에게도 생소했던 말러 교향곡들이 1990년대부터 아바도와 같은 지휘자를 통해 자주 소개되었습니다. 특히 교향곡 1번 음반에서 아바도는 모든 악장에 녹아 있는 말러의 다양한 캐릭터를 뛰어난 연주자들과 함께 거침없이 꺼내 놓고 있습니다.

데얀 가브리츠
음반 | Baroque Harp
연주 | Naoko Yoshino
레이블 | Decca(1998)

하프의 매력에 빠져 보고 싶다면 이 음반을 추천합니다. 나오코 요시노는 우리 시대를 대표하는 뛰어난 하피스트입니다. 니콜라우스 아르농쿠르, 기돈 크레머, 오렐 니콜레 등 대단한 아티스트들과 함께 연주하기도 했지만, 그녀의 솔로 음반만 살펴봐도 엄청난 레퍼토리를 자랑합니다. 1998년 나온 이 음반에는 아주 잘 알려진 파헬벨의 캐논 같은 곡도 있지만 일반 애호가들에게는 생소한 앙투안 프란시스크의 작품도 있습니다.

참다운 스승은
또 다른 스승을
낳고

음악 추천 | 데얀 가브리츠   **글** | 김소라

작곡가 | Sergei Rachmaninoff
곡명 | Barcarolle from Suite for two pianos No.1
연주자 | Sergei Babayan, Daniil Trifonov

따로 또 같이, 무대 위에서 열정적으로 연주를 펼치는 이들은 다닐 트리포노프와 세르게이 바바얀입니다. 이들은 사제지간으로 수염을 멋지게 기른 트리포노프의 맞은편에 자리한 바바얀은 '피아니스트의 멘토'로 불리죠. 우리나라와도 인연이 깊어 부소니 국제 콩쿠르 준우승자 김도현, 부소니 국제 콩쿠르 우승자 고려인 피아니스트 아르세니 문 등 차세대 피아니스트들이 인생 스승으로 꼽기도 했습니다.

한 인터뷰에서 바바얀은 방황의 시기, 아버지가 주신 라흐마니노프의 음반과 그의 스승 덕분에 마음을 다잡을 수 있었다고 했는데요. 이 영상은 제자에서 이제는 최고의 파트너가 된 트리포노프와 함께하고 있죠. 라흐마니노프 탄생 150주년이었던 2023년에 도이치그라모폰과 녹음한 음반 중 한 곡입니다.

음악의 힘 덕에 방황을 이겨 내고, 어느새 그 힘으로 후배들을 이끄는 바바얀의 삶이 라흐마니노프의 선율에 실려 와 더욱 아름답게 느껴지는데요. 마음을 녹이는 특유의 터치와 사유로운 해석이 돋보이는 사제의 연주를 들으며 각자의 '인생 스승'을 떠올리길 바랍니다.

음악 추천 | 유정우　글 | 안일구

입이 떡 벌어지는 리코더 연주

작곡가 | Antonio Vivaldi
곡명 | Recorder Concerto in C Major, RV.443
연주자 | Bremer Barockorchester, Dorothee Oberlinger

같은 관악기인 플루트를 전공한 저도 리코더에 대해서는 자세히 알지 못했습니다. 그러나 이런 분들의 연주를 접할 때마다 리코더의 음악 세계가 얼마나 넓은지 새삼 깨닫게 됩니다. 도로테 오베를링거는 세계 최고의 리코더 연주자 중 한 명으로 여겨집니다. 2004년에는 잘츠부르크 모차르테움의 교수로 임명되었죠.

그녀가 연주하는 곡은 비발디 특유의 화려하면서도 고풍스러운 음악이 담긴 작품 번호 443입니다. 피콜로플루트로도 많이 연주되는 곡인데 가볍고 다채로운 기교가 인상적이죠. 오베를링거는 이 곡을 통해 색다른 해석, 화려한 꾸밈음, 그리고 템포의 유연함과 함께 엄청난 음악성을 드러냅니다.

1악장을 듣자마자 곡 전체가 아름다운 새소리로 가득해집니다. 2악장에서 한 번은 악보대로, 반복할 때는 다채로운 꾸밈음과 프레이즈를 보여 주는데 놀라울 정도로 창의적입니다. 3악장에서는 화려함과 그녀만의 해석이 절정에 달합니다.

함께 연주하는 단체는 브레멘의 바로크 오케스트라입니다. 창단된 지 얼마 되지 않은 오케스트라지만 이미 음반, 교육 프로그램, 다양한 연주 프로그램을 통해 찬사를 받고 있습니다.

필립 글래스와
발레 음악

음악 추천 | 조민석   **글** | 박지혁

작곡가 | Philip Glass
곡명 | Double Concerto for Violin and Cello
연주자 | Gidon Kremer, Giedre Dirvanauskaitė

오케스트라 곡 중 발레를 통해서 큰 발전을 이룬 작품들이 있습니다. 대표적으로 차이콥스키, 스트라빈스키, 그리고 프로코피예프의 곡이 있는데요. 소개하는 곡은 필립 글래스의 〈바이올린과 첼로를 위한 이중 협주곡〉입니다.

오케스트라를 발레 음악으로 사용하던 작곡가와는 달리, 필립 글래스는 바이올린과 첼로로 독특한 발레 음악을 만들었는데요. 이 협주곡은 솔 레옹과 폴 라이트풋의 발레 '백조의 노래'를 위해 네덜란드 무용극장(NDT)의 의뢰를 받아 작곡되었습니다. 언젠가 바이올린과 첼로를 위한 이중 협주곡을 작곡하고 싶었던 그에게는 이 작업이 곡을 세상에 꺼내 놓을 완벽한 기회였다고 합니다.

협주곡은 솔로 연주자가 오케스트라와 대립하거나 조화롭게 합주하거나 둘 중 하나였지만, 글래스는 아예 다른 구조를 만들어 새로운 형태의 협주곡을 보여 줍니다. 이 곡에는 4개의 듀엣과 3개의 오케스트라 합주가 있는데요. 듀엣을 마치면 오케스트라와 함께 연주하고, 곡의 마지막은 듀엣으로 마무리됩니다.

특히 23분경부터 시작되는 세 번째 파트는 미니멀리스트의 작품답게 반복되는 리듬으로 사람들의 귀를 매혹하고 흥겨운 에너지를 전해 줍니다.

음악 추천 | 데얀 가브리츠   글 | 박지혁

미하일 글린카의
대표적인 서곡

작곡가 | Mikhail Glinka
곡명 | Overture from 《Ruslan and Lyudmila》
연주자 | Paavo Järvi, Orchestre de Paris

미하일 글린카의 《루슬란과 류드밀라》 서곡은 완성도 높은 음악으로 음악회에서 자주 연주됩니다. 서곡의 첫 선율을 어디선가 들어 보았을 것 같은데요. 그에 비해서 작곡가와 곡에 대한 정보는 많이 알려지지 않았습니다.

미하일 글린카는 러시아 고전 음악의 아버지로 여겨집니다. 그는 러시아 국민악파의 창시자로 민족의 정서와 특색을 살려 음악에 담아냈죠. 또한 후대 러시아 5인조에 많은 영향을 주었다고 알려질 만큼 러시아 음악사에서 중요한 위치를 차지하고 있습니다.

오페라 《루슬란과 류드밀라》에는 사악한 마법사 체르노모르에게 납치당한 약혼자 류드밀라를 구하는 루슬란의 이야기가 담겨 있는데요. 글린카는 관현악기에 화려한 선율을 빠르게 교차하며 우여곡절의 이야기를 표현했습니다.

더 나아가 조성이 없는 온음 음계를 사용해 4분 32초경부터 떠다니는 느낌과 환상적인 분위기를 만들어 내죠. 마치 이야기에서 나올 마법을 예고하는 듯합니다. 파보 예르비와 파리 오케스트라의 날렵하고 가벼운 연주를 즐겨 보세요.

음악 추천 | 유정우   글 | 김소라

피아노의
도스토옙스키가
그리는 파르티타

작곡가 | Johann Sebastian Bach
곡명 | Partita No.1 in B-flat Major, BWV.825
연주자 | Grigory Sokolov

한 매체에서 '피아노의 도스토옙스키'라고 표현할 정도로 소콜로프는 현존하는 가장 위대한 피아니스트 중 한 명입니다. 더불어 아직까지 한 번도 내한하지 않아 클래식 팬들 사이에서는 '한국에서 만나고 싶은 연주자'이기도 하죠.

그가 연주하는 곡은 바흐의 파르티타 1번인데요. '파르티타'는 바로크 시대에 쓰던 악곡 형식으로 본래는 변주곡을 이르는 말이었으나 나중에는 모음곡을 뜻하게 되었습니다.

지금 듣는 곡이 포함된 《건반 악기를 위한 파르티타》는 바흐의 작품 번호 825번에서 830번까지에 걸쳐 있는데요. 이는 바흐가 1726년부터 개별적으로 출판한 후 6개의 건반 악기 모음곡을 엮어 낸 모음집입니다.

유정우 선생님은 소콜로프의 파르티타를 '손끝에서 나오는 터치 자체로 예술이 되는 연주'라고 표현했습니다. 모든 레퍼토리를 믿을 수 없이 연주하는 피아니스트이지만 특히 바흐는 더 놀랍다고 덧붙이며 6개 춤곡의 느낌이 은근히게 견뎌지는, 편안히면서도 경이로운 연주라고 말했습니다.

바흐의 온화한 선율과 건반 위를 뛰노는 듯한 소콜로프의 터치가 어우러져 마음을 가득 채웁니다.

음악 추천 | 황장원   글 | 황장원

탄생 150주년, 구스타브 홀스트

작곡가 | Gustav Holst
곡명 | The Planets, Suite for Grand Orchestra, Op.32
연주자 | Andrew Manze, NDR Radiophilharmonie

구스타브 홀스트는 레이프 본 윌리엄스와 더불어 영국의 근대 음악을 대표하는 작곡가 중 한 명입니다. 홀스트는 런던의 왕립 음악원에서 수학했고 졸업 후에는 한동안 트롬본 연주자로 활동했습니다. 하지만 서른 살 무렵에 덜위치 여학교의 음악 교사로 부임하면서 평생 지속할 교직에 투신하게 되죠. 그 후로 그는 세인트 폴 여학교의 음악 감독과 몰리 칼리지의 음악 감독 등을 역임했고, 작곡 활동은 주로 주말과 공휴일을 활용해서 이어 나갔습니다.

홀스트의 작품은 바그너와 슈트라우스를 위시한 독일 낭만주의의 기반 위에 그리그의 서정주의, 라벨의 세밀한 리듬과 정교한 관현악법, 그리고 친구 본 윌리엄스와 함께 수집하고 연구했던 영국 가요의 곡조 등이 결합되어 형성되었습니다. 또 힌두교의 영적 세계와 신비주의에 대한 관심도 큰 영향을 미쳤지요. 그의 주요 작품들로는 관현악 모음곡 〈행성〉, 현악 합주를 위한 〈세인트 폴〉, 교향시 〈이그던 황야〉, 합창곡 〈예수〉, 〈제1 합창〉, 오페라 《사비트리》 등이 있는데, 이 가운데 가장 널리 알려진 대표작은 역시 〈행성〉입니다.

1914년부터 1917년까지 작곡된 〈행성〉은 홀스트의 풍부한 상상력과 탁월한 관현악 기법이 최고조로 발휘된 회심의 역작입니다. 여기 포함된 일곱 곡에는 태양계의 행성들에서 유래한 제목들이 붙어 있는데요. 지구가 제외된 이유는 작품의 아이디어가 천문학

적이라기보다는 점성학적 관심에서 비롯되었기 때문이라고 합니다. 그런가 하면 1930년에야 발견된 '명왕성'은 애초에 고려 대상이 될 수 없었죠. 홀스트는 명왕성의 존재를 죽기 4년 전에 알았지만 별다른 관심을 보이지 않았다고 합니다.

한편 홀스트는 일곱 곡에 행성의 이름에 더하여 특정한 이미지를 환기하는 부제를 덧붙였습니다. '화성, 전쟁을 부르는 자', '금성, 평화의 전령', '수성, 날개 달린 전령', '목성, 쾌락을 부르는 자', '토성, 노년의 전령', '천왕성, 마법사', '해왕성, 신비주의자' 등이죠. 이 가운데 일부는 '현대 점성술의 아버지'로 불리는 앨런 레오가 펴낸 소책자 『점성술이란 무엇인가?』에서 차용한 것으로 알려져 있지만, 수성과 해왕성의 경우를 제외한 나머지는 점성학과 무관하게 홀스트 자신이 붙인 것입니다. 게다가 그는 곡들의 순서 역시 태양계 행성들의 순서와는 달리 배열했습니다. 덕분에 우리는 이 곡을 들으며 세상의 사건, 인생의 단계, 신화나 전설 등을 떠올리며 자유롭고 다채로운 상상력을 발휘할 수 있죠.

홀스트는 이 작품에서 본인의 작풍에 더해 쇤베르크, 림스키코르사코프, 글라주노프, 스트라빈스키 등 근대 음악 거장들의 영향을 두루 반영했고, 결과적으로 이 작품 덕에 국제적 명성을 얻었습니다. 나아가 이 작품은 할리우드 영화 음악을 비롯한 '우주'를 다룬 음악 작품들의 효시로 간주되기도 하지요. 오늘은 영국의 지휘자 겸 바이올리니스트 앤드류 맨지의 지휘로 감상해 볼까요.

일요일의 추천 음반

데얀 가브리츠
음반 | Bach
연주 | Thomas Dunford
레이블 | Alpha(2018)

최근 가장 각광받는 류트 연주자 토마스 던포드의 솔로 음반입니다. 그는 바흐의 첼로 모음곡이나 바이올린을 위한 파르티타 중 샤콘느처럼 다른 악기를 위한 솔로 곡을 류트 한 대로 표현하고 있는데요. 사실 류트는 첼로나 바이올린보다 더 많은 현을 가지고 있기 때문에 풍성한 화성을 만들어 낼 수 있습니다. 게다가 던포드에 의해 차분하고 따뜻하게 연주되는 류트 소리는 깊은 울림과 새로운 감정을 만들어 냅니다.

유정우
음반 | Strauss: Metamorphosen, Tod und Verklärung
연주 | Herbert von Karajan, Berliner Philharmoniker
레이블 | Deutsche Grammophon(1983)

슈트라우스 만년의 곡 중 하나인 〈변용〉을 추천합니다. 1943년 연합군의 폭격으로 고향 뮌헨 국립 오페라 극장이 파괴된 뒤 〈뮌헨을 위한 애도〉로서 구상된 이 작품은 1945년, 드레스덴과 빈 극장들의 연이은 파괴를 지켜보며 도시들을 위한 추모곡으로 발전했습니다. 베토벤 교향곡 3번 〈영웅〉 2악장 장송 행진곡과 바그너 《트리스탄과 이졸데》의 모티브들이 곳곳에 숨어 있기도 합니다. 1983년의 카라얀과 베를린 필하모닉은 압도적인 음향을 뿜어냅니다.

음악 추천 | 조민석　글 | 김소라

베토벤이 바이올린으로 그린 봄

작곡가 | Ludwig van Beethoven
곡명 | Violin Sonata No.5 in F Major Op.24 'Spring'
연주자 | David Oistrakh, Lev Oborin

흑백 화면 위로 익숙한 선율이 울려 퍼집니다. 베토벤의 바이올린 소나타 5번 '봄'인데요. 이 아름다운 이름은 베토벤 사후에 붙여졌습니다. 베토벤의 소나타는 대체로 어두운 분위기를 띠고 있기에, 이 곡에 담긴 소중하고 밝은 행복감이 더욱 귀하게 다가오네요.

이 곡을 추천한 조민석 첼리스트는 놀랍게도 베토벤이 청력을 상실해 가는 와중에 만든 곡이라고 귀띔해 주었습니다. 덧붙여 본인이 베토벤이었다면 실의에 빠져 어둡고 힘든 상황을 나타내는 곡을 쓰거나 음악 자체를 포기했을 것 같다고 했는데요. 이처럼 너무도 사랑스럽고 밝게 빛나는 곡을 쓴 베토벤의 마음을 헤아리며 곡을 들어 보길 권했습니다.

고통을 이겨 내려는 의지가 담긴 것일까요? 혹은 자신의 귀가 다시 좋아질 것이라는 희망이 담긴 것일까요?

작품은 1800~1801년에 걸쳐서 작곡된 것으로 추정되는데요. 베토벤의 초기 작품에 속하지만, 내용적인 면에서 하이든이나 모차르트의 영향 아래에서 말끔히 벗어나 그의 개성이 비로소 모습을 드러내고 있습니다. 낭만적이면서 정열적인 선율, 바이올린과 피아노의 조화, 그보다 더 아름다운 베토벤의 마음을 그리며 곡을 감상해 보세요.

음악 추천 | 유정우   글 | 박지혁

슈베르트의
감정 소용돌이

작곡가 | Franz Schubert
곡명 | Piano Sonata No.22 in A Major, D.959
연주자 | Alfred Brendel

클래식 음악을 듣다 보면 첫 소절부터 몰입될 때 가장 기쁘고 황홀합니다. 알프레드 브렌델이 남긴 슈베르트 〈피아노 소나타 22번〉을 들었을 때 딱 그런 기분이었습니다. 옛 레코딩임을 감안하더라도 솜털 같은 터치와 폭풍 같은 화음의 균형이 '연주 완성도를 이렇게 끌어올릴 수 있구나' 하며 새롭게 다가왔습니다.

알프레드 브렌델은 1949년 부조니 상을 받은 이후로 빈을 중심으로, 세계적으로 많은 활동을 한 피아니스트입니다. 그는 리스트 연주가로서 명성을 얻었지만, 바흐에서부터 쇤베르크까지 레퍼토리를 늘리며 폭넓은 연주자가 되었는데요. 아름답고 안정된 구조 위에 뉘앙스를 덮어 하나의 예술 작품을 만들어 냅니다.

열정을 결코 무겁지 않게 풀어내는 1악장을 지나 2악장에 다다르면 음악의 무게는 한층 무거워집니다. 세상을 떠나기 전 슈베르트의 마음이 이랬을까요? 특히 15분 34초경 왼손 없이 오른손이 여리게 연주하는 부분은 우리의 상상력을 자극하죠. 이내 빨라지며 소용돌이치는 감정이 다시 분출됩니다. 3악장은 빗방울이 떨어지는 듯한 명랑한 스케르초와 울적한 분위기의 트리오가 번갈아 나옵니다. 4악장에서는 마치 슈베르트가 마지막 인사를 건네는 듯, 우리에게 긴 여운을 남깁니다.

풍자 소설은
신나는 음악이 되어

음악 추천 | 데얀 가브리츠　　글 | 김소라

작곡가 | Leonard Bernstein
곡명 | Overture from 《Candide》
연주자 | London Symphony Orchestra

클래식 연주회와 뮤지컬 공연. 비슷하면서도 다른 장르라 팬들이 만나 이야기 나누기란 쉽지 않습니다. 하지만 클래식과 뮤지컬 팬 모두에게 친숙한 인물이 한 명 있는데요. 바로 레너드 번스타인입니다.

1918년에 태어나 1990년에 우리 곁을 떠난 번스타인은 미국의 지휘자이자 작곡가이며 작가, 교육자이기도 합니다. 그는 뉴욕 필하모닉에서 장기간 음악 감독으로 활동했고 고전 음악의 대중화에 기여하며 미국에서 태어나고 교육받은 지휘자 중 처음으로 세계적인 명성을 얻었는데요.

아마 그의 최고 히트작은 《웨스트 사이드 스토리》일 테지만, 평생에 걸쳐 가장 애정을 가졌던 작품은 바로 영상 속 서곡이 등장하는 《캉디드》입니다. 이 작품은 볼테르의 신랄한 풍자가 녹아 있는 소설 『캉디드』를 원작으로 하는데요. 『캉디드 혹은 낙관주의』라 불린 소설은 당시 지배 계급이던 로마 가톨릭 교회 예수회와 종교 재판소 등 성직자들의 부패상을 묘사해 큰 파문을 일으긴 것으로 유명합니다.

번스타인은 그가 세상을 떠나기 전인 1989년까지 《캉디드》를 개작하며 뮤지컬과 오페레타 등 여러 장르로 선보였다고 하는데요. 그래서인지 곡이 진행되는 내내 미소를 머금고 마치 춤추듯 지휘하는 번스타인을 볼 수 있습니다.

음악 추천 | 조민석   글 | 안일구

각자의
생각이 노래로

작곡가 | Giuseppe Verdi
곡명 | Bella figlia dell'amore from 《Rigoletto》
연주자 | Carlos Álvarez, Olga Peretyatko, Juan Diego
Flórez, Nadia Krasteva, Wiener Staatsoper

만토바: 사랑스러운 아가씨여, 내 마음과 몸을 바치겠다.

마달레나: 당신의 진심이 얼마나 가치 있는지 잘 따져 보세요.

질다: 사랑의 말에 배신당한 내 가슴이 찢어질 것 같아요.

리골레토: 더는 울지 마라, 저놈은 거짓말쟁이다.

리골레토는 만토바 공작을 사랑하는 딸, 질다에게 공작의 실상을 보여 주고자 술집 안에서 그가 마달레나를 유혹하는 광경을 엿보게 합니다. 유혹하는 공작과 콧방귀 뀌는 마달레나를 보고 질다는 고통스러워하고, 그런 딸을 바라보는 리골레토는 가슴이 무너집니다.

오페라 《리골레토》의 3막에 등장하는 이 4중창은 각기 다른 4명의 감정을 완벽하게 표현해 내며 수많은 사람에게 사랑받는 장면이 되었습니다.

베르디는 아주 많은 오페라를 남겼는데요. 초기 작품인 《나부코》, 후기 작품인 《오텔로》, 《팔스타프》와 같은 작품이 큰 사랑을 받고 있죠. 그러나 《일 트로바토레》, 《라 트라비아타》와 함께 중기 3대 명작으로 꼽히는 《리골레토》에서 나오는 음악은 모든 음악 팬들의 마음속에 있을 것입니다. 베르디가 만들어 낸 최고의 장면을 감상해 보세요.

카운터테너가
부르는
슈베르트의 가곡

음악 추천 | 유정우　글 | 박지혁

작곡가 | Franz Schubert
곡명 | Du bist die Ruh
연주자 | Philippe Jaroussky, Jérôme Ducros

슈베르트의 가곡 〈그대는 나의 안식〉은 수많은 성악가의 입에 오르내리며 다양한 해석이 생겼는데요. 소프라노, 테너, 그리고 여러 악기로도 편곡되는 이 곡을 순수한 고음의 카운터테너 필리프 자루스키의 연주로 소개합니다.

필리프 자루스키는 1999년 데뷔 이후 활발한 연주 활동으로 프랑스의 권위 있는 음악상 '빅투아르 드 라 뮤지크'를 4회나 수상하며 세계적인 입지를 다졌습니다. 그의 곱고 아름다운 목소리를 듣다 보면 음악이 끊기지 않는 느낌을 받는데요. 그는 '미세 호흡법'을 사용해 숨을 조용하고 낮게 쉰다고 합니다. 이 방법으로 긴 프레이징을 방해하지 않으며 노래하는 것이죠.

슈베르트가 작곡한 〈그대는 나의 안식〉은 프리드리히 뤼케르트의 시에 곡을 붙여 완성했습니다. 시는 사랑을 열정적으로 갈구하는 느낌을 담고 있죠. 하지만 슈베르트는 반대로 단순한 선율과 세련된 화음 변화로 시의 내용을 표현했습니다.

감성의 농도를 직결하게 조합하여 관객에게 민족스러운 느낌을 주는 필리프 자루스키의 연주를 들어 보세요.

고음악계의
카라얀

음악 추천 | 황장원   **글 |** 황장원

작곡가 | Wolfgang Amadeus Mozart
곡명 | Symphony No.39 in E-flat Major, K.543
연주자 | Christopher Hogwood, Academy of Ancient Music

지금이야 '시대 연주' 또는 '역사주의 연주'가 널리 받아들여지고 있지만, 20세기 중반까지만 해도 그렇지 않았습니다. 옛 음악을 당대의 악기와 연주 방식으로 재현하는 것을 목표로 하는 이 분야는 1960년대까지 다분히 학술적인 연구 단계에 머물러 있었고, 그 후로도 오랫동안 논란의 대상이었죠.

영국의 지휘자, 건반 악기 연주자, 음악학자인 크리스토퍼 호그우드는 이 분야에서 영원히 기억되어야 할 인물입니다. 1941년 노팅엄에서 태어나 케임브리지 대학에서 수학한 호그우드는 1967년 친구인 리코더 연주가 데이비드 먼로와 함께 '고음악 콘소트(Early Music Consort)'를 창단하며 '고음악(시대 연주) 운동'의 선두주자로 나섭니다.

약 10년에 걸쳐 활발한 연주 활동을 펼치며 다수의 영향력 있는 음반도 남긴 이들의 활약상은 영국에서 고음악 장르를 대중화하고 20세기 후반 영국의 고음악 부흥을 견인한 것으로 평가됩니다. 다만 당시에 건반 악기와 타악기를 맡았던 호그우드의 존재감은 스타성 강한 동료 먼로의 카리스마에 가려진 감이 있었죠.

호그우드가 본격적으로 스포트라이트를 받게 된 것은 1973년에 창단한 '고음악 아카데미(Academy of Ancient Music, AAM)'의 지휘자로 나서면서부터였습니다. 바로크 및 고전파 음악 연주를 전문으로 하는 이 시대 악기 앙상블과의 작업을 통해서 그는 기보법과 연주의 양면에서 작곡가의 의도를 이해하고 재현하려는 시

도를 구체화했습니다. 그는 악보의 원본으로 돌아가서 출판 오류를 수정하는 한편 후속 판본들의 변경 사항을 평가했죠. AAM이 연주한 레퍼토리의 대부분은 그가 직접 준비한 에디션에 기초했습니다.

호그우드와 AAM의 활동은 음악계와 대중의 큰 관심(논란도 포함하여)과 호응을 이끌어 냈고, 1980년대에 이르면 가장 선도적인 시대 연주 앙상블로 각광받게 됩니다. 예를 들어 1983년에 그는 빌보드 클래식 차트에서 테너 플라시도 도밍고와 소프라노 키리 테 카나와에 이어 3위에 올랐고, 1984년에는 로스앤젤레스 올림픽 기간 동안 '할리우드 보울'에서 400명 규모의 연주단을 이끌고 헨델의 〈메시아〉를 공연했는가 하면, 1985년에는 비발디의 〈사계〉 음반으로 빌보드 팝차트를 석권하기도 했지요. 그런 그에게 호사가들은 '고음악계의 카라얀'이라는 그의 지휘 스타일과는 별로 어울리지 않는 별명을 붙여 주기도 했습니다.

호그우드와 AAM의 음반 카탈로그는 다양하고 방대합니다. 시대악기 연주로 녹음된 최초의 모차르트 교향곡 사이클이라는 기록을 남긴 〈모차르트 교향곡 전집(L'Oiseau-Lyre)〉이 대표적이죠. 호그우드와 AAM은 2001년에 가졌던 두 번째 내한 공연에서도 모차르트의 '3대 교향곡'을 들려줬는데요. 오늘은 그중 첫 곡을 도쿄 산토리홀 공연 실황으로 감상하면서 지난 2014년에 세상을 떠난 호그우드의 10주기를 기려 볼까 합니다.

일요일의 추천 음반

유정우
음반 | Monteverdi: Vespro della Beata Vergine
연주 | Pygmalion, Raphael Pichon 외
레이블 | Harmonia Mundi(2023)

바흐와 헨델보다 훨씬 앞선 시대에 이 정도로 자주 연주되는 작곡가는 몬테베르디가 유일합니다. 〈성모 마리아의 저녁기도〉는 오페라 《오르페오》, 《포페아의 대관식》과 함께 몬테베르디의 3대 걸작으로 분류되며, 규모가 크고 눈부신 아름다움으로 가득합니다. 라파엘 피숑이 이끄는 바로크 음악 단체 피그말리온의 연주 결과물은 언제나 훌륭한 성악가들과 함께 최고의 해석을 보여 줍니다.

데얀 가브리츠
음반 | Falla&Lorca: Encuentro
연주 | Estrella Morente, Javier Perianes
레이블 | Harmonia Mundi(2014)

플라멩코 가수가 부르는 고전 가곡이라니, 정말 감동적입니다. 이 음반은 스페인 플라멩코 가수 에스트렐라 모렌테가 작곡가 마누엘 데 파야와 페데리코 가르시아 로르카의 두 민요집에 바치는 사랑 고백입니다. 그녀는 거칠고 감각적인 목소리로 노래에 감정을 담아 표현합니다. 파야의 〈스페인에서 인기 있는 7곡(Siete Canciones Populares Españolas)〉은 오히려 예술 가곡을 연상시키며, 로르카의 〈고대 스페인 노래(Canciones Españolas Antiguas)〉와 흥미로운 대조를 이룹니다.

9월 30일

애처로움을 희망으로 승화하다

음악 추천 | 조민석 **글** | 김소라

작곡가 | Umberto Giordano
곡명 | 'La mamma morta' from《Andrea Chénier》
연주자 | Anja Harteros

오페라《안드레아 셰니에》는 프랑스 혁명 시대를 배경으로 하고 있습니다. 시인 안드레아 셰니에와 백작 부인의 딸 마들렌 사이의 사랑 이야기를 주로 그리면서 마들렌을 짝사랑하는 하인이자 혁명의 지도자가 된 제라르 간의 삼각관계를 보여 줍니다.

제3막 중, 제라르는 거짓 고발로 셰니에를 죄인으로 만들어 잡아가고, 이를 빌미로 숨어 있던 짝사랑 마들렌을 불러냅니다. 제라르는 마음을 고백하지만, 마들렌은 '사랑하는 셰니에를 살려 준다면 받아들이겠다'라고 하며 '나의 어머니는 죽었소'를 부릅니다.

이 아리아는 마들렌의 어머니가 자신을 위해 희생한 이야기와 그녀의 집까지 불타고 없어져 홀로 외톨이가 되었을 때 신이 나타나 삶의 의지를 다시 불어넣어 준다는 이야기를 담고 있습니다. 마들렌은 애처롭게 노래하던 중, '고통 가운데 있는 나에게 사랑의 신이 찾아왔어요'라는 가사를 2분 31초경 부르며 가사처럼 밝은 화음으로 희망의 노래를 시작합니다.

그리스계 독일 프리마 돈나 안야 하르테로스는 마리아 칼라스를 잇는 소프라노로 알려져 있는데요. 그녀의 목소리는 단단하고, 표현력이 풍부해 이 아리아와 정말 잘 어울리네요.

음악 추천 | 데얀 가브리츠   글 | 안일구

풀랑크와 프로코피예프의 우정

작곡가 | Francis Poulenc
곡명 | Flute Sonata
연주자 | Juliette Hurel, Hélène Couvert

음악 분석 과목을 가르치던 작곡과 교수님은 이 곡을 자신의 모든 학생에게 과제로 내준다고 했습니다. 선율, 화성, 곡의 진행까지 배울 점이 너무 많기 때문이라고 하셨어요.

우선 두 작곡가의 우정을 이야기하고 싶습니다. 풀랑크와 프로코피예프. 완전히 다른 문화권의 작곡가인 두 사람은 사실 1900년대 초 파리에서 만나 평생의 우정을 나눈 사이입니다. 두 사람이 주고받은 음악적 영향은 대단했는데요. 프로코피예프는 1943년 여름, 20년 전 파리에서의 추억을 회상하며 상당히 이례적으로 20분이 넘는 플루트 소나타를 작곡했습니다.

풀랑크 역시 프로코피예프로부터 강한 음악적 영향을 받았다고 이야기했는데요. 1957년에 작곡한 그의 플루트 소나타, 그리고 1962년에 작곡한 유작 오보에 소나타를 보면 그 면모가 아주 잘 드러납니다.

쥘리에트 휴렐은 풀랑크 플루트 소나타를 가장 매력적으로 해석하는 플루티스트입니다. 1악장의 멜랑콜리, 2악장의 깊은 슬픔, 3악장의 익살스러움까지. 슬픔과 천진난만함을 오가는 선율미에 더해 대담한 화성과 악상 진행이 어우러집니다. 오랜 시간 연주하고 들어 온 곡이지만 단 한 번도 질리는 느낌이 없습니다.

백조의
마지막 울음

음악 추천 | 유정우   글 | 김소라

작곡가 | Franz Schubert, Franz Liszt
곡명 | Ständchen(Serenade)
연주자 | Alexandre Kantorow

백조는 평생 울지 않다가 죽기 직전에 단 한 번 운다는 속설이 있습니다. 그래서인지 '백조의 노래'라는 말은 보통 예술가의 마지막 작품을 칭하는데요. 이러한 이유로 31세에 세상을 떠난 슈베르트가 생애 마지막 여름에 작곡한 14곡의 리트에도 〈백조의 노래〉라는 이름이 붙었습니다.

어둠이 깔린 무대에서는 프랑스의 피아니스트 알렉상드르 캉토로프가 나지막이 아름다운 선율을 연주하고 있는데요. 그가 들려주는 곡은 바로 슈베르트의 연가곡 〈백조의 노래〉 중 네 번째 곡 '세레나데'입니다.

세레나데는 본래 이탈리아어로 저녁(Sera)의 음악을 의미합니다. 슈베르트는 이를 독일어 'Ständchen'으로 옮겼습니다. 이는 남자가 연인의 창문 아래 서서(Stand) 부르는 노래라는 뜻이기도 하죠. 그는 19세기 독일 시인 루트비히 렐슈타프의 시에 곡을 붙여 이 가곡을 완성했습니다.

영상 속에서는 그 곡을 리스트가 피아노 비곡으로 편곡한 선율이 흐릅니다. 영상을 추천한 유정우 선생님은 피아노 편곡으로만 느낄 수 있는 자유로움이 일품이라고 전했습니다. 저물어 가는 밤, 사랑하는 이를 그리며 부르는 아름다운 선율을 가슴 절절히 느껴보길 바랍니다.

음악 추천 | 조민석   **글** | 박지혁

19세 슈베르트의
제5번 교향곡

작곡가 | Franz Schubert
곡명 | Symphony No.5 in B-flat Major
연주자 | Günter Wand, NDR Elbphilharmonie
Orchester

현대 오케스트라의 세련됨과 화려함을 선호하는 관객도 있지만, 옛 오케스트라의 깔끔함과 담백함을 찾는 관객도 있습니다. 이 연주는 최근 들었던 오케스트라 연주 중 가장 투명하게 빛나는 보석 같았는데요. 1997년 NDR 엘프필하모니와 그곳의 종신 명예 지휘자 귄터 반트가 연주한 슈베르트의 〈제5번 교향곡〉입니다.

슈베르트는 31세에 짧은 생을 마감했지만, 수많은 작품으로 우리에게 친숙한 작곡가죠. 가곡으로 유명한 그의 교향곡은 어떤 느낌일지 궁금해집니다. 1816년 10월, 19세라는 어린 나이에 불과 몇 주 만에 완성한 이 곡은 슈베르트 사후 13년이 지나서야 초연되었습니다. 슈베르트의 초기 작품답게 하이든, 모차르트, 베토벤의 작품에서 영향을 받은 것이 느껴집니다. 특히 이 곡은 모차르트 교향곡의 영향이 크게 느껴지네요.

이 교향곡의 특징은 소규모 관현악 편성에 있습니다. 클라리넷, 트럼펫, 그리고 타악기 없이 현악기와 플루트, 오보에, 바순, 호른만 편성되어 큰 규모의 실내악을 듣는 듯합니다. 애초에 밝은 분위기로 작곡되었지만 특정 악기가 빠지다 보니 더욱 가볍고 기분 좋은 음색을 들을 수 있네요.

이 곡이
외면받지 않을 이유

음악 추천 | 데얀 가브리츠   글 | 안일구

작곡가 | Franz Joseph Haydn
곡명 | Oboenkonzert C-Dur Hob VIIg:C1
연주자 | François Leleux, WDR Sinfonieorchester

하이든의 오보에 협주곡은 호보켄 번호(네덜란드 음악학자 호보켄이 하이든의 작품을 주제별로 분류하고 붙인 번호)를 부여받았지만, 많은 음악학자들은 이 곡을 하이든이 작곡하지 않았다고 봅니다. 동시대 작곡가이자 오보이스트였던 이그나즈 말차트나 동생 미하엘 하이든이 작곡했다고 추정하죠.

바로크 시대에는 원본 악보가 남아 있지 않은 경우가 다수라서 이런 논란이 더 많은데요. 이렇게 유명한 작곡가의 작품이 아닌 것으로 추정되면 연주자들에게 외면을 받기 쉽습니다. 하지만 그러한 사실에도 불구하고 꼭 연주하고 싶은 곡이 있기 마련이죠. 바로 음악 자체로 매력적이고 아름다운 곡입니다. 음악이 내 마음에 와닿으면 사실 어떤 작곡가의 곡인지는 중요하지 않습니다. 세계 최고의 오보이스트이자 지휘자인 프랑수아 를뢰는 이 작품을 엄청난 수준으로 연주하고 있습니다. 연주가 흘러나오는 순간 이 곡이 하이든의 작품인지 아닌지는 크게 상관없어집니다. 작품은 명쾌하고 우아한 고전적 양식을 가득 담고 있을 뿐이니다, 오보에 선율에서는 다채로운 감정을 느낄 수 있습니다. 작품은 이런 연주자를 만나서 생명력을 얻습니다.

음악 추천 | 황장원　　글 | 황장원

작곡가 | Richard Wagner
곡명 | Prelude and Liebestod from 《Tristan und Isolde》
연주자 | Sir. Georg Solti, Wiener Philharmoniker

오페라 역사상 가장 낭만적인 피날레

1865년 뮌헨 궁정 극장에서 초연된 악극 《트리스탄과 이졸데》는 바그너의 가장 독창적인 작품일 뿐 아니라 음악사에서도 가장 중요한 작품 가운데 하나입니다. 이 작품에서 바그너는 고대 그리스 비극을 지향하여 외적인 사건보다 남녀 주인공의 내면에 초점을 맞춘 심리극을 추구했죠. 그 과정에서 불협화음과 반음계를 전면에 내세우고 '무한 선율'과 '라이트모티프(유도 동기)' 등 특유의 음악 어법을 확립함으로써 음악사에 불멸의 기념비를 세웠습니다.

콘월의 기사 트리스탄과 아일랜드 공주 이졸데의 금지된 사랑을 다룬 안타까운 이야기는 중세 유럽에서 가장 유명한 연애담이었습니다. 켈트족 전설에서 유래한 이 이야기는 오래전부터 다양한 버전으로 유럽 전역에 널리 퍼져 있었는데요. 바그너가 접한 것은 중세 독일의 음유시인 고트프리트 폰 슈트라스부르크의 서사시를 19세기 초에 근대 독일어로 번역한 판본이었죠.

바그너는 1854년경부터 이 이야기에 기초한 드라마를 구상했는데요. 당시 그는 드레스덴 혁명의 실패와 불안정한 망명 생활의 여파로 쇼펜하우어의 염세 철학에 심취해 있었습니다. 게다가 아내와 불화를 겪으면서 진정한 사랑의 행복을 갈망하고 있었죠. 그랬기에 더더욱 현세에서는 이룰 수 없는 사랑을 다룬 '트리스탄과 이졸데' 이야기를 탐닉하지 않았을까요. 그러던 차에 공교롭게도 후원자의 부인과 위험한 사랑에 빠졌고, 그 은밀한 열정과 고뇌를 촉매

삼아 자신의 '트리스탄과 이졸데'를 완성했던 겁니다.

오늘은 이 악극의 오프닝을 담당하는 '전주곡'과 피날레를 장식하는 '사랑의 죽음'을 이어서 들어 봅니다. 20분이 채 안 되는 음악 속에 장대한 악극의 핵심이 담겨 있습니다. 연주는 게오르그 솔티가 빈 필하모닉을 지휘한 1994년 도쿄 산토리홀 실황입니다. '사랑의 죽음'은 원래 소프라노 가수의 노래가 수반되어야 하지만, 이 공연에서는 관현악 편곡으로 연주됩니다.

유명한 '트리스탄 화음'으로 출발하는 제1막 전주곡은 트리스탄과 이졸데의 현실을 암시합니다. 그것은 서로를 간절히 원하면서도 관습의 장벽에 막혀 맺어질 수 없는 비극적 운명의 사랑이죠. 이 곡에는 전편에서 가장 중요한 라이트모티프가 몇 가지 등장하는데, 첫머리의 '동경-갈망의 동기'에 이어 '시선-사랑의 동기'가 나타나 차츰 고조되어 가지만, 두 모티브는 상승 가도의 정점에서 '운명의 동기'에 가로막혀 밀려나고 차츰 가라앉습니다. 사랑의 절정이 유보된 것이죠.

'사랑의 죽음'은 제3막, 악극의 마지막 장면에서 이졸데가 트리스탄의 주검을 앞에 두고 홀로 부르는 노래입니다. 이것은 오페라 역사상 가장 낭만적인 피날레라고 할 수 있는데요. 한 인간이 진정한 사랑을 이루기 위해 자유 의지로 스스로 현세(낮의 세상)에서의 삶을 접고 '밤의 세계'로 비상하는 거룩하고 신비로운 의식이기 때문이죠. 마지막 절정부의 찬란한 화음에서 드라마가 진행되는 내내 유보되어 온 두 연인의 사랑은 마침내 결실을 맺습니다.

일요일의 추천 음반

데얀 가브리츠
음반 | Mozart: Sonatas for Piano Four Hands
연주 | Ferenc Rados, Kirill Gerstein
레이블 | Myrios Classics(2021)

키릴 게르슈타인은 세계에서 가장 바쁜 피아니스트로 유명합니다. 비교적 덜 알려진 연주자인 페렌츠 라도스는 헝가리 출신의 전설적인 피아노 교수입니다. 그의 뛰어난 가르침과 깊이 있는 음악적 통찰력 덕분에 많은 음악가들이 여전히 가르침을 받기 위해 그를 찾아가죠. 모차르트의 네 손을 위한 소나타는 언제나 음악의 소중함을 다시금 일깨워 줍니다.

유정우
음반 | Schubert: Die Schöne Müllerin&Winterreise
연주 | Olaf Bär, Geoffrey Parsons
레이블 | Warner Classics(2001)

1980년대에 나온 두 가곡집을 합쳐 재발매했습니다. 슈베르트 최고의 연가곡인 〈아름다운 물방앗간 아가씨〉와 〈겨울 나그네〉가 모두 수록되었죠. 바리톤 올라프 베어는 섬세하고 깊이 있는 해석으로 유명합니다. 베어의 따뜻한 음색과 감정 표현은 슈베르트 가곡의 아름다움을 한층 더 돋보이게 하죠. 피아니스트 제프리 파슨스의 사려 깊은 반주와 함께 베어는 가사와 음악적 뉘앙스를 농밀하고 세밀하게 전달하며, 듣는 이에게 감동을 선사합니다.

레빗과 베토벤의 무서운 만남

음악 추천 | 유정우   글 | 안일구

작곡가 | Ludwig van Beethoven
곡명 | Piano Sonata No.29, Op.106 'Hammerklavier'
연주자 | Igor Levit

음악이 시작하자마자 무서울 정도로 몰입합니다. 어쩌면 연주자 본인도 어떤 상태에 도달하고 있는지 느끼기 힘들 것입니다. 피아니스트 이고르 레빗은 언제나 이런 식으로 몰입합니다. 다큐멘터리 〈피아니스트 이고르 레빗〉에서 그는 연주가 끝나고 호텔에 도착하면 종종 어떻게 연주했는지 전혀 기억나지 않는다고 말했죠. 게다가 작품은 베토벤의 피아노 소나타 29번 〈함머클라비어〉입니다. 제목의 '함머'는 망치, '클라비어'는 피아노의 독일어인데요. 하프시코드나 클리비코드처럼 현을 뜯는 방식이 아니라 망치로 현을 때리는 방식의 새로운 악기, 포르테피아노를 위한 곡입니다. 단순히 악기 이야기로 이 소나타를 설명하기에는 무리가 있습니다. 이 곡은 베토벤 교향곡 9번 〈합창〉을 구상하던 시기에 이미 작곡되었고, 구성도 4악장으로 이루어져 있습니다. 오케스트라 작품 이상의 스케일과 세계관을 담고 있으며, 피아노 한 대에서 느껴지는 음악의 깊이가 그 끝을 알 수 없을 정도로 광활하고 깊습니다. 연주자에게는 초능력에 가까운 테크닉이 요구되며, 해석의 방향 또한 무한합니다. 이고르 레빗의 무서운 몰입이 이끄는 베토벤의 세계로 빠져 보세요.

음악 추천 | 데얀 가브리츠   글 | 박지혁

콘트랄토의
비발디 아리아

작곡가 | Antonio Vivaldi
곡명 | 'Cor mio che prigion sei' from 《Atenaide》,
'Sovente il sole' from 《Andromeda liberata》
연주자 | Nathalie Stutzmann, Orfeo 55

이렇게 고귀한 바로크 단체의 음악을 듣기는 쉽지 않습니다. 나살라에 스투즈맨과 오르페오 55가 연주하는 비발디의 오페라 《아테나이데》 중 '오, 나의 사랑이여, 당신은 어디에 있나요(Cor mio che prigion sei)'와 《해방된 안드로메다》 중 '종종 태양은(Sovente il sole)'을 소개합니다.

나살라에 스투즈맨은 세계적인 콘트랄토로 명성을 얻었고, 현재는 지휘자로 활발하게 활동하고 있는데요. 콘트랄토는 여성의 목소리 중 가장 낮은 음역을 낼 수 있는 성악가를 말합니다. 그녀는 중후하면서도 옛 대성당에서 울려 퍼질 듯한 고귀한 목소리를 가지고 있죠. 오르페오 55는 스투즈맨이 직접 창단한 앙상블로, 곡에 따라서 연주자를 엄선해 고용할 만큼 매 연주가 색다르고 전문적입니다.

오페라 《아테나이데》는 동로마 황제 테오도시우스 2세의 황후에 대한 이야기로, 그녀는 황후임에도 불구하고 예루살렘 성지에서 반평생을 보냈다고 알려져 있습니다. 그리고 《해방된 안드로메다》는 그리스 신화 중 페르세우스가 메두사를 이기고 에티오피아의 공주 안드로메다를 구하는 이야기입니다. 두 편의 오페라에서 나온 아름다운 아리아를 감상해 보세요.

전쟁의 상흔 속 빛나는 예술

음악 추천 | 조민석 글 | 김소라

작곡가 | Witold Lutosławski
곡명 | Konzert für Orchester
연주자 | WDR Sinfonieorchester

유럽 지도를 펼쳐 보면 이탈리아, 프랑스, 독일만큼 큼직한 국가가 있습니다. 바로 폴란드인데요. 폴란드는 과거 강대국에 의해 많은 침략을 당했습니다. 그러나 풍부한 음악 유산을 가지고 있으며, 오늘 소개하는 곡의 주인공, 루토스와프스키처럼 재능 있는 음악가를 계속해서 배출하고 있죠.

그는 1913년생으로 폴란드 귀족 가문에서 태어났습니다. 하지만 불과 2년 후인 1915년, 독일 제국의 군대가 러시아령 폴란드의 수도인 바르샤바에 들이닥쳤습니다. 그의 가족은 모스크바로 피난을 떠나고, 전쟁의 그림자 아래 아버지도 잃게 됩니다. 종전 후 다시 돌아온 루토스와프스키는 바르샤바에서 피아노와 작곡 공부를 시작합니다.

지금 듣는 〈오케스트라를 위한 협주곡〉은 루토스와프스키를 작곡가 반열에 올려놓은 곡인데요. 이 곡은 제2차 세계 대전 후 재결성된 바르샤바 필하모닉을 위해 쓰였습니다. 역사적으로 많은 부침을 겪었지만 아름다운 문화유산을 간직한 폴란드, 그리고 두 번의 세계 대전을 모두 겪고도 삶을 예술로 승화시킨 루토스와프스키의 인생은 어딘가 닮은 것 같네요. 폴란드와 루토스와프스키를 기리며 웅장하고도 아름다운 이 곡을 들어 보세요.

음악 추천 | 유정우   글 | 박지혁

기쁨과 슬픔이
공존하는 사랑

작곡가 | Fritz Kreisler
곡명 | Liebesleid(Love's Sorrow)
연주자 | Janine Jansen, Antonio Pappano

단시간에 바이올린의 다양한 음악성을 보려면 이만한 곡이 없죠. 이 곡은 프리츠 크라이슬러가 작곡한 《3개의 빈의 옛 춤곡들》 중 〈사랑의 슬픔〉입니다. 3개의 소품곡은 〈아름다운 로즈마린〉, 〈사랑의 기쁨〉, 그리고 〈사랑의 슬픔〉인데요. 유명한 세 곡이 하나의 모음곡이라는 사실이 새롭습니다.

크라이슬러는 미공개 악보들을 도서관에서 찾아내 연주하는 것으로 유명했습니다. 그 영향을 받아 그도 새로운 소품곡을 작곡하기 시작했는데, 당시 평론가들의 비평으로부터 숨기 위해 오스트리아 출신 왈츠 작곡가 요제프 라너의 미공개 곡이라며 《3개의 빈의 옛 춤곡들》을 발표했습니다. 하지만 시간이 흘러 자신의 곡임을 밝히게 되고, 당시 음악계에서는 큰 쟁점이 되었죠.

〈사랑의 기쁨〉과 〈아름다운 로즈마린〉이 밝은 장조 화성으로 시작된다면 제목처럼 〈사랑의 슬픔〉은 어두운 단조 화성으로 시작합니다. 기쁨과 슬픔이 공존하는 사랑, 그 미묘한 감정을 슬픈 선율, 기쁜 선율, 그리고 춤곡에서 가져온 리듬으로 다채롭게 표현합니다. 재닌 얀센의 바이올린 연주는 마음을 녹이는 음색과 한 음 한 음을 살리는 비브라토로 유명한데요. 그런 그녀의 해석으로 즐겨보세요.

음악 추천 | 데얀 가브리츠   글 | 안일구

슈베르트가 만든 음악의 물결

작곡가 | Franz Schubert
곡명 | Auf dem Wasser zu Singen, Op.72, D.774
연주자 | Christoph Prégardien, Julian Prégardien

'거울처럼 비추는 물결의 빛 가운데, 백조처럼 흔들리며 미끄러지는 작은 배', '내 영혼은 붉은 햇살 속에서, 하늘의 기쁨과 숲의 안식을 들이마시네', '시간은 이슬의 날개를 달고 흔들리는 물결 위로 사라져 가는구나'

1832년 슈베르트는 레오폴트 슈톨베르크의 아름다운 시에 음악을 붙였습니다. 〈물 위에서 노래함〉이라는 곡은 아름다운 선율은 물론 피아노 반주 역시 유명합니다. 오른손이 연주하는 음형은 처음에 나오는 가사처럼 잔잔한 물결을 묘사합니다. 저녁 무렵 물 위에 뜬 배를 물끄러미 바라보는 시인의 마음이 음악에서도 진하게 전해집니다. 흐르는 물과 사라져 가는 시간을 슈베르트가 만들어 낸 음악의 물결이 애잔하게 묘사합니다.

영상에서는 아버지와 아들이 함께 노래합니다. 크리스토프와 줄리안 프레가르디앙, 두 사람 모두 독일을 대표하는 테너입니다. 부자는 어깨를 맞대고 슈베르트의 음악 위에서 호흡을 맞추는데, 음색이 바뀌는 부분의 창법과 곡에 대한 아이디어가 쌍둥이처럼 닮았습니다. 슈베르트의 대표 곡들이 늘 그렇듯 다른 편성으로도 연주가 많이 되고 있으니 다양한 버전으로 즐겨 보세요.

크립스가 전하는 옛 빈 스타일의 슈베르트

음악 추천 | 황장원   글 | 황장원

작곡가 | Franz Schubert
곡명 | Sinfonie h-Moll D.759 'Unvollendete'
연주자 | Josef Krips, Wiener Philharmoniker

20세기 오스트리아를 대표하는 거장 지휘자라면 폰 카라얀과 칼 뵘을 먼저 떠올리는 분이 많겠지요. 하지만 출신지를 오스트리아 수도 빈으로 한정하면 클레멘스 크라우스와 요제프 크립스를 빼놓을 수 없겠습니다. 크라우스와 크립스는 빈 태생으로 빈 국립 오페라와 빈 필하모닉을 지휘했고, 전형적인 '빈 스타일'의 음악으로 20세기 초·중반에 많은 사랑을 받았죠. 이들 중 크립스가 서거 50주기를 맞았습니다.

요제프 크립스는 1902년 빈에서 태어나 빈 음악원에서 공부했고, 열여섯 살부터 빈 폴크스오퍼에서 바이올린 주자로 프로 음악가 생활을 시작했습니다. 그러다 1921년 극장의 음악 감독인 펠릭스 바인가르트너에게 발탁되어 합창 지휘자 겸 연습 코치로 일했고, 이후 오페라 지휘자로서 능력을 인정받아 보헤미아 아우시크 극장, 독일 도르트문트 극장을 거쳐 1926년부터 카를스루에 오페라의 음악 감독으로 활약했습니다.

1933년에는 빈으로 금의환향해 빈 국립 오페라 극장의 상주 지휘자가 되었고, 1935년에는 모교인 빈 음악원의 교수로 임용되는 등 그의 앞날에는 꽃길이 펼쳐진 듯했죠. 그러나 1938년 나치 독일이 오스트리아를 합병하자 반 유대인이었던 그는 베오그라드 오페라로 자리를 옮겨야 했는데, 그마저도 제2차 세계 대전이 터지자 실직하게 됩니다. 전쟁 기간에 그는 식료품 회사에서 허드렛일을 하며 근근이 생계를 유지했다고 하네요.

전쟁이 끝나자 다시 기회가 옵니다. 크라우스, 푸르트벵글러 등 빈의 주요 지휘자들이 나치 협력 혐의로 활동 금지령에 묶인 상황에서 빈 국립 오페라와 빈 필하모닉에서 그를 찾았던 것이죠. 그는 빈 국립 오페라와 폴크스오퍼, 안 데어 빈 극장에서 오페라 공연들을 이끌었고, 무지크페라인과 콘체르트하우스에서 빈 필하모닉을 지휘했습니다. 그 무렵이 지휘자 크립스의 전성기였죠. 1946년과 1947년에는 '빈 필하모닉 신년 음악회'를 지휘했고, 1946년에 잘츠부르크 페스티벌이 재개되자 개막 공연에서 모차르트의 《돈 조반니》를 지휘했죠.

크립스는 전형적인 빈 스타일 지휘로 각광받았습니다. 온화한 표정과 자연스러운 표현으로 은은한 광채를 머금은 그의 음악은 빈 고유의 정취와 기품을 간직한 것으로 정평이 나 있었죠. 음반으로는 빈 필을 지휘한 여러 리코딩과 런던 필하모닉을 지휘한 베토벤 교향곡집, 암스테르담 콘세르트헤바우를 지휘한 모차르트 교향곡집, 런던 심포니를 지휘한 슈베르트 교향곡 등이 유명한데요. 오늘은 빈 필하모닉을 지휘한 귀한 영상을 소개합니다. 슈베르트의 '미완성 교향곡'을 지휘하고 있는데, 낡은 화질과 음질에 화면 연출도 어색하지만 '옛 빈 스타일'의 슈베르트 연주를 음미하게 해 주네요.

일요일의 추천 음반

유정우
음반 | Schoenberg: Gurrelieder
연주 | Riccardo Chailly, RSO Berlin 외
레이블 | Decca(1990)

쇤베르크의 오라토리오 〈구레의 노래〉는 1913년 빈에서 초연된 후기 낭만주의 걸작입니다. 덴마크 작가 옌스 페테르 야콥센의 비극적 사랑 이야기를 원작으로 한 이 3부작은 1, 2부에서 바그너, 3부에서 말러의 영향을 느낄 수 있습니다. 특히 3부 피날레의 몽환적 신비감과 장엄한 대합창은 깊은 감동을 줍니다. 젊은 시절 샤이의 녹음은 한스 호터의 뛰어난 내레이션과 함께 쇤베르크가 추구했던 슈프레히게장의 정수를 보여 줍니다.

데얀 가브리츠
음반 | Sibelius: Symphonies Nos.2&5
연주 | Osmo Vänskä, Minnesota Orchestra
레이블 | Bis(2012)

핀란드 출신의 지휘자 오스모 벤스케는 시벨리우스 해석으로 명성을 얻은 지휘자 중 한 명입니다. 그는 시벨리우스 특유의 자연적이고 북유럽적인 분위기를 잘 살리면서도, 내면의 긴장감과 감정을 깊이 있게 표현하는 데 탁월한 능력을 보입니다. 벤스케는 이전에도 이 작품을 여러 차례 녹음한 경험이 있지만, 이번 음반에서는 그가 지휘한 이전 버전들보다 훨씬 더 정교하고 풍부한 음향을 느낄 수 있습니다.

브람스의
마지막 관현악곡

음악 추천 | 유정우 　 글 | 박지혁

작곡가 | Johannes Brahms
곡명 | Double concerto for Violin and Cello, Op.102
연주자 | Anne-Sophie Mutter, Maximilian Hornung

과연 브람스 작품다운 깊은 무게감과 밀도로 연주를 시작합니다. 첼로의 독백 연주를 지나 바이올린과 첼로가 격하게 대화를 나누며 음악을 이끌어 가는데요. 오늘 소개하는 브람스의 〈바이올린과 첼로를 위한 이중 협주곡〉은 작곡 배경이 흥미롭습니다.

우선 이 작품은 브람스가 남긴 마지막 관현악곡이자, 그의 오랜 친구인 바이올리니스트 요제프 요아힘에게 화해의 의미로 작곡된 곡인데요. 요아힘의 아내가 출판업자와 불륜을 의심받을 때, 브람스가 친구 요아힘 대신 친구 아내의 결백을 믿으면서 둘은 멀어졌다고 합니다. 이 곡 덕분에 브람스와 요아힘이 몇 년 만에 이야기를 시작했다고 하죠.

시간이 지나 브람스의 지휘 아래 요아힘과 첼리스트 로베르트 하우즈만이 함께 초연을 했고, 브람스 주변 지인의 반응은 둘로 나뉘었는데요. 클라라 슈만은 브람스 특유의 따뜻함과 신선함이 느껴지지 않았다고 했고, 브람스의 친구 테오도르 빌로스는 지루하고 노쇠한 작품이라는 평을 남겼죠. 그에 반해 브람스를 동경히던 사람들에게는 엄청난 호평을 받았습니다.

전반적으로 촘촘한 밀도가 느껴지는 연주지만 23분 48초경 나오는 선율에서는 브람스다운 따뜻함이 느껴집니다.

음악 추천 | 데얀 가브리츠   글 | 김소라

음악으로
거니는 런던

작곡가 | Franz Liszt
곡명 | Piano Concerto No.1
연주자 | Martha Argerich, Daniel Barenboim,
West-Eastern Divan Orchestra

오늘은 전설적인 피아니스트 프란츠 리스트의 두 개의 피아노 협주곡 중 첫 번째 작품을 소개합니다. 교향곡과도 같은 웅장하고도 압도적인 선율, 아르헤리치의 나이를 잊은 듯한 파워풀한 연주, 그리고 그녀의 영혼의 단짝 바렌보임의 지휘와 서동시집 오케스트라의 놀라운 연주까지. 영상에는 주목해야 할 포인트가 참 많습니다. 하지만 오늘은 큼직한 것들을 모두 차치하고 무대에 주목하겠습니다.

영상 속 무대는 BBC 프롬스인데요. 이는 영국 런던에서 매년 7월부터 9월까지 개최되는 국제 클래식 음악 축제입니다. 여기서 프롬스(Proms)란 산책이란 뜻의 'Promenade'에서 비롯되었다고 합니다. BBC 프롬스는 1895년 저렴한 가격으로 수준 높은 클래식 음악 공연을 선보이는 것을 목적으로 시작되었는데요. 영국 국영 방송사 BBC가 주최하며 BBC 교향악단을 비롯해 전 세계의 뛰어난 연주자들이 참여합니다.

한편, 원래 퀸즈 홀에서 시작했던 무대는 1941년 독일의 공습으로 퀸즈 홀이 소실되자 영상 속 장소 로열 앨버트 홀로 자리를 옮겼지요. 화려하고 멋진 홀에서 산책하듯 자유로이 즐기는 음악 축제, 언젠가 런던에 방문한다면 꼭 만나 보길 바랍니다.

음악 추천 | 조민석　글 | 안일구

시닛케 첼로의
울부짖음

작곡가 | Alfred Schnittke
곡명 | Cello Sonata No.1
연주자 | Alexey Stadler, Karina Sposobina

'최고는 최고가 알아본다'라는 말이 있죠. 기돈 크레머, 유리 바슈메트, 나탈리아 구트만, 므스티슬라프 로스트로포비치 등 최고의 연주자들과 작업하며 세상에 알려진 음악가가 있습니다. 1934년 소련 태생의 작곡가 알프레트 시닛케입니다. 그는 1946년 비엔나에서 공부를 시작한 이후 모스크바로 옮겨 음악을 공부했습니다. 무려 60편 이상의 영화 음악을 작곡하기도 한 그는 점점 자신의 음악 세계를 확장해 나갔는데요. 그의 작품은 규정할 수 없는 장르와 여러 스타일을 담고 있습니다.

수많은 작품을 남긴 시닛케지만 음악은 아무에게나 바로 가닿지 않았습니다. 1994년 카네기 홀에서 그의 교향곡 제6번이 초연되었을 때, 청중의 반 정도가 도중에 나가버렸다는 일화도 있습니다. 그런데 남아 있던 관객들은 엄청난 감흥을 느끼고 열렬히 박수를 보냈다고 하죠. 소위 말하는 호불호가 아주 강력합니다.

그의 첼로 소나타 1번 역시 비슷합니다. 독백의 1악장, 모든 것을 파괴해 버리는 듯한 2악장, 그리고 길게 걸규히는 3악장까지. 난해하게 들리는 음악을 따라가기가 버겁다가도 어느새 조금씩 빠져듭니다. 뛰어난 연주자로 떠오르며 함부르크 음악 대학의 교수가 된 첼리스트 알렉세이 스타들러가 연주합니다.

음악 추천 | 유정우   글 | 김소라

그림과 그리움이
음악을 만나면

작곡가 | Modest Mussorgsky
곡명 | Pictures at an Exhibition
연주자 | Oslo Philharmonic

오늘은 음악과 함께 미술관을 거닐어 보겠습니다. 곡의 시작부터 전시실을 열어젖히는 듯한 이 작품은 러시아 5인조 중 한 명인 무소륵스키의 〈전람회의 그림〉입니다.

무소륵스키는 친구였던 화가 빅토르 하르트만이 서른아홉이라는 젊은 나이에 갑작스러운 동맥 파열로 세상을 떠나자 큰 상심에 빠졌습니다. 그 후 하르트만의 유작 전시회에서 '이곳에 걸린 그림과 내 친구를 영원히 기억하기 위해 음악을 만들어야겠다'라고 다짐합니다.

그는 전시회의 그림 중 열 점을 선정했는데요. 첫 번째 스케치인 1곡 '난쟁이'부터 마지막 10곡 '키이우의 대문'까지 열 점의 작품이 현의 활과 관의 선율로 쉴 새 없이 펼쳐집니다.

한편 곡의 시작과 사이사이에 반복적으로 들리는 멜로디는 '프롬나드'인데요. 무소륵스키는 이 선율을 통해 세상을 떠난 친구 하르트만이 작품 사이사이를 걸어 다니는 모습을 형상화했다고 합니다.

음악으로 표현된 미술 작품의 경이로움, 그리고 그보다 더 숭고한 무소륵스키의 친구에 대한 그리움과 사랑까지. 오늘은 이 곡과 그 안에 숨겨진 아름다움을 느끼며 여유롭게 미술관을 걸어 보길 바랍니다.

음악 추천 | 데얀 가브리츠   글 | 안일구

프로코피예프
전문가 크라이네프

작곡가 | Sergei Prokofiev
곡명 | Piano Sonata No.6, Op.82
연주자 | Vladimir Krainev

소련 출신의 피아니스트 크라이네프는 프로코피예프 음악의 위대한 전문가였습니다. 프로코피예프라는 독특한 음악 세계를 표현하지만, 그의 연주를 들으면 언제나 자연스럽고 편안해 보이기까지 합니다. 또 섬세하면서 강렬하죠. 소나타뿐만 아니라 그가 녹음한 5개의 피아노 협주곡 전곡 녹음은 정말 훌륭합니다.

프로코피예프가 1940년에 완성한 6번 소나타는 '전쟁 소나타'라고 불리는 3개의 소나타 중 첫 번째 작품입니다. 이 작품들은 제2차 세계 대전이 발발하기 전후 소련의 긴장과 불안감을 반영하고 있습니다. 프로코피예프는 이 시기에 전쟁과 정치적 억압에 영향을 받았고, 그의 음악에서도 이러한 감정들이 강하게 드러납니다. 강렬한 리듬과 불협화음, 그리고 창의적인 선율들이 음악 안에 녹아 있죠.

작품은 4악장으로 이루어져 있는데요. 전쟁의 공포를 떠올리게 만드는 곡인 것도 분명하지만, 4개의 악장 전체를 들여다보면 곳곳은 아름다운 음악으로 가득합니다. 2악장에서 유머와 불안이 교차하고, 3악장에서 서정적이고 무거운 왈츠의 독특한 색채감이 드러납니다. 1악장과 4악장의 강렬함은 한번 듣기 시작하면 멈추기가 힘듭니다.

음악 추천 | 황장원   글 | 황장원

작곡가 | Johann Sebastian Bach, Johannes Brahms
곡명 | Chaconne for left hand
연주자 | Alexandre Kantorow

캉토로프가 들려주는 바흐와 브람스의 샤콘느

바흐가 바이마르 시절에서 쾨텐 시절에 걸쳐 작곡한 것으로 추정되는 '무반주 바이올린을 위한 소나타와 파르티타' 여섯 곡 중에서 '파르티타 제2번'은 특히 잘 알려져 있습니다. 무엇보다 그 피날레를 장식하는 '샤콘느'는 바흐의 바이올린 음악, 나아가 고금의 모든 바이올린 레퍼토리 가운데 최고봉에 자리한 명작으로 여겨지죠. 심지어 미국 바이올리니스트 조슈아 벨은 '인류 역사상 가장 위대한 예술적 성취 가운데 하나'라고 상찬하기도 했습니다. 바이올린 솔로 곡으로는 이례적으로 무려 256마디, 약 15분 안팎에 걸쳐 진행되는 이 장대한 작품은 바흐 음악의 심오함과 위대성을 웅변하는 대표작 가운데 하나로 간주됩니다. 한 편의 장엄한 파노라마처럼 펼쳐지는 변주들의 흐름 속에서 바이올린은 진중한 고뇌와 비애, 치열한 투쟁과 사색을 넘나들고, 긴장과 이완을 반복하며 드라마틱한 기복을 만들어 냅니다. 그리고 그 과정을 함께하는 이들은 때로 인간 존재의 심연을 응시하고, 그 정신의 연소를 목도하기도 하죠.

이처럼 위대하고 의미심장한 작품이 바이올리니스트들만의 전유물일 수는 없습니다. 예로부터 바이올린이 아닌 다른 악기를 다루는 연주자들이 이 곡에 도전해 왔지요. 물론 그러한 도전에는 편곡 작업이 필수적으로 수반되어야 했는데, 그중 가장 잘 알려진 작업은 이탈리아 출신의 피아니스트 겸 작곡가 페루초 부소니가 1890년대에 선보인 '피아노를 위한 편곡 판'일 겁니다. 또 20세기 전반을 풍미했던 명지휘자 레오폴드 스토코프스키는 1930년 대에 '오케스트라를 위한 편곡 판'을 내놓기도 했지요.

다만 부소니의 피아노 편곡 판이나 스토코프스키의 오케스트라 편곡 판은 원곡에 비해 지나치게 화려하게 채색된 인상을 준다는 것이 단점으로 지적되곤 합니다. 반면 요하네스 브람스가 남긴 피아노 편곡 판은 원작의 모습과 본질에 보다 충실한 인상을 줍니다. 브람스는 피아니스트로 하여금 왼손만 사용하도록 함으로써 원작의 텍스처를 과장이나 부연 없이 옮겨 놓았고, 동시에 바이올리니스트가 이 곡을 연주하면서 마주하게 되는 기술적 난제와 극복 과정을 피아니스트도 체험할 수 있도록 했지요.

오늘은 이 곡을 프랑스의 젊은 피아니스트 알렉상드르 캉토로프의 연주로 들어 봅니다. 캉토로프는 지난 2019년 차이콥스키 국제 콩쿠르에서 프랑스인으로는 최초로 우승을 차지하고 '그랑프리'까지 수상해서 화제를 모았던 연주자죠. 수상 직후에 코로나 팬데믹 사태가 터지는 바람에 활동에 다소 제약이 있었고 그래서 우리에게는 충분히 알려지지 않은 감이 있지만, 현재 국제 무대에서 가장 각광받는 정상급 피아니스트 중 한 명입니다. 지난 10월 초에는 두 번째 내한 리사이틀을 갖기도 했는데요. 그 공연의 피날레를 장식한 곡이 바로 이 '샤콘느'였죠. 나이에 비해 대단히 성숙하고 노련한 연주로 풍부하고 깊은 감흥을 자아냈던 기억인데, 이 영상 속 연주도 상당히 인상적입니다.

일요일 아침을 여는
아름다운
Classic Album

일요일의 추천 음반

데얀 가브리츠
음반 | Barnaby Smith: Bach
연주 | Barnaby Smith, The Illyria Consort 외
레이블 | VOCES8 Records(2023)

바나비 스미스의 바흐 음반은 독창적인 해석과 세밀한 연주가 일품입니다. 영국의 성악가이자 지휘자인 스미스는 바로크 음악의 깊은 이해를 바탕으로 바흐의 작품을 새롭게 조명하고 있습니다. 깊은 통찰력으로 가득한 이 음악들은 현대 청중에게 바로크 음악을 친숙하게 전달하는 데 성공한 음반으로 평가받습니다. 특히 아리아 'Vergnügte Ruh, Beliebte Seelenlust'에서 전해지는 감동이 대단합니다.

유정우
음반 | Wagner: Tannhäuser
연주 | Georg Solti, Wiener Philharmoniker
레이블 | Decca(1971)

이 음반은 바그너 애호가들에게 필수적으로 추천되는 명반이며, 《탄호이저》라는 작품을 이해하는 데 표준으로 삼을 만한 음반입니다. 솔티의 강렬한 지휘와 빈 필하모닉의 풍부한 사운드가 어우러져 장대한 스케일을 완벽하게 구현해 냈습니다. 특히 1970년대를 대표하는 최고의 성악가들이 참여해 모든 장면이 더욱 풍성하게 느껴집니다. 또한, 빈 필하모닉 특유의 유려하고 웅장한 사운드는 오페라의 서사적 깊이를 한층 더 강화하고 있습니다.

10월 21일

음악 추천 | 조민석   **글** | 안일구

작곡가 | Ruggero Leoncavallo
곡명 | 'Nedda! Silvio!' from 《Pagliacci》
연주자 | Oksana Dyka, Mario Cassi, Ambrogio Maestri, Daniel Harding

비밀스런 사랑의 듀엣

실비오는 넷다에게 더 이상 그녀를 떠나 살 수 없다고 말하며, 함께 도망치자고 제안합니다. 넷다는 남편 카니오의 질투심과 위협을 두려워하며 고민하지만, 실비오의 사랑 앞에서 흔들립니다. 결국 두 사람은 서로의 사랑을 확인하고 함께 떠나기로 결심합니다. 넷다는 실비오에게 영원히 함께할 것을 약속하고, 두 사람은 뜨겁게 사랑을 나누며 이 장면을 마무리합니다.

'Nedda! Silvio!'는 레온카발로의 오페라 《팔리아치》의 2막에서 등장하는 듀엣으로, 주인공 넷다와 그녀의 연인 실비오의 비밀스러운 사랑을 표현합니다. 이 장면은 두 사람의 열정적인 감정과 갈등이 극적으로 표현되면서, 오페라 내에서 감정의 고조를 이루는 중요한 순간 중 하나죠.

영상은 2011년 이탈리아 밀라노 스칼라 공연으로, 바리톤 마리오 카시와 소프라노 옥사나 디카의 뛰어난 가창과 호흡이 돋보입니다. 연주 모습은 보이지 않지만 두 사람의 격정적인 노래에 맞춰 감정을 폭발시키는 오케스트라의 역할도 짙게 느껴 볼 수 있습니다.

음악 추천 | 데얀 가브리츠　글 | 박지혁

요한 쉴레의
숨겨진 보물

작곡가 | Johann Schelle
곡명 | Barmherzig und gnädig ist der Herr
연주자 | Voces Suaves

스위스 바젤에서 창단된 보체스 수아베스는 8명의 성악가를 기반으로 르네상스와 바로크 음악을 다루는 단체입니다. 이 단체는 특히 따듯하고 충만한 소리를 추구하는데요. 따듯한 음색은 음악과 감정을 풍부하게 살려 냅니다.

오늘 소개할 음악은 보체스 수아베스와 고음악 앙상블이 함께 연주한 〈자비롭고 은혜로우신 주님(Barmherzig und gnädig ist der Herr)〉입니다. 작곡가 요한 쉴레는 라이프치히의 토마스 교회 칸토어였으며, 놀랍게도 바흐의 전임자였죠. 칸토어는 합창장을 뜻하는데요. 어릴 때부터 노래하고, 합창장이 된 쉴레의 깊은 지식이 이 곡에 모두 담겨 있습니다. 그의 이름을 자주 접하지 못했지만, 이 곡을 들어 보니 그의 다른 작품이 더 궁금해집니다.

바로크 연주의 매력은 복잡하고 화려하면서도 세련됨이 느껴진다는 점인데요. 그 특징을 음악가가 살려 내려면 많은 집중과 훈련이 필요합니다. 우아한 몸짓의 보체스 수아베스 성악가들과 활을 다양하게 쓰는 현악기를 보다 보면 점점 음악에 몰입되네요.

〈자비롭고 은혜로우신 주님〉은 성경 시편 103편 8장에서부터 시작되는 내용을 담았는데요. 쉴레는 신의 인자함과 자비로움을 담은 이 구절을 아름다운 음악으로 창조해 냈습니다.

희망 가득한 선율에 담긴 행복한 미래

음악 추천 | 유정우　글 | 김소라

작곡가 | Richard Wagner
곡명 | Treulich Geführt(Bridal Chorus)
연주자 | Staatskapelle Dresden

인생에서 가장 행복하고 의미 있는 순간은 과연 언제일까요? 아마 사랑하는 이를 만나고 그와 영원히 함께하기를 맹세하는 순간, 결혼식이 그중 하나라는 것에 대부분 동의할 것입니다.

과거보다 레퍼토리가 다양해졌지만 결혼식에 가면 항상 듣는 음악이 있습니다. 바로 '결혼 행진곡'이죠. 영상의 3분 30초경부터 '빰 빰 빠밤' 하는 멜로디와 함께 시작하는 이 곡의 원제는 〈혼례의 합창〉으로 바그너의 오페라 《로엔그린》 3막을 여는 서곡이기도 합니다.

《로엔그린》은 1850년 바이마르에서 초연되었는데요. 바그너가 이 작품에 착수할 당시 유럽에는 자유의 공기를 갈망하며 빈 체제에 대항하는 자유주의 운동, '1848년 혁명'의 바람이 거세게 불던 참이었습니다. 바그너는 이러한 혁명적 사회 분위기 속에서 시민 계급의 운명에 대한 희망찬 미래를 확신하고 그것을 작품으로 보여 주고자 했는데 그것이 바로 이 장면에 들어 있다고 합니다.

새 출발의 설렘과 경건함, 사람들의 기쁨과 축복이 가득 담긴 이 곡과 함께 설렘 가득한 미래를 꿈꾸며 행복한 하루 시작하길 바랍니다.

음악 추천 | 조민석   글 | 안일구

명료한 지휘자와 꽉 찬 오케스트라

작곡가 | Ludwig van Beethoven
곡명 | Symphony No.5
연주자 | Herbert Blomstedt, Leipzig Gewandhausorchester

1999년 10월 9일, 독일 통일 10주년을 기념하는 행사가 라이프치히의 성 니콜라스 교회에서 열렸습니다. 정확히 10년 전, 동독에서 두 번째로 큰 도시인 라이프치히에서는 약 7만 명의 시민들이 독재에 맞서 자유와 민주주의 확대를 요구하는 평화 시위를 벌였는데, 이 사건은 이후 베를린 장벽 붕괴에 중요한 역할을 했습니다. 역사적 전환점을 기념하기 위해 운명의 교향곡으로도 알려진 베토벤의 교향곡 5번이 연주되었죠.

지금보다 훨씬 에너제틱한 모습의 지휘자 블롬슈테트, 그에 따라 게반트하우스 오케스트라가 차분하게 움직입니다. 베토벤의 교향곡 5번 '운명'은 누가 어떻게 연주하는가에 따라 여러 얼굴을 가진 작품입니다. 이들이 연주하는 '운명'은 어떨까요?

블롬슈테트는 명료하고 정교하죠. 게반트하우스 오케스트라는 따뜻하고 균형 잡힌 사운드를 가지고 있습니다. 이 조합은 언제나 특별한 시너지를 냅니다. 특히 베토벤이나 브루크너와 같은 작품에서 그들은 지나치게 극적인 해석을 피하고, 작품 자체의 순수한 정신과 에너지를 존중하는 방식으로 음악에 접근합니다. 감동적인 소리가 교회를 가득 메웁니다.

음악 추천 | 데얀 가브리츠   글 | 박지혁

모차르트의
보석 같은 아리아

작곡가 | Wolfgang Amadeus Mozart
곡명 | Schon lacht der holde Frühling K.580
연주자 | Regula Mühlemann, HR Sinfonie Orchester

18세기에서 19세기 사이에는 오페라에 관한 재미있는 관례가 있었습니다. 공연하는 성악가의 취향에 따라 후대 작곡가가 새로운 아리아를 작곡해 이미 완성된 다른 작곡가의 오페라에 삽입하는 트렁크 아리아인데요. 오늘 소개하는 곡은 조반니 파이지엘로의 《세비야의 이발사》 아리아를 대체한 모차르트의 '사랑스러운 봄은 벌써 웃음 짓고'입니다.

《세비야의 이발사》는 로시니의 작품 아니었나 싶지만 사실 로시니보다 선배 작곡가인 파이지엘로의 작품이 먼저 발표되어 사랑받고 있었습니다. 모차르트는 이 아리아를 자신의 뮤즈이자 유명한 음악가 가문의 일원인 소프라노 요세파 베버에게 바쳤는데요. 저는 처음 이 곡을 들었을 때 《마술피리》의 '밤의 여왕 아리아'가 떠올랐습니다. 그런데 놀랍게도 모차르트가 이 곡을 요세파 베버에게 헌정한 2년 뒤, 그녀에게 밤의 여왕 아리아의 초연을 맡겼다고 하네요. 두 곡 모두 높은 고음과 화려한 테크닉을 요하지만, 밤의 여왕 아리아가 어두운 감성이라면 이 곡은 반대로 사랑스럽고 밝은 감성입니다.

오늘의 곡은 루체른의 젊은 디바로 불리는 레굴라 뮐레만이 부르는데요. 고음을 편안하게 잘 소화해 내는 그녀의 맑고 청아한 목소리를 즐겨 보세요.

미완의 토르소로
남겨진 미래를 향한
열정

음악 추천 | 황장원   글 | 황장원

작곡가 | Franz Schubert
곡명 | String Quartet No.12 in C Minor, D.703
'Quartettsatz'
연주자 | Escher String Quartet

무려 600여 편의 가곡을 비롯해 수많은 작품을 남긴 슈베르트는 미완성곡을 유독 많이 남긴 작곡가이기도 합니다. 유명한 '미완성 교향곡' 외에도 다수의 교향곡, 실내악곡, 피아노 소나타 등을 그는 미완의 파편으로 방치해 두었죠. 그런데 조각품 중에도 겉으로는 미완의 모습을 하고 있되 어엿한 작품으로 인정받는 토르소가 있듯이, 슈베르트가 남긴 파편 중에도 웬만한 완성작을 능가하는 명작들이 존재합니다. 그중에서도 일명 '단악장 4중주' 또는 '4중주 악장 c단조'로 불리는 이 곡은 '미완성 교향곡'과 더불어 가장 돋보이는 회심의 역작이죠.

단악장으로 이루어진 이 곡이 독립적인 작품으로 인정받는 이유는 역시 빼어난 작품성에서 찾을 수 있습니다. 소나타 형식을 취하고 있으면서도 제1주제의 재현을 생략한 대담한 구성과 다이내믹한 전개를 보여 주며, 악상 면에서는 세밀한 트레몰로를 수반한 제1주제가 부각하는 불안정한 질풍노도적 성격, 독특한 조성 설계 위에서 성악적 선율선을 부드럽고 여유롭게 펼쳐 보이는 제2주제가 환기하는 풍부한 서정성, 코데타에서 떠오르는 경묘한 선율이 발산하는 '정령 숭배'적인 신비감 등 실로 폭넓고 다채로운 스펙트럼을 보듬고 있기 때문이죠.

슈베르트가 이 곡을 쓴 것은 그의 나이 23세 때인 1820년 12월의 일로 알려져 있습니다. 당시 그는 후원자 존라이트너의 집에서 열린 '슈베르티아데'에 다녀온 직후 새로운 현악 4중주의 작곡에 착수해 고전적인 현악 4중주의 제1악장에 해당하는 이 곡을 완성한 다음 후속 악장을 41마디까지 쓰다가 펜을 놓았습니다. 앞서 그는 1816년에 'E장조 현악 4중주(제11번, D.353)'를 완성한 다음 이 곡을 쓰기까지 이 장르에서 3년 이상의 공백기를 가졌는데, 그 결과로 이 곡은 전작과는 차원이 사뭇 다른 진보성을 띠게 되었죠. 슈베르트는 20세를 전후해 베토벤의 경지를 지향하며 기존의 고전주의적 작풍에서 탈피하려는 경향을 본격화하는데, 이 곡은 실내악 분야에서 그러한 경향이 나타난 첫 사례로 간주됩니다. 어쩌면 이 대목에서 이 곡이 온전한 4중주곡으로 완성되지 못한 이유를 짐작해 볼 수 있습니다. 미완성작이기는 하지만 이후 '로자문데(제13번)'와 '죽음과 소녀(제14번)'와 같은 걸작으로 도약할 수 있는 발판이 되어 주었다는 점에서 이 곡의 의의는 각별하죠.

비교적 근래에 올라온 영상 두 가지를 놓고 고민에 빠졌습니다. 프랑스 파리 음악원 출신 연주자들로 구성된 모딜리아니 콰르텟의 연주에서는 풍부한 색채감과 미묘한 뉘앙스 표현이 두드러지고, 미국 맨해튼 음악 학교 출신 연주가들로 구성된 에셔 콰르텟의 연주에서는 보다 강렬하고 심포닉한 표현이 돋보이네요. 두 단체는 공히 2000년대 중반에 데뷔해 최근까지 활발한 활동을 펼쳐 오고 있습니다. 제가 듣기엔 두 연주 모두 나름대로 매력적이고 설득력이 있는 것 같습니다. 여러분은 어느 쪽이 더 마음에 드시니요? 어기시는 일만….

일요일의 추천 음반

유정우
음반 | Mascitti: 6 sonate da camera, Op.2
연주 | Antonio Fantinuoli, Fabrizio Cipriani
레이블 | Cantus Records(1997)

비발디와 동시대를 살며 바이에른과 파리에서 큰 명성을 얻었던 바이올리니스트이자 작곡가 미켈레 마시티의 '6곡의 실내 소나타'입니다. 전형적인 바로크 춤곡 모음곡의 형태를 띠고 있는데 특히 3번의 3악장 '코렌테(Corrente)'에 귀를 기울여 보길 추천합니다. 이탈리아의 바로크 바이올리니스트 파브리치오 치프리아니의 이 음반은 특히 공간감이 살아 있어 실제 바로크 궁정에서 연주를 듣고 있는 듯한 착각을 불러일으킵니다.

데얀 가브리츠
음반 | Brahms - Schumann
연주 | Yūko Shiokawa, Andras Schiff
레이블 | ECM Records(2024)

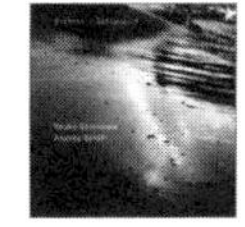

안드라스 쉬프와 그의 아내 유코 시오카와가 함께 연주한 이 음반은 평온함을 자아냅니다. 두 연주자가 서로 깊이 이해하고 있는 듯한 조화로운 앙상블을 두 바이올린 소나타에서 고스란히 느낄 수 있죠. '비의 노래'라고도 불리는 브람스 바이올린 소나타 1번은 서정적인 멜로디와 함께 브람스 특유의 깊은 감수성이 담겨 있습니다. 슈만의 바이올린 소나타는 복잡한 구조와 섬세한 대화가 요구되며, 연주자들 간의 긴밀한 협력이 중요한 곡입니다.

음악 추천 | 유정우   글 | 박지혁

라 모네 왕립 심포니의 코스 요리

작곡가 | Richard Wagner, Gustav Mahler, César Franck
곡명 | Prélude of 《Lohengrin》, Lieder eines fahrenden Gesellen, Symphony in D Minor
연주자 | Alain Altinoglu, Stéphane Degout, La Monnaie Symphony Orchestra

오늘의 연주는 고급 레스토랑에서 정성을 담아 제공하는 코스 요리 같습니다. 1772년 창단한 라 모네 왕립 심포니는 세계 3대 오페라 하우스 중 하나인 브뤼셀 라 모네 오페라의 상주 악단으로, 유서 깊은 오케스트라입니다.

라 모네 왕립 심포니는 콜마르 국제 음악 페스티벌에서 연주했습니다. 콜마르는 독일 국경 가까이 위치한 프랑스 지역으로 두 나라의 문화가 적절하게 섞인 곳이죠. 콜마르에는 작은 베네치아를 본떠 만든 '쁘띠 베니스'와 자유의 여신상 조각가 바르톨디의 고향답게 '바르톨디 박물관'까지 더해져 다양한 모습을 하고 있습니다. 그리고 13세기의 중세 교회 생마르탱 교회에서 매년 여름 콜마르 국제 음악 페스티벌이 열리죠.

올해는 19세기 보물과 같은 세 작곡가의 곡을 다뤘는데요. 바그너의 《로엔그린》 전주곡, 말러의 〈방황하는 젊은이의 노래〉, 그리고 프랑크의 〈교향곡 라단조〉입니다. 프랑크의 교향곡이 풍부하고 묵직한 주요리 같다면, 성스럽고 신비로운 분위기를 표현한 《로엔그린》 전주곡과 교향곡을 연상시키는 선율이 나오는 〈방황하는 젊은이의 노래〉는 입맛을 돋우는 전채 요리 같습니다.

음악 추천 | 조민석   글 | 안일구

브람스
만년의 첼로 소리

작곡가 | Johannes Brahms
곡명 | Cello Sonata No.2 Op.99 in F Major
연주자 | Antonio Meneses, Cecile Licad

1886년, 브람스가 스위스의 아름다운 자연 속에서 영감을 받아 작곡한 멋진 소나타를 소개합니다. 브람스는 첫 번째 첼로 소나타를 작곡한 지 20여 년이 지나 두 번째 첼로를 위한 소나타를 발표했습니다. 만년의 작품인 만큼 첫 번째 소나타보다 더욱 역동적이고 다양한 음악 언어를 사용하죠. 브람스 특유의 서정과 섬세함이 극에 달한 곡이기도 합니다.

첼로 소나타로 불리지만 사실 이 작품 안에서는 피아노의 역할도 두드러집니다. 두 성부는 동등한 에너지로 강렬하게 맞부딪치고 다시 어우러지기를 반복합니다. 이 작품은 소나타지만 음악을 듣다 보면 브람스의 교향곡이 떠오르기도 합니다. 반대로 브람스의 교향곡을 듣다 보면 실내악 작품 같기도 하죠. 이것이 브람스 음악의 매력입니다. 편성이 어떻게 바뀌어도 브람스는 항상 고유의 노래를 들려주죠.

안토니우 메네지스는 1977년 뮌헨 ARD 국제 콩쿠르, 1982년 차이콥스키 국제 콩쿠르를 모두 석권한 첼리스트입니다. 한때 보자르 트리오의 멤버로 활동했죠. 메네지스가 피아니스트 세실 리카드와 함께 만들어 내는 브람스 만년의 첼로 소리는 깊고 영롱합니다.

음악 추천 | 데얀 가브리츠   글 | 김소라

비올라와 피아노가 들려주는 옛이야기

작곡가 | Robert Schumann
곡명 | Märchenbilder for Piano and Viola, Op.113
연주자 | Maxim Rysanov, Lily Maisky

어릴 적 가장 재미있게 들었던 이야기는 무엇이었나요? 저는 잠들기 전 머리맡에서 외할머니께 들었던 동화를 뽑고 싶은데요. 동화 속 세계를 누비다 보면 어느새 잠에 스르르 빠져들곤 했지요.

오늘은 그런 어린 시절을 추억하며, 음악으로 듣는 그림 동화를 만날 텐데요. 지금 흘러나오는 곡은 슈만의 작품 〈비올라와 피아노를 위한 그림 동화〉입니다. 이 곡의 원제는 'Märchenbilder'로 '동화 그림'이라고 직역할 수 있습니다.

독일어로 옛이야기나 동화를 뜻하는 'Märchen'은 독일 낭만주의가 동경했던 형식 중 하나로 이상하고 괴기한 이야기를 가리킵니다. '아니, 동화인데 괴기하다고?' 싶지만 한때 '원작 동화'라는 이름으로 '잔혹 동화'가 출간되었던 걸 떠올리면 충분히 납득할 수 있습니다.

다만 이 동화들은 판타지로 가득 차 있었고, 판타지 세계에 심취한 슈만은 1851년 피아노와 비올라를 위한 4개의 소품집을 완성합니다. 우리를 환상 속으로 인도하는 듯한 피아노의 바탕에 개성 있는 비올라가 색채를 더하는데요. 오늘은 두 악기에 귀 기울이며 동화 속 세상으로 여행을 떠나 보세요.

음악 추천 | 유정우　글 | 박지혁

클라리넷이 잘 어울리는 베토벤 트리오

작곡가 | Ludwig van Beethoven
곡명 | Trio in B-flat Major, Op.11 'Gassenhauer-Trio'
연주자 | Sabine Meyer, Sol Gabetta, Seong-jin Cho

세계적인 연주자의 특징은 음악의 흐름을 살려 내고 이어 가는 집중력이 엄청나고, 소리 하나하나가 의도한 대로 나온다는 점 같은데요. 이 영상이 그 특징을 증명합니다. 세 명의 거장이 연주하는 베토벤의 〈거리의 노래〉를 소개합니다.

이 곡은 피아노, 클라리넷, 첼로의 3중주로, 우리에게 익숙한 클라리넷은 18세기 당시까지 새로운 악기로 여겨졌죠. 베토벤조차 클라리넷이 낼 수 있는 소리의 종류나 테크닉을 모두 숙지하지 못했다고 합니다. 그리고 클라리넷 대신 바이올린이 들어가도 전혀 어색하지 않은 전통적인 바이올린 트리오의 조합이었기에 바이올린을 위한 악보도 따로 만들어 출판했다고 하죠.

물론 연주자가 훌륭해서 곡을 잘 살려 냈지만, 클라리넷 소리도 꽤나 자연스럽게 어우러지지 않나요? 나아가 조성진의 피아노 소리는 두 악기를 감싸며 보드라운 실크로 싸인 선물을 받는 듯합니다.

이 곡은 3악장 때문에 〈거리의 노래〉라는 부제가 붙었는데요. 당시 빈에 살던 사람들이 요제프 바이글의 오페라 《바다에서의 사랑》에 나오는 선율을 유행가처럼 흥얼거렸고, 베토벤은 그 노래를 사용해서 변주곡을 만들었다고 알려집니다.

음악 추천 | 조민석   글 | 안일구

노년의 슈트라우스, 호른과 감정의 소용돌이

작곡가 | Richard Strauss
곡명 | Horn Concerto No.2 in E-flat Major, TrV.283
연주자 | Radek Baborák, Paavo Järvi, NHK Symphony Orchestra

리하르트 슈트라우스의 아버지는 뮌헨 궁정 오케스트라의 유명한 호른 연주자였습니다. 슈트라우스는 어려서부터 호른을 매우 친숙한 악기로 여겼고, 자신의 여러 작품을 통해 악기에 대한 깊은 애정을 보여 주었죠. 교향시 〈돈 후안〉과 〈영웅의 생애〉, 오페라 《장미의 기사》까지 슈트라우스 작품에서 호른이 중요하지 않은 곡은 거의 찾아보기 힘듭니다.

1942년, 78세의 슈트라우스는 제2차 세계 대전이 한창이던 당시 호른 협주곡 2번을 작곡합니다. 그런데 음악 안에는 전쟁의 암울한 분위기보다 고전적인 형식과 밝은 에너지가 가득합니다. 그는 첫 번째 호른 협주곡을 썼을 때 젊고 패기 넘치는 작곡가였으나, 두 번째 협주곡을 쓸 때는 인생의 마지막 시기를 보내고 있었습니다. 음악 안에서는 여러 감정이 소용돌이칩니다. 호른 소리에서 아버지와의 관계와 지난 세월에 대한 회고가 느껴지기도 합니다. 체코 출신 호르니스트 라덱 바보락은 1998년부터 베를린 필하모닉 오케스트라의 수석 호른 주자로 활동하며 세계 최고의 호른 연주자로 인정받고 있습니다. 그의 따뜻한 소리와 뛰어난 연주 테크닉은 모두를 매료시킵니다. 앙코르도 놓치지 마세요!

음악 추천 | 황장원　　글 | 황장원

웃음과 눈물이
공존하는
슈만의 유머

작곡가 | Robert Schumann
곡명 | 'Humoresque' in B-flat Major, Op.20
연주자 | Nikolai Lugansky

이 곡을 처음 들었을 때 조금 의아했습니다. '유머레스크'의 사전적 의미를 찾아보면 '유머가 있으며 약간 변덕스러운 성격을 가진 곡'이라고 나오는데, 이 곡은 변덕스럽기는 해도 유머러스하다고 하기엔 다소 어색하게 느껴졌거든요. 일단 곡의 시작 부분은 극히 차분하고 섬세하여 통상적인 '유머'의 이미지와는 거리가 있어 보이죠. 이후 본론으로 접어들면 갑자기 발랄하고 활달하며 다소 변덕스러운 흐름이 부각되지만, 연주에 따라서는 울적한 기운이 감지되기도 합니다. 특히 세 번째 곡 '단순하고 부드럽게'는 오히려 눈물과 한숨을 떠올리는 듯한 인상마저 유발하지요.

의구심이 어느 정도 해소된 것은 작곡가가 남긴 주석들을 접하고 나서였습니다. 슈만은 이 곡을 '웃음보다는 눈물로 가득한 곡'이라고 하면서, 제목인 '유머레스크'에 관해서는 이런 힌트를 남겼습니다. 독일어에서 유머라는 단어는 'Gemütlichkeit(정감)과 재치의 행복한 융합'을 뜻하며, 한편으론 '아이러니한 초연함으로 감정을 바라보는 방식'이기도 하다는 점을 지적했던 것이죠.

물론 이 역시 알쏭달쏭한 설명이기는 합니다. 그래서인지 몰라도 이 곡은 슈만의 피아노 작품 가운데 가장 이해하기 어려운 곡으로 거론되기도 하죠. 하지만 슈만의 곡들이 대개 그러하듯, 이 곡도 머리보다는 가슴으로 받아들이는 편이 바람직합니다. 그렇다면 슈만은 왜 이런 곡을 썼던 걸까요? 슈만의 트레이드마크인 '우울증'을 거론할 수도 있겠지만, 그에 앞서 작곡 당시의 정황을 돌아보는 게 좋겠습니다.

이 곡은 1839년 오스트리아 수도 빈에서 작곡되고 출판되었습니다. 당시 슈만은 라이프치히에서 창간했던 잡지 '음악신보'가 빈에 진출하게 된 일을 계기로 그 도시를 방문 중이었죠. 그는 모차르트, 베토벤, 슈베르트가 걸었던 거리들, 살았던 골목들을 누비면서 각별한 감회에 젖었고, 슈베르트의 형을 만나 그때까지 알려지지 않았던 유작 'C장조 교향곡(그레이트 심포니)'의 악보를 건네받는 감격도 맛봤습니다.

하지만 사랑하는 클라라는 그의 곁에 없었죠. 미래의 장인 비크 선생과 클라라를 두고 벌인 소송은 아직 진행 중이었고, 두 사람은 멀리 떨어져 불안과 희망을 넘나드는 편지를 주고받았습니다. 그런 상황에서 슈만은 '일주일 내내 피아노 앞에 앉아 울고 웃으며' 이 곡을 써 내려갔다고 하죠. 곡 안에 기쁨과 슬픔을 비롯한 갖가지 감정 또는 상념들이 얽혀 있고, 동시에 감상자의 흥미와 미소를 유발하는 기발하고 재치 넘치는 기법들이 담기게 된 건 그런 경험들이 복합적으로 작용했기 때문이 아닐까요?

'슈만이 남긴 가장 놀라우면서 가장 간과되고 있는 피아노 곡'으로 평가되기도 하는 이 작품을 오늘날 러시아를 대표하는 중견 피아니스트 니콜라이 루간스키의 연주로 들어 봅니다.

일요일의 추천 음반

데얀 가브리츠
음반 | The Leeds International Piano Competition - 2024 Winner
연주 | Jaeden Izik-Dzurko
레이블 | Warner Classics(2024)

2024년에 열린 리즈 국제 피아노 콩쿠르에서는 캐나다 출신의 제이든 아이직 주르코가 우승을 차지했습니다. 그는 5월에도 몬트리올 국제 콩쿠르에서 우승하는 등 최근 두각을 나타내고 있죠. 여러 시대의 작곡가들을 두루 연주하면서 좋은 해석을 내놓고 있어서 앞으로가 더 기대되는 젊은 피아니스트입니다.

유정우
음반 | Wagner: Lohengrin
연주 | Rafael Kubelik, Symphonieorchester des Bayerischen Rundfunks 외
레이블 | Deutsche Grammophon(1971)

바그너의 《로엔그린》은 신비로운 기사 로엔그린이 순수한 엘자를 구하기 위해 나타나는 이야기로, 사랑과 운명, 그리고 신비로운 신앙이 얽힌 서사적 오페라입니다. 음악은 강렬하면서도 서정적이며, 특히 '결혼 행진곡'이 유명합니다. 라파엘 쿠벨리크가 지휘하는 바이에른 방송 교향악단은 아주 장엄하면서도 유려한 사운드를 보여 줍니다. 당대 최고의 성악가들이 총출동해서 수준 높은 바그너 성악을 만끽할 수 있는 것도 이 음반의 장점입니다.

음악 추천 | 데얀 가브리츠   글 | 안일구

고통 속에 울려 퍼지는 소프라노 음성

작곡가 | Gioacchino Rossini
곡명 | 'Inflammatus et accensus' from 〈Stabat Mater〉
연주자 | Rosa Feola, Myung–Whun Chung, Orchestra and Chorus of the Teatro alla Scala

로사 페올라는 아름다운 목소리와 뛰어난 음악성으로 현재 세계적으로 주목받는 이탈리아 소프라노입니다. 맑고 깊이 있는 음색을 지닌 그녀의 목소리는 특히 오페라 작품에서 빛을 발하죠. 오늘 소개하는 곡에서, 그녀는 성모 마리아의 고통스러운 장면을 마주하게 됩니다.

'슬픔의 성모'는 로시니가 1831년에 작곡한 종교 음악으로, 예수 그리스도가 십자가에 못 박힌 후 성모 마리아가 느끼는 고통을 표현한 작품입니다. 특히 '타오르는 불길 속에서'는 10곡 중 8번째 곡으로, 지옥의 불길과 죄의 심판을 암시하는 강렬한 분위기를 자아냅니다. 어두운 음악과 함께 울려 퍼지는 소프라노의 목소리는 결연하고, 현악기와 합창이 어우러지는 부분에서는 최고의 아름다움이 느껴집니다.

정명훈의 지휘 아래 터져 나오는 오케스트라와 합창의 웅장한 음향은 마치 대지를 흔드는 듯합니다. 영상의 2분과 4분쯤, 음악이 강조로 바뀌는 부분이 있는데요. 이때 가사는 '나를 십자가로 지켜주소서'입니다. 이 부분은 슬픔의 절정에서 벗어나, 신에게 보호와 자비를 구하는 간절한 기도를 표현하고 있습니다.

음악 추천 | 유정우　글 | 박지혁

끝없는 음악의 세계

작곡가 | Anton Bruckner
곡명 | Final Chords of Symphony No.4
연주자 | Herbert Blomstedt, Vienna Philharmonic

유서 깊은 콘세르트헤바우 홀에서 빈 필하모닉을 지휘하는 블롬슈테트가 보입니다. 94세의 지휘자 헤르베르트 블롬슈테트는 화려하지 않지만 묵직하고 깊은 내면을 담아 브루크너의 〈제4번 교향곡〉의 피날레를 지휘합니다. 음악가는 마치 와인 같아서 삶을 살아가며 깨달음과 지혜를 얻을수록 성숙해지고 더 좋은 음악을 내놓습니다.

1920년대에 태어난 블롬슈테트는 전형적인 대기만성형 지휘자로 오랜 시간 동안 다양한 나라에서 경력을 쌓았습니다. 미국에서 태어났지만, 스웨덴 태생의 아버지를 따라 스웨덴에서 생활하며 음악을 시작했죠. 그는 여러 학교에서 바이올린, 지휘, 현대 음악, 바로크 음악, 그리고 고음악을 배웠습니다. 이런 풍부한 배경으로 지휘를 시작하며 1955년 잘츠부르크 지휘자 콩쿠르에서 우승했습니다.

수많은 오케스트라의 지휘자로 활동하면서도 연구를 게을리하지 않았던 그답게 아직도 건강하게 지휘 활동을 하고 있습니다. 이 영상도 군더더기 없는 해석이라고 느껴질 정도로 깔끔하고 완벽합니다. 광활한 자연에 압도되는 듯한 이 곡의 마지막을 함께 즐겨 보세요.

음악 추천 | 조민석　글 | 김소라

나에게 태양으로 떠오른 당신

작곡가 | Charles Gounod
곡명 | Ah! lève-toi, soleil!
연주자 | Alfredo Kraus

세상에서 가장 유명한 사랑 이야기 하면 어떤 것이 떠오르나요? 아마 한 분 정도는 '로미오와 줄리엣'을 말씀하실 것 같은데요. 소개하는 영상은 샤를 구노의 오페라 《로미오와 줄리엣》의 한 장면입니다.

샤를 구노는 프랑스 작곡가로, 가곡 〈아베 마리아〉와 오페라 《파우스트》로 유명한데요. 아버지는 화가, 어머니는 피아니스트로 어린 시절부터 예술과 함께 성장했다고 합니다. 그는 가장 프랑스적인 음악을 만드는 작곡가라는 평을 들었는데요. 이러한 평가는 양날의 검으로 작용해 프랑스 밖의 다른 나라에서는 제대로 인정받지 못했다고 합니다. 하지만 그로 인해 프랑스적인 성격을 지닌 오페라가 본격적으로 발전했고, 프랑스어는 사랑을 노래하는 가장 감미로운 언어로 많은 이들의 마음을 울리게 됩니다.

영상은 2막에 등장하는 〈아! 떠올라라, 태양이여!〉인데요. 줄리엣에게 첫눈에 반한 로미오가 발코니에 나온 그녀를 몰래 바라보며 그녀의 아름다움에 내린 찬사를 노래하는 곡입니다. 소빈식 셀리스트가 너무나도 단단한 음성이라며 극찬한 테너 알프레도 크라우스의 목소리로 달콤한 사랑 노래를 들어 보세요.

베버와
바에르만의
콜라보

음악 추천 | 데얀 가브리츠　**글 |** 박지혁

작곡가 | Carl Maria Von Weber
곡명 | 3rd movement from Clarinet Concerto No.1, Op.73
연주자 | Kevin Spagnolo, Diego Ceretta, Orchestra Filarmonica Marchigiana

작곡가에게는 영감을 주는 연주자들이 함께합니다. 베버에게는 클라리넷 거장 하인리히 바에르만이 있었습니다. 바에르만은 혁신적인 연주 기법과 더불어 독일의 꽉 찬 소리와 프랑스의 쾌활한 소리를 모두 가지고 있다고 평가받았죠. 베버가 그를 위해 작곡한 두 개의 클라리넷 협주곡 중 오늘은 〈클라리넷 협주곡 1번〉의 3악장을 소개합니다.

바에르만은 클라리넷의 선구자답게 6개의 키로 연주되던 클라리넷을 10개로 확장해 더욱 넓은 음역과 유연함을 갖추도록 했습니다. 베버와는 '콘체르티노'를 작곡하고 연주했는데, 바이에른 국왕이던 막시밀리안 1세 요제프가 공연을 듣고 감동한 나머지 베버에게 2개의 클라리넷 협주곡을 의뢰했습니다.

베버의 서정적인 색채와 정밀한 반음계의 사용은 바에르만과 만나 명곡이 되었습니다. 재밌는 점은 베버가 클라리넷 솔로 선율을 최대한 단순하게 적은 점입니다. 그 이유는 바에르만의 다양한 기교를 추가하기 위함이었죠.

오늘 연주하는 케빈 스파뇰로는 22세에 제네바 국제 콩쿠르에서 우승하며 이름을 알렸습니다. 림프종을 이겨 낸 그의 용기가 과감한 표현으로 고스란히 느껴집니다. 3악장은 특히 경쾌하지만, 중간에 느린 구간도 있어 스파뇰로의 연주를 다채롭게 들을 수 있습니다.

11월 8일

음악 추천 | 유정우   글 | 안일구

라벨의 독창성,
관현악의 색채감

작곡가 | Maurice Ravel
곡명 | Daphnis et Chloé, Suite No.2
연주자 | Alain Altinoglu, Frankfurt Radio Symphony

〈다프니스와 클로에〉는 프랑스 작곡가 라벨의 곡 중 제가 가장 좋아하는 작품입니다. 1912년에 초연된 원곡 발레는 1시간 길이의 대규모 작품인데요. 고대 그리스 소설을 바탕으로 한 사랑 이야기입니다. 라벨은 발레 음악 중에서 가장 화려하고 잘 알려진 부분을 모아 모음곡 1번과 2번의 관현악곡으로 구성했습니다. 이 곡을 통해 우리는 라벨의 독창성과 관현악의 화려한 색채감을 마음껏 누릴 수 있죠.

모음곡 2번의 첫 번째 악장은 발레의 마지막 장면인 새벽 장면을 묘사합니다. 조용한 현악기와 목관 악기의 서정적인 선율로 어두운 밤이 지나고 천천히 빛이 떠오르는 모습이 보입니다. 두 번째 악장은 사랑의 춤을 묘사하는 아름다운 음악입니다. 목관 악기와 하프의 조화가 돋보이는데, 중간에 등장하는 플루트 솔로는 다프니스의 마음을 섬세하게 표현하죠. 마지막 악장은 두 주인공이 서로 사랑을 확인한 후 마을 사람들과 함께 춤을 추며 기쁨을 나누는 장면을 담아냅니다.

라벨은 이 모음곡에서 오케스트레이션을 통해 자연의 빛을 음악으로 표현합니다. 감정의 흐름도 아주 섬세하게 그려 내죠. 알랭 알티놀뤼와 프랑크푸르트 방송 교향악단은 이 음악의 본질을 꿰뚫은 듯 보입니다.

음악 추천 | 황장원　글 | 황장원

작곡가 | Gabriel Fauré
곡명 | Requiem, Op.48
연주자 | Voces8, English Chamber Orchestra, Barnaby Smith

소박하고 정갈한 이미지로 다가오는 포레 레퀴엠

'종교적 환상을 통해 누릴 수 있었던 모든 것을 이 레퀴엠에 담았습니다. 이 레퀴엠은 처음부터 끝까지 영원한 안식에 대한 매우 인간적인 믿음의 감정에 기대고 있습니다.'

타계 100주기를 맞은 프랑스 작곡가 가브리엘 포레가 자신의 레퀴엠(위령 미사곡, 진혼곡)에 대해 남긴 말입니다. 포레의 대표작 가운데 하나인 '레퀴엠 D단조'는 그가 파리 마들렌 성당의 성가대 지휘자로 있을 때인 1887년에 처음 작곡되었고 이후 몇 차례 개정을 거쳐 1900년에 지금의 형태로 완성되었죠. 작곡 동기는 모호한데요. 아마도 1885년과 이듬해에 걸쳐 부모님을 차례로 잃은 일이 영향을 미쳤을 겁니다. 하지만 정작 그는 '나의 레퀴엠은 그 무엇을 위해서도 쓰이지 않았다. 그저 즐거움(그것을 그렇게 부를 수 있다면)을 위해서 작곡되었다'라고 했다죠.

포레의 레퀴엠은 브람스의 '독일 레퀴엠'과 더불어 이 장르에서 독특한 작품으로 꼽힙니다. 가톨릭 미사곡 고유의 양식을 답습하지 않았기 때문이죠. 무엇보다 이 곡에는 통상적인 라틴어 레퀴엠에서 가장 극적인 장면인 '디에스 이레(진노의 날)' 시퀀스가 빠져 있습니다. 포레는 그중 일부인 '피에 예수(자비로우신 예수)' 대목만 살려 소프라노 독창자가 노래하는 네 번째 곡으로 삽입했고, '디에스 이레'의 주요 내용인 '죽음에 대한 공포와 고뇌'는 여섯 번째 곡 '리베라 메(저를 구하소서)'에서 바리톤 독창자가 노래하도록 했죠. 또 마지막에 덧붙인 '인 파라디숨(천국에서)'의 가사는 매장 의식에서 가져왔습니다.

이런 이유로 이 곡은 레퀴엠답지 않다는 비판을 받기도 합니다. 심지어 초연 당시 포레가 이 레퀴엠을 직접 썼다고 밝히자 마들렌 성당의 사제가 ‘포레 선생, 우리는 이런 참신한 곡은 필요 없습니다. 마들렌의 레퍼토리는 이미 충분하답니다’라며 불만을 표시했다고 하죠. 하지만 포레는 가톨릭 전례 음악의 양식을 응용하고 특유의 근대적 음악 어법과 종교 음악가로서의 경험을 동원해 사뭇 서정적이고 우아하며, 무엇보다 인간적인 레퀴엠을 완성했던 것이죠. 아울러 그는 이런 말도 남겼습니다.

‘나의 레퀴엠은 죽음에 대한 두려움을 표현한 것이 아닙니다. 누군가는 ‘죽음의 자장가’라고 불렀다고 하더군요. 그러나 나는 죽음을 고통스러운 경험이라기보다는 행복한 구원, 하늘의 행복을 향한 열망으로 봅니다.’

오늘은 이 따뜻하고 아름다운 명곡을 영국의 아카펠라 그룹 Voces8과 잉글리시 체임버 오케스트라의 협연으로 들어 봅니다. 독창자 두 명에 합창단과 오케스트라가 동원되는 통상적인 연주 형태에 비하면 무척 단출한 편성인데요. 아무래도 풍부한 맛은 덜 합니다만 대신 소박하고 정갈한 노래가 한결 친근하고 신선하게 다가옵니다. 그리고 이런 편곡이 대곡보다는 가곡, 피아노 소품, 실내악 등에서 두각을 나타낸 포레의 순수성을 잘 드러낸다는 점에서 보다 어울리는 면이 있지 않나 싶기도 하네요.

일요일 아침을 여는
아름다운
Classic Album

일요일의 추천 음반

유정우
음반 | Poulenc: Dialogues des Carmelites
연주 | Kent Nagano, Orchestre de l'Opéra de Lyon
레이블 | Warner Classics(2006)

1957년에 만들어진 풀랑크의 《카르멜파 수녀들의 대화》는 위대한 오페라 중 하나로, 감동적이지만 아주 고통스러운 경험을 제공합니다. 이 오페라를 이야기할 때 지휘자 켄트 나가노는 중요한 위치를 차지합니다. 리옹 오페라와의 녹음은 물론 뮌헨에서도 명연을 선보이며 찬사를 받았죠. 리옹 오페라에서의 음반은 뛰어난 출연진이 하나의 팀으로 조화로운 연주를 펼치며, 켄트 나가노는 이 곡에 대한 탁월한 이해를 보여 줍니다.

데얀 가브리츠
음반 | Mozart: Piano Sonatas
연주 | Josep Colom
레이블 | Eudora Records(2024)

스페인의 피아니스트 조셉 콜롬은 모차르트 음악 해석에서 독창적인 접근으로 주목받고 있습니다. 그의 연주는 단순히 악보를 충실히 재현하는 것을 넘어서, 각 악장의 흐름 사이에 즉흥 연주를 삽입하는 독특한 방식으로 관객에게 새로운 경험을 선사합니다. 이러한 즉흥 연주는 단순히 한 곡의 일부가 아닌, 작품의 흐름과 분위기를 확장시키며 연주를 보다 입체적이고 살아 있는 것으로 만듭니다.

신비로운 섬과
죽음의 이미지

음악 추천 | 조민석   글 | 안일구

작곡가 | Sergei Rachmaninoff
곡명 | Isle of the Dead, Op.29
연주자 | Netherlands Philharmonic Orchestra,
Lorenzo Viotti

그림에서 영감을 얻은 음악 중 가장 압도적인 분위기를 자아냅니다. 바로 라흐마니노프의 〈죽음의 섬〉입니다. 이 곡은 아르놀트 뵈클린의 그림 〈죽음의 섬〉에서 영감을 받아 탄생했습니다. 이 그림은 고요하고 어두운 분위기의 섬을 배경으로, 커다란 바위 사이에 자리 잡은 무덤과 이를 향해 다가가는 배, 그리고 배 안에 있는 흰옷을 입은 인물을 표현했습니다.

라흐마니노프는 이 그림에 큰 감명을 받아 1909년에 작품을 완성했습니다. 약 20분 정도의 길이로, 단악장인 교향시 형식을 취하고 있죠. 곡은 죽음을 상징하는 '심판의 날' 동기로 시작하며, 음악은 점차 풍부한 오케스트레이션으로 이어집니다. 특히 저음 악기들의 사용이 두드러지고, 5박자 리듬으로 긴장감을 더합니다. 여러 소리는 점점 얽히면서 어두운 색채와 비장한 분위기를 고조시키고, 절정으로 치닫습니다.

이 곡은 라흐마니노프가 러시아를 떠나 이민자의 삶을 살던 시기에 작곡된 것으로, 고국의 단절감, 그리고 당시 유럽에서 느낀 정치적 긴장감이 고스란히 담겨 있습니다. 지휘자 로렌초 비오티는 네덜란드 필하모닉을 이끌고 아주 섬세한 음악을 보여 줍니다.

음악 추천 | 유정우   글 | 김소라

은둔의 피아니스트가 들려주는 이야기

작곡가 | Johannes Brahms
곡명 | Piano Concerto No.1 in D Minor
연주자 | Radu Lupu, Jukka-Pekka Saraste, FRSO

'모든 사람은 각기 다른 방식으로 이야기를 하며, 그 이야기는 매력적이고 자발적으로 전달되어야 한다. 만약 그 이야기가 매력적이고 설득력 있지 않다면 그것은 가치가 없다'

영상의 주인공 라두 루푸는 살아생전 이런 말을 남겼습니다. 루마니아 출신의 피아니스트인 그는 1966년 미국 반 클라이번을 시작으로 여러 콩쿠르에서 연달아 우승하며 최정상급 피아니스트로 자리매김했고, 그래미상의 최우수 솔로 연주 공연 부문에서 수상하기도 했습니다.

하지만 그는 연주 외의 언론 노출과 인터뷰 등 다른 활동을 극도로 꺼렸고, 자신의 연주가 방송되는 것도 허락하지 않았기 때문에 '은둔의 피아니스트'로 불리기도 했는데요. 2012년 서울에서 독주회와 협연을 펼친 것이 처음이자 마지막 내한 공연이기도 해 클래식 팬들에게 아쉬움을 남겼죠.

그런 점에서 1996년 헬싱키에서 보여 준 라두 루푸의 공연을 담은 이 영상은 아주 귀한데요. 사라스테와 핀란드 라디오 심포니 오케스트라의 연주 위로 그는 압도적인 음악성과 자신만의 터치로 음악을 풀어 갑니다.

'가을엔 브람스'라고 하지요. 깊어 가는 이 가을, 라두 루푸가 들려주는 브람스 피아노 협주곡 1번에 실려 온 매력적인 가을 이야기를 만나길 바랍니다.

프랑크의
유일한 교향곡

음악 추천 | 데얀 가브리츠   **글** | 박지혁

작곡가 | César Franck
곡명 | Symphony in D Minor
연주자 | Cristian Măcelaru, l'Orchestre National de France

젊은 시절부터 오르간 연주자로 활동해 온 세자르 프랑크에게 작곡가로서의 인정은 뒤늦게 찾아왔습니다. 프랑크의 명곡들은 그가 파리 음악원 오르간 교수로 임명된 이후, 말년부터 점차 세상 밖으로 나오게 되었죠. 오늘 소개하는 작품 〈교향곡 라단조〉는 놀랍게도 그의 처음이자 마지막 교향곡입니다.

브람스가 첫 교향곡을 43세에 발표했다는 이야기를 듣고 놀랐던 기억이 있는데요. 프랑크는 첫 교향곡을 무려 66세의 나이에 발표했습니다. 당시 프랑스에서는 교향곡보다 오페라가 더 많이 연주되었고, 기념비적인 교향곡은 적은 상태였죠. 프랑스를 대표하는 작곡가 베를리오즈의 〈환상 교향곡〉은 대략 60년 전, 그리고 생상스의 교향곡 제3번 〈오르간〉은 3년 전에 작곡되었기 때문에 〈교향곡 라단조〉는 그 뒤를 이어 프랑스를 대표하는 교향곡으로 자리매김하게 되었습니다.

프랑크는 세 악장을 통틀어 순환 형식을 사용했는데요. 주제 선율이 여러 번 바뀌며 나오기 때문에 통일성이 느껴집니다. 그의 작품 특유의 단순하면서도 깊은 느낌은 살리기가 쉽지 않은데요. 프랑스 국립 오케스트라의 연주는 모든 악기가 독주를 하듯이 잘 해석해 냈습니다.

음악 추천 | 조민석　글 | 안일구

음악에서 몰아치는 천둥 번개와 폭풍우

작곡가 | Richard Wagner
곡명 | 'Die Walküre' from 《Der Ring des Nibelungen》
연주자 | Daniel Barenboim, Teatro alla Scala Orchestra

지휘자 바렌보임은 바그너 전문가입니다. 그는 특히 1981년에 바이로이트 페스티벌에 데뷔한 이후 1999년까지 18년 동안 꾸준히 지휘자로 참여했습니다. 그 기간 동안 《니벨룽의 반지》, 《트리스탄과 이졸데》, 《파르지팔》 등 바그너의 주요 오페라를 지휘하며 탁월한 해석을 선보였죠. 그와 함께하는 바그너 음악은 심리적, 철학적 요소를 깊이 탐구하여 청중에게 그 본질을 전달하고자 노력합니다.

바그너의 대표작인 《니벨룽의 반지》는 4부작으로 이루어져 있는데요. 그중 단연 최고 인기작은 '발퀴레'입니다. '발퀴레'는 신과 인간 사이에서 벌어지는 갈등과 사랑을 중심으로 진행되는데, 특히 쌍둥이 남매 지크문트와 지클린데의 금지된 사랑, 그리고 발퀴레 브륀힐데의 희생이 감정적으로 깊은 울림을 줍니다. 이 이야기에서 파생되는 음악들은 단연 바그너의 작품 중에서도 가장 서정적이고 강력합니다.

영상은 바렌보임이 밀라노의 스칼라 극장에서 발퀴레 1막의 서곡을 연주하는 장면입니다. 현악기들의 몰아치는 트레몰로와 낮은 금관 악기의 강한 리듬으로 음악에서는 천둥과 번개를 동반한 폭풍우가 쉴 새 없이 몰아칩니다. 이런 긴장감 넘치는 분위기는 작품 전체의 격렬함과 비극성을 암시합니다.

매혹적인
수잔나의 음성

음악 추천 | 유정우   글 | 김소라

작곡가 | Wolfgang Amadeus Mozart
곡명 | 'Deh vieni non tardar' from 《Le nozze di Figaro》
연주자 | Anna Netrebko

수수한 의상을 입었지만 몸짓 하나하나와 목소리에서 우아함이 피어오르는 여인, 영상의 주인공은 안나 네트렙코입니다. 1971년 러시아 흑해 연안의 매혹적인 도시 크라스노다르에서 태어난 그녀는 현재 세계 최고의 인기 오페라 가수로 뽑히고 있지요.

지금 듣는 '오세요, 늦지 말고'는 모차르트의 오페라 《피가로의 결혼》 4막에서 수잔나가 부르는 아리아인데요. 2006년, 모차르트 탄생 250주년을 맞이해 펼쳐진 잘츠부르크 페스티벌에서 안나 네트렙코는 이 작품의 수잔나 역으로 단연 화제의 중심이었습니다. 그녀는 과거 한 인터뷰에서 '진정한 프로는 청중에게 기쁨을 주고 그들을 감동으로 눈물 흘리게 하고, 잠시 슬픔에 잠기게 했다가 다시 완전히 새로운 에너지를 주는 사람'이라고 이야기하며 '무대에 설 때마다 자신이 원하는 대로 청중의 마음을 움직이는 것'을 최고의 성공으로 뽑았는데요.

역할에 따른 완벽한 연기 변신, 맑고 힘찬 고음 등의 장점을 지닌 네트렙코는 자신이 희망했던 최고의 성공을 이루었다고 볼 수 있을 것입니다. 모차르트의 음악과 절묘하게 어우러지는 네트렙코의 음성과 무대 위 우아한 자태를 만나 보세요.

음악 추천 | 황장원　글 | 황장원

탄생 100주년, 레오니드 코간의 차이콥스키

작곡가 | Pyotr Ilyich Tchaikovsky
곡명 | Violin Concerto in D Major, Op.35
연주자 | Leonid Kogan, Orchestre de la Société des concerts du Conservatoire, Constantin Silvestri

소련을 대표하는 바이올리니스트라면 역시 다비드 오이스트라흐를 가장 먼저 떠올리게 되지만, 레오니드 코간도 빼놓을 수 없습니다. 사실 코간은 선배 격인 오이스트라흐와 나란히 20세기 중엽 소련을 대표하는 비르투오소 바이올리니스트로 각광받았죠. 다만 소련이 대외적인 체제 홍보 수단으로 '마음이 따뜻해지는 바이올린의 시인' 오이스트라흐의 존재를 적극적으로 내세웠던 데 비해, 천성적으로 대중의 주목을 꺼렸던 코간은 선배의 그늘에 가려진 감이 있었습니다. 아울러 냉철하고 엄격하고 절도 있는 연주 스타일도 그의 명성이 폭넓게 확산되는 데 불리하게 작용했습니다. 그런 방향이라면 그가 존경했던 야사 하이페츠가 최우선 순위에 버티고 있었으니까요.

레오니드 코간은 1924년 11월 14일 우크라이나에서 태어났습니다. 부모는 사진가였는데, 아마추어 바이올리니스트였던 아버지의 재능이 아들에게 전해졌죠. 6세 때부터 레오폴드 아우어의 제자에게 바이올린을 배운 코간은 10세 때 하르키우에서 공개 리사이틀을 가진 후 가족과 함께 모스크바로 이주해 공부를 계속했습니다. 모스크바에서 코간은 저명한 바이올린 교사 아브람 얌폴스키를 사사하는 한편, 이후 자신의 '예술적 이상형'으로 꼽게 된 야사 하이페츠의 연주를 직접 들었고, 프랑스의 거장 자크 티보로부터 '위대한 미래'가 약속된 인재라는 찬사를 듣기도 했지요. 다만 그가 가장 존경했던 바이올리니스트는 헝가리의 거장 요제프 시게

티로 알려져 있습니다. 외적인 탐미나 유희와는 거리를 둔 채 순도 높고 엄정하며 치열한 탐구심이 두드러지는 시게티의 연주 스타일이 그에게 커다란 영향을 미쳤죠.

코간은 학생 시절부터 소련 전국 순회 연주를 가질 정도로 돋보이는 재능과 실력을 인정받았습니다. 1941년에 브람스 바이올린 협주곡을 연주하며 모스크바 무대에 공식 데뷔했고, 프라하에서 열린 세계 청소년 페스티벌에서 공동 1위를 수상하기도 했죠. 국제적인 주목을 받게 된 계기는 1951년 브뤼셀에서 열린 퀸 엘리자베스 콩쿠르였습니다. 당시 그가 결선에서 '놀라운 기교와 고전적인 방식으로' 연주한 파가니니 바이올린 협주곡 제1번은 엄청난 파장을 일으켰고, 심사 위원이었던 오이스트라흐는 그의 우승을 장담했다고 하죠.

퀸 엘리자베스 콩쿠르 우승 이후 코간은 모스크바 음악원의 교수로 재직하면서 활발한 연주 활동을 이어 나갔습니다. 주된 무대는 소련이었지만, 때로는 서방으로 투어를 다니기도 했죠. 그중에서도 1955년의 파리와 런던 데뷔, 1958년의 뉴욕 데뷔(카네기 홀) 공연은 특기할 만합니다. 코간은 음반도 많이 남겼습니다. 대부분은 소련에서 녹음·발매되었지만, 서방에서 발매된 녹음도 일부 남아 있죠.

오늘은 1959년 프랑스 EMI에서 녹음된 차이콥스키 협주곡 녹음을 소개합니다. 코간 특유의 순도 높고 균질한 톤과 엄정하고 치열한 연주 스타일, 그리고 행간에서 은은하게 우러나는 시정 등을 잘 느껴 볼 수 있습니다.

일요일의 추천 음반

데얀 가브리츠
음반 | Strauss: Ein Heldenleben / Wagner: Siegfried-Idyll
연주 | Berliner Philharmoniker, Herbert von Karajan
레이블 | Deutsche Grammophon(1996)

리하르트 슈트라우스의 대표적인 교향시 〈영웅의 생애〉와 바그너의 〈지그프리트 목가〉를 담은 명반입니다. 당시 최고의 바이올리니스트 중 한 명이었던 미셸 슈발베의 연주를 감상할 수 있습니다. 베를린 필하모닉의 탁월한 연주와 카라얀의 깊이 있는 해석이 어우러져 압도적인 사운드를 선사합니다. 두 작품은 많은 음반으로 발매되었지만, 저는 여전히 이 음반을 가장 선호합니다. 특히 〈영웅의 생애〉를 처음 접하는 분들에게 추천하고 싶습니다.

유정우
음반 | Les frères Francœur
연주 | Justin Taylor, Théotime Langlois de Swarte
레이블 | Alpha(2022)

테오팀 랑글루아 드 스와르트와 저스틴 테일러는 바로크 음악에서 독창적인 감성과 탁월한 연주력으로 주목받는 젊은 음악가들입니다. 두 사람은 뛰어난 독주자로 인정받아 왔지만, 함께 연주할 때 더 완벽한 조화를 이룹니다. 이번 음반에는 18세기 프랑스를 대표하는 프랑쾨르 형제와 프랑수아 레벨의 작품이 수록되어 있습니다. 이들은 잘 알려지지 않은 작곡가들의 음악을 높은 수준으로 연주하며 애호가들에게 새로운 발견의 기쁨을 선사합니다.

음악 추천 | 유정우   글 | 박지혁

브람스의
신중함은
끝까지 이어진다

작곡가 | Johannes Brahms
곡명 | Violin Sonata No.3 in D Minor, Op.108
연주자 | Joshua Bell, Jeremy Denk

브람스가 1번 교향곡을 완성하는 데에는 21년이 걸렸다고 합니다. 이를 보면 그의 성격이 얼마나 엄격하고 신중한지 알 수 있죠. 그의 바이올린 소나타도 오랜 시간이 걸렸습니다. 어린 시절부터 시도했던 소나타 형식의 곡들은 대부분 직접 폐기했고, 그나마 남아 있는 곡은 로베르트 슈만과 알베르트 디트리히와 함께 작곡했던 곡 중 3악장뿐이었죠.

1886년부터 1888년 사이에 50대에 들어선 브람스가 남긴 3개의 바이올린 소나타 중 오늘은 〈바이올린 소나타 제3번〉을 소개합니다. 앞서 4개의 교향곡을 작곡하면서 확고해진 음악적 정체성에 자신감과 열정이 고스란히 더해진 곡입니다.

땀에 젖은 조슈아 벨을 보고 있자니 브람스의 열정을 온전히 담으려는 그의 노력을 느낄 수 있는데요. 특히 이 곡은 남성적인 에너지와 라단조에서 느껴지는 우울함, 어둠이 대비되며 깊은 몰입 상태로 이끌어 갑니다. 더 나아가 미국 최고의 피아니스트로 알려진 제레미 덴크와 호흡을 맞춰 가는 모습은 2악장에서 더 빛이 나며 어우러집니다. 둘의 완벽한 호흡을 느껴 보세요.

음악 추천 | 조민석   글 | 안일구

작곡가 | Franz Joseph Haydn
곡명 | Symphony No.39 in G Minor
연주자 | Il Giardino Armonico, Giovanni Antonini

안토니니가 만들어 내는 초기 하이든

일 지아르디노 아르모니코는 1985년 이탈리아 밀라노에서 창단된 고음악 전문 연주 단체입니다. 이들은 주로 바로크와 고전 시대의 음악을 역사적으로 고증된 악기와 연주 방식으로 우리에게 들려줍니다. 특유의 열정적이고 강렬한 연주 스타일은 어떤 곡이든 우리를 집중하게 만들죠. 음 하나하나를 숨 쉬게 만드는 조반니 안토니니의 지휘와 해석 또한 일품입니다.

'바다의 폭풍'이라는 부제가 붙어 있기도 한 이 작품은 전체 4악장으로 구성되어 있습니다. 하이든 교향곡은 대부분 쾌활하고 밝은 기운의 장조곡이 많은데요. 39번 교향곡은 드물게 단조로 쓰였습니다. 또, 바순과 호른을 사용해 다채로운 음색으로 곡에 깊이를 더하고 어두운 분위기를 만들고 있죠. 하이든은 이때부터 이미 감정의 깊이와 드라마틱한 긴장감을 선보이는 음악을 실험하고 있었습니다.

1악장은 비극적인 감정을 품고 있습니다. 현악기의 섬세한 움직임이 긴장감을 조성합니다. 2악장은 반대로 G장조로 평화로운 분위기를 조성합니다. 부드럽고 서정적인 선율이 귀를 사로잡습니다. 3악장은 미뉴에트와 트리오를 사용해 다시금 어둡고 슬픈 분위기를 만듭니다. 4악장은 빠른 템포와 다이내믹한 악상으로 폭발적인 에너지를 보여 줍니다.

음악 추천 | 데얀 가브리츠　글 | 박지혁

가브리엘
포레의 유작

작곡가 | Gabriel Fauré
곡명 | String quartet in E Minor, Op.121
연주자 | Ebène Quartet

가브리엘 포레가 세상을 떠나기 한 달 전에 완성한 〈현악 4중주〉는 신비로운 영역을 벗어나지 않으며 연주됩니다. 평생 현악만을 위한 작품은 작곡하지 않았던 그가 청력을 거의 잃었던 말년에 자신의 유작으로 이 곡을 남겼다는 점이 참 놀랍습니다.

귀가 잘 안 들리는 상황에서 피아노도 사용하지 않고 1년간 이 곡을 완성했다는 사실이 믿기지 않는데요. 인생의 종점에서 청력이 아닌 그동안 갈고닦아 온 노련한 상상력으로 작곡법을 쏟아 내고, 특히 한 번도 도전해 보지 않았던 작품을 완성한 점에서 의미가 큽니다.

곡을 계속 듣다 보면 흐릿하고 엄숙하며, 신비로운 느낌이 머릿속에서 맴도는데요. 마치 고정된 내용 없이 계속해서 바뀌는 꿈처럼 이 곡도 계속해서 다양한 화음으로 바뀌어 갑니다. 여러 색채가 섞인 현대 미술 작품을 보는 것 같기도 하죠. 이런 작품은 곡을 이해하려 노력하기보다 직감적으로 느껴지는 감정을 지켜보는 게 더 와닿습니다. 에벤 콰드뎃의 연주는 빈틈이 보이지 않을 정도로 호흡이 잘 맞고, 이 난해하고 어려운 곡을 수백 번 맞춰 본 것처럼 쉽고 부드럽게 연주해 냅니다.

음악 추천 | 조민석   글 | 김소라

시벨리우스는
가을을 싣고

작곡가 | Jean Sibelius
곡명 | Violin Concerto in D Minor Op.47
연주자 | Soyoung Yoon, Marek Pijarowski, Poznań Philharmonic Orchestra

'가을' 하면 어떤 이미지가 떠오르나요? 가을은 은행과 단풍의 알록달록함이 우리를 반기고, 한 해의 노력을 수확하는 풍성한 추수의 계절입니다. 하지만 한 해가 저물어 간다는 아쉬움에 왠지 모를 스산함이 느껴지기도 하죠. 오늘은 그런 가을의 정취가 가득 담긴 시벨리우스의 바이올린 협주곡을 소개합니다.

30대 후반, 이 곡을 작곡할 당시 시벨리우스는 건강에 이상이 생기며 귀에 큰 통증을 느끼고, 베토벤처럼 자신도 청력을 상실할지도 모른다는 불안과 공포에 시달렸죠. 그런 고통에도 불구하고 1903년 가을, 이 곡을 완성해 이듬해 2월 헬싱키에서 초연하지만, 독주자의 능력 부족으로 완전히 실패하고 맙니다. 시벨리우스는 절망하지 않고 1905년 여름에 이 작품을 대폭 손질하여 개정판을 냅니다. 간결해진 구성에 교향악적 색채를 강화해 같은 해 10월 베를린에서 다시 한번 초연하죠. 두 번째 초연은 큰 성공을 거두었고, 이후 바이올린의 기능과 아름다움을 가장 잘 살린 수작으로 평가받게 됩니다.

어딘지 모를 서늘함과 감미로움이 공존하는 이 곡, 조민석 첼리스트가 가장 좋아하는 한국인 연주자 중 한 명으로 뽑은 윤소영 바이올리니스트의 연주로 만나 보세요.

음악 추천 | 유정우   글 | 안일구

건반 위의
이탈리아 협주곡

작곡가 | Johann Sebastian Bach
곡명 | Italian Concerto in F Major, BWV.971
연주자 | András Schiff

18세기 유럽에서는 이탈리아 협주곡 양식이 인기가 많았습니다. 바흐는 이 양식을 고유의 스타일로 재해석해 하나의 독립된 건반 악기 위에서 실현합니다. 바흐는 이 작품을 1735년에 출판된 《클라비어 연습곡》 2권에 실었는데요. 오케스트라와 독주 악기의 대비가 두드러지는 이탈리아 협주곡 형식이 건반을 통해서도 아주 잘 드러납니다.

오늘의 연주자는 바흐 해석의 최고 권위자 중 한 명, 피아니스트 안드라스 쉬프입니다. 그는 바흐의 음악을 깊이 이해하고, 이를 아주 탁월하게 관객에게 전달합니다. 피아노로 연주하지만, 바로크 시대의 악기가 가진 특성과 음악이 가진 고유의 언어를 고려한 연주가 놀랍습니다. 명확한 프레이징도 장점인데, 이에 따라 곡이 가진 구조가 아주 잘 드러납니다. 쉬프의 또랑또랑한 음색은 전체 구조뿐 아니라 작품에 담긴 찰나의 아름다움을 극대화하죠.

3개의 악장을 통해 바흐는 선율의 아름다움과 구조적인 완성도를 모두 담아냈습니다. 경쾌하고 활기찬 1악장은 두 개의 주제적 요소가 서로 교차하며 긴장감을 이룹니다. 담담하면서도 애잔한 2악장은 한가롭지만 큰 울림을 선사합니다. 독주와 오케스트라의 대화를 건반 하나로 재현한 3악장 역시 놓칠 수 없습니다.

음악 추천 | 황장원   **글** | 황장원

브람스의 전성기,
그 내면의 초상

작곡가 | Johannes Brahms
곡명 | Piano Concerto No.2 in B-flat Major, Op.83 -
III. Andante
연주자 | Krystian Zimerman, Wolfgang Herzer, Wiener Philharmoniker, Leonard Bernstein

1881년에 발표된 〈피아노 협주곡 제2번 B플랫 장조〉는 브람스의 전성기를 대표하는 걸작입니다. 특유의 북독일적 중후함과 견실함이라는 기반 위에 한층 여유롭고 찬란한 광휘가 더해진 이 작품은 그가 40대 후반의 나이에 도달한 경지를 대변하죠.

여기에는 작곡 당시 브람스가 음악의 수도 빈을 중심으로 활동하며 독일어권 최고의 음악가로서 확고부동한 입지를 누리고 있던 상황도 작용했을 겁니다. 그 무렵 그는 바흐의 〈B단조 미사〉, 베토벤의 〈장엄미사〉에 견줄 만한 종교 음악의 걸작이라는 찬사를 받은 〈독일 레퀴엠〉과 베토벤의 아홉 곡을 계승할 열 번째 교향곡으로 평가받은 〈교향곡 제1번 C단조〉를 쓴 대작곡가였죠. 또한 빈 악우협회의 예술 감독을 역임한 저명인사였으며, 영국의 케임브리지 대학과 독일의 브레슬라우 대학에서 명예박사로 추대되는 등 유럽에서 가장 명망 높은 음악가 반열에 올라 있었죠.

청년기의 산물이었던 첫 번째 피아노 협주곡이 다소 과도한 의욕과 혈기, 질풍노도적 열정을 내비쳤다면, 그로부터 20여 년 뒤에 나온 이 두 번째 피아노 협주곡은 완숙기의 소산답게 안정감과 노련미가 두드러집니다. 최초의 관현악 대작이기도 했던 〈피아노 협주곡 제1번〉을 쓰던 때와 달리, 이 곡에 착수하던 시점에 브람스는 이미 교향곡 두 편, 서곡 두 편, 바이올린 협주곡 등을 통해서 대규모 관현악 작곡에 대한 경험을 충분히 쌓은 상태였죠. 숙련된 솜씨를 바탕으로 그는 이 곡에서 피아노 파트와 관현악 파트를 대등하게 취급하여 교향곡을 방불케 하는 대작을 일구어 냈습니다.

이 대작에서 피아노와 관현악이 연출하는 경쟁과 조화, 그리고 충만한 교향악적 위세와 장려한 건축미는 베토벤의 업적을 계승하여 협주곡 장르의 가치와 위상을 한층 높은 차원으로 격상시킨 것으로 평가받습니다. 아울러 이 곡의 피아노 파트는 연주하기가 극도로 어려운 편에 속하는데, 단순한 기교뿐 아니라 웅장한 스케일과 역동성을 감당할 수 있는 역량, 다채롭고 심원한 정서적, 사색적 깊이를 아우르는 음악성 등 모든 면에서 독주자에게 극한의 능력을 요구하죠.

오늘은 이 협주곡의 백미라 할 수 있는 제3악장을 들어 봅니다. 이 악장은 브람스가 남긴 감명 깊은 완서악장 중에서도 유독 아름답습니다. 음악은 그윽한 첼로 솔로로 출발하여 한동안 관조적 시선을 머금고 차분하게 흐르다가, 중간부에 이르러 격랑의 소용돌이에 휘말려 들죠. 이후 피우 아다지오의 이행부로 넘어가면 피아노와 클라리넷이 섬세한 대화를 나누고, 다시 첼로 선율이 떠오르면서 브람스 특유의 우수와 탄식이 가슴 깊이 스며듭니다. 영상은 크리스티안 지메르만이 빈 필하모닉과 협연한 1984년 빈 무지크페라인 공연 실황입니다. 지휘는 레너드 번스타인이 맡았습니다. 느긋한 템포로 흐르는 연주가 어느덧 중년에 이른 브람스의 성숙한 상념과 정서, 그 전성기의 화려한 외면에 대비되는 내면의 낭만적 풍경을 사뭇 고즈넉하게 드러내고 있네요.

일요일의 추천 음반

유정우
음반 | Rachmaninoff: Dissonance
연주 | Asmik Grigorian, Lukas Geniusas
레이블 | Alpha(2022)

소개하는 음반은 라흐마니노프의 가곡에 내재된 '내적 갈등'을 암시합니다. 세계 성악계의 최정상에 오른 소프라노 아스믹 그리고리안은 이렇게 설명합니다. '라흐마니노프의 가곡은 오페라적인 힘을 요구합니다. 사실 그는 몇 분 안에 끝나는 작은 오페라를 작곡했다고 볼 수 있어요' 그녀는 이번 앨범에서 완벽한 기교와 풍부한 표현력으로 다시 한번 자신이 위대한 아티스트임을 증명했습니다.

데얀 가브리츠
음반 | Handel: Concerti Grossi, Op.6
연주 | Martin Gester, Arte dei Suonatori
레이블 | BIS(2008)

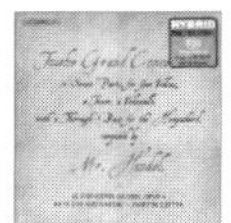

헨델은 1706년부터 약 4년간 이탈리아를 여행하며 당대 최고의 음악가들과 교류했고, 그곳의 화려하고도 서정적인 음악 양식을 자신의 스타일로 융합시켰습니다. 특히 코렐리는 콘체르토 그로소 형식의 선구자였으며, 그의 작품은 헨델에게 큰 영감을 주었죠. 헨델의 콘체르토 그로소는 이러한 이탈리아 스타일을 영국 청중에게 소개하며, 코렐리의 영향을 받으면서도 헨델만의 독창적인 색깔을 담아냈습니다. 이 음반으로 바로크 음악의 정수를 느낄 수 있습니다.

인간관계의 중요성

음악 추천 | 조민석   글 | 박지혁

작곡가 | Ludwig van Beethoven
곡명 | Violin Sonata No.9, Op.47 'Kreutzer'
연주자 | Shunske Sato, Shuann Chai

베토벤의 〈바이올린 소나타 제9번 크로이처〉는 카리스마와 짙은 서정성으로 많은 연주자의 사랑을 받았습니다. 특히 베토벤은 이 곡을 '협주곡처럼 작곡된 곡'이라고 언급했는데요. 이는 연주자의 역량이 그만큼 중요하다는 뜻이죠. 한편, 곡의 부제 '크로이처'에는 재밌는 일화가 있습니다.

바이올린 소나타를 구상하던 베토벤은 빈에서 바이올리니스트 조지 브리지타워의 연주를 듣고 그의 카리스마에 매료되어 그와 친분을 쌓았다고 합니다. 이후 베토벤은 브리지타워에게 바이올린 소나타를 의뢰받았고, 이 곡이 탄생했죠. 초연에서 기대 이상의 연주를 보여 준 브리지타워에게 당연히 헌정되어야 했는데, 왜 곡의 부제가 '크로이처'일까요?

둘 사이가 멀어지며 베토벤은 인연이 깊지 않았던 루돌프 크로이처에게 이 곡을 헌정합니다. 그 사실을 알고 있던 크로이처는 이 곡을 불쾌하게 생각했고, 평생 연주하지 않았죠.

영상을 통해 1800년에 제작된 포르테피아노와 거트 현을 사용한 바이올린으로 들어 볼 수 있습니다. 바로크 스페셜리스트 슌스케 사토와 슈안 차이의 연주를 즐겨 보세요.

음악 추천 | 유정우   글 | 한유진

우아한
장밋빛 봄

작곡가 | Astor Piazzolla
곡명 | Primavera porteña from 'Cuatro Estaciones Porteñas'
연주자 | Gidon Kremer

피아졸라는 춤곡인 탱고를 발이 아닌 귀로 감각할 수 있는 '누에보 탱고' 스타일로 해석했습니다. Nuevo가 영어로 New를 뜻하는 것으로 보아, 그를 새로운 탱고의 장을 연 사람이라고 평가해도 되겠지요.

누에보 탱고는 기존의 탱고와 달리 여러 음악 장르가 섞여 연주됩니다. 그 덕에 조금 더 다이내믹하고, 듣는 이를 사로잡는 풍부한 멜로디를 가지게 되었죠. 이러한 누에보 탱고의 토대를 굳건히 한 피아졸라는 오케스트라와 함께 귀로 듣는 탱고의 막을 열었습니다.

피아졸라의 누에보 탱고 스타일이 잘 묻어나는 오늘의 곡은 〈부에노스아이레스의 사계〉 중 봄입니다. 사계는 그가 1965년부터 1970년 사이에 작곡한 네 개의 작품인데요. 그중 이 작품은 남미의 봄을 독특하게 표현한 곡으로 강렬한 장밋빛 선율이 온몸을 감싸는 듯한 느낌을 줍니다.

익숙한 비발디의 〈사계〉와는 또 다른, 새로운 봄을 음미하다 보면 부에노스아이레스의 항구가 저절로 떠오릅니다. 드레스덴 뮤직 페스티벌에서 연주된 오늘의 작품을 기돈 크레머의 독창적인 호흡으로 느껴 보세요.

음악 추천 | 데얀 가브리츠   글 | 김소라

매서운 칼바람 속 날아드는 온기

작곡가 | Wolfgang Amadeus Mozart
곡명 | Piano Concerto No.24 in C Minor K.491
연주자 | Víkingur Ólafsson

모차르트는 '음악의 신동'이라는 별명에 걸맞게 어린 시절부터 수많은 음악을 남겼는데요. 피아노 협주곡만 해도 총 27곡을 작곡했습니다. 오늘 만날 작품은 그런 모차르트의 24번 피아노 협주곡입니다. 모차르트는 이 곡을 1785년과 1786년 겨울에 썼습니다. 그래서일까요? 대체로 밝고 통통 튀는 느낌의 작품들 중 이 곡은 왠지 겨울의 스산한 분위기를 풍깁니다.

실제로 모차르트의 피아노 협주곡은 대부분 장조로 쓰였는데요. 이 곡은 피아노 협주곡 20번과 함께 단 두 곡뿐인 단조곡으로, C 단조의 조성입니다. 더불어 이 작품에는 그의 협주곡 중 가장 많은 종류의 악기가 동원되어 유독 더 웅장한 분위기를 풍기지요.

피아노와 오케스트라 간의 대화가 매우 아름다운 이 곡은 그야말로 흥미로운 녹음이 아닐 수 없습니다. 오케스트라가 겨울에 매섭게 부는 찬바람을 나타낸다면 그 위를 유유자적 부드럽게 흐르는 피아노가 정열과 온기를 더합니다. 그 옛날 베토벤과 브람스도 극찬한 이 곡, 힘찬 선율과 함께 매서운 추위 속에서도 따뜻하고 포근한 나날 되길 바랍니다.

음악 추천 | 조민석   글 | 안일구

비극적인 음악의 아름다움

작곡가 | Wolfgang Amadeus Mozart
곡명 | 'Lacrimosa' from Requiem In D Minor KV.626
연주자 | Berliner Philharmoniker, Claudio Abbado

'비극'과 '아름다움'은 상반되는 단어 같지만 예술 세계에서는 그렇지 않습니다. 가장 비극적인 것이 가장 아름다울 수 있죠. 모차르트의 레퀴엠도 마찬가지입니다. 모차르트는 1791년, 생애 마지막 해에 레퀴엠을 작곡했으나 완성하지 못한 채로 세상을 떠납니다. 그중 라크리모사는 '슬픔의 날'을 뜻하는 라틴어로, 가톨릭 장례 미사인 레퀴엠의 한 부분을 구성하는 텍스트입니다. 라크리모사는 모차르트가 작곡하다 중단한 부분 중 하나로, 첫 여덟 마디까지만 모차르트가 작곡했고 나머지는 그의 제자 프란츠 크사버 쥐스마이어가 완성했죠. 슬픔과 고통을 표현한 곡조가 듣는 이의 마음을 강하게 울립니다.

1999년 7월 16일, 헤르베르트 폰 카라얀 서거 10주년을 맞아 베를린 필하모닉은 그의 고향 잘츠부르크에서 추모 공연을 열었습니다. 클라우디오 아바도는 모차르트 작품을 잘츠부르크 대성당에서 연주하며 전임자인 카라얀을 기렸습니다. 라크리모사의 선율은 사람의 마음을 요동치게 만듭니다. 또한 끝없이 상승하는 합창과 깊이 가라앉는 저음 성부는 서로 조화를 이루며 애통한 감정을 극대화합니다.

음악 추천 | 유정우   글 | 김소라

첼로를 타고 흐르는 아르페지오네

작곡가 | Franz Schubert
곡명 | Arpeggione Sonata in A Minor, D.821
연주자 | Daniil Shafran

잔잔하고 부드럽게 흐르는 피아노와 그 위에 묵직함을 더하는 첼로. 영상에 흐르는 곡은 슈베르트의 〈아르페지오네 소나타〉입니다. 아르페지오네는 1823년 요한 스타우퍼가 발명한 악기로, '기타 첼로'라고도 불렸지요. 기타와 같은 몸통에 6가닥의 현이 있고 그것을 활로 켜서 연주합니다.

하지만 발명된 지 얼마 지나지 않아 잊혀지고 맙니다. 오직 슈베르트만이 기타와 첼로를 합친 듯한 음색의 새로운 악기에 매우 흥미를 느꼈다고 합니다. 지금 듣는 곡이 바로 아르페지오네를 위해 쓰인 유일한 곡으로 전해집니다.

오늘날에는 첼로로 연주되어 '첼로 소나타'로 불리곤 하는데요. 아르페지오네는 첼로보다 피치가 높아 이 곡을 첼로로 연주하면 고음부의 빠른 패시지를 낼 때 매우 어렵고, 리듬의 변화를 내기도 힘들다고 합니다. 그러나 영상 속 연주자 다닐 샤프란은 아주 유려하고 편안하게 연주하는데요. 러시아의 전설적인 첼리스트인 그는 생건 놀리운 테그닉괴 감성격인 표현력으로 닐리 인징받았습니다.

비록 아르페지오네는 역사 속으로 사라졌지만, 곡 안에 스며든 우아함과 기품이 첼로와도 참 잘 어울립니다. 아르페지오네의 음색을 상상하며 감상해 보세요.

음악 추천 | 황장원   글 | 황장원

오르간 연주로 듣는 '허밍 코러스'

작곡가 | Giacomo Puccini
곡명 | Humming Chorus(Coro a bocca chiusa) from 《Madama Butterfly》
연주자 | Jonathan Scott

돌아오겠다는 말을 남기고 고국으로 떠난 미국인 남편 핑커톤이 '어느 갠 날' 반드시 돌아오리란 믿음으로 아들을 보살피며 3년이라는 긴 시간을 하염없이 기다린 마담 버터플라이 초초상의 가련한 이야기.

자코모 푸치니의 여섯 번째 오페라인 《나비 부인》은 일본을 배경으로 삼은 탓에 우리나라에서는 은근히 폄하되거나 외면 당하는 경향이 있지만, 사실 푸치니 성숙기 양식의 극치를 보여 주는 걸작으로 오페라 팬, 나아가 클래식 음악 애호가라면 결코 놓칠 수 없는 작품입니다. 푸치니 특유의 서정미 넘치는 선율, 절묘한 관현악법, 예리한 극장 감각 등이 한데 어우러져 시공을 초월한 매력과 호소력을 발휘하죠.

올해는 푸치니 타계 100주년이자 《나비 부인》 초연 120주년입니다. 푸치니는 1924년 11월 29일, 벨기에 브뤼셀에서 인후암 수술 후유증으로 사망했습니다. 당시 로마에서 그의 오페라 《라 보엠》 공연이 있었는데, 그의 부고가 전해지자 공연은 중단되었고 오케스트라는 즉석에서 쇼팽의 '장송 행진곡'을 연주했다고 하죠.

《나비 부인》은 1904년 2월 17일 밀라노 스칼라 극장에서 초연되었습니다. 그런데 이 초연에 대한 반응이 신통치 않자 푸치니는 2막 구성을 3막 구성으로 변경하는 등 작품을 개정했고, 이 개정판은 같은 해 5월 28일 브레시아에서 공개되어 대성공을 거뒀죠. 이후에도 푸치니는 작품을 몇 차례 고쳐 써서 《나비 부인》은 무려 다섯 개의 판본을 가진 오페라가 되었습니다. 그중 오늘날 통상적으로 무대에 오르는 판본은 1907년에 나온 최종판입니다.

'허밍 코러스'는 이 오페라에서 주인공 초초상의 아리아 '어느 갠 날' 다음으로 잘 알려진 곡입니다. 제목 그대로 합창단의 허밍으로 노래되는 이 곡은 극 중 2막 마지막 장면에 흐릅니다. 그 장면에서 초초상은 항구가 내려다보이는 언덕 위의 집에서 하녀 스즈키, 세 살짜리 아들과 함께 남편이 돌아오기를 기다리며 밤을 지새웁니다.

앞선 장면을 보면, 2막 초반에 미국 영사 샤플레스가 핑커톤의 편지를 읽어 주며 그가 돌아오지 않을 것이라는 사실을 알리지만, 초초상은 애써 현실을 부정합니다. 바로 그때 항구에서 대포 소리가 들려오고, 초초상과 스즈키는 해군 장교인 핑커톤이 타고 다니던 '에이브러햄 링컨호'가 입항했다는 사실을 알게 되죠. 두 여인은 기대로 들떠서 정원의 꽃들을 모두 따 방을 장식합니다. 그리고 문간에 정좌한 채로 핑커톤이 나타나기를 기다리죠.

하지만 배경에 흐르는 '허밍 코러스'는 그 기다림이 허망한 것이라는 사실을 암시합니다. 그 선율은 샤플레스가 핑커톤의 편지를 대독하던 장면에 흐르던 것이기 때문이죠. 오늘은 이 아름답지만 처연한 노래를 오르간 편곡 판으로 감상해 봅니다. 푸치니는 어린 시절 고향 루카에서 성당 오르가니스트로 활동했습니다. 그래서인지 오르간 연주도 원곡의 합창 못지않게 잘 어울리는 듯합니다.

일요일의 추천 음반

데얀 가브리츠
음반 | Torelli: 12 Concerti da Camera for Two Violins and Basso
Continuo, Op.2
연주 | Rosso Verona Baroque Ensemble, Pietro Battistoni
레이블 | Challenge Records(2024)

피에트로 바티스토니와 로소 베로나 바로크 앙상블이 연주한 이 음반은 2024년 7월에 발매된 것으로, 이탈리아 바로크 음악의 정수를 담고 있습니다. 이 곡들은 두 대의 바이올린과 바소 콘티누오를 위한 실내 협주곡 형식으로, 각 악장이 춤곡 형태로 구성되어 있으며, 토렐리 특유의 생동감과 우아함을 잘 보여 줍니다. 피에트로 바티스토니는 정교한 표현력과 활기찬 연주로 음악에 생명력을 불어넣고 있습니다.

유정우
음반 | Mozart: La clemenza di Tito. K.621
연주 | Rene Jacobs, Freiburger Barockorchester
레이블 | Harmonia Mundi(2006)

이제 모차르트의 오페라는 시대 악기로 듣는 것이 오히려 자연스럽습니다. 고음악 해석으로 잘 알려진 르네 야콥스가 지휘한 모차르트의 《티토 황제의 자비》는 다채롭고 섬세한 접근이 돋보입니다. 이 음반은 텍스트와 음악의 극적 요소를 강조하며, 특히 레치타티보의 표현력과 템포의 다양성이 훌륭합니다. 또한 한국의 소프라노 임선혜가 참여하고 있는데 아주 훌륭한 가창을 보여 줍니다.

이미 받은 복을
세어 보니

음악 추천 | 유정우   글 | 김소라

작곡가 | Johann Sebastian Bach
곡명 | Magnificat in D Major, BWV.243
연주자 | Berliner Philharmoniker

한 생명의 잉태와 탄생만큼 복된 일이 있을까요? 곧 있으면 다가오는 성탄절은 시간이 갈수록 연인의 날, 사랑의 날로 그 의미가 변해 가고 있지만 사실 이날은 아기 예수의 탄생을 기념하는 축일로 시작되었지요.

1723년 성 토마스 교회의 음악 감독이던 바흐는 성탄절에 바로 이 곡 〈마니피카트〉를 발표했는데요. 바로크 음악가라면 꼭 한 곡씩 남겼던 마니피카트는 '마리아 송가'라고도 불리며 로마 가톨릭 교회의 전례에서 저녁 기도 때 부르는 성가곡입니다.

누가복음 제1장 46절부터 55절의 내용을 담고 있는데요. 통상 불리는 명칭인 'Magnificat'는 '내 영혼이 주를 찬양하며'라는 뜻을 지닌 'Magnificat anima mea Dominum'의 첫 마디에서 유래되었다고 합니다.

곡은 성서와 마찬가지로 마리아가 세례 요한의 어머니 엘리자베스를 방문했을 때 받은 수태고지의 축사에 대해 응답한 찬미의 노래입니다. 다가오는 성탄절, 웅장하고도 아름다운 곡과 함께 기념해 보길 바랍니다.

음악 추천 | 데얀 가브리츠   글 | 안일구

아홉 명의 하모니

작곡가 | Louis Spohr
곡명 | Nonet in F Major Op.31
연주자 | Boris Brovtsyn, Hanna Lee, Alexander Chaushian, Michinori Bunya, Sunghyun Cho, Ji-young Kim, Sungho Cho, YoungJin Choe, Hongpark Kim

이름부터 생소한 9중주. 현악기군의 악기가 하나씩 들어가고, 목관 5중주가 합쳐진 형태입니다. 연주자 입장에서는 단 한 명만 연주가 불안해도 전체에 영향을 미치기 때문에 아주 까다로운 부분이 많습니다. 그러나 훌륭한 연주를 접하면 실내악의 매력과 교향곡의 음향을 모두 경험할 수 있는 멋진 실내악 장르입니다.

루이스 슈포어는 독일의 작곡가, 바이올리니스트, 지휘자이자 음악 교사로, 낭만주의 초기 음악의 중요한 인물 중 한 명입니다. 그의 9중주 역시 낭만 시대 초기인 1813년에 작곡되었습니다. 슈포어는 각 악기를 활용한 앙상블 구성과 매력적인 선율, 정교한 편곡으로 이 작품에서 뛰어난 작곡 능력을 보여 줍니다. 현악, 목관, 금관 악기의 음색을 적절히 결합해서 풍부한 음향을 만들어 내며, 독특한 색채와 균형을 이룹니다. 악장도 교향곡을 떠올리게 하는 4악장 구성이죠.

한국을 대표하는 연주자들을 능숙하게 이끌며 바이올린을 연주하는 보리스 브로프친의 연주가 특히 인상적입니다. 그는 재닌 얀센, 기돈 크레머 등과 여러 번 작업했고, 잘츠부르크, 베르비에, 에든버러 페스티벌 등에서 활약했습니다. 2018년 평창대관령음악제에서의 슈포어 9중주를 감상해 보세요.

음악 추천 | 조민석　글 | 김소라

3초 안에 우리를
끌어당기는 영상

작곡가 | Sergei Rachmaninoff
곡명 | Musical Moment No.4 in E Minor
연주자 | Nikolai Lugansky

마치 화면을 빨리 감기 하는 듯 건반 위에서 기다랗고 유려한 손이 쉴 틈 없이 움직입니다. 눈을 감고 잠잠히 곡을 음미하는 연주자는 선율 속에 온전히 빠져들어 음악과 하나가 된 듯한데요. 오늘의 주인공은 바로 니콜라이 루간스키입니다. 그는 1972년생이지만 아직도 청년의 패기와 열정이 살아 있는 듯합니다.

루간스키는 러시아가 낳은 세계적인 피아니스트로 낭만주의와 러시아 레퍼토리에서 높은 평가를 받고 있는데요. 그는 소련 최고의 여성 피아니스트 중 한 명으로 뽑히는 타티아나 니콜라예바에게 가르침을 받았습니다.

국제 바흐 콩쿠르 은메달, 라흐마니노프 콩쿠르 2위, 1994년 차이콥스키 콩쿠르에서 1위 없는 2위에 입상하며 널리 알려졌고 무수히 많은 명반을 발매하며 호평을 받았습니다. 도이치 그라모폰은 그를 '가장 선구적이고, 유성 같은 연주자'라고 평했는데요. 수많은 레퍼토리 속에서 특히 라흐마니노프 연주는 현존하는 피아니스트 중 최고로 뽑힙니다.

조민석 첼리스트가 '3초 안에 우리를 끌어당기는 최고의 영상'이라며 추천한 영상을 통해 루간스키가 들려주는 악흥의 순간 4번, 그 속으로 빠져 보길 바랍니다.

음악 추천 | 유정우   글 | 박지영

시벨리우스의 유일한 협주곡

작곡가 | Jean Sibelius
곡명 | Violin Concerto, Op.47
연주자 | Julia Fischer, Alain Altinoglu, hr-Sinfonie-
orchester

시벨리우스 하면 애국적 색채가 강렬한 교향시 〈핀란디아〉를 가장 먼저 떠올리죠. 그만큼 시벨리우스는 국민악파를 대표하는 작곡가이자 핀란드 최대의 작곡가입니다. 오늘은 그런 그가 남긴 유일한 협주곡 〈작품 번호 47, 바이올린 협주곡〉을 소개합니다. 1903년 완성한 이 곡은 연주자의 능력 부족으로 초연에 실패하고 맙니다. 낙담한 시벨리우스는 악보를 거둬들이고 '연주 불가'를 선언하기도 했는데요. 하지만 2년이 지난 1905년 여름, 개정판을 마련하면서 베토벤과 브람스의 걸작에 버금가는 수작으로 손꼽히게 되죠. 원래 바이올리니스트를 목표로 했던 그였기에, 3악장 모두 다채롭고 풍부한 바이올린의 기교적 패시지로 채워져 있습니다. 이러한 이유로 연주가 까다롭기로 악명 높은 협주곡이기도 합니다.

악장과 악장 사이 박수 생략은 잘 알고 있는 사실이죠. 하지만 영상 속 장대한 규모의 1악장 연주가 끝나고 쏟아지는 박수갈채는 불가피하게 느껴집니다. 서정적 색채와 뛰어난 테크닉으로 관중을 압도하는 독일 출신 바이올리니스트 율리아 피셔, 그녀와 안정적인 균형을 이루며 민족적 특색을 세밀히 표현한 프랑크푸르트 방송 교향악단과 음악 감독인 지휘자 알랭 알티놀뤼. 북유럽 날씨를 닮은 요즘 같은 계절에 이보다 알맞은 페어링은 없을 듯합니다.

음악 추천 | 데얀 가브리츠　　글 | 박지혁

쇼팽의
첼로 소나타

작곡가 | Frédéric Chopin
곡명 | Cello Sonata, Op.65, 3rd Movement
연주자 | Gregor Piatigorsky

쇼팽의 존재는 피아노와 함께했다 해도 과언이 아닙니다. 그의 음악 인생에 피아노가 정말 중요한 부분을 차지하고 있지만, 그가 첼로를 위한 곡도 썼다는 사실 알고 있나요? 게다가 이 곡은 쇼팽이 세상을 떠나기 전에 출판되고 연주된 마지막 곡입니다. 쇼팽의 〈첼로 소나타〉는 그가 남긴 네 개의 실내악 작품 중 유일하게 독주 악기를 위해 작곡되었는데요. 그중 3악장을 소개합니다. 작곡 당시 쇼팽이 아팠다는 것을 전혀 알아챌 수 없을 정도로 아름답고 평화로운 3악장은 피아노와 첼로의 대화처럼 이어집니다. 영상 속 첼리스트 그레고르 피아티고르스키는 전설적인 첼리스트로 15세에 이미 볼쇼이 극장의 수석 첼리스트가 되었죠. 그는 조국 러시아의 통제를 벗어나 폴란드를 거쳐 베를린에서 잠깐 공부합니다. 그리고 돈을 벌기 위해 연주했던 카페에서 베를린 필하모닉의 지휘자 빌헬름 푸르트뱅글러에게 발탁되어 베를린 필하모닉의 수석 첼리스트가 되죠.

첼로와 피아노가 동등하게 잘 어우러지는 구소가 인상 깊습니다. 악기마다 주제 선율이 반복되어 따뜻한 추억을 회상하는 기분도 듭니다. 쇼팽이 남긴 깜짝 선물 같은 이 곡을 즐겨 보세요.

음악 추천 | 황장원   글 | 황장원

마리스 얀손스가 지휘하는 RCO의 차이콥스키

작곡가 | Pyotr Ilyich Tchaikovsky
곡명 | Symphony No.5 in E Minor - II. Andante cantabile
연주자 | Mariss Jansons, Royal Concertgebouw Orchestra, Laurens Woudenberg

1888년에 작곡된 〈교향곡 제5번 E단조〉는 차이콥스키의 절정을 상징하는 작품입니다. 1880년대에 차이콥스키는 전성기를 구가했죠. 은밀한 후원자 폰 메크 부인의 재정 지원에 힘입어 풍족한 생활을 누리며 작곡에 전념할 수 있었고, 유럽 각지를 마음껏 여행했는가 하면, 국내외에서 자신의 작품을 직접 지휘하여 성공을 거뒀습니다. 브람스, 드보르자크, 그리그, 구노, 마스네 등을 만나 친분을 쌓은 것도 이 시기의 수확이었죠. 바야흐로 그는 세계적인 작곡가이자 유능한 지휘자로 각광받았고, 황실의 후원에 힘입어 러시아 국내에서의 입지도 탄탄해졌습니다.

그런 상황이 북돋아 준 자신감 덕이었을까요? 그의 '3대 교향곡'은 공통적으로 '운명과의 투쟁'이라는 주제를 다루고 있는데, 세 곡 중 이 곡만이 유일하게 승리를 쟁취하는 결말을 보여 줍니다. 전작인 〈교향곡 제4번 F단조〉가 '도피'로, 후속작인 〈교향곡 제6번 B단조 '비창'〉이 '패배'로 막을 내린 것과 사뭇 대조적입니다. 차이콥스키는 이 교향곡의 첫머리에서 탄식하는 듯한 클라리넷의 주제로 말문을 열지만, 이후 지난한 투쟁의 과정을 거치며 그 주제에 서린 고뇌와 비애를 극복하고 눈부신 승리와 환희를 향해서 힘차게 나아가는 감동적인 휴먼 드라마를 연출했습니다.

오늘은 이 교향곡의 백미라 할 수 있는 제2악장을 들어 봅니다. 차이콥스키가 애용했던 '안단테 칸타빌레'라는 지시어를 달고 있는 이 완서악장에는 유명한 호른 솔로가 나오죠. 호른 특유의 그

육하고 감미로운 음색으로 울려 퍼지지만 동시에 깊은 애상감도 머금고 있는 선율은 언제 들어도 뭉클한 감동을 불러일으킵니다. 그리고 이후의 드라마틱한 전개는 듣는 이의 가슴을 움켜쥐고 사정없이 뒤흔들어 놓죠. 특히 호른 선율을 이어받은 현악기들이 애잔하고 절박한 갈망의 정서를 차츰 고조시켜 마침내 절정에 다다른 순간, 상승세를 차단이라도 하려는 듯 갑자기 터져 나오는 '운명의 모티브'가 의미심장합니다. 차이콥스키는 곡의 첫머리에 나오는 '운명의 모티브'를 모든 악장에 등장시키는 '순환 형식'을 구사하여 작품의 구성미를 강화했죠.

영상은 마리스 얀손스가 지휘한 로열 콘세르트헤바우 오케스트라의 공연 실황입니다. 얼마 전 타계 5주기를 맞은 얀손스는 2004년부터 2015년까지 이곳의 상임 지휘자로 활동하며 명문 악단에 새로운 황금기를 가져다주었죠. 아울러 그는 같은 시기에 뮌헨의 바이에른 방송 교향악단의 상임 지휘자를 겸하며 베를린 필의 아성을 위협하는 최정상급 악단으로 발돋움시키기도 했습니다.

얀손스의 차이콥스키는 어떤 연주 또는 해석이 소위 '러시아적 도그마'로부터 자유로워질 때, 얼마나 순수하고 기품 있는 음률과 깨끗한 감흥을 선사할 수 있는지 잘 보여 줍니다. 동시에 그의 지휘는 언제나 악단 고유의 기능미와 음악성을 자연스럽게 드러내고 고무하는 방식으로 작동했기에 더없이 순수한 에너지와 뜨거운 감흥으로 가득하죠. 얀손스가 최고조의 상태로 이끌어 낸 악단의 탁월한 기능미와 훌륭한 음악성을 만끽해 보길 바랍니다.

일요일의 추천 음반

유정우
음반 | Pahud plays Debussy, Ravel&Prokofiev
연주 | Emmanuel Pahud, Stephen Kovacevich
레이블 | Warner Classics(2000)

프로코피예프 소나타의 오리지널이 바이올린이 아니라 플루트인 이유를 알 수 있는 최고의 퍼포먼스입니다. 라벨과 드뷔시의 곡은 비교적 덜 알려진 것이지만, 신비롭고 매혹적입니다. 특히 드뷔시의 작품 〈6개의 고대 비문〉과 라벨의 〈마다가스카르의 노래〉는 풍성한 음악 표현으로 가득합니다. 엠마누엘 파위와 스티븐 코바체비치는 깊은 음악적 이해를 바탕으로 환상적인 호흡을 선보입니다.

데얀 가브리츠
음반 | Buxtehude: Complete Chamber Music
연주 | Ton Koopman
레이블 | Challenge Classics(2021)

바흐가 존경한 독일 바로크 음악의 거장 디트리히 북스테후데의 실내악 작품을 담은 음반입니다. 오르가니스트이자 지휘자인 톤 쿠프만이 음악을 이끕니다. 이 음반은 북스테후데의 독창적이고 실험적인 음악을 충실히 전달하며 바로크 음악적 미학을 잘 표현합니다. 쿠프만은 당시 원칙을 따르면서도 현대적인 감각으로 음악에 생동감을 불어넣습니다. 또한 연주자들은 높은 수준의 기교로 음악의 미세한 뉘앙스를 완벽하게 표현합니다.

음악 추천 | 데얀 가브리츠   글 | 김소라

베토벤의 제자가 들려주는 모차르트

작곡가 | Ferdinand Ries
곡명 | Fantasie Op.77 Nr.2 über Themen von Mozart
연주자 | Christine Schornsheim

모차르트는 생전 많은 작품을 남겼죠. 그가 남긴 22개의 오페라 중 가장 유명한 오페라를 묻는다면 《피가로의 결혼》일 것입니다. 오늘은 '모차르트의 《피가로의 결혼》 주제에 의한 환상곡'을 만나 봅니다.

이 작품은 페르디난트 리스가 썼습니다. 궁정 트럼펫 연주자였던 할아버지, 대주교 음악 감독이었던 아버지, 바이올리니스트로 활동한 형제들을 뒀던 그는 뛰어난 예술적 재능으로 피아니스트로 명성을 누렸고 첼리스트로도 활약했죠.

리스는 독일 작곡가로, 베토벤의 제자로 시작해 나중에는 베토벤의 회고집을 공동 집필하며 그의 친구가 되었습니다. 그는 스타일 면에서 스승인 베토벤의 영향을 강하게 받았는데요. 8개의 교향곡, 1개의 바이올린 협주곡, 9개의 피아노 협주곡, 3개의 오페라, 그리고 26개의 현악 4중주를 포함한 수많은 작품을 작곡하며 자신만의 독자적인 길을 모색하기도 했습니다.

'서주와 집시풍의 론도', '체념에 의한 환상곡'처럼 고전주의적 짜임새에 화려하고 낭만적이며 장식적인 악상을 결합한 대표 작품으로 호평을 받았죠. 베토벤의 제자가 들려주는 모차르트, 그 흥미로운 연결고리를 상상하며 이 곡을 만나 보세요.

음악 추천 | 조민석   글 | 박지영

영화 음악 작곡가의 튜바 협주곡

작곡가 | John Williams
곡명 | Concerto for Tuba and Orchestra
연주자 | Hans Nickel, Michael Sanderling, WDR Sinfonieorchester

〈인디아나 존스〉, 〈스타워즈〉, 〈해리포터〉. 이름만 들어도 머릿속에서 웅장한 OST가 재생됩니다. 미국의 영화 음악 작곡가인 존 윌리엄스의 음악에는 이처럼 모험적이고 웅장한 그만의 스타일이 잘 녹아들어 있습니다. 오늘은 영화 음악은 아니지만, 존 윌리엄스만의 매력을 고스란히 느낄 수 있는 튜바 협주곡을 소개합니다.

시작부터 산뜻한 바이올린 음색 위로 마치 모험 길에 첫걸음을 내딛는 듯 묵직한 튜바가 등장합니다. 1악장 중반부, 같은 금관 악기인 호른과 호흡을 맞추며 모험의 미스터리함을 심어 주네요. 2악장은 목관 악기인 오보에와 플루트의 맑은 음색, 그리고 튜바의 감성 짙은 음색이 부드럽게 합을 이루며 신비로움을 더합니다. 3악장은 오케스트라와 튜바가 지속적으로 주고받는 대화를 통해 윌리엄스식 모험 영화가 완성됩니다. 흔치 않은 튜바 협연의 비르투오소적인 매력이 가장 잘 드러나는 악장이기도 하죠.

협연자 한스 니켈은 무려 1986년부터 서독일 방송 교향악단의 솔로 튜바를 맡았습니다. 하지만 2023년 은퇴 소식으로 많은 아쉬움을 자아내기도 했죠. 그의 연주를 통해 오늘만큼은 묵직하면서도 부드러운 튜바 음색을 마음껏 즐겨 보길 바랍니다.

아마존 숲의
슬픈 노래

음악 추천 | 유정우　　**글** | 박지혁

작곡가 | Heitor Villa-Lobos
곡명 | Floresta do Amazonas, W.551 - Melodia
Sentimental
연주자 | Nadine Sierra

남미를 대표하는 작곡가 에이토르 빌라로부스는 버르토크와 코다이가 민속 음악을 채보했던 것처럼 브라질의 민속 음악을 연구하고 자신의 작품에 녹여 냈습니다. 그는 브라질의 문화적인 요소들을 파악하기 위해 아마존 숲을 탐험하는 도전까지 할 정도로 열정적이었는데요. 그의 음악은 특히 파리에서 '이제껏 들어 보지 못한 신선함을 주었다'라는 좋은 평가를 받으며 유럽 전체에 작품이 알려집니다.

오늘 소개할 〈아마존의 숲〉은 할리우드 영화 〈녹색의 장원〉 영화 음악을 작곡하는 과정에서 탄생한 곡입니다. 그는 영화 음악 작곡 경험이 없었기 때문에 발레 음악을 작곡하듯 완성하면 되겠다고 생각했는데요. 영화의 움직임과는 무관한 음악 때문에 결국 다른 편곡자가 수정하게 됩니다. 그 점이 마음에 들지 않았던 빌라로부스는 따로 곡을 만들어 1시간이 넘는 길이의 〈아마존의 숲〉을 발표합니다.

그중 '슬픈 선율'이라는 곡을 소개합니다. 소프라노는 고요한 달빛 아래 그녀의 사랑을 다시금 확인하는데요. 브라질풍 세레나데의 짙은 호소력과 함께 차분한 감정을 느껴 보세요.

음악 추천 | 데얀 가브리츠　글 | 한유진

작곡가 | Pyotr Ilyich Tchaikovsky
곡명 | String Quartet No.1 in D Major, Op.11
연주자 | Julia Fischer Quartet

안단테
칸타빌레

'톨스토이가 나와 나란히 앉아서 나의 첫 4중주를 듣고, 안단테 칸타빌레에서 눈물을 흘렸을 때만큼 기쁘고 자랑스러운 일은 아마 내 생애 다시는 없을 거야'

차이콥스키는 자신이 작곡한 첫 번째 현악 4중주에 대한 톨스토이의 반응을 보고 이렇게 말했다고 합니다. 이 곡은 하나의 우아한 곡선을 이루는 듯합니다. 네 개의 악장마다 고유한 선율을 지니고 있으며, 다채로운 감각으로 듣는 이의 귀를 사로잡죠.

1악장 '모데라토'는 바이올린의 강렬한 음들이 유기적으로 이어지며 다른 현악기와 유려한 호흡을 맞춥니다. 가장 유명한 2악장 '안단테 칸타빌레'는 애틋한 멜로디와 간지러운 스타카토의 조화가 무척 아름다워요. 우크라이나 민요에서 유래되어 더 포근한 느낌을 주는 것 같습니다. 3악장 '스케르초'는 춤을 추듯 가볍고, 리듬을 살려 박진감 넘치는 분위기를 이어 가죠. 마치 연주에 종이 달려 있다는 착각이 들 정도로 경쾌합니다. 4악장 피날레에서는 밝고 고조되는 음들로 곡의 마지막을 장식하죠.

악장을 이루는 모든 요소가 탁월하게 어울리는 이 곡을 2022년 라인가우 음악 축제 속 율리아 피셔 콰르텟의 연주로 들어 봅니다. 율리아 피셔의 바이올린 테크닉이 인상 깊네요.

음악 추천 | 조민석   글 | 김소라

Long Live the King!

작곡가 | George Friedrich Händel
곡명 | Zadok the Priest HWV.258(Coronation Anthem)
연주자 | Department of Juilliard School 415

오늘은 화려하고 웅장한 음악과 함께 1700년대 영국으로 시간 여행을 떠나 봅니다. 지금 흐르는 곡은 헨델이 작곡한 〈대관식 찬가〉 중 '차독 사제'입니다.

1727년 6월 11일, 헨델과 인연이 깊었던 영국 국왕 조지 1세가 별세했습니다. 후계자인 조지 2세는 같은 해 10월 11일, 웨스트민스터 대성당에서 대관식을 거행했는데요. 대관식을 위해 만들어진 곡이 바로 조지 2세를 위한 〈대관식 찬가〉입니다. 이 곡은 총 4곡으로 구성되는데요. '차독 사제'는 대관식 당일 조지 2세에게 기름을 붓는 의식인 도유식 때 불렸다고 합니다.

헨델은 열왕기상 1장 39절과 40절에서 제사장 차독과 선지자 나단이 솔로몬 왕에게 기름을 붓고, 백성이 환호하는 장면을 기반으로 이 작품을 만들었습니다. 이 곡은 22마디에 걸쳐 오케스트라가 분산 화음을 지속하고, 곡의 초반부터 화려하고 웅장한 합창이 개시되는 형식으로 유명합니다. 그래서일까요? 이후 영국의 대관식마다 계속 연주되었고, 2023년 거행된 찰스 3세의 대관식에서도 어김없이 울려 퍼졌습니다. 장엄하고 신성한 대관식을 더욱 웅장하고 성스럽게 만드는 이 곡과 함께 힘찬 하루 시작하시길 바랍니다.

음악 추천 | 황장원　글 | 황장원

파시스트를 조소한 '중단된 간주곡'

작곡가 | Béla Bartók
곡명 | Concerto for Orchestra - IV Intermezzo interrotto
연주자 | Iván Fischer, Royal Concertgebouw Orchestra

이 독특한 작품은 헝가리 모더니즘의 대표자인 벨러 버르토크가 말년에 남긴 역작입니다. '오케스트라를 위한 협주곡'은 20세기에 새로 출현한 관현악 장르인데요. 통상 '협주곡'은 오케스트라 반주를 수반한 하나 이상의 독주 악기를 위한 음악을 가리키는 용어지만, 이 곡은 특정한 솔리스트나 솔리스트 그룹을 일관되게 내세우지 않습니다. 대신 오케스트라에 포함된 개별 악기나 섹션들을 번갈아 부각해 주자들의 기교와 표현력을 고루 드러내죠. 한마디로 '민주적인 협주곡'이라고 할까요?

곡을 쓰던 무렵 버르토크는 친 나치 정권에 대한 반감으로 고국 헝가리를 떠나 미국에 머무르고 있었습니다. 자신의 음악을 환영하지 않는 타지에서 어려움을 겪으며 심신이 지쳐 있었죠. 그런 그에게 먼저 미국에 건너와 있던 헝가리 동포들이 도움의 손길을 내밀었습니다. 특히 그가 교수로 재직했던 부다페스트 음악원 출신 음악가들이 적극적이었죠. 그들의 지원 덕에 의욕을 되찾고 창작의 마지막 불꽃을 태울 수 있었지만 건강이 문제였습니다.

이 곡은 1943년 가을 뉴욕주 사라낵(Saranac) 호숫가의 요양원에서 작곡되었습니다. 초연은 1944년 12월 1일 작품을 의뢰한 러시아 출신 지휘자 세르게이 쿠세비츠키가 이끄는 보스턴 심포니 오케스트라의 공연에서 이루어졌죠. 초연에 대한 반응은 상당히 긍정적이었고, 이 곡은 그의 가장 인기 있는 작품으로 각광받지만 정작 그는 그 기쁨과 명예를 제대로 누리지 못했습니다. 이듬해 9

월 64세 나이로 유명을 달리했기 때문이죠.

곡은 '서장', '쌍의 놀이', '비가', '중단된 간주곡', '종곡'으로 이루어지는데, 이 다섯 악장의 흐름에 대해 버르토크는 이런 설명을 남겼습니다. '작품의 전반적인 분위기는—익살스런 중간 두 악장을 제외하면—제1악장의 엄숙한 기분과 제3악장의 음울한 죽음의 노래로부터 마지막 악장의 삶에 대한 애착으로 점차 옮겨 간다' 어쩌면 그가 언급한 '엄숙한 기분'은 망명 생활의 고충과 고향에 대한 그리움, '음울한 죽음의 노래'는 나치 독일이 일으킨 제2차 세계 대전에 대한 상념, '삶에 대한 애착'은 병마를 극복하겠다는 의지와 보다 나은 미래, 귀향에 대한 희망을 의미한 것은 아니었을까요?

오늘은 제4악장을 헝가리의 거장 이반 피셔가 지휘한 로열 콘세르트헤바우 오케스트라의 연주로 들어 봅니다. '중단된 간주곡'이라는 제목이 의미심장한데요. 처음에는 다소 태평스럽게, 다음에는 다분히 감성적으로 흐르던 헝가리풍 선율이 중간에 이르러 다른 선율이 끼어들면서 중단됩니다. 그 중간의 선율은 헝가리 출신 작곡가 프란츠 레하르의 유명 오페레타 《유쾌한 미망인》에 나오는 노래에서 따온 것인데, 아이러니하게도 그 노래를 히틀러가 그렇게도 좋아했다고 하네요. 이 곡에서 그 선율은 유난히 익살스럽게 흐르다가 마치 조소하고 힐난하듯 불어대는 관악기들의 소음에 희롱 당하는데, 아마도 히틀러에 대한 버르토크의 빈정내지 저항 정신이 그런 식으로 표현된 것이 아닌가 합니다.

일요일의 추천 음반

데얀 가브리츠
음반 | Solo Pour la Flute Traversiere
연주 | Barthold Kuijken
레이블 | Accent(2000)

가로 형태의 플루트는 17세기 프랑스 궁정에서 개발되어 점차 유럽 전역에서 인기를 끌었습니다. 이 음반에는 바로크 플루트의 대가로 평가받는 바르톨드 쿠이켄이 연주한 18세기 솔로 플루트 작품이 다양하게 담겨 있습니다. 특히 바흐의 A단조 파르티타 연주는 모든 플루티스트에게 기준점이 될 만큼 훌륭합니다.

유정우
음반 | Arensky: The Piano Trios
연주 | Beaux Arts Trio
레이블 | Decca(1995)

안톤 아렌스키의 첫 번째 피아노 3중주는 들을수록 매력이 더해지는, 자주 연주되어야 할 보석 같은 작품입니다. 두 번째 3중주는 더 정교하게 쓰였으며, 특히 변주곡 형식으로 구성된 4악장에 주목해야 합니다. 이 악장은 슈만의 피아노 4중주처럼 서정적으로 이어지다가 마지막에 마치 풀 오케스트라를 듣는 듯한 웅장함으로 고조되어 듣는 즐거움을 선사하죠. 보자르 트리오는 1955년 피아니스트 메나헴 프레슬러를 중심으로 결성된 전설적인 앙상블로, 클래식 피아노 3중주 연주의 새로운 기준을 제시한 그룹입니다.

라모가
그려 낸 이국

음악 추천 | 조민석   글 | 박지영

작곡가 | Jean-Philippe Rameau
곡명 | Les sauvages, 'Forêts Paisibles', Les Indes Galantes
연주자 | Marie-Ange Petit, Sandrine Piau, Lisandro Abadie, William Christie, Les Arts Florissants

'음악에서 일으킨 혁명을 춤에서도 일으켰다' 프랑스 바로크 시대를 대표하는 작곡가 라모를 가리킨 말이죠. 라모는 당대 프랑스인이 사랑했던 발레와 오페라 장르를 결합한 '오페라 발레극'을 6편 남겼습니다. 오늘은 그중에서도 그의 가장 대표적인 오페라 발레극을 소개합니다.

《우아한 인도의 나라들》은 이국적 색채가 강한 작품입니다. 18세기 초 파리의 청중들이 선호했죠. 튀르키예, 페루, 페르시아, 아메리카 등 다양한 장소의 내용을 담았으며, 서곡과 4막으로 구성되어 있습니다. 제목의 '인도'는 인도 국가가 아닌, 유럽 국가를 제외한 나머지를 통칭한 의미죠. 한편 지금 듣고 있는 곡은 4막 '야만인들'의 '평화로운 숲'인데요. 영상 속 리드미컬한 퍼커셔니스트의 퍼포먼스를 시작으로 오케스트라, 성악 듀엣, 합창이 더해지며 묘한 이국적 향기를 풍깁니다.

시종일관 장난스러운 표정으로 여유로운 연주를 보여 주는 퍼커셔니스트, 그녀의 리듬에 맞춰 각기 들썩이는 오케스트라, 여기에 풍성한 음색을 더한 합창과 성악 듀엣까지. 영상을 추천한 조민석 첼리스트의 말처럼 음악 자체를 즐기는 그들의 모습이 우리에게도 즐거움을 심어 주는 것 같습니다.

음악 추천 **|** 데얀 가브리츠　글 **|** 김소라

어머니의
품에 안겨 잠들 새

작곡가 **|** Max Reger
곡명 **|** Mariä Wiegenlied
연주자 **|** Golda Schultz

마치 아이를 재우는 엄마의 손길이 음악이 된 듯, 클라리넷이 짧게 선창하네요. 그 뒤로 맑고 청아한 소프라노의 목소리가 따스한 촛불이 비추는 예배당을 감싸안습니다. 이 책을 펼친 시간이 아침이든 저녁이든 여러분을 한없는 평안함으로 인도할 곡, 〈메리의 자장가〉를 만나 보겠습니다.

이 작품은 작곡가 막스 레거의 음악에 마틴 보엘리츠의 가사로 만들어졌는데요. 작곡가 막스 레거는 독일의 오르가니스트이자 피아니스트, 그리고 지휘자로 바흐 이후 가장 뛰어난 독일 오르간 음악 작곡가로 평가받는 인물입니다. 이 곡은 막스 레거의 대표작 중 하나로 1912년에 발표된 독일의 크리스마스 노래죠.

곡에는 여름의 미풍이 산들산들 부는 가운데 사랑스러운 아기 예수를 바라보는 마리아가 그려집니다. 그녀는 옹기종기 모인 새들이 지저귀는 소리보다 더 아름다운 소리로 아기 예수에게 이제 잠들 시간이라고 이야기합니다.

세상에서 가장 아름답고 사랑스러운 장면을 그린 곡인 만큼 예배당을 가득 채운 모든 것들에서 따스함과 성스러움이 흘러나옵니다. 생애 가장 평화로웠던 순간, 어머니 품에 안겨 잠들었던 그때를 떠올리며 평안한 하루 되시길 바랍니다.

**배우는
다름 아닌 관객**

음악 추천 | 유정우   글 | 박지영

작곡가 | Leonard Bernstein
곡명 | 'Symphonic Dances' from 《West Side Story》
연주자 | Andrés Orozco-Estrada, hr-Sinfonieorchester

명실상부 세계적인 지휘자, 레너드 번스타인. 그가 작곡한 브로드웨이 뮤지컬 《웨스트 사이드 스토리》 속 음악은 1957년 초연된 순간부터 현재까지 많은 사랑을 받고 있죠. 오늘은 뮤지컬 속 화려한 안무는 없지만, 작품의 모든 스토리를 담은 관현악 모음곡 'Symphonic Dances'를 소개합니다.

뮤지컬은 셰익스피어의 희곡 『로미오와 줄리엣』을 원작으로 하고 있습니다. 이러한 이유로 원작 플롯과 상당 부분이 유사한데요. 가문 간의 갈등이 인종 간의 갈등으로 수정되었다는 점이 큰 차이입니다. 작품 속 9곡의 음악을 담은 관현악 모음곡은 뮤지컬의 중요한 장면과 테마로 만들어졌습니다. 각 곡은 특정 장면과 감정을 나타내죠. 저 역시 익숙한 'Mombo'의 흥겨운 템포가 흐르자, 무대 위의 열정적인 군무 장면을 떠올리며 어깨를 들썩였습니다.

익살스러운 표정을 한 아이, 지그시 눈을 감은 여성, 흥겹게 춤을 추는 사람들. 배우는 다름 아닌 관객들이었습니다. 그들의 액션을 보고 있노라면 프랑크푸르트 방송 교향악단이 그린 뮤지컬 속 장면과 감정이 더욱 생생히 살아나는 것 같은데요. 여러분은 이들의 무대를 통해 어떤 장면과 감정이 떠올랐나요?

음악 추천 | 조민석   글 | 한유진

프레슬러의 쇼팽

작곡가 | Frédéric Chopin
곡명 | Nocturne in C-sharp Minor, Op.posth
연주자 | Menahem Pressler

> 메나헴 프레슬러의 유쾌한 피아노 연주는 기술적으로 결점이 없고 스타일적으로 흠잡을 데 없으며 감정적으로 억누를 수 없는 다른 시대의 것으로, 사실상 잊혀진 감성을 다시 일깨워 줍니다. 그는 국보입니다.
>
> _《로스앤젤레스 타임스》 중에서

2023년 5월 6일 메나헴 프레슬러가 우리 곁을 떠났습니다. 그는 20세기 실내악의 기둥으로 평가받는 보자르 트리오의 창립 멤버이자 훌륭한 피아니스트였습니다. 음악 인생 60년, 프레슬러는 세계에서 가장 저명하고 영예로운 뮤지션 중 한 명으로 자리매김했습니다. 또한 음악의 길을 걷는 선배 교육자로서 후배 연주자들을 위한 헌신적이고 탄탄한 교직 커리어를 쌓기도 했죠.

이러한 거장의 연주로 듣는 오늘의 곡은 우리에게도 잘 알려진 쇼팽의 〈녹턴〉입니다. 밤을 음미하는 선율로 가득 찬 이 곡은 잔잔하고, 어딘가 고독한 감정을 느끼게 합니다. 작곡가 쇼팽의 내면에 담긴 고뇌와 호소력이 한 편의 시처럼 읊어지는 것 같아요. 지긋한 흰머리, 담담한 건반 터치. 긴 세월을 품은 거장이 전하는 밤의 노래를 기억하며, 그의 오랜 평안을 바라 봅니다.

음악 추천 | 데얀 가브리츠   글 | 안일구

나의 생애로부터

작곡가 | Bedřich Smetana
곡명 | String Quartet No.1 in E Minor 'From My Life'
연주자 | Pavel Haas Quartet

스메타나의 현악 4중주 중 첫 번째 작품은 '나의 생애로부터'라는 제목을 가지고 있습니다. 그는 피할 수 없는 운명에 의해 이러한 음악적 자서전을 쓰게 되었죠. 파벨 하스 현악 4중주단은 기교적으로도 감정적으로도 복잡한 이 작품을 최고의 수준으로 연주하고 있습니다.

1악장: 젊은 시절 예술에 대한 열망, 이는 1874년 제 귀에 나타나기 시작한 높은음의 이명으로, 제 청각 손실의 시작을 알리는 운명적인 소리입니다.

2악장: 폴카풍으로, 유쾌했던 젊은 시절의 삶으로 돌아가게 합니다. 그 시절 저는 춤곡을 작곡해 주변에 퍼뜨리며 스스로도 열정적인 댄서로 알려졌습니다.

3악장: 젊은 시절 첫사랑의 행복을 떠올리게 합니다. 그 사랑은 저의 충실한 아내가 되었습니다.

4악장: 민족 음악의 본질적인 힘에 대한 깨달음, 제가 선택한 길에서 성공을 기두었던 기쁨. 그러니 운명의 재앙으로 갑작스레 중단됩니다. 이는 청각 손실의 시작을 의미합니다. 희망의 가능성을 살짝 비추지만, 결국 고통스러운 감정으로 끝납니다.

'이 작품은 일부러 네 개의 악기로만 작곡되었습니다. 이는 마치 친한 친구끼리 모여 제가 감명 깊게 느꼈던 것들을 나누는 대화처럼 의도된 것입니다. 그 이상은 아닙니다'

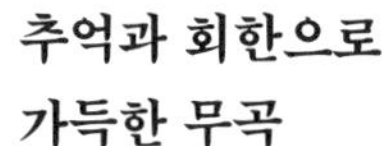

추억과 회한으로
가득한 무곡

음악 추천 | 황장원   글 | 황장원

작곡가 | Sergei Rachmaninoff
곡명 | Symphonic Dances
연주자 | Semyon Bychkov, WDR Sinfonieorchester

이 관현악 모음곡은 라흐마니노프의 마지막 노작이자 그의 유언과도 같은 작품입니다. 작곡 당시 라흐마니노프는 미국 롱아일랜드에 머물고 있었는데, 과도한 스케줄로 누적된 피로와 전쟁 중인 유럽에 머물던 딸에 대한 걱정 등으로 심신이 지친 상태였죠. 그런 상황에서 롱아일랜드에 새로 마련한 저택은 그가 안정을 취하기에 좋은 환경을 갖추고 있었습니다.

우선 헌팅턴 만 주변의 풍광이 얼마 전까지 그의 안식처였던 루체른의 별장 세나르를 떠올리게 했고, 그의 비서였던 예브게니 소모프, 피아니스트 호로비츠 부부, 스타인웨이 사의 알렉산더 그라이너 등 친근한 지인들도 근처에 살고 있어서 자주 왕래할 수 있었죠. 지인 중에는 러시아 발레단의 안무가 미하일 포킨도 있었는데, 이 작품이 춤곡의 성격을 띠게 된 것은 바로 포킨과의 공동 작업을 염두에 두었기 때문입니다.

이 곡은 4년 전에 완성된 그의 마지막 교향곡(교향곡 제3번)과 여러모로 서로 통합니다. 일단 3악장 구성 속에 러시아 어법을 바탕으로 서구의 어법을 융화시킨 그의 후기 음악 스타일을 집대성했다는 점에서 그렇고, 마치 수수께끼 같은 뉘앙스를 풍기며 변화무쌍하게 전이하는 화음들과 주로 바깥 악장들에서 스트라빈스키나 프로코피예프를 연상시키는 그로테스크한 분위기를 조성한다는 점에서도 그렇죠. 아울러 작곡가가 이전에는 관심을 가지지 않던 악기들을 도입해 음색 면에서 보다 다채롭고 풍부한 모습을 추구한 부분도 돋보입니다. 〈교향곡 제3번〉에 트라이앵글, 하프, 피콜로가 있었다면 이번에는 제1악장에 사용된 알토 색소폰과 피아노가 두드러지죠.

라흐마니노프는 애초에 이 곡의 세 악장에 ‘정오’, ‘황혼’, ‘심야’라는 표제를 붙이려 했다고 합니다. 오늘은 그중 제1악장에 집중해 볼까 하는데요. 이 첫 악장은 추억과 향수, 회한의 분위기로 가득합니다.

먼저 악장의 문을 여는 ‘3음 모티브’는 림스키코르사코프의 오페라 《황금 닭》에 나오는 ‘셰마하 여왕’의 주제를 연상시킵니다. 《황금 닭》은 제정 러시아 말기의 혼란상을 풍자한 작품인데요. 이 작품의 스코어는 라흐마니노프가 1917년 혁명의 소용돌이를 피해 급히 러시아를 탈출하면서 챙긴 유일한 악보로 알려져 있습니다. 그런가 하면 코다에는 자신의 〈교향곡 제1번〉에 사용된 주제가 등장하는데요. 〈교향곡 제1번〉은 음악원 졸업 후 용기백배한 그에게 쓰라린 좌절을 안겨 준 작품이었죠. 아마도 이 악장에서 라흐마니노프는 그리운 러시아 시절의 추억을 더듬었던 것 같습니다. 그 정서는 중간부에 흐르는 색소폰 솔로에 응축되어 있죠.

영상은 러시아 출신의 미국 지휘자 세묜 비치코프가 지휘한 연주로 골랐습니다. 현재 체코 필하모닉의 예술 감독인 그가 독일 쾰른의 서독일 방송 교향악단을 이끌던 시절의 기록이죠. 단원들은 편한 복장을 하고 있지만, 정식 영상물 발매를 위해 제작된 영상이라서 화면 구성이 상당히 세심합니다.

일요일 아침을 여는
아름다운
Classic Album

일요일의 추천 음반

유정우
음반 | Bach Generation
연주 | Berliner Barock Solisten, Albrecht Mayer
레이블 | Deutsche Grammophon(2023)

알브레히트 마이어는 이 음반에서 바흐 가족의 위대한 음악적 유산을 폭넓게 조명합니다. 바흐의 아들들이 아버지의 음악적 색채를 닮았을 것 같지만, 사실 그들은 각기 다른 음악적 방향을 선택하며 독창적인 길을 걸어갔습니다. 마이어는 오보에뿐만 아니라 바로크 음악의 매력을 효과적으로 드러낼 수 있는 오보에 다모레와 잉글리시 호른 등을 활용하여 작품을 섬세하게 표현합니다.

데얀 가브리츠
음반 | Schubert: Piano Sonata D.845&Schumann: Piano Sonata, Op.11
연주 | Maurizio Pollini
레이블 | Deutsche Grammophon(2002)

올해 82세로 세상을 떠난 이탈리아 출신의 위대한 피아니스트 폴리니. 이제 라이브로 그의 연주를 들을 수 없지만 폴리니는 우리에게 많은 선물을 남겼습니다. 그가 30대 초반에 녹음한 슈베르트와 슈만의 소나타 음반은 꼭 소장해야 합니다. 폴리니는 슈베르트의 D.845 소나타의 모든 패시지를 완벽하게 연주합니다. 다이내믹 레인지가 넓어 대규모 오케스트라를 연상시키죠. 그가 해석하는 슈만의 피아노 소나타는 이 작품을 다시 보게 만듭니다.

바흐와 첼로,
긴 호흡의 하모니

음악 추천 | 유정우   글 | 한유진

작곡가 | Johann Sebastian Bach
곡명 | Suite for Solo Cello No.6 in D Major
BWV.1012
연주자 | Sergey Malov

세르게이 말로프가 연주한 바흐의 '첼로 모음곡 6번 D장조'를 소개합니다. 이 곡은 바흐가 작곡한 6개의 〈첼로 모음곡〉 중 마지막 곡으로 프렐류드, 알르망드, 쿠랑트, 사라방드, 가보트, 지그로 이루어져 있어요. 바로크 시대의 통상적인 모음곡은 여러 춤곡의 유행으로 다양한 변주가 생기게 되었는데, 이 곡 또한 그러한 변주를 기본으로 하고 있습니다.

영상 속 세르게이 말로프가 연주하는 악기는 '비올론첼로 다 스팔라'로 일반적인 첼로와 달리 어깨에 대고 연주하는 악기입니다. 묵직하고 깊은, 마치 동굴이 떠오르는 저음이 뚜렷하게 귀로 스며듭니다. 나긋하고 울림 있는 소리가 바흐의 곡과 만나 더욱 성스럽게 느껴집니다.

세르게이 말로프는 여러 현악기를 능숙하게 다루는 연주자입니다. 그는 다양한 장르와 시대를 아우르며 관객을 자신의 해석으로 빠져들게 해요. 특히 비올론첼로 다 스팔라를 사용해 연주한 바흐의 첼로 모음곡은 그가 만들어 내는 긴 호흡의 하모니처럼 다가옵니다.

음악 추천 | 데얀 가브리츠   글 | 안일구

곡명 | Christmas Greensleeves
연주자 | James Galway, Choir

크리스마스를
부르는
플루트와 합창

'그린슬리브즈'는 영국 전통 민요로, 원래는 크리스마스 노래가 아니었지만 시간이 지나면서 크리스마스와 관련된 음악으로 자주 연주되었습니다. 특히 이 곡의 멜로디는 'What Child Is This?'라는 유명한 크리스마스 찬송가의 기초가 되었기 때문에 크리스마스와 연결되는 것 같습니다.

16세기 후반 영국 튜더 시대에 작곡된 것으로 추정되지만, 정확한 작곡가는 알려지지 않았습니다.

이 음악은 여러 형태로 연주될 수 있는데요. 이번 영상에서는 교회의 합창단과 플루트 독주로 연주됩니다. 듣자마자 청아하고 맑은 플루트 음색에 푹 빠지게 됩니다. 선율 또한 독특한 매력을 풍기는데, 도리아 선법을 사용하여 특유의 중세적이고 신비로운 분위기를 자아냅니다.

특히 젊은 시절 제임스 골웨이의 플루트 소리는 그 자체로 독보적입니다. 플루트는 피스도 리드도 없이 순전히 호흡으로 소리를 만들어 내는 악기입니다. 골웨이의 연주는 인간의 목소리와 가장 가까운 플루트 본연의 특성을 잘 드러냅니다. 그의 힘 있고 부드러운 음색은 합창과 완벽한 조화를 이루며, 연주에 깊이를 더합니다. 크리스마스 분위기를 한층 고조시키는 곡의 매력을 만끽해 보세요.

음악 추천 | 데얀 가브리츠   **글** | 김소라

크리스마스를 닮은 악기

작곡가 | Frank Bridge
곡명 | Christmas Dance 'Sir Roger de Coverley'
연주자 | Quintessenz Leipzig Flute Ensemble

오케스트라를 구성하는 여러 악기 중 크리스마스와 가장 닮은 악기는 무엇일까요? 저는 플루트라고 생각합니다. 반짝이는 자태와 통통 튀는 선율이 크리스마스 거리 곳곳을 비추는 화려한 조명과 온 땅에 가득한 캐럴의 산뜻함을 품고 있는 듯해서요.

오늘은 플루트로 연주되는 크리스마스 곡을 만나 봅니다. 반짝이는 연주를 들려줄 라이프치히 플루트 앙상블은 우리에게 익숙한 플루트 두 대와 피콜로, 그리고 조금은 생소한 알토 플루트와 베이스 플루트 주자로 이루어져 있습니다.

'크리스마스의 정수'로 표기된 이 곡은 본래 영국의 작곡가 프랭크 브리지의 오케스트라 곡이었습니다. 원제는 〈Christmas Dance 'Sir Roger de Coverley'〉로, 'Sir Roger de Coverley'는 여러 명이 두 줄을 만들어 추는 영국의 컨트리 댄스를 일컫습니다.

영상은 브리지의 곡을 플루트 5중주로 편곡한 버전인데요. 플루트만으로 연주되는 멜로디가 양질의 영상과 어우러져 크리스마스를 맞이하는 설렘을 가득 뿜어냅니다. 그리스마스! 다섯 글자만으로 이렇게 설레는 단어가 있을까요? 그 설렘을 가득 안고 사랑하는 이와 즐겁게 춤추는 흥겨운 날이 되길 바랍니다.

음악 추천 | 유정우   글 | 안일구

헨젤과 그레텔과 크리스마스

작곡가 | Engelbert Humperdinck
곡명 | Hänsel und Gretel
연주자 | Sächsische Staatskapelle Dresden

크리스마스 시즌이 되면 유럽 여러 도시에서 이 작품이 무대 위로 올라옵니다. 바로 동화 오페라 《헨젤과 그레텔》인데요. 훔퍼딩크가 작곡했고, 그의 여동생 아델하이트 베테가 대본을 썼습니다. 1893년 12월 23일, 독일 바이마르에서 리하르트 슈트라우스가 초연을 지휘했죠.

1막에서 헨젤과 그레텔은 가난한 집안에서 엄마의 심부름을 돕다 실수로 우유 항아리를 깨뜨려 혼이 납니다. 엄마는 그들을 숲에 보내 딸기를 따오게 하죠. 2막에서 남매는 딸기를 따다가 숲속에서 길을 잃고 밤이 되자 잠이 듭니다. 14명의 천사가 나타나 그들을 지켜주죠. 3막에서 남매는 마녀의 과자 집에서 과자를 먹다 마녀에게 잡히지만, 지혜롭게 마녀를 물리치고 탈출해 가족과 재회합니다.

《헨젤과 그레텔》은 단순히 어린이들을 위한 것이 아니라, 모든 연령층에 감동을 선사합니다. 훔퍼딩크의 풍부한 오케스트레이션과 아름다운 선율이 공연 내내 귀를 사로잡습니다. 저의 경우처럼, 이 작품에 한번 빠지면 '오페라'라는 장르를 평생 좋아할지도 모릅니다. 드레스덴 젬퍼오퍼에서 선보인 2006년 공연은 이 작품의 매력을 더욱 극대화한 명작입니다.

흠잡을 곳 없는 피아노 협주곡 23번

음악 추천 | 조민석　**글 |** 박지혁

작곡가 | Wolfgang Amadeus Mozart
곡명 | Piano Concerto No.23 in A Major, K.488
연주자 | Maurizio Pollini, Karl Bohm, Wiener Philharmoniker

세계적인 명성을 지닌 오케스트라의 옛 연주를 들어 보면 현재와 다름없는 음악에 놀라게 됩니다. 빈 필하모닉을 지휘하는 칼 뵘과 피아니스트 마우리치오 폴리니의 〈모차르트 피아노 협주곡 23번〉을 소개합니다.

변덕스럽던 빈의 관객들은 아낌없는 찬사를 던졌던 모차르트의 피아노 협주곡을 불과 3년 만에 더 이상 원하지 않았습니다. 그런데도 모차르트는 새로운 피아노 협주곡으로 관객들의 흥미와 욕망을 자극할 수 있다고 믿었죠. 그렇게 탄생한 이 협주곡은 놀랍게도 트럼펫과 타악기 없이 현악, 플루트, 클라리넷, 바순, 그리고 호른으로만 구성되어 실내악처럼 밀도 있는 연주를 할 수 있게 됩니다. 특히 피아노 솔로를 감싸는 플루트의 맑고 청아한 소리는 모차르트의 순수하고 재치 있는 모습을 보여 줍니다.

피아니스트 마우리치오 폴리니는 10대에 제네바 콩쿠르와 쇼팽 콩쿠르를 통해 세상에 알려졌고, 예술가 집안에서 자라며 얻은 깊이 있는 해석으로 더욱 유명해졌죠. 법학도 출신의 지휘자 뵘의 꼼꼼한 해석과 폴리니의 생동감 있으면서도 안정적인 연주가 높은 완성도를 보여 줍니다.

음악 추천 | 황장원　　글 | 황장원

파파게노와
파파게나의 꿈

작곡가 | Wolfgang Amadeus Mozart
곡명 | 'Pa-Pa-Pa-Papagena' from 《Die Zauberflöte》
연주자 | Rolando Villazon, Miriam Kutrowatz, Vienna Philharmonic Orchestra, Philippe Jordan

모차르트는 당대에 유행했던 거의 모든 음악 양식을 섭렵했고, 그것들을 특유의 천재적인 솜씨로 절묘하게 버무려 자신의 작품에 담아냈습니다. 굳이 비유하자면 모자 속에서 갖가지 신기한 물건들을 자유자재로 꺼내 놓는 마술사, 또는 세상의 온갖 요리들을 능숙하게 차려 내는 만능 셰프와도 같았다고 할까요? 뿐만 아니라 그는 바흐, 헨델 같은 이전 시대 거장들의 작법도 습득하여 구사했고, 나아가 봉건주의와 계몽주의, 혁명이 공존했던 혼란스런 시대의 정신과 사상, 번잡한 세상을 살아가는 다양한 사람들의 희로애락까지도 작품에 녹여 냈죠.

《마술피리》는 그런 모차르트가 세상을 떠나던 해에 작곡한 그의 마지막 징슈필(독일어 오페라)입니다. 표면상으로는 동화 오페라의 탈을 쓰고 있지만 실제 내용은 사뭇 심오하여 메시지를 쉽사리 재단할 수 없고, 음악적으로는 모차르트가 평생 구사했던 갖가지 양식들이 가장 정제된 형태로 집약된 걸작이죠. 이를테면, 주요 등장인물 중 새잡이 파파게노가 부르는 노래에는 오스트리아의 민요적 요소와 이탈리아의 부파(희극 오페라)적 요소가 공존하고, 타미노 왕자와 파미나 공주의 노래에는 이탈리아풍 아리아와 독일풍 리트가 교묘하게 어우러져 있습니다. 또 사제 자라스트로의 엄숙한 노래는 글루크(18세기 오페라 개혁을 주도한 모차르트의 선배 작곡가) 스타일로, 밤의 여왕의 화려한 노래는 이탈리아 세리아(정극 오페라) 스타일로 되어 있죠. 그밖에도 바로크적 양식, 바흐풍 코랄 등이 나타나 일종의 '18세기 음악적 소우주'를 형성하는 놀라운 작품입니다.

오늘은 이 오페라의 끄트머리에 나오는 파파게노와 파파게나의 2중창을 소개합니다. 파파게노는 이 작품에서 평범한 서민을 상징하는 캐릭터죠. 그는 산속에서 우연히 만난 타미노 왕자와 함께 자라스트로의 사원에서 시험을 치르는데요. 지혜를 향한 열망으로 '묵언수행'을 비롯한 여러 시련을 꿋꿋이 견뎌 내는 왕자와는 달리 그는 일찌감치 탈락하고 맙니다. 산과 들을 누비며 자유롭게 살아가던 그로서는 답답한 수행이 무엇을 위한 것인지, 무슨 의미인지도 모르겠고 그저 고생스럽기만 했죠. 대신 그에게는 아주 간절한 소망이 하나 있는데, 바로 사랑하는 여인을 만나서 아내로 맞아 토끼 같은 자식들을 낳고 오손도손 사는 것입니다. 그의 아내가 될 여인의 이름은 파파게나! 우여곡절 끝에 마침내 맺어진 두 사람은 서로의 이름을 부르며 유쾌한 음률로 행복한 미래를 꿈꾸는 노래를 부릅니다.

영상은 빈 국립 오페라 극장의 '아이들을 위한 마술피리' 공연 실황입니다. 파파게노와 파파게나가 2중창을 부르기에 앞서 시험에서 탈락한 파파게노가 풀이 죽어 푸념하는 장면, 파파게나를 부르며 자살 소동을 벌이는 장면, 천사 같은 세 소년이 나타나 그에게 '마술종'을 울려 보라고 조언하는 장면 등도 나오네요. 원래는 비리톤이 맡는 파파게노 역으로 안내 징상급 테너였던 돌단노 비야손이 출연하여 열연을 펼치는 모습이 흥미롭고, 객석에 자리한 아이들의 천진난만한 표정이 사랑스럽기 그지없습니다.

일요일의 추천 음반

데얀 가브리츠
음반 | Tchaikovsky: The Nutcracker, Op.71, TH.14
연주 | Gustavo Dudamel, LA Philharmonic
레이블 | Deutsche Grammophon(2018)

LA 필하모닉과 구스타보 두다멜이 함께한 차이콥스키의 《호두까기 인형》 음반은 정교한 연주와 생동감이 돋보입니다. 두다멜 특유의 역동적이고 열정적인 지휘 스타일은 오케스트라의 밝고 풍성한 사운드를 한층 더 빛나게 하죠. 특히 발레 음악의 서정성과 극적인 요소를 세밀하게 표현해 듣는 이로 하여금 마치 공연장을 직접 체험하는 듯한 몰입감을 선사합니다. 이 음반은 크리스마스뿐만 아니라, 연말과 새해를 맞이하며 즐기기에도 이상적인 선택입니다.

유정우
음반 | Pergolese&Vivaldi: Stabat Mater pour deux castrats
연주 | Samuel Marino, Filippo Mineccia 외
레이블 | Château de Versailles Spectacles(2021)

베르사유 왕립 오페라 오케스트라가 연주한 페르골레시의 〈슬픔의 성모〉를 추천합니다. 이 연주는 두 명의 독창자가 모두 카운터테너라는 점이 매우 이채롭습니다. 특히 남성 소프라노 사무엘 마리뇨의 맑고 독특한 음성은 마음을 단숨에 사로잡습니다. 섬세한 표현력과 풍부한 감정이 돋보이는 곡 '사랑하는 아들을 보았네(Vidit suum dulcem natum)'는 가장 주목할 만한 하이라이트입니다.

음악 추천 | 데얀 가브리츠　글 | 한유진

천사와
생명의 양식

작곡가 | César Franck
곡명 | Panis Angelicus
연주자 | Elina Garanca, Christoph Eschenbach,
Staatskapelle Dresden

천사의 빵이

인간의 빵이 되네.

하늘의 빵이

형상을 초월하네.

오, 놀라운 신비여!

가난한 이가 주님을 먹도다.

가난한 종이,

겸손한 이가.

가사부터 성스러운 이 곡은 테너 3성부, 하프, 첼로, 오르간을 위해 작곡된 〈파니스 안젤리쿠스〉입니다. '생명의 양식' 또는 '천사들의 빵' 정도로 해석할 수 있죠.

1872년 파리 음악원의 교수가 된 프랑크는 미사곡에 새로운 곡을 추가했는데요. 이 곡이 바로 〈생명의 양식〉입니다. 그가 작곡한 미사곡 E장조의 5악장 중 하나로 성찬례를 기념하는 라틴어 가사를 담고 있죠. 대개 그리스도의 몸을 빵에 빗대어 찬송하는 내용입니다.

성스럽고 따뜻한 멜로디, 부드러운 선율이 특징인 이 곡은 유명한 만큼 많은 성악가가 불렀습니다. 영상에서는 라트비아 출신의 성악가 엘리나 가랑차의 목소리로 감상할 수 있습니다.

음악 추천 | 조민석　**글 |** 박지영

굴다에 대해

작곡가 | Friedrich Gulda
곡명 | Cello Concerto I. Overture
연주자 | Andreas Brantelid, Ivan Meylemans, National Danish Orchestra

빠르고 리드미컬한 첼로 선율 위로 금관이 짧게 화답하고 곧바로 드럼이 튀어나옵니다. 덕분에 클래식보단 재즈나 팝송에 가까운 느낌이 들죠. 소개하는 곡은 장르의 경계를 넘나드는 자유분방한 작곡가, 프리드리히 굴다의 〈첼로 협주곡〉 중 서주입니다.

굴다는 오스트리아 출신의 피아니스트이자 작곡가로, 악기를 즐기는 교육자 집안에서 태어났는데요. 7세의 나이에 피아노를 배우기 시작했고, 16세에 제네바 국제 콩쿠르에서 우승하며 일찍이 음악적 재능을 보입니다. 특히 모차르트와 베토벤 음악으로 큰 호평을 받았던 그는 재즈 음악에도 두각을 보였죠.

누군가 굴다에 대해 묻는다면, 오늘의 영상을 추천합니다. 그를 가장 잘 드러내는 곡인 〈첼로 협주곡〉은 클래식, 재즈, 록, 민속 음악 등 다양한 장르가 융합된 5악장 구성의 곡입니다. 영상은 그중 1악장인 '서주'를 다룹니다.

리드미컬한 재즈 구간은 드럼, 더블베이스, 금관이, 서정적인 클래식 구간은 목관, 클래식 기타가 담당하며 매우 독특한 악기 구성을 보입니다. 그 가운데서 첼로는 변화무쌍한 연주를 보이고 있네요. 첼리스트 안드레아스 브란텔리드의 인상적인 연주로 첼로와 굴다의 다채로운 매력에 푹 빠져 보세요.

하루 하나 클래식 365

초판 1쇄 발행 2025년 5월 20일
초판 2쇄 발행 2025년 6월 10일

지 은 이   안일구, 김소라, 박지혁, 황장원
            유정우, 조민석, 데얀 가브리츠
펴 낸 이   한승수
펴 낸 곳   문예춘추사

편   집   구본영
디 자 인   박소윤
마 케 팅   박건원, 김홍주

등록번호   제300-1994-16
등록일자   1994년 1월 24일
주   소   서울특별시 마포구 동교로 27길 53, 309호
전   화   02 338 0084
팩   스   02 338 0087
메   일   moonchusa@naver.com

I S B N   978-89-7604-722-9 03670